韓國史硏究 7

한국근대의 농업변동

—— 농민경영의 성장과 농업구조의 변동 ——

박 섭 著

一 潮 閣

Agricultural Change in Modern Korea :

Development of Peasants Management and Change of Agricultural Structure

by

Sub Park

Assistant Professor
Inje University

Ilchokak Publishers

Seoul, 1997

머 리 말

이 책은 필자가 1988년부터 1996년 사이에 여러 지면에 발표한 것들을 모아 다듬은 것이다.

이 책을 쓰면서 가장 중요하게 생각했던 것은 한국 근대의 농업을 움직여 온 힘과 그 힘을 자신의 것으로 해서 농업을 변동시킨 존재를 분명하게 하는 것이었다. 그것을 통해서 한국 현대 사회와 현대 농업에 유익한 시사점을 얻을 수 있을 것으로 생각했다. 힘은 두 가지가 결합되어 형성되었는데 하나는 전통사회가 가지고 있던 에너지였으며, 다른 하나는 제국주의가 가지고 들어온 새로운 기술과 새로운 제도였다. 성장은 전자가 허용하는 범위내로 후자가 흡수되어 이루어졌다. 덧붙여 두면 근대 농업과 농촌 사회의 성장이 후자가 전자를 배제하면서 이루어졌던 것은 아니었다.

그 힘을 자신의 것으로 해서 농업을 변동시키는 존재는 다양했지만 필자는 농민에 초점을 맞추었다. 근대 농업의 실태가 그러했기 때문에 농민에 초점을 맞춘 것은 물론이며 아울러 사회적 약자의 성장이 사회 진화의 방향이라고 생각하기 때문이다. 농민은 새로운 농업 기술을 습득했으며, 상품 생산에 적응했다. 그리하여 농촌 사회에서의 사회적 지위를 높여 갔고, 총독부의 농업 정책을 자신들에게 유리한 방향으로 바꿀 수 있었다.

해방 이후 농지개혁이 이루어진 다음에는 지주가 없어져 식민지기와는 농촌 사회의 계층 구조가 바뀌었기 때문에 상황이 조금 다르기는 하지만 필자는 해방 이후의 농업 변동을 이해하는 데에도 시사점을 제공할 것으로 생각한다. 해방 이후의 농업이 지나치게 정부 정책 중심으로 서술되어 있기 때문이다.

원고를 다 쓰고 난 다음 가장 부끄러웠던 것은, 늘 그렇기 때문에 새삼스럽지만은 않았지만, 서장의 깊이가 얕은 것이었다. 농업 변동에 있어서 농민의 지위, 제국주의의 식민지 지배, 한국 근대 농업과 현대 농업의 관련 등 중요한 사실에 대해서 언급했다고 생각하지만 한국 근대 농업의 구조와

그 변동의 가능성을 근대 사회 전체와 관련지으면서 이론적인 인식이 가능
하도록 서술되었어야 했는데 그것에까지는 이르지 못했다. 이것은 결국 다
음번 과제로 넘겨질 수밖에 없게 되었다.

　또 하나는 한국 현대의 농업과 농촌사회를 포괄하는 데까지 이르지 못한
것이다. 필자는 최근에 한국 근현대의 국가와 농민이라는 주제로 근현대
농업사를 일관해서 파악하는 작업에 착수했는데 다음에 이 작업을 매듭지
을 때는 그것이 가능하도록 할 작정이다.

　이 책을 쓰는 과정에서 서울대학교의 安秉直 교수님과 日本京都大學의
中村哲 교수님으로부터 가장 많은 도움을 입었다. 두 분을 통해서 한국, 동
아시아 그리고 전세계의 근현대사회를 어떻게 인식할 것인지에 대해 항상
배울 수 있었던 것이 이 글 전체를 지탱하는 근간이 되었다. 그리고 이 책
이 일조각에서 출판될 수 있도록 주선해 주셨고 완성된 원고를 꼼꼼히 읽
어 주셨던 동아대학교의 이훈상 교수님으로부터도 많은 도움을 입었다. 더
구나 작업이 진행되던 도중 컴퓨터에 저장해둔 원고가 못쓰게 되어 글이
약속한 날짜보다 6개월이나 늦어지게 되었는데도 전혀 개의치 않고 기다
려 주셨던 것에 감사드린다.

　책을 쓰는 과정에서 그리고 필자가 논문를 발표할 때마다 좋은 지적을
해주셨던 堀和生, 배영목, 양동휴, 오두환, 이영훈, 이헌창, 장시원, 下谷政
弘, 허수열 교수님 등 많은 선생님, 선배님들로부터 도움을 입었다. 그외에
도 일일이 적지 못하지만 많은 동료분들로부터도 큰 도움을 입었다. 마지
막으로 책을 쓴다는 핑계로 근무하고 있는 대학교로부터 대학본부의 보직
을 면제받았었는데 이 자리를 빌어 백낙환 총장님께 감사드린다.

　직접 말씀하신 적은 없었지만 부모님께서는 항상 좋은 연구물을 많이 남
기는 것이 연구자의 가장 중요한 임무라는 것을 가르쳐주셨다. 그리고 게
을러지지 않도록 자극해준 아내에게도 감사한다.

　이 책에는 표가 많은데 표를 만들어 놓고 숫자의 흐름을 보면 그 때까지
몰랐던 사실이 곧잘 발견되고 표를 잘 만들면 독자가 그 표를 다른 용도로
훌륭히 이용할 수도 있기 때문이다. 예전에는 표를 만드는 것이 귀찮은 일
이었기 때문에 가능한 한 줄였지만 요즈음은 좋은 컴퓨터 프로그램들이 많
이 나와 있어서 때때로는 표를 만드는 즐거움조차도 느낄 수 있었다. 그렇

지만 아마 출판사의 편집부에서 작업하는 분들은 상당히 귀찮았을 것이다.
아울러 꼼꼼한 교정에 감사드린다. 오자, 탈자, 문장이 어색한 부분 등 무
수히 지적받았고 그것을 모두 고칠 수 있었기 때문에 책이 아름답게 되었
다고 생각한다.

　　　1997년 6월 20일

　　　　　　　　　　　　　　　　　　　박　　　섭

목   차

머 리 말

서   장

1. 문제 제기 ………………………………………………………………………… 1
2. 분석 방법
   (1) 독립 경영자로서의 농민 …………………………………………………… 4
   (2) 총독부에 의한 농민의 포섭 ……………………………………………… 9
3. 일본의 한국 지배에 대하여
   (1) 朝鮮社會停滯論 …………………………………………………………11
   (2) 정체론의 현재 모습………………………………………………………13
   (3) 정체론과 한국인의 한국사 연구 ………………………………………17
   (4) 기존의 정체론 비판의 한계 ……………………………………………20
   (5) 일본의 한국지배의 부당성 ……………………………………………23

제 1 장   농업 생산력

1. 머 리 말………………………………………………………………………26
2. 일본 품종의 도입 및 재배 관리 방법의 변화
   (1) 일본 품종의 도입과 보급 ………………………………………………30
   (2) 재배 관리 방법의 변화 …………………………………………………35
3. 産米增殖計劃과 관개 논의 증대
   (1) 관개 논 증대의 양상 ……………………………………………………37
   (2) 産米增殖 1 期計劃 ………………………………………………………39
   (3) 産米增殖更新計劃 ………………………………………………………44
   (4) 농민과 洑 ………………………………………………………………47
4. 제 2 차 산업혁명과 한국에서의 그것의 적합성

(1) 비료 공업 ……………………………………………………………………48

(2) 비료 소비의 증가 ……………………………………………………………55

(3) 비료 소비의 합리화 …………………………………………………………63

(4) 농업 생산량의 증가와 생산성의 상승 …………………………………70

5. 인도와의 비교 …………………………………………………………………76

6. 맺 음 말 …………………………………………………………………………83

제 2 장 농민 경영

1. 머 리 말 …………………………………………………………………………86

2. 농가 경제의 모습 ……………………………………………………………89

3. 농산물 판매 방식의 합리화: 벼의 공동 판매

(1) 문제 제기 ……………………………………………………………………92

(2) 식민지 초기의 쌀 판매 경로 ……………………………………………95

(3) 농업 불황과 총독부와 농민의 판매 방법 합리화 노력 ……………97

(4) 공동 판매의 양상 …………………………………………………………110

(5) 소 결 …………………………………………………………………………118

4. 생산물 구성의 변화 : 공업 원료 농산물과 원예 작물 생산의 증가

(1) 문제 제기 …………………………………………………………………119

(2) 농산물 생산 구성의 변화 ………………………………………………121

(3) 공업 원료 농산물과 원예 작물 ………………………………………127

(4) 채소 재배와 농민 ………………………………………………………138

(5) 소 결 ………………………………………………………………………148

5. 맺 음 말 ………………………………………………………………………149

제 3 장 국가, 농민, 지주

1. 머 리 말 ………………………………………………………………………152

2. 1920 년대 전반의 소작쟁의와 총독부 및 지주의 대응

(1) 지 주 회 …………………………………………………………………155

(2) 소작쟁의 …………………………………………………………………161

(3) 지주의 동태화 …………………………………………………………165

(4) 朝鮮農會令과 ‘小作慣行改善에 關한 件’ …………………………170

3. 농촌의 위기와 농민을 포섭하기 위한 총독부의 정책
  (1) 농업 공황···176
  (2) 滿洲事變···178
  (3) 農村振興運動··181
  (4) 소작 관계 정책 ··189
4. 농민의 사회적 지위 상승과 지주제의 정체
  (1) 농촌 통제 정책의 변화 ···205
  (2) 중심인물 ···209
  (3) 농촌 진흥 단체 ··212
  (4) 지주제의 정체···216
5. 맺 음 말 ··221

종   장

1. 총   괄 ··223
2. 논   점 ··225
3. 전   망
  (1) 農地改革 및 그 이후의 농업 전개 ·····························229
  (2) 소경영 농업과 자본주의 ·······································233

보론 : 식민지기 미곡 생산량 통계의 수정

1. 머 리 말 ··237
2. 1936 년의 조사 방법 변경 ··239
3. 생산량의 수정 방법과 그 결과 ····································244
4. 수정 결과에 대한 검토···258
5. 맺 음 말 ··261

  ▨부록 : 한국 근대 농업에 관한 기초 통계 ························265
  ▨영문개요 ··273
  ▨참고문헌 ··277
  ▨색   인 ···289

표 및 그림 목차

〈표 1-1〉 주요 일본 품종의 도입 상황 ·················33
〈표 1-2〉 한국과 일본의 생산자 미가 비율 ·················35
〈표 1-3〉 재배 관리 방법의 비교 ·················36
〈표 1-4〉 産米增殖1期計劃 중의 土地改良事業 개요 ·················42
〈표 1-5〉 産米增殖更新計劃 중의 土地改良事業 개요 ·················45
〈표 1-6〉 관개 시설별 관개 면적 ·················48
〈표 1-7〉 화학 비료 생산량 ·················54
〈표 1-8〉 한국의 비료 소비량 ·················55
〈표 1-9〉 주요 작물의 비료 적정 소비량 ·················56
〈표 1-10〉 경지 이용률 및 주요 작물 재배 면적 ·················57
〈표 1-11〉 優良品種의 변천 ·················61
〈표 1-12〉 肥料 消費 狀況 指數 ·················61
〈표 1-13〉 1930년대 후반에 있어서 주요국의 판매 비료 소비량 ·················62
〈표 1-14〉 콩깻묵과 유안의 가격 ·················64
〈표 1-15〉 판매 비료의 3요소별 소비량 ·················65
〈표 1-16〉 한국, 일본, 대만의 비료 소비 상황 ·················66
〈표 1-17〉 판매 비료 소비 총액에서 차지하는 복합 비료 소비액 ·················69
〈표 1-18〉 농업 생산성 지표 ·················71
〈표 1-19〉 세계 각국 주요 곡물 토지 생산성 지수의 추이 ·················72
〈표 1-20〉 都農間 인구 이동 상황과 농업 인구 ·················73
〈표 1-21〉 세계 각국 농업에 있어서 노동 생산성 지수의 추이 ·················75
〈표 1-22〉 인도 농업의 양상 ·················77
〈표 1-23〉 인도의 관개 상황 ·················78
〈표 1-24〉 인도의 유안 생산과 소비 ·················79
〈표 1-25〉 인도의 쌀 무역 ·················80
〈표 1-26〉 한국 농업의 양상 ·················81
〈표 1-27〉 필리핀과 인도지나의 미곡 작부 면적과 1ha당 생산량 ·················81
〈표 1-28〉 필리핀의 인구와 경지 면적 ·················82
〈표 2-1〉 농가의 현금 수지 상황 ·················90
〈표 2-2〉 일본, 한국, 대만에 있어서 쌀 증산 사업의 결과 ·················98
〈표 2-3〉 세계의 미곡 상황 ·················100

〈표 2-4〉　농가 계층 구성과 소작지 비율 ……………………………103

〈표 2-5〉　벼 共販量 ……………………………………………………111

〈표 2-6〉　출하 인원의 월별 분포 ……………………………………112

〈표 2-7〉　식산계 등에 있어서 벼의 공판 상황 ……………………114

〈표 2-8〉　벼의 공판 가격 ………………………………………………117

〈표 2-9〉　벼와 현미의 가격차 …………………………………………118

〈표 2-10〉　채소, 누에고치, 면화의 생산과 소비 …………………129

〈표 2-11〉　채소의 이동과 수입 상황 ………………………………134

〈표 2-12〉　京城府, 고양군, 광주군의 농업 생산 구조, 1938 년 …137

〈표 2-13〉　채소의 생산을 둘러싼 도별 상황 ……………………141

〈표 2-14〉　강원도 세포에 있어서 주요 밭작물의 단보당 총수입 …143

〈표 2-15〉　채소와 쌀의 거래 형태, 1939 년 ………………………145

〈표 2-16〉　국당마을의 계층 구성 ……………………………………147

〈표 2-17〉　채소 재배 농가의 경영 면적과 노동력 상태 …………148

〈표 2-18〉　경영 분해의 양상 …………………………………………151

〈표 3-1〉　한국, 필리핀, 印度支那의 인구수와 경지 면적 ………158

〈표 3-2〉　1920 년대의 小作爭議와 農民運動團體의 狀況 ………163

〈표 3-3〉　지주의 경영 합리화 상황 …………………………………168

〈표 3-4〉　1925~32 년 사이의 小作爭議와 農民運動團體의 狀況 …177

〈표 3-5〉　소작쟁의의 건수 및 참가 인원 …………………………187

〈표 3-6〉　소작관과 소작관보의 배치 상황, 7 월 1 일 기준 ………190

〈표 3-7〉　임명 당시에 있어서 소작관의 전직 또는 겸직 ………191

〈표 3-8〉　朝鮮小作調停令에 의한 조정 상황 ……………………194

〈표 3-9〉　小作委員會의 구성 …………………………………………195

〈표 3-10〉　朝鮮農地令과 朝鮮民事令의 비교 ……………………199

〈표 3-11〉　소작쟁의의 해결 상황 ……………………………………200

〈표 3-12〉　'小作慣行改善에 關한 件'과 朝鮮農地令의 항목 비교 …202

〈표 3-13〉　국비 공무원, 지방비 공무원 합계 ……………………207

〈표 3-14〉　논 小作料率의 推移 ………………………………………217

〈표 3-15〉　大地主 耕地 所有 面積의 推移 …………………………219

〈표 보론-1〉　논 면적과 벼 작부 면적의 비율 ……………………241

〈표 보론-2〉　미곡 작부 면적의 증가율 ……………………………246

〈표 보론-3〉　미작 토지 생산성의 상승률 …………………………250

〈표 보론-4〉　미작 토지 생산성의 도별 상승률 …………………251

〈표 보론-5〉　優良品種의 변천 ………………………………………252

〈표 보론-6〉　肥料 消費 狀況 …………………………………………253

〈표 보론-7〉　미곡의 수정 생산량 ……………………………………257

〈표 보론-8〉 미곡 소비량 ……………………………………………………260
그림 1-1. 土地改良事業에 의한 관개 논 면적의 증가분 ……………………… 38
그림 1-2. 식민지기의 쌀 생산량 추이 ……………………………………… 76
그림 2-1. 농업 생산물의 생산액 구성 ……………………………………123
그림 2-2. 허펀달 지수의 추이 ……………………………………………125
그림 2-3. 경기도에 있어서 채소 생산과 농가 채소 재배 소득의 현황 …………136
그림 3-1. 소작쟁의의 건수와 한 건당 참가자수 …………………………164
그림 보론-1. 소비량 지수……………………………………………………248

일러두기

1. 한국 근현대 모두에 대해 한반도와 그 부속 島嶼를 지칭하는 표현으로서는 한국을 사용한다. 그렇지만 1945년 이후에 대해서는 38선 또는 휴전선 이남을 지칭하는 경우가 있다. 그것은 문맥에서 파악할 수 있다.

2. 京城의 현재 명칭은 서울이다. 京城은 卑稱이라는 주장도 있기는 하지만 그 표현을 그대로 사용했다. 그것은 문맥상 어색하게 되는 경우가 많았기 때문이다. 서울이라는 표현은 고유 명사인 동시에 보통 명사이기 때문에 그렇기도 하고, 현재의 서울은 특별시여서 경기도 서울시로 표기할 수 없기 때문이기도 하다.

3. 필자가 사용하고 있는 용어에 대해서는 그 용어가 처음 나오는 곳에서 註에 정의해 두었다. 색인을 이용해서 확인해 주기 바란다.

4. 논지의 전개에 필요한 근대 한국 농업에 관한 기초적 통계 자료를 이 책의 부록으로 제시해 두었다.

서　장

1. 문제 제기

이 책은 한국 근대[1]의 농업과 농촌 사회의 변동을 농민 경영의 성장을 주된 계기로 해서 서술한 것이다. 먼저 필자가 농민 경영을 중시하는 이유를 밝혀두면 아래와 같다.

한국 근대사에 대한 연구는 매우 활발하게 이루어져 왔고, 현재도 활발히 이루어지고 있으며, 국사 교과서에서 차지하는 근대 부문의 비중도 26% 정도로서 높은 편이지만,[2] 한국인들은 한국의 근대사에 대해서 잘 알지 못하고 있다고 생각한다. 역설적으로 들릴지 모르지만, 그것은 근대사의 연구와 교육 모두가 역사의 한 면으로 지나치게 치우쳐 있기 때문이다. 일본 정부와 총독부에 의한 강압적 지배 및 수탈과 한국 민중의 저항이라는 측면에 대해서는 많은 것이 이야기되고 있다고 할 수 있다.[3] 전자에 대해서 토지 수탈, 미곡 수탈, 노동력 수탈, 창씨개명, 한국어 말살, 신사 참배, 참정권의 제약 등을 들 수 있으며, 후자에 대해서는 농민 운동, 노동 운동, 민

---

1) 이 책에서의 근대는 개항에서 해방까지를 나타낸다. 근대의 기점을 개항으로 하는 것에 대해서는 비판도 있겠지만, 필자가 위와 같이 규정하는 것은 근대 세계와 자본주의 세계를 등치시키며, 한국의 자본주의는 외국에 의해서 주어진 것이라고 파악하기 때문이다.

2) 각국의 교과서를 비교해 보는 것은 매우 어렵지만, 서유럽의 영국·프랑스·독일, 동북아시아의 일본과 비교해 보면, 한국 국사 교과서의 근현대 비중은 높은 편이다. 외국 교과서의 사정에 대해서는 中村哲 編著, 『世界の歷史敎科書』(東京, NHK出版部, 1995), p. 41. 井上光貞 외 2인, 『新詳說 日本史』(東京, 山川出版社, 1990)를 참조하기 바람.

3) 이것들이 어느 정도의 설득력을 가지고 전달되고 있는가는 별개의 문제인 듯하다. 부산발전연구원에 의한 최근의 조사에 의하면, '과거 일본의 한국과 중국에 대한 역사적 침략에 대한 귀하의 견해는?'이라는 질문에 대해서 한국 대학생은 74%만이 '명백한 침략 행위였다'고 대답한 반면, 중국 대학생은 95%가 '명백한 침략 행위였다'고 대답했다. 74%는 일본 대학생의 그것과 같은 수준이었다. 『부산일보』, 1996년 8월 14일.

족 해방 운동 등을 들 수 있을 것이다.

그렇지만 저항이라는 측면을 벗어나게 되면, 총독부가 시행한 제도 및 정책이 한국인들의 일상 생활에 어떻게 영향을 주었는가는 많이 밝혀져 있지 않다. 하나의 예를 들어 보자. 식민지기의 학교 교육이 일본어·일본 역사·일본 지리를 중시했고, 그 반면 한국어·한국 역사·한국 지리를 경시했다는 것은 잘 알고 있지만, 일본어·일본 역사·일본 지리 외에 무엇이 어떻게 교육되었는가, 교육 제도가 어떻게 구성되어 있었는가는 중요시되고 있지 않다. 그리하여 그 당연한 결과이지만, 식민지기의 교육이 어떠한 인간을 형성시켰으며, 그 결과가 해방 이후의 한국 사회에 어떻게 영향을 미쳐왔는지에 대해서는 거의 연구되어 있지 않다.

이것은 근대 농업사의 경우에도 전혀 예외가 아니다. 총독부가 어떻게 수탈했으며, 농민들이 어떻게 저항했는가에 대해서는 많은 것이 이야기되고 있지만 농민들이 그들의 경영 활동을 어떻게 영위했고, 그 과정에서 그들이 어떻게 바뀌어 갔는가에 대해서는 거의 검토되어 있지 않다. 그런데 후자에 대해서 검토하지 않는 한, 전자에 대해서 정확하게 알 수 없고, 나아가서 직접 생산자의 경영 활동을 이해하지 않고는, 소경영에 의해서 영위되었던 근대 농업을 이해할 수 없으며, 지주제가 해체된 이후의 현대의 농업과 접목시키는 것도 불가능하다. 뿐만 아니라 근대 제국주의에 대한 이해도 불완전하게 된다.

여기서 말하는 소경영이란 소규모 경영이라는 뜻이며, 기술의 측면에서는 생산 공정상의 분업이 행해지고 있지 않고, 노동의 측면에서는 가족 노동에 의존하고 있으며, 노동하는 동일인에 의해서 계획과 감독이 이루어지는 경영을 가리킨다. 이것과 관련해서는 이 章의 제2절에서 자세히 다룰 것이다.

필자가 농민의 일상적인 경영 활동의 전개를 바탕으로 해서 한국 근대의 농업과 농촌 사회의 변동을 서술하겠다는 이유는 위와 같은 것에 있다. 나아가서 이 작업을 통해 크게 다음의 세 가지를 얻어 낼 수 있을 것으로 생각한다.

첫째는 농업 변동의 과정에서 차지하는 농민의 일상적인 경영 활동의 중요성을 인식하는 것이다. 식민지기에 대해서는 본론에서 자세히 서술할 것인데, 현대 한국에 대해서도 결코 예외가 아니다. 1971년부터 시작한 새마을운동의 10년을 중간 결산하면서, 한국 정부는 주민들의 자조·자립 정신과 협동·발전의 의욕이 미약하며, 주민들의 소득 수준이 낮기 때문에, 물적 재원을 조달할 수 없었고, 개발을 추진하기에는 농민들의 기술 수준이 낮고, 지도자가 없거나, 있어도 나서지 않는 경우가 많았기 때문에 새마을운동에서는 정부의 지도가 매우 중요한 요소로 되었다고 서술했다.[4] 그렇지만 실제로는 새마을 사업 자금의 71%가 농촌 주민의 부담으로 이루어졌으며, 정부 지원은 29%에 지나지 않았다. 이것은 일상적인 활동에 있어서 농민의 역량이 과소평가되어 온 결과이다. 이것에 대해서는 농민운동만을 지나치게 평가해 왔던 한국사 연구가 상당한 책임을 져야 할 것이다.

나아가서 한국의 농민들에게 자신이 걸어 온 길에 대한 정확한 지식을 주게 된다. 이것은 지식인에게 지식인 집단의 역사적 경험이 중요한 것과 마찬가지이다. 농민들 자신이 자신들의 가능성과 한계를 명확히 이해해야 하기 때문이다.

둘째는 제국주의의 지배가 미친 영향과 그 결과를 복합적으로 이해하는 것이다. 제국주의의 목적은 식민지 지배에서 이익을 얻는 데에 있는 것이지, 식민지를 파괴하는 데에 있지는 않다. 맹목적인 파괴는 이익을 가져오지 못하기 때문이다. 물론 이익을 얻기 위해 식민지를 이용하는 과정에서 파괴가 동반되는 것을 부정하는 것은 아니다.

식민지를 이용하는 과정에서 제국주의 국가는 식민지에 여러 변화를 불러일으키게 된다. 예를 들면 식민지에서 더 많은 부를 생산해 내고, 그것을 효율적으로 추출하기 위해서 여러가지 제도를 도입하게 된다. 도입된 제도는 수탈에 기여하지만, 다른 한편으로는 식민지민에게 새로운 기회를 제공하는 것이기도 하다.

이 점은 근대의 농업에 대해서도 마찬가지이다. 새로운 농법의 도입은 일본으로 가져갈 수 있는 농산물의 양을 늘리기 위한 것이었지만, 그것이 농민의 경영자적 능력을 높이는 데에 기여했던 것이다. 이렇게 보면, 일본의 한국 지배는 간단하지 않은 영향을 미쳤던 것으로 된다. 이 점은 朝鮮統

---

4) 내무부, 『새마을 운동 10년사』(1981), p. 171.

治美化論과 겹치는 복잡한 문제이므로 여기에 대해서는 이 장의 제3절에 서 다시 다룰 것이다.

수탈과 저항으로서 모든 것을 해석하게 되면, 한국 현대의 경제 변동은 현대의 조건에 의한 것으로만 귀착된다. 이러한 경우 전제 조건으로서의 근대의 변동이 무시되게 되는데, 이것은 현대의 조건에 대한 과대 평가를 낳는 등, 많은 오류를 범하게 된다. 앞에서 예로 들었던 1970년대의 새마을 운동은 그것의 좋은 예이다. 새마을운동이 성과를 올릴 수 있었던 것은 농 민의 자발적인 노력을 얻을 수 있었기 때문인데, 그 자발성은 긴 시간에 걸 친 농민 경영의 성장, 마을의 조직화 등을 조건으로 해서 발휘될 수 있었던 것이다. 본론에서 자세히 검토하겠지만, 시장 경제의 확대 및 농촌 통제 정 책에 대응하는 開港期[5] 이후의 장기적인 과정이 있었다.

셋째는 한국 현대 농업의 전개 과정에서 펼쳐진 여러 사건을 역사적·합 리적으로 이해하는 것이다. 종장에서 다시 언급하겠지만, 농지개혁은 그것 에 대한 좋은 예이다. 농지개혁이 성공적으로 수행될 수 있었던 것은 한국 근대에 농민 경영의 성장이 이루어졌고, 그 결과 지주의 보조가 없이도 농 업 경영이 재생산될 수 있게 되었기 때문이다.

새마을운동과 관련해서도 언급한 바 있지만, 필자는 농민 경영의 성장의 정도가 농업 개발의 가능성과 그 한계에 대한 가장 중요한 조건이라고 생 각한다. 이것은 후진국 농업 개발에 대해서도 많은 시사점을 제공할 것 이다.

2. 분석 방법

(1) 독립 경영자로서의 농민

식민지기의 한국 농업에 대한 기존의 연구에서 중요한 하나의 경향은 당

---

5) 개항기란 1876~1910년 사이를 가리킨다. 개항기라는 표현으로는 객관적인 기간 도 그 시대의 이미지도 정확하게 전달할 수 없지만, 여기서는 별도의 적합한 용어가 없어서 그대로 사용했다. 필자는 개인적으로 근대 전기라는 표현을 사용하고 싶지 만, 근대 전기는 개항기와 식민지 초기를 포함해서 사용되기도 하기 때문에 사용하 지 않았다. 근대 전기의 다른 용례에 대해서는 宮嶋博史, 『兩班』(東京, 中央公論社, 1995) ; 노영구 옮김, 『양반』(강, 1996), p. 15를 참조하기 바람.

시의 농업을 지주 경영의 전개를 기축으로 해서 분석하는 것이다. 기존의 중요한 연구 결과들을 정리해 보면 다음과 같다.[6]

첫째, 농업 생산에 대해서 : 지주가 총독부의 농업 정책에 협조해서 소작농[7]의 소작지 경작을 지도했다. 그 내용은 품종의 선택, 김매는 횟수의 지정, 시비 횟수·종류·양의 지정 등 넓은 범위에 걸쳐 있었다. 그리고 그것에 기초해서 優良品種[8]의 보급, 토지의 개량, 施肥量의 증가 등이 행해졌다. 또 지주는 일본 시장을 지향하여 쌀의 증산에 힘을 기울였다. 그리하여 농업 생산이 쌀 중심으로 바뀌어 갔다.

둘째, 농산물 유통에 대해서 : 쌀에 국한해서 보면, 상품으로서 시장에 내어진 쌀의 57% 정도가 지주에 의해서였다. 하나는 논의 小作料率[9]이 매우 높았기 때문이며, 다른 하나는 밭의 소작료도 쌀로 대신 납부하는 경우가 있었기 때문이다. 논의 소작료율은 대개 50~60%였으며, 80% 정도에 달하는 경우도 있었다. 그리하여 쌀 수확량의 40% 정도까지 지주에게 수취되었다.

쌀은 지주에 의해서 주로 일본 시장으로 수출되었다. 그 판매 경로는 처음에는 대개 지주 – 지방의 미곡 상인 또는 정미업자 – 수출 미곡 상인이었지만, 1920년대 중반 이후는 서서히 지주 – 수출 미곡 상인으로 바뀌어 갔다. 그것은 지주가 스스로 정미하여, 중간 상인을 배제해 갔기 때문이다.

셋째, 농민층 분해에 대해서 : 지주는 안정적으로 높은 소작료 수입을 확보하기 위해서 주로 토지 생산성이 가장 높은 경영 면적 1.0~2.0 정보의 층에 소작지를 대여했다. 그 결과 朝鮮農地令이 제정되기 전까지 농민층

6) 주로 계량 경제학의 분석 방법을 이용하여, 농업 성장의 시계열적 변화 및 그 요인을 분석한 연구에 대해서는 생략한다. 그것에 대해서는 Ban, Sung Hwan, "Agricultural Growth in Korea", Yujiro Hayami 외 2인, *Agricultural Growth in Japan, Taiwan, Korea, and Philippines*(University Press of Hawaii, 1979)와 李勝男, 「韓國農業の成長分析」, 『北海道大學農經論叢』 42집(1986)을 참조할 수 있다.

7) 이 책에서는 농민을 계층 구분하는 데에 자작농, 자소작농, 소작농, 농업 노동자라는 범주를 이용한다. 자작농은 경작하는 지주를 포함하고 있으며, 자소작농은 자작과 소작을 겸하는 농민을 가리킨다.

8) 우량품종이란 개항 이후 식민지기에 걸쳐서 일본에서 도입된 多肥多收種 품종과 그것을 모태로 해서 한국의 농사시험장에서 육성된 품종을 가리킨다. 자세한 것은 제1장에서 언급한다.

9) 小作料率이란 총생산량에서 차지하는 소작료의 비율을 나타낸다.

분해는 중농 표준화[10]의 현상을 띠었다.[11]

식민지기의 지주제가 소경영 농업에 입각해 있었기 때문에, 농민의 농업 경영에 관심을 기울이지 않아서는 안됨에도 불구하고, 관심이 기울여지지 않았던 것은 식민지기의 한국 농업에 動態的[12] 지주로 명명된 특수한 존재가 있었기 때문이다. 동태적 지주란 시장 경제의 발달에 적응하여, 생산과 유통의 모든 과정에 걸쳐서 경영을 합리적으로 개선해 간 지주를 가리키는데, 가장 특징적인 성격은 소작농의 노동 과정을 지휘·감독한다는 것이었다.

그것은 재배 작물의 결정, 품종의 선택, 각종의 재배 관리, 생산물의 가공 등 농작업의 거의 모든 과정에 걸쳐 있었다.[13] 그리하여 동태적 지주의 지휘·감독 아래에서 농작업을 수행하는 소작농은 사실상의 임노동자에 지나지 않는다고 주장되었다. 대표적으로 다음의 문장을 들 수 있다.

> 농장 소작인으로 선발되어 농장과 소작 계약을 체결한 후에도 소작인은 (중략) 생산·분배·유통의 전 과정에서 농장의 세심한 지도와 간섭을 받아야 했다. (중략) 농장은 본부 직원과 예하 郡·面 단위 각 구역 책임자, 里·洞 책임자 등으로 편성된 소작부의 하부 관리 조직을 동원하여 수시로 확인 보고하도록 했다. (중략) 소작부 경영에 대한 농장측의 이러한 개입과 간섭은 농장 소작인의 외형 여하에 상관없이 그들이 점차 경영상의 자립성을 상실당한 채 실질적으로는 농업 노동자적 존재와 다름없이 되어 갔음을 보여주는 것이었다.[14]

---

10) 기본적으로 가족 노동력에 의한 농업 경영으로 생활을 유지할 수 있는 농가를 중농이라고 부르며, 타인 노동력을 고용하는 존재는 부농, 가계를 재생산하기 위해서 타인에게 고용되는 존재는 빈농이라고 부른다. 중농 표준화란 부농과 빈농이 감소하고, 중농이 증가하는 경향을 가리킨다.

11) 河合和男, 『朝鮮における産米增殖計劃』(東京, 未來社, 1986). 張矢遠, 「日帝下 大地主의 存在形態에 관한 硏究」(서울대학교 대학원 박사학위 논문, 1989). 松本武祝, 『植民地期朝鮮의 水利組合事業』(東京, 未來社, 1991). 洪性讚, 『韓國近代農村社會의 變動과 地主層』(지식산업사, 1992).

12) 동태화 또는 동태적이라는 표현이 반드시 그 내용을 정확히 드러내고 있는 것은 아니지만, 더 나은 표현이 없기 때문에 이하에서는 동태화 또는 동태적이라는 표현을 사용하며, 번거로움을 피하기 위해서 따옴표는 생략한다. 공업 기업에 대해서는 '합리화'라고 하는 용어가 일반적으로 사용되지만, 합리화는 자본 장비율의 변화를 반드시 포함하기 때문에, 지주의 소작지 경영에 사용하기는 어렵다.

13) 張矢遠, 「日帝下 大地主의 存在形態에 관한 硏究」(서울대학교 대학원 박사학위 논문, 1989).

14) 洪性讚, 『韓國近代農村社會의 變動과 地主層』(지식산업사, 1992), p. 459.

1920년대의 産米增殖計劃기에 지주의 동태화가 깊이 진전되어, 일본인 지주만이 아니라 한국인 지주도 동태화해 갔다. 또 그 정도도 깊어 갔다. 그리하여 동태적 지주를 당시에 있어서 지주의 대표적인 존재로, 나아가서 동태적 지주 아래의 소작농을 소작농 중의 대표적인 존재로 파악하게 되었다. 또 농민 가운데 차지하는 소작농의 비율이 50%를 넘었기 때문에 동태적 지주하의 소작농이 농민 중의 대표적인 존재로 파악되었다.

위에서 언급했듯이 동태적 지주하의 소작농은 사실상의 임노동자로 파악되었기 때문에, 농민의 경영자적 성격이 거의 무시되었다. 식민지기의 농업이 주로 지주와 총독부의 관계에 입각해서 서술되었던 것에는 이러한 이유가 있다.

물론 모든 선행 연구가 이러한 관점에 서 있다는 것은 아니지만, 농민의 경영자적 성격을 의식적으로 고려한 연구는 거의 없다고 생각한다. 그것은 사실상의 임노동자라고 하는 주장이 강하게 영향을 미쳤기 때문이다.

농민의 경영자적 성격을 무시하는 데에 대해서 필자는 3가지의 의문을 가지고 있다. 첫째는 논리적인 문제인데, 사실상의 임노동자화라고 하는 주장은 지주의 노동 통제를 과대 평가하고 있다. 소경영 농업하에서의 농업 노동에는 넓은 면적이 필요하며, 농민은 이동하면서 작업하지 않으면 안된다. 현대에 있어서도 농업 기계는 인간의 노동을 보조하는 데에 지나지 않으며, 농업 생산의 노동 과정이 기계 체계에 의해 이루어지는 것은 아니다. 즉 기계 체계에 의한 노동 통제(공장제 기계 공업의 통제)가 이루어지고 있지 않다. 따라서 개개의 노동 행위는 규격화되지 않으며, 노동의 전체 과정에 걸쳐서 농민의 자율적인 판단이 작용하게 된다. 그 때문에 소작농의 노동 과정을 통제하기 위해서는 지주 또는 대리인이 감독하지 않으면 안된다. 그러나 그 통제는 물리적·기술적으로 매우 어렵다.

식민지기의 한국을 소재로 해서 자세히 살펴보자. 지주 또는 그 대리인이 종자 선택, 시비 등을 지도하기 위해서는 개개의 소작지의 특성을 파악하지 않으면 안되었지만, 지주의 소유 경지는 분산되어 있어서 파악하기 어려웠다. 관리인의 수를 늘리는 것이 해결 방법의 하나이기는 했지만, 그것은 경비를 상승시켰다. 경비를 줄이기 위해서는 소작농 가운데에서 관리인을 선발할 수 있었지만, 그 경우에는 소작료 수입이 줄어드는 손실이 있었고, 관리인의 이익과 지주의 이익이 서로 배치되는 위험이 따랐다. 즉 인간에 의한 노동 통제(공장제 수공입의 통제)도 한정적으로 작용할 뿐이었다. 모든 경지를 한곳에 모으고, 모든 생산 수단을 지주가 공급하는 농장에서는 상대적으로 높은 수준의 노동 통제가 행해졌을 것이지만, 그러한 지주가 전체에서 차지하는 비율은 매우 낮았다.

둘째, 사실상의 임노동자화라고 하는 주장은 실증되어 있지 않다. 이 점에 대한 증명은 장시원의 선행 연구에 충분히 이루어져 있으므로 여기서는 그 논문을 소개하는 데에 그친다. 장시원은 "지주의 소작농에 대한 생산·분배·유통 과정에서의 통제 강화가 과연 소작농의 '사실상의 임노동자화'를 초래하였는가"라는 질문 아래 회사·농장 지주의 소작 증서에 대해서 분석한 다음, "경작 과정에 대한 제반 규제는 어디까지나 농업 생산 기술면에서의 지주의 장려 사항이었을 뿐, 경작 과정을 지주가 직접 조직·운영한 것은 아니었다는 사실을 유의할 필요가 있다. 지주의 생산 과정에 대한 직접적인 조직·운영을 곤란하게 만든 최대의 요인은 토지의 분산성에 따른 농업 경영의 분산성이다. 분산적으로 영위되는 소작 농민의 개별적 농업 경영에서는, 각 농장의 지도원·농무원의 감독 기능이 아무리 엄격하다 하더라도, 기본적으로는 개별 소작 농민의 자발적 참여를 필요로 하는 '自警的 小作地管理關係'에 의존하지 않을 수 없다"고 결론지었다.[15] 요컨대 상대적으로 높은 수준의 노동 통제를 행하고 있다고 생각되는 회사·농장 지주조차도 한정된 범위 내에서만 소작농의 노동 과정을 통제한 것에 지나지 않았다.

셋째, 농민을 소작농으로, 소작농을 동태적 지주하의 소작농으로 추상하기보다는 농민 구성의 다양성을 인정해야 한다. 이유는 두 가지이다. 하나는 지주를 매개로 하지 않고, 총독부의 농업 정책과 직접적으로 관련을 맺고서 농업 경영을 행하는 자작농 및 자소작농의 존재를 무시해서는 안되는 것이다. 1930년대에도 18% 정도의 자작농과 25% 정도의 자소작농이 존재했으며, 43% 정도의 경지가 자작지였다. 다른 하나는 동태적 지주의 비율이 그렇게 높지 않았다는 것이다. 지주의 동태성 여부를 판단할 수 있는

---

15) 張矢遠, 앞의 글, p. 106, pp. 115~116.

기준을 정하기는 어려운데, 그 기준을 매우 느슨하게 해서 증서 계약을 체결하는 지주는 모두 동태적 지주라고 가정해 보자. 그렇다고 하더라도 1930년 무렵에 증서 계약을 체결한 지주는 전체 지주의 32.7%에 지나지 않았기 때문에, 동태적 지주 역시 그 수준, 즉 1/3 정도에 머무르게 된다.

　그리하여 필자는 식민지기에 있어서 한국 농업의 전개 과정을 분석할 때, 농민의 경영자적 성격을 중시해야 한다고 생각한다. 이들은 소작료 및 조세 공과금 부담률의 변화, 품종의 전환, 농업 경영 조직의 변경, 판매 가격의 인상, 자급 부문의 강화 등 다양한 전략을 구사할 수 있는 존재인 것이다. 이 점은 현대 한국의 농업에 대한 분석에 있어서도 마찬가지이다.

(2) 총독부에 의한 농민의 포섭

　이어서 총독부에 대해 살펴보자. 먼저 농업 정책에 대한 기존의 연구에 의하면, 총독부는 조선을 식민지로 유지하기 위해 지주와 정치적 연합을 맺었고, 지주를 이용해서 농민을 통제했다는 것이 된다.[16] 이것은 지주가 농업 개발의 담당자였고, 농민 운동을 저지하는 대리인이었다고 하는 다른 연구들에 그 기초를 두고 있다. 위의 상황하에서는 총독부와 지주의 이해 관계가 기본적으로는 배치되지 않기 때문이다.

　위와 같은 파악은 틀렸다고는 할 수 없지만, 사태를 지나치게 단순화시킨 것이다. 총독부가 한국에 존재하고 있는 권력인 한, 한국의 전체적인 상황으로부터 자유로울 수는 없었다. 그렇기 때문에 총독부는 産米增殖1期 計劃[17]의 실시 및 헌병경찰제도에서 보통경찰제도로의 전환처럼 일본 정부와 어느 정도의 거리를 유지하면서 독자적으로 정책을 추진하기도 했고,[18] 朝鮮農地令의 제정처럼 일본 정부와의 사이에 상당한 마찰을 불러일

---

16) 堀和生, 「日本帝國主義の朝鮮における農業政策」, 『日本史硏究』171호(1976) ; 사계절 편집부 옮김, 「일제하 조선에 있어서 식민지 농업정책」, 『한국근대경제사연구』(사계절, 1984). 池秀傑, 「1932~35年間의 農村振興運動」, 『韓國史硏究』46호(1984) ; 「1930년대 전반기 조선인 대지주층의 정치적 동향」, 『역사학보』122호(1989). 정연태, 「일제의 한국 농지정책」(서울대학교 대학원 박사학위 논문, 1994).

17) 이 책에서는 産米增殖計劃과 관련한 명칭을, 1920~25년 사이의 사업은 産米增殖 1期計劃으로, 1926~34년 사이의 사업은 産米增殖更新計劃으로, 1920~34년 사이는 産米增殖計劃으로 나누어 사용했다.

18) 河合和男, 『朝鮮における産米增殖計劃』(東京, 未來社, 1986) 제2장. 松田利彦,

으키기도 했지만,[19] 기본적으로는 일본 국가 권력의 한 부분이었다.

입법부인 동시에 행정부로서의 조선 총독이 책임을 져야 할 대상은 논리
적으로는 다음의 두 가지 중 하나였다. 즉 일본 왕과 식민지 의회였다. 그
런데 한국에는 식민지 의회가 없었다. 즉 植民地民의 이해 관계가 총독의
정치를 규제할 수 없었던 것이다. 그렇기 때문에 총독은 전적으로 일본 왕
에 대해서 책임을 질 뿐이었다. 물론 조선 내의 사회 운동이 총독의 판단에
영향을 미치지 않은 것은 아니었지만, 그것은 불규칙적이었다.

총독부는 일본 제국 전체의 유지·발전에 유리한 상황을 만들어 내는 것
을 자신의 기본적인 목적으로 삼았다. 구체적으로 살펴보자. 우선 총독부
는 한국 지배가 일본에게 부담이 되지 않도록 한국을 지배하는 데 필요한
비용을 한국의 내부에서 충당하려고 했다. 그 때문에 총독부는 한국 지배
의 비용을 최소한으로 줄이고, 안정적인 수입 원천을 확보하려고 했다. 총
독부는 식민지 지배를 시작함과 동시에 土地調査事業을 실시하여, 지가를
결정하고, 토지의 소유자를 확정했다. 토지의 소유자가 확정되자, 지세의
부담자가 명확히 드러나게 되었다. 나아가서 지세를 지가의 1.3%로 결정
하여, 稅入이 기후 조건에 영향받지 않게 되었다. 그리하여 歲入이 안정적
으로 확보되었다.

제1차 세계대전 중에 일본 경제는 빠른 속도로 성장했다. 그리하여 한국
을 지배할 수 있는 경제적 실력이 높아졌다. 즉 한국에 투자할 수 있는 힘
이 생겼다. 총독부는 일본 제국 전체의 재생산에 불가결한 물자를 풍부하
게 생산하여 반출하려고 했다. 한국에서 획득하려 한 가장 중요한 물자는
쌀이었으며, 총독부는 産米增殖計劃을 실시하여 쌀의 증산에 노력했다.

그런데 앞에서도 언급했듯이, 농민이 스스로의 농업 경영에 있어서 일정
한 자율성을 가지고 있는 한, 쌀 생산을 늘리기 위해서는 총독부가 농민의
생산 의욕을 높이는 것이 반드시 필요했다. 따라서 총독부가 지주의 이익
을 보호하는 정도에 대해서는 엄격한 한계를 지어 두어야 한다. 즉 총독부

「日本統治下の朝鮮における警察機構の改編」, 『史林』74-5(京都大學校史學研究會,
  1991).
19) 졸고,「식민지 조선에 있어서 1930년대의 농업정책에 관한 연구」, 『한국 근대 농촌
  사회와 농민운동』(열음사, 1988), p. 138.

가 그때 그때의 상황에 맞추어서 지주층 및 농민층과 특정한 관계를 설정한다고 생각해야 할 것이다.

　정리하면 농민을 독립적인 변수로 포함시키고, 각각의 국면에 있어서 총독부, 지주 및 농민이 다양하게 행동할 수 있음을 전제로 해서 분석하지 않으면 안된다.

3. 일본의 한국 지배에 대하여

(1) 朝鮮社會停滯論

　식민지라는 단어에서 쉽게 떠올릴 수 있는 개념은 수탈과 정체이지만, 이 책의 과제는 이 章의 제 1 절에서 언급했듯이 식민지하의 변동이다. 그런데 변동이란 중립적인 개념이기 때문에 이 개념은 여러가지의 오해를 불러일으킬 수 있다. 다시 말하면, 일본에 의한 한국 지배의 부당성이 애매하게 될 수 있다는 비판을 받을 수 있다. 일반적인 표현으로 바꾸면, 朝鮮統治美化論의 부당성이 애매하게 처리된다는 것이다.

　'미화론'에는 두 가지의 문제가 얽혀 있다. 그 가운데 하나는 '미화론'의 출발점과 관련되는 문제로서 朝鮮社會停滯論과 관련되어 있다. 이 경우에 '미화론'은 정체 상태에 있던 한국을 진보의 길로 이끈 것은 일본이며, 그러한 점에서 일본의 한국 지배는 부당하지 않다는 것으로 된다. 다른 하나는 개항 이전의 한국 사회가 정체되어 있지 않았다고 하더라도 한국은 일본의 지배 기간 동안에 정신적·물질적으로 많은 유산을 물려받았으며, 그 결과로 해방 이후의 성장을 이룰 수 있었기 때문에, 일본의 한국 지배의 부당성이 지나치게 강조되어서는 안된다는 것이다. 이하에서는 이 두 가지 문제에 대한 필자의 생각을 서술해 두고 싶다.

　앞의 문제부터 보아 가자. 朝鮮社會停滯論의 효시는 福田德三일 것이다. 그는 그의 논문「韓國の經濟組織と經濟單位」에서 대한제국기의 한국 사회의 수준은 일본의 10~11세기 무렵의 그것과 일치한다고 주장했다.[20] 福田德三은 뷔허[21]의 경제 발전 단계설을 이용하여 두 가지의 근거를 제시

---

20) 福田德三,「韓國の經濟組織と經濟單位」,『經濟學硏究』(1907), p. 110.
21) Karl Büher(1847~1930)는 독일의 경제사학자였다. 고대와 중세의 도시에 대해서

했다. 하나는 국가 권력의 모습과 관련한 것이었는데, 福田德三은 일본은 12세기 이후 봉건 국가를 건설했고, 17세기 이후 경찰 국가를 건설했으며, 19세기에는 자본주의 국가를 건설했다고 주장했다. 그런데 대한제국기의 한국의 사회 조직은 봉건 제도가 아니므로, 한국 사회는 10~11세기 무렵의 일본 사회와 일치한다는 것이었다.

다른 하나는 경제 조직과 관련된 것이었다. 福田德三은 대한제국기의 한국 경제는 폐쇄적인 가내 경제에 의해서 구성된 촌락 경제이며, 아직 고객과의 사이에 직접적인 교환이 이루어지는 도시 경제의 수준에 도달하지 못했다고 주장했다. 그에 의하면, 대한제국기 한국 경제의 수준은 일본의 10~11세기 무렵의 그것과 일치한다는 것이었다.

福田德三의 견해는 河合弘民, 和田一郎, 黑正巖, 稻葉岩吉, 四方博 등 당시의 중요한 한국 연구자들에게 커다란 영향을 미쳤다.[22] 그중 四方博은 조금 다르지만, 그 나머지는 한국이 600~1,000년 전의 일본의 사회 경제적 수준에 머물러 있다고 주장했다.

그렇지만 많은 사람들에 의해서 지적되어 있듯이 福田德三의 주장은 그 근거가 매우 약하다.[23] 福田德三은 1902년 여름에 한국을 여행할 기회를 가졌는데, 짧은 한국 체제 기간중에 그가 수집한, 그것도 매우 부정확한 자료에 의거해서 위의 논문을 썼던 것이다.

제대로 틀이 갖추어진 朝鮮社會停滯論이라고 할 수 있는 것은 四方博에 이르러서 만들어졌다. 제대로 갖추어졌다고 평가하는 것은 그가 역사에 있어서 절대적인 정체란 거의 있을 수 없는 것이라고 福田德三을 비판한 다음 그의 정체성론을 전개하고 있으며,[24] 논리의 체계를 갖추고 있기 때문이다. 약간 길지만 그의 논문을 인용해 보자.[25]

많은 연구를 했으며, 경제는 가내 경제－도시 경제－국민 경제라는 3단계를 거치면서 발전해 간다고 주장했다.

22) 旗田巍, 「朝鮮史硏究の課題」, 朝鮮史硏究會 編, 『朝鮮史入門』(1970).

23) 강진철, 「정체성론비판」, 『한국사 시민강좌』 제1집(일조각, 1987). 旗田巍, 위의 글.

24) 四方博, 「舊來の朝鮮社會の歷史的性格について」, 『朝鮮學報』 2집(1946), pp. 165~166.

25) 四方博, 「朝鮮における近代資本主義の成立過程」, 京城帝國大學法文學會, 『朝鮮社會經濟史硏究』(1933), pp. 6~8.

"개항 당시의 조선에는, 자본의 축적도 없었고, 기업가적 정신에 충만한 계급도 없었고, 대규모 생산을 영위할 수 있는 기계도 기술도 없었다. 나아가서 그러한 것들의 존재를 전망하게 하는 사정도, 반드시 등장하게 하는 조건도 구비되어 있지 않았다. 존재했던 것은 단지 쌀과 보리를 생산할 뿐인 농민과 여가 노동에 가까운 수공업자와 잉여 생산물 및 사치품을 유통시키는 상인과 이들의 위에 서서 모든 권리를 향유하고, 모든 잉여를 흡수하는 관리 양반이었던 것이다. 자본주의 생성의 조건과는 대개 정반대인 요소밖에 없었다고 평가할 수밖에 없다. 여기에 있어서 조선의 자본주의는 그 출발점에 있어서도 또 그 성장의 과정에 있어서도 외국의 자본과 외국의 기술 능력에 의존할 수밖에 없었다. (중략) 결국 조선에 있어서 자본주의 성립 과정의 지도적 지위는 일본이 점하게 되었던 것이다."

四方博의 주장은 한국의 전근대 사회에 있어서 자본주의적 요소 및 자본주의적 요소를 낳을 수 있는 가능성, 개항 이후에 있어서 자본주의에 대한 한국인의 적응 능력, 자본주의적 발전과 일본의 관계라는 세 가지의 항목으로 구성되어 있는데, 결론을 간단히 제시하면, 1) 한국 사회는 자본주의를 스스로 만들어 낼 수 있는 구조를 가지고 있지 못했다, 2) 한국의 자본주의는 외부에서 이식되었으며, 한국인은 그것에 적응하지 못했다, 3) 한국은 일본의 식민지로 된 후, 일본의 자본과 기술의 도움을 받아, 비로소 성장할 수 있었다는 것으로 된다.

(2) 정체론의 현재 모습

福田德三에서 출발했고, 四方博에 이르러 매우 세련된 형태로 제시된 한국의 역사와 사회에 관한 정체론적 인식은 한국에 대한 일본인의 사고 방식에 커다란 영향을 미쳤다. 거의 1세기 전부터 형성되기 시작한 정체론적 사고는 오늘날에도 여전히 위력을 발휘하고 있는데, 그것이 위력을 발휘하고 있음은 다음의 두 가지로부터 알 수 있다.

첫째, 수시로 소위 '망언'이 행해지고 있다는 것이다. '망언'이란 일본인에 의해서 행해진, 일본과 일본인을 격상시키고, 한국과 한국인을 격하시키는 모든 종류의 발언을 총칭한다. 이런 점에서 '망언'이 반드시 적절한 용어인가에 대해서는 검토할 필요가 있지만, 현재로서는 이상의 내용을 모두 포괄하는 용어로서는 '망언'이 유일하다고 생각된다. 이하에서는 작은 따옴표를 붙인 망언이란 용어를 일반적으로 사용한다.

일본인에 의한 '망언'의 역사는 매우 길다. 해방 이후 최초의 '망언'이었다고 일컬어지는 것은 한일 국교 정상화 회담의 수석 대표였던 구보다(久保田)의 발언이다. 그는 1953년 10월 15일 일본 외무부 회의실에서 열린 제2회 재산 및 청구권 분과 위원회에서 "일본에 의한 36년간의 한국 통치는 한국인에게 은혜를 베푼 것이었다. 일본이 한국에 가지 않았으면, 중국이나 소련이 들어갔을 것이다"라고 발언했다.[26]

그 이후부터 현재에 이르는 일련의 '망언' 중에서 四方博 주장의 1), 2), 3)에 해당하는 대표적인 것들을 소개해 보면, 다음과 같다.

1) 한국 사회는 자본주의를 스스로 만들어 낼 수 있는 구조를 가지고 있지 못했다.

1961년 7월에 아라키(荒木) 교육부 장관은 "일본인은 아프리카 토인이나 조선인으로 태어나지 않아 다행스럽다는 자부심을 가지지 않으면 안된다"고 발언했다.[27] 이 발언은 당시 아프리카 토인과 한국인을 동렬에 두었다고 해서 크게 문제시되었다. 물론 한국인 스스로가 아프리카 토인을 비하시키는 어리석음을 범해서는 안되지만, 위의 발언에서 문제가 되었던 것은 아라키의 사고 방식이었다.

그가 "일본인은 (중략) 자부심을 가지지 않으면 안된다"고 발언한 것은 아프리카 토인이 미개 상태에 머물러 있다고 하는 자신의 사고 방식을 드러내는 것이며, 아프리카 토인과 병렬적으로 한국을 언급한 것은 한국 역시 미개 상태에 머물러 있다는 것을 표현한 것이다. 이것은 한국인은 스스로 발전할 수 있는 힘을 갖추지 못했다고 주장하는 것과 같다.

2) 한국의 자본주의는 외부에서 이식되었으며, 한국인은 그것에 적응하지 못했다.

위에서 언급한 구보다(久保田)는 "일본이 한국에 가지 않았으면, 중국이나 소련이 들어갔을 것이다"라고 발언했다. 그리고 1987년 12월에 니시무라 도시조(西村敏截) 자민당 히로시마(廣島) 市議員은 "중국이 한국을 공

---

26) 김삼웅, 「일본의 對韓 망언사」, 『친일파』(학민사, 1990), p. 222.
27) 같은 글, p. 223.

격하려고 하는 것을 일본이 막았다. 日露戰爭으로 한국을 러시아로부터 지켰다"고 발언했으며,[28] 1995년 10월 11일에 에토 다카미(江藤隆美) 총무청 장관은 "당시의 시대적 상황으로 보아, 국력이 약한 한국이 심리적·정치적 압박 때문에 일본과 결합하지 않을 수 없는 상황이었다"고 발언했다.[29]

이 세 가지의 발언은 내용이 거의 동일하다. 한국은 일본의 식민지로 되지 않았더라도 중국 또는 러시아(소련)의 식민지로 되었을 것이라는 것이다. 이러한 주장의 뿌리에 무엇이 있는가 하는 것은 매우 자명하다. 한국인은 19세기 말에서 20세기 초반의 격변기에 자본주의에 적응하지 못했으며, 자국을 자신들의 힘으로 지킬 수 있는 능력을 만들어 가지지 못했다. 그렇기 때문에 어떤 한 나라의 식민지로 되는 것은 당연하다는 것이다.

3) 한국은 일본의 식민지로 된 이후, 일본의 자본과 기술의 도움을 받아 비로소 성장할 수 있었다.

1965년 1월 다카스키(高杉晋一) 韓日會談 일본 대표는 "일본은 조선을 지배했으나 조선을 보다 좋게 하려고 한 것이다. 일본의 노력은 전쟁으로 좌절되었으나, 20년쯤 더 조선을 지배했으면 좋았을 것이다. 한국이 식민지, 식민지 하고 떠들어대지만 일본은 한국에 좋은 일을 하지 않았는가"라고 발언했다.

이시하라 신타로(石原愼太郎) 일본 衆議院 의원과 모리타 아키오(盛田昭夫) 소니 SONY 회장은 "한국, 대만, 싱가포르 등 경제가 제대로 되어 가고 있는 나라들은 대체로 일본이 통치한 적이 있는 곳이다. 일본이 이들 나라에 분명히 나쁜 일을 했다는 사실도 인정하고 반성해야 하겠지만, 좋은 영향이라는 것을 남기고 온 것도 부정할 수 없다고 생각한다"고 발언했다.[30]

'망언'은 최근에 이르기까지 되풀이되고 있다. 그런 점에서 정체론적 사고 방식은 매우 뿌리깊다고 하지 않을 수 없다. 그렇다고 해서 '망언'의 내용이 동일한 수준에서 머물러 있지는 않았다. 세대 교체 즉 직접 식민지 지

---

28) 같은 글, p. 225.
29) 『중앙일보』, 1995년 11월 8일.
30) 石原愼太郎·盛田昭夫, 『NOと言える日本』(東京, 光文社, 1989) ; 金容雲 옮김, 『NO라고 말할 수 있는 일본』(한국능률협회, 1990), p. 104.

배를 담당했으며, 제국주의 전쟁을 수행했던 세대가 죽어 간 것, 일본이 경제 대국으로 되어 간 것, 국제 경제 및 정치의 상황이 변화한 것 등이 영향을 미치면서 '망언'의 내용은 바뀌어 왔다. 크게 다음의 세 가지를 들 수 있다.

1) 대동아 공영권의 부활을 꾀하는 발언은 소멸했다. 이러한 발언은 1960년대 중반 이후 거의 행해지지 않게 되었다. 이것은 식민지 지배를 직접 담당했던 세대의 죽음과 관련이 클 것이다. 2) 일본의 제국주의적 지배가 주변의 민족에게 피해를 끼친 적이 없다는 발언에서 그것을 인정하는 발언으로 바뀌었다. 1980년대에 들어와서는 이것이 일반적인 추세로 되었다. 주변 국가들의 경제가 성장하면서 역사 의식 또한 높아졌기 때문이며, 더욱 직접적으로는 그들 국가에 있어서 근대사 연구가 진전되었기 때문이다. 그 결과 피해를 끼친 적이 없음을 부인하는 것이 불가능하게 되었다. 3) 지배의 실태보다 지배를 가능하게 한 형식적 조건에 대해서 언급하기 시작했다. 이것은 2)와 관련이 있는데, 구체적으로 말하면, 乙巳保護條約과 日韓併合條約의 형식적 타당성에 관한 것이다. 이 발언은 한일 국교 정상화 회담이 시작되었을 때부터 문제가 되고 있었던 것인데, 특히 1990년대에 들어와 빈번히 언급되기 시작했다.[31]

그럼에도 불구하고 일관되게 발언하고 있는 것은 한국이 일본에 의해서 비로소 근대화가 가능하게 되었으며, 그것이 해방 이후 한국의 사회·경제 발전에 대한 어느 정도의 기초가 되었기 때문에 그 공적만은 분명히 인정받아야 한다는 것이다. 이것은 한일 국교 정상화 회담이 10년 이상이나 계속되었던 중요한 이유이기도 하며, 현재에 있어서도 여전히 중요한 문제가 되고 있다.

1990년대에 들어와서 일본 왕 및 정부 수뇌가 식민지기에 많은 한국인이 고통받았던 데에 대해서 미안하게 생각한다는 발언을 수차례에 걸쳐서 행했지만, 그것은 일본에 의해서 비로소 한국의 근대화가 가능하게 되었다고 하는 일관된 주장을 부정하는 것이 결코 아니었다.

둘째, '망언'의 주인공들이 매우 당당한 자세를 취한다는 것이다. 1986년

---

31)『부산일보』, 1995년 10월 10일.『중앙일보』, 1995년 10월 15일.

에 나카소네 야스히로(中曾根康博) 내각의 교육부 장관을 지냈던 후지오 마사유키(藤尾正行)는 몇 차례에 걸친 '망언'의 결과, 교육부 장관에서 파면되었다. 그는 여러가지의 발언을 행했는데, 한국이 일본에 '합방'되지 않았다고 해서, 청이나 러시아 혹은 러시아의 후신인 소련의 식민지로 되지 않았다고 할 수는 없다라는 발언은 이 글과 직접 관련되는 것이다. 후지오 마사유키가 매우 당당했다고 하는 것은 그가 사과도 사임도 하지 않았고, 파면시켜 줄 것을 자청했기 때문이다.

朝鮮社會停滯論에 입각한 '망언'은 일본과 일본인의 역사 인식의 한계를 드러내는 것이다. 그리고 단순히 한계를 드러낸다는 것에서 멈추지 않으며, 일본 사회의 발전에 걸림돌이 되는 것이다. 그런데 일본의 발전은 일본인의 문제라고 버려 둘 수는 없다. 일본이 일본을 둘러싸고 있는 여러 국가의 안전을 위협할 수 있음을 보여주는 것이기 때문이다.

(3) 정체론과 한국인의 한국사 연구

朝鮮社會停滯論이 틀을 갖추고 세상에 나온 이후, 한국인의 한국사 연구는 '정체론'을 염두에 두지 않을 수 없었다. 긴 기간에 걸쳐, 어떻게 보면 현재에 이르기까지도, 한국인에 의한 한국사 연구는 '정체론'을 부정·극복하기 위한 것이었다고 할 수 있다. 물론 모든 연구가 다 그러하다는 것은 아니다.

'정체론'에 대한 비판적 연구는 크게 두 가지로 분류할 수 있는데, 하나는 한국 전근대 사회의 발전적 모습을 이론적·실증적으로 밝히는 것이었다. 이것은 四方博의 주장 1) "한국 사회는 자본주의를 스스로 만들어 낼 수 있는 구조를 가지고 있지 못했다"는 것에 대한 비판이었다.

이론적인 작업은 한국사의 전개 과정이 史的唯物論의 역사 발전 과정과 합치했음을 보이는 것에서부터 출발했다. 이것과 관련한 최초의 본격적인 업적은 백남운의 『朝鮮社會經濟史』(1933)와 『朝鮮封建社會經濟史』(1937)일 것이다. 백남운은 그것에서 삼국시대 이전을 원시 사회, 삼국시대를 노예제 사회, 신라 말기부터 조선시대까지를 봉건 사회로 규정하여, 한국 사회가 史的唯物論에서 말하는 세계사의 발전 법칙에 입각해서 전개되어 왔다고 주장했다. 나아가서 그는 조선시대를 절대주의적 봉건제로 규정하여, 한국에 있어서 자본주의의 탄생을 전망했다.[32) 백남운의 주장이 현재까지 유효한 것은 아니지만, 조선 사회를 자본주의의 전단계에 해당하는 봉건 사회로 규정하는 것은 일반적이라고 할 수 있다.[33)

한국 사회의 역사적 발전 양상에 관한 실증적인 연구 업적은 일일이 열거할 수 없을 정도로 많다. 토지 사유제, 경영형 부농, 상업 자본, 수공업, 화폐 유통, 실학 등에 걸쳐서 매우 많은 연구 결과가 제출되었다.[34)

모든 연구자들이 유사한 연구 결과를 내었던 것은 아니었지만, 이 절의 주제와 관련지어 감히 요약하면, 여러 측면에서 볼 때, 조선 후기 사회는 봉건제의 해체기에 해당한다는 것이었다. 그리고 봉건제를 해체시킬 수 있는 역량을 가졌다는 것은 자본주의를 생산할 수 있는 역량을 가지고 있었다는 것과 동일한 것으로 이해되었다. 이것은 四方博의 주장 1)과는 달리 한국 사회는 자본주의를 스스로 만들어 낼 수 있는 구조를 가지고 있었다는 것으로 귀결된다.

이상과 같은 상태에 도달했음에도 불구하고 한국 사회의 내부에서 자본주의가 탄생하지 못했던 것에 대해서는 한국 사회 내부의 자본주의적 요소들이 충분히 성장하기 이전에 제국주의 국가에 의해 지배되어, 그 탄생을 보지 못했기 때문이라고 주장되었다.

朝鮮社會停滯論에 대한 비판의 다른 하나는 개항 이후 식민지기에 걸친 일본의 지배가 한국 사회에 일으킨 사회・경제적 변동과 관련되어 있는데, 이 점을 경제에 대한 연구 결과를 중심으로 검토해 보자. 이 주장은 1980년대 중반을 전후로 해서 크게 바뀌었는데, 그것은 식민지기에 있어서 한국인의 경제 활동의 성과에 대한 평가가 바뀌었기 때문이었다.

대개 1980년대 전반까지의 지배적인 견해는 다음과 같았다. 한국이라는 지역 내에서의 경제 성장은 확인할 수 있지만, 그것은 일본 경제의 외연적 성장에 지나지 않았으며, 한국인의 경제적 역량은 오히려 후퇴했다는 것이

---

32) 白南雲, 『朝鮮封建社會經濟史』 상권(改造社, 1937), p. 3.
33) 모든 연구자들의 주장이 일치하고 있다는 것은 아니다. 이영훈, 「조선 봉건론의 비판적 검토」, 『한국 자본주의의 성격 논쟁』(대왕사, 1988)을 참고하기 바람.
34) 여기에 대해서는 강진철, 「정체성이론비판」, 『한국사 시민강좌』 제1집(일조각, 1987)을 참고하기 바람.

다.³⁵⁾ 이것은 해방 이후의 한국의 경제 성장이 일본 지배의 유산은 아니라는 것으로 연결되었다.

1980년대 중반 이후 식민지기의 한국인의 경제 활동에 대한 연구 결과가 증가했다. 연구는 주로 공업 부문에 집중되었는데, 그 결과는 식민지기에 일본인에 대한 한국인의 경제적 지위가 상대적으로 하락하기는 했지만, 한국인의 경제 활동이 양적으로는 성장했다는 것이었다.³⁶⁾ 나아가서 식민지기에 물적·인적으로 해방 이후의 공업적 성장을 위한 기초가 만들어졌다고 주장되기에 이르렀다.³⁷⁾

위의 연구 결과가 보편적으로 되면서, 개항 이후 식민지기에 걸친 일본의 지배가 한국 사회에 초래한 사회·경제적 변동에 대한 비판적 해석의 초점도 바뀌기 시작했다. 크게 다음의 두 가지를 지적할 수 있다. 하나는 일본의 지배가 초래한 긍정적인 측면을 부정할 수는 없지만, 그것이 초래한 부정적인 측면이 더욱 크다는 것이며,³⁸⁾ 다른 하나는 식민지기에 있어서 한국 사회·경제의 근대적 변동은 일본의 정책이 아니라, 한국인의 자발적 노력에 기인한다는 것이다.³⁹⁾ 이 두 가지는 이 節의 맨 첫 부분에서 언급한 朝鮮統治美化論의 두번째 문제와 직결된다.

35) 전석담,『조선경제사』(1949). 조기준,『한국경제사』(일신사, 1962). 한창호,「일제하의 한국 광공업에 관한 연구」,『일제의 경제 침탈사』(현암사, 1982 [집필 연도 1969년]). 최호진,『한국경제사』(박영사, 1970). 安秉直,「1930년 이후 朝鮮에 侵入한 日本獨占資本의 正體」,『韓國近代史論 I』(지식산업사, 1977). 조기준,『한국자본주의 成立史論』全訂版(대왕사, 1981).

36) 安秉直·李大根·中村哲·梶村秀樹 엮음, 『近代朝鮮의 經濟構造』(比峰出版社, 1989). 安秉直·中村哲 共編著,『近代朝鮮工業化의 硏究』(一潮閣, 1993). Eckert J. Carter, *The Kochang Kims and the Colonial Origins of Korean Capitalism, 1876~1945*(Seattle and London, University of Washington Press, 1991). 앞의 두 권은 한국과 일본 연구자들의 공동 연구의 결과이며, 뒤의 한 권은 미국에서의 연구이다.

37) Eckert J. Carter, 앞의 책. 堀和生,「植民地의 獨立과 工業의 再編成」,『東アジア資本主義의 形成』(東京, 靑木書店, 1994).

38) 권태억,「한국 근현대사와 일제의 식민지 지배」,『자본주의 세계 체제와 한국 사회』(한울, 1991), pp. 276~277.

39) 권태억, 앞의 글, p. 274. 허수열,「'개발과 수탈'론 비판」(낙성대 경제 연구소 워킹 페이퍼, 1995년 12월), p. 2.

(4) 기존의 정체론 비판의 한계

앞에서도 언급했지만, 필자는 朝鮮社會停滯論을 부정·극복하는 것은 매우 중요한 일이라고 생각한다. 그렇지만 조선 후기 사회가 자본주의를 낳을 수 있는 구조였다든지, 일본의 지배가 초래한 부정적인 측면이 더욱 크다든지, 식민지기에 있어서 한국 사회·경제의 근대적 변동은 일본의 정책이 아니라, 한국인의 자발적 노력에 기인했다고 주장하는 것으로 朝鮮社會停滯論을 부정·극복하는 것은 매우 어려울 것이라고 생각한다.

필자는 위의 세 주장은 다 같이 증명할 수 없는 문제를 다루고 있다고 생각한다. 차례차례 보아 가자. 한국이 자본주의를 낳을 수 있는 구조였다는 명제는 논리적으로 성립하는 것일 뿐, 실증된 것이 아니다. 필자는 조선 후기에 대해서 많은 자료를 본 적이 없기 때문에 필자 나름의 견해를 제시하기는 어렵지만, 자본주의적 요소가 성립·성장해 왔어도 그 성장의 속도는 매우 완만했으며, 자본주의적 요소가 충분히 성장하기 이전에 개항을 맞이하게 되었다는 것으로 지금까지의 연구를 종합하는 것은 거의 틀리지 않을 것이다. 이 수준에서만도 다음의 것을 말할 수 있다. 한국 자본주의는 이식된 것이라는 것이다.

자본주의를 생성시킬 수 있는 내부적 능력을 강조해 온 그 동안의 연구 과정을 고려할 때, 매우 민감한 문제이기는 하지만, 자생적 자본주의 사회의 가능성에 사로잡혀 있어서는 안된다고 생각한다. 중요한 것은 이식된 자본주의에 대한 한국 사회의 적응 능력이다. 세계의 어떤 국가의 근대화 과정을 검토해 보아도 타국의 발전적 요소를 수입하여 이용하지 않은 국가는 없었기 때문이다.

세계사에서 최초로 산업혁명을 이룬 영국도, 네덜란드에서 새로운 사료 작물을 도입했기 때문에 공장 노동자에게 충분한 곡물을 공급할 수 있었으며, 농업 인구의 공업 부문으로의 이동을 이룰 수 있었다. 사료의 생산량이 늘어나, 가축의 사육 마리 수가 증가하자, 축력을 이용하기 쉬워졌는데, 그 결과로 농기구의 보급도가 높아져, 노동 생산성이 높아졌으며, 가축 사육이 증가하여 퇴비의 생산량이 늘어난 것이 토지 생산성을 높였던 것이다.

朝鮮社會停滯論과 관련할 때, 개항 이전의 역사 연구에 있어서 중요한 것은 한국 사회의 발전 과정에 관한 구체적인 파악이다. 조선 후기의 한국 사회가 절대주의시대의 서유럽의 모습을 띠고 있어야 할 의무는 없다. 최근의 조선 후기 농업사 연구에서 충분히 밝혀졌지만, 조선 후기에 있어서 농업과 농촌 사회의 발전 방향은 서유럽의 그것과는 달랐다. 서유럽의 농업 경영이 축력과 농기구의 이용도를 높이면서, 농가 한 호당 경작 면적을 늘리고, 노동 생산성을 높이는 방향으로 진행되었다면, 한국의 농업 경영은 주도 면밀한 재배 관리를 행하여 토지 생산성을 높이는 방향으로 진행되었던 것이다.[40] 그런데 한국의 농업이 자본−임노동 관계를 형성하는 방향으로 움직이지 않았다고 해서 발전이 부정되는 것은 아니다. 한국은 독자적으로 발전하고 있었던 것이다.

필자는 영국의 자본주의가 세계를 재패한 것은 우연이라고 생각한다. 몇 개의 시스템으로 분리되어 있었던 근대 이전의 각 지역들은 각자 자신에게 고유한 방법으로 발전해 가고 있었다. 중요한 것은 근대 이전의 사회 체제보다 더 우월한 체제가 어디에서 먼저 탄생하는가 하는 것이었다. 그것이 최초로 탄생한 국가는 영국이었으며, 체제는 자본주의였다. 이후 자본주의가 영국을 중심으로 해서 동심원을 그리며 확대되어 갔다.

앞에서 언급했지만, 중요한 것은 이식된 자본주의에 적응하는 힘이다. 여기에 대해서는 이미 많은 연구가 이루어져 있기 때문에 반복하는 부분도 있지만, 약간 설명해 두자.

開港期에 있어서 한국의 실패는 한국 사회가 자본주의에 적응하지 못했기 때문이 아니었다. 한국 사회의 적응 속도보다 한국의 적응 노력을 실패로 끝나게 한 일본의 대응 속도가 더 빨랐기 때문이다.

자본주의에 대한 적응 노력은 개항 직후부터 이루어지기 시작했다. 처음에는 정부의 관료를 중심으로 해서 이루어졌으며, 정보가 유포되고, 제도가 정비되면서 민간인들의 적응도 이루어져 갔다. 그 내용은, 크게 보면, 인간의 유동성을 높이는 방향으로 사회의 제도를 개편하는 것, 그 위에 서서 사회의 에너지를 물질적 부가 증가할 수 있는 방향으로 집중시키는 것,

---

40) 安秉直,「다산의 농업경영론」,『碧史李佑成교수 정년퇴직 기념논총 : 민족사의 전개』하권(창작과 비평, 1990). 이영훈,「조선후기 농민분화의 구조·추세 및 그 역사적 의의」,『東洋學』21집(단국대학교, 1991).

근대적인 기업을 설립하는 것 등이었다. 민간인들의 적극적인 대응 모습이
나타나는 것은 대개 甲午改革 이후였다. 이것은 정부에서 시민 사회로의
자본주의에 대한 적응의 확대를 나타내고 있다.

　정부의 관료가 자본주의에 먼저 적응했던 것에는 크게 두 가지의 이유가
있었다. 하나는 러시아·일본 등 시민 사회가 발달해 있지 않은 후진국의
경우가 대개 그러했듯이 거의 대부분의 새로운 정보가 정부 기구를 통해서
전파되어 갔기 때문이다. 다른 하나는 새로운 제도의 필요성이 나타나는
속도보다 제도가 정비되는 속도가 느리기 때문이다. 한국에서 회사에 관한
법률이 갖추어진 것은 그것이 소개된 지 10년 이상 지난 甲午改革 때였다.
그렇지만 정부는 제도가 갖추어지지 않아도 행동할 수 있었다.

　적응의 과정이 순조롭지만은 못했고, 근대적 기업의 생성과 경영의 실패
가 반복되었다. 그렇지만 개항기에 한국인들이 자본주의적 제도와 새로운
기술을 도입하면서 자신을 자본주의에 적응시켜 가고 있었음은 여러 연구
에서 잘 나타나 있다.[41] 이 과정은 정치에 있어서도 마찬가지였다. 갑신정
변 - 갑오농민전쟁 - 갑오개혁 - 광무개혁 - 독립협회에 이르도록 근대적 변
혁을 위한 한국인의 노력은 끊임없이 계속되었다. 이것은 시민 사회 내에
서의 적응 과정의 확산을 보여 주는 것이다.

　즉 한국이 일본의 식민지로 전락했던 것은 자본주의에 적응하지 못하고
쇠퇴해 갔기 때문이 아니었다. 한국은 한국보다 상대적으로 더 빨리 성장
하고 있었던 일본의 집요한 공격에 굴복했던 것이다. 일본은 한국을 식민
지로 하여 자신이 영국 등의 제국주의 국가와 맺고 있었던 불평등 조약에
서 탈피하고자 했다.

　외부의 영향을 입고 그것에 적응하면서 변화해 가는 것에 대해 낮게 평
가하는 것은 어떤 점에서 모든 국가에 공통된 것이지만, 특히 한국 근대사
연구에 있어서는 뿌리깊은 사고 방식의 하나라고 생각한다. 하지만 외부의
영향을 입고 탄생했다는 이유 때문에 그 변화가 낮은 평가를 받아야 하는
것은 아니다. 긴 역사적 시간에서 생각해 보면, 모든 국가와 민족이 항상
그러했다. 독일 산업혁명의 초석이 되었던 농노해방, 동업자 조합에 의한

---

41) 권태억, 『한국 근대 면업사 연구』(일조각, 1989)를 참조하기 바람.

특권의 폐지, 관세 개혁은 프랑스 나폴레옹의 독일 침략의 결과로 탄생한
것이었다.

일본의 지배가 초래한 부정적인 측면이 더욱 크며, 식민지기에 있어서
한국 사회·경제의 근대적 변동은 일본의 정책이 아니라, 한국인의 자발적
노력에 기인한다는, 거의 증명할 수 없는 주장이 이루어지는 것은 외부의
영향을 과소 평가하는 경향에 기초를 두고 있다.

이미 앞에서 언급했듯이 위의 두 가지는 결코 증명되지 않는다. 우리가
오류에 빠지지 않고 발언할 수 있는 것은 영향이 있었다는 것, 그리고 그
영향에는 긍정적인 영향도 부정적인 영향도 있었다는 것이라는 두 가지뿐
이다. 영향이 미미한가 큰가, 또는 긍정적인 영향이 더 큰가 부정적인 영향
이 더 큰가 하는 것은 결코 증명할 수 없다. 사회·경제의 근대적 변동은
일본의 정책이 아니라, 한국인의 자발적 노력에 기인한다는 것 역시 마찬
가지이다. 그 변동의 얼마만큼이 어디에 기인하는가 하는 것은 아무도 계
산할 수 없기 때문이다.

따라서 위와 같이 사고하는 한에 있어서는 언쟁이 계속될 뿐이며, 어느
한편에 대해서도 타당성이 인정되지 않는다. 이 사태는 상당한 문제를 초
래하고 있다. 그 가운데 하나가 식민지기의 여러 변동에 객관적으로 접근
하기 어렵게 되는 것이다. 발전적인 변동에 대해서 언급하게 되면, 정치적
으로 비난받게 되기 때문이다.

(5) 일본의 한국 지배의 부당성

필자는 이하에서 한국이 일본의 지배 기간 동안에 정신적·물질적으로
근대적인 변화를 겪었고, 그것에 기초해서 해방 이후의 성장을 이룰 수 있
었다고 하더라도 일본의 한국 지배의 부당성이 줄어들지 않는다는 것을 보
이고자 한다.

필자는 일본에 의한 식민지 지배의 부당성은 '병합' 그 자체에 있다고
생각한다. 개항기에 한국은 제국주의 국가들과 저율의 협정 관세,[42] 開港

---

42) 협정 관세는 어떤 나라가 자국의 관세율을 바꾸고자 할 때, 그 영향을 입게 되는 상
대국과 반드시 협의하여야 한다는 것이다. 제2차 세계대전 이후의 GATT 체제하에
서는 협정에 의해서 관세율이 결정되는 것이 일반적으로 되었지만, 제2차 세계대전

場[43]에서의 영사 재판권, 편무적 최혜국 대우 등을 인정하는 불평등 조약을 맺었다. 즉 한국의 정치적 주권은 제약되어 있었다. 그렇지만 위에서 이미 언급했듯이 한국은 자신의 정치적 주권이 제약된 상태에서도 발전에 긍정적으로 작용하는 영향을 충분히 흡수하고 있었다. 여기서 '충분히'라고 하는 것은 변화를 가져오기에 충분했다는 뜻이다. 이 점에 대해서는 앞에서도 본 바 있지만, 한국의 근대적 변동은 결코 일본의 식민지 지배에 의해서 비로소 일어난 것이 아니었다. 그리하여 여기서 문제로 되는 것은 이미 발전적인 변화를 일으키고 있는 한국을 일본이 식민지로 했다는 사실이다.

일본이 한국을 식민지로 지배하는 것이 정당화되는 경우는 단 한 가지에 지나지 않는다. 그것은 일본이 한국을 식민지로 지배하는 것이 지배하지 않는 경우보다 더 낫다는 것을 증명할 수 있을 때이다. 이것은 마치 '사랑의 매'만이 때리는 행위를 정당화할 수 있는 것과 같다.

그렇지만 일본은 자신의 한국 지배가 어떠한 사태를 초래할 것인가에 대해서 전혀 예측할 수 없었다. 긍정적인 변화를 초래할지, 부정적인 변화를 초래할지 예측할 수 없었으며, 긍정적인 변화를 초래한다고 하더라도 그것이 그 이전에 이미 한국 사회가 보이고 있었던 정도를 넘어설 수 있을지 알수 없었다.

왜냐하면 식민지기의 한국 사회의 모든 변화는 그 이후에 발생할 모든 내부적·외부적 사태들이 복합적으로 작용하는 결과인데, 일본은 결코 이후에 발생할 사태를 예측할 수 없었기 때문이다. 개항기에 한국의 고유한 리듬은 근대적으로 바뀌고 있었으며, 일본은 자신이 한국을 지배함으로 해서 리듬에 영향력을 행사했다. 그렇지만 리듬의 진행 방향을 일본이 예측하는 것은 불가능했다. 따라서 식민지 지배에 의해서 발생할 사태들을 과학적으로 예측하는 것이 불가능함에도 불구하고 한국을 식민지로 했던 것은 원천적으로 부당한 것이다라고 말할 수 있을 것이다.

식민지기에 한국 사회에 긍정적인 변화가 발생했다고 해서 그것이 일본의 한국 지배를 정당화하지는 않는다. 그 양자는 서로 분리되어 존재하는

이전까지는 관세율의 결정은 기본적으로 그 나라의 고유 권한이었다.
43) 외국과의 통상이 허락된 항구에서 일정한 거리 이내에 존재하는, 외국인의 거주가 허락된 지역을 가리킨다.

것이다. 그리고 이런 관점에 입각할 때만 식민지기의 한국 사회에 대해서 정확한 지식을 쌓을 수 있다. 식민지기는 일본이 지배했던 시기이기도 하지만, 한편으로는 한국인이 생활한 시기였다. 한국인은 그 속을 걸어 왔고, 현재에 도달한 것이다. 식민지기에 대한 정확한 인식 없이, 우리가 현재 어디쯤 와 있는지 결코 알 수 없다.

제1장 농업 생산력

1. 머 리 말

이 책의 전체를 농업 생산력에서 출발하는 것은 그것을 사태의 출발점으로 삼아도 큰 잘못이 없을 것이라고 생각하기 때문이다. 이 책에서 식민지기의 농업과 농촌 사회의 구조와 그 변동을 다루고자 하는 한, 절대적으로 타당한, 어떤 특별한 출발점을 책정한다는 것은 거의 불가능하다. 모든 것이 모든 것의 원인인 동시에 결과로서 작용하게 되기 때문이다. 그럼에도 불구하고 농업 생산력을 출발점으로 삼는 것에는 다음의 두 가지 이유가 있다. 하나는 식민지기의 농업 생산력 진전에는 외생적으로 촉발된 측면이 크기 때문이다. 다른 하나는 생산력의 변화가 사회의 다른 변화를 불러일으키는 원인이라고 주장하는 데에 큰 무리가 없기 때문이다.

영국에서 산업혁명이 일어난 이후, 공업 생산력이 세계적으로 전파되었다. 산업혁명 직후에 영국은 생산재의 수출을 금지하고 있었다. 그렇지만 인간의 이동까지 막을 수는 없었기 때문에 그것을 통해서 자연스럽게 조금씩 이루어져 갔다. 1821년에 기계의 수출이 자유로이 된 이후 영국의 공업 기술은 급속히 전파되어 갔고, 19세기 초반에 프랑스, 네덜란드 등 유럽 대륙 서부의 국가에서 산업혁명을 낳았다. 19세기 중엽에는 미국, 독일의 산업혁명을 낳았고, 19세기 말에는 이탈리아, 일본, 러시아의 산업혁명을 낳았다. 영국의 공업 기술은 1890년대 이후에는 한국에도 전파되었다.

산업혁명은 농업 기술에도 중요한 변화를 일으켰는데, 그 내용은 기계화였다. 서유럽과 미국에서는 19세기 중반부터 파종, 경운, 수확의 모든 부문에 걸쳐서 농업 기계가 사용되기 시작했다. 1860년대에 날이 2~3개 있는 쟁기가 도입되었고, 1892년에는 트랙터가 제조되었다. 1907년에는 미국에 트랙터 제조 공장이 설립되었다. 파종기는 1870년대에 도입되었다. 1830년에 수확기가 개발되었고, 1858년에 바인더가 부착되었다. 1878년에는 자동 바인더가 부착되었다. 1920년대에는 탈곡 작업까지 부착된 콤바인이 캘리포니아에서 개발되었다. 파종, 경운, 수확의 전과정을 기계화한 기계화 대농장은 1860년대에 미국 캘리포니아에서 최초로 설립되었다.[1]

농업에 있어서의 이러한 변화는 눈부신 것이었지만, 동아시아에 그것이 전파되지는 못했다. 근대 이전의 사회에 있어서 서유럽 농업 기술의 진보 방향이 노동 생산성을 높이는 것이었던 것에 비해서, 동아시아의 농업의 진행 방향은 토지 생산성을 높이는 것이었기 때문이다. 근대 초기에 동아시아를 방문한 서유럽인들은 마치 원예 작물을 가꾸듯이 곡물을 재배한다고 평가했다.

한국의 개항 이후 한국에 전파되어 온 농업 기술은 일본의 明治維新 이후 일본의 후쿠오카(福岡) 지역에서 형성된 농업 기술이었다. 후쿠오카 農法은 일본의 전통적인 농법에 서양에서 도입된 농법이 가미되어 형성된 것이었는데,[2] 明治農法 또는 후쿠오카 농법이라고 불리었다. 일본은 처음에는 서양의 근대적인 농법 체계로 일본의 농사 기술을 완전히 바꾸려 했다. 시간이 얼마 지나지 않아서 그 계획의 불가능함이 드러났다. 일본 정부는 기본적으로는 篤農家의 경험을 중시하고, 그 위에 필요한 한에서 서양의 근대 농법을 적용시켰다.[3] 후쿠오카 농법은 엄격한 종자 선택, 深耕, 多肥, 주도면밀한 中耕除草, 수확한 후 건조대의 설치 등으로 짜여진 기술 체계였는데,[4] 크게는 多肥多勞 농법으로 요약할 수 있다. 이 明治農法이 개항 이후 한국에 수입되어 식민지기 한국의 농업 변동을 일으켰던 것이다.

물론 필자가 조선시대에 있어서 한국의 농업 발전을 부정하는 것은 아니다. 수리 시설의 정비, 비료 사용의 증대 등 괄목할 만한 변화가 있었다. 그럼에도 불구하고 위와 같이 서술하는 것은 벼 품종이 바뀌며 그와 아울러 농사 기술 체계가 바뀌는 등 식민지기의 농업 생산력 증진의 외생적 성

1) Grigg, D. B., *The Agricultural Systems of the World*(Cambridge University Press, 1974) ; 飯沼二郎・山內豊二・宇佐美好文 옮김, 『世界農業の形成過程』(東京, 大明堂, 1977), p. 224, 239.
2) 이춘영, 『한국농학사』(민음사, 1989), p. 11.
3) 飯沼二郎, 「日帝下朝鮮における農業革命」, 飯沼二郎・姜在彥 編, 『植民地期朝鮮の社會と抵抗』(東京, 龍溪書館, 1981) 제2부 제3장.
4) 飯沼二郎・姜在彥 編, 앞의 책 ; 백산 편집부 옮김, 『식민지시대 한국의 사회와 저항』(백산서당, 1983), p. 92.

격을 중요하게 고려하지 않을 수 없기 때문이다. 이 점에 대해서는 제2절
에서 다시 자세히 서술한다.

　외생적이라고 해서 한국에 거의 없었던 요소가 도입되었다는 것은 아니
다. 공업의 경우에는 한국에 거의 없었거나 미미하게밖에 없었던 요소가
도입되었던 것이지만, 농업은 그와는 달랐다.[5] 이런 점에서 한국의 근대화
과정에 있어서 공업과 농업의 위치는 달랐는데, 식민지기에 일본의 농법이
빠른 속도로 도입·보급될 수 있었던 것은 그것이 조선 중기 이래 한국 농
업의 변동 방향과 일치하고 있었기 때문이었다.

　산업혁명의 결과가 한국의 농업에 영향을 미치게 되는 것은 19세기 후반
에 이르러 화학 공업이 발달하면서부터였다. 합성 염료, 유산, 燐酸鹽 등의
제조 부문에서 중요한 기술 혁신이 있었는데,[6] 그중에서 유산 및 인산염 제
조법의 혁신이 비료의 공급량을 늘리는 데에 크게 기여했다. 비료 공급의
증가는 집약화를 추구해 왔던, 그리고 여전히 농촌 과잉 인구를 가지고 있
던 한국의 농업에 꼭 알맞은 기술 진보였다. 이것이 1930년대의 농업 생산
력 증진에 큰 영향을 미쳤다. 이 장의 구성은 다음과 같다.

　제2절에서는 개항 이후 일본 품종의 도입 과정에 대해서 서술한다. 여기
서 필자는 식민지기에 일본의 품종 및 농사 기술이 빠른 속도로 전파될 수
있었던 이유가 양국에 있어서 농사 기술 구조의 유사성 및 그 발전 방향의
동일성에 있었음을 보인다.

　물론 필자가 식민지에 있어서 정책의 강제성이 가져오는 효과를 부정하
는 것은 아니다. 그렇지만 필자는 식민지이기 때문에 정책이 반드시 우위
를 차지할 수 있다고 생각하지는 않는다. 일반적으로 식민지에서는 국가
권력이 경제의 고유한 리듬에 매우 강력한 영향을 미칠 수 있다고 이해되
고 있다. 하지만 그것은 사실과 다르다. 정책은 자신의 고유한 힘에 의해서
만 효과를 발휘하는 것이 아니고, 동의에 의해서도 효과를 발휘하기 때문
이다. 어느 쪽이 더 크게 작용하는가 하는 것은 그때 그때의 구체적 조건에
달려 있을 뿐이다. 제국주의는 발달한 관료제, 강력한 군대, 높은 수준의
국가 경영 기법 등을 가지고 식민지에 들어오기 때문에 기존의 경제 사회

---

　5) 농업과 공업의 차이에 대해서는 맺음말에서 조금 더 자세히 논의한다.
　6) 김종현, 『근대경제사』(경문사, 1984), p. 171, 177.

에 크게 영향을 미칠 수 있는 능력을 가지고 있다. 그렇지만 제국주의는 異民族이기 때문에 植民地民의 반발도 크다. 이 양자의 관계에 의해서 정책의 효과가 결정되기 때문에 식민지에서 정책의 효과가 반드시 더 크게 나타나는 것은 아니다.

제3절에서는 産米增殖計劃기의 토지 개량 사업이 관개 논을 늘려가는 과정에 대해서 서술한다. 여기에서의 서술은 제2절에 비하면 정책이 미친 효과에 집중되어 있다. 그것은 민간의 활동을 검토할 수 있는 자료가 부족하기 때문이다. 그렇지만 필자는 洑를 소재로 해서 그 부분에 대해서도 약간 검토하고 있다.

제4절에서는 '제2차' 산업혁명[7]이 한국 농업에 미친 영향을 다룬다. 여기서 필자가 드러내 보이고자 하는 것은 한국 근대 농업 전개에 있어서 세계사적 규정성이다. 제2차 산업혁명의 결과로 비료의 공급이 급증했는데, 그 결과 생산량의 증가와 생산성의 상승이 두드러지게 나타났다.[8] 그렇지만 이것 역시 한국의 농민이 외부의 변화를 소화할 수 있었기 때문이다. 농도 높은 비료는 한국의 농업이 자신의 농사 기술의 발전 방향에서 절대적으로 필요로 하고 있었던 것이었다.

농구 역시 중요한 생산 요소의 하나인 점을 고려하면, 농구 개량이 반드시 포함되어야 하지만, 특별히 의미 있는 변화가 나타났다고 파악하기 어렵기 때문에 생략했다.

1930년대에 대만, 일본, 한국을 포함하는 일본 제국 내부에서 쌀의 공급이 수요를 크게 초과하게 되었다. 그리하여 일본 정부가 쌀의 가격이 일정 수준을 밑돌 때는 쌀을 매입하여 가격이 일정 수준 이하로 내려가지 않게 할 계획을 세웠다. 그 때문에 대만, 일본, 한국에 대해서 그 결과를 신뢰할 수 있는 쌀 생산비 조사가 행해졌다. 朝鮮米生産費調査委員會의 조사 결과

---

7) 여기서 말하는 '제2차' 산업혁명이란 19세기 중반부터 시작된 전기・화학 부문의 기술 혁명을 가리킨다. 자본주의를 산업혁명의 산물로 보는 관점에서는 제2차 산업 혁명이란 표현은 적절하지 않다. 그렇지만 이 시기의 기술 변화를 개념지어 나타낼 수 있는 특별한 표현이 없기 때문에 그대로 사용하는 것으로 했다. 이하에서는 따옴표를 붙이지 않는다.

8) 이하에서는 이 두 가지의 변화를 총칭하는 것으로 '생산력의 증진'이라는 표현을 사용한다.

에 의하면, 자재 및 동물비, 노임비, 임차료 및 수리비, 도정료 등의 기타의
농업 지출을 모두 포함하는 농업 총경영비에서 차지하는 각 요소의 비율은
노임 및 축력비가 전체의 33.2%로서 가장 높았고, 다음이 토지 자본에 대
한 이자로서 24.4%, 비료비가 15.7%, 조세 공과가 12.7%였으며, 농구비
의 비중은 2.1%에 지나지 않았다.[9] 현대 한국의 농업도 기계화가 충분히
진행되었다고 할 수 없지만, 1985년에 농업 총경영비에서 차지하는 농구비
의 비중이 8.9%였기 때문에 위의 2.1%는 매우 낮은 수준이었다고 할 수
있다.[10]

　관개 시설이 증가할수록 토지 자본의 금액이 커지며, 조세 공과는 관개
시설에 대한 이용료를 포함하고 있는 것이기 때문에 노동력, 비료, 관개 설
비의 세 가지가 일본 품종에 가해지면서 농업의 변화를 낳았다고 보는 것
이 타당할 것 같다. 농구 개량에 대해서는 飯沼二郎의 「日帝下朝鮮におけ
る農業革命」을 참고할 수 있다.[11]

　제 5 절에서는 아시아의 다른 식민지, 주로 인도와 비교한 한국의 특질에
대해서 서술한다. 여기에서는 제국주의 정책의 차이보다는 전근대 사회의
모습의 차이가 어떻게 서로 다른 결과를 낳고 있는가에 대해서 서술할 것
이다.

2. 일본 품종의 도입 및 재배 관리 방법의 변화

(1) 일본 품종의 도입과 보급

　두 가지에 대해서 미리 설명해 두고 싶다. 하나는 쌀 이외의 품종에 대해
서는 언급하지 않는다는 것이다. 식민지기 한국의 농업 생산은 쌀 농사에
매우 치우쳐 있었기 때문에, 농업 생산력 증진의 양상을 쌀로써 대변해도
좋을 것으로 생각한다. 경종 작물, 축산물, 잠업 생산물을 합한 농업 생산
물 생산 총액에서 차지하는 쌀 생산액의 비중은 1930년대에도 50~55%
사이에 있었다.

---

　9) 鮮米協會, 『朝鮮米の進展』(1935), p. 269.
　10) 한국통계청, 『한국통계연감』(1992), pp. 106~107.
　11) 飯沼二郎・姜在彦 編, 앞의 책에 수록됨.

다른 하나는 일본 품종이 의미하는 바에 대해서이다. 필자는 이하에서 특별한 부호를 붙이지 않고, 일본 품종이라는 표현을 사용하고자 하는데, 이것은 개항 이후 식민지기에 걸쳐서 일본에서 도입된 多肥多收穫 품종을 가리킨다.

이것과 비슷한 의미로 사용되는 용어에는 優良品種이라는 것이 있는데, 일본 품종과 優良品種은 다음의 점에서 다르다. 우량품종은 개항 이후 식민지기에 걸쳐서 일본에서 도입된 多肥多收穫 품종과 그것을 모태로 해서 한국의 農事試驗場에서 육성된 품종 모두를 포함하지만, 일본 품종은 후자를 포함하지 않는다. 예를 들어 한국의 농사시험장에서 육성한 품종에는 豊玉(1937), 瑞光(1937), 日進(1937), 八達(1941) 등이 있다.[12]

일본 품종이라는 용어를 사용하는 것에는 두 가지의 이유가 있다. 하나는 이렇게 함으로써 한국의 농업 변동과 일본 농업과의 연관이 더욱 잘 드러나기 때문이다. 다른 하나는 우량품종이란 표현이 매우 정치적이기 때문이다. 그것은 우량한 일본 품종과 열등한 한국 품종이라는 뜻을 품고 있다.

한 연구에 의하면 조선시대에도 일본으로부터 품종이 도입되고 있었다.[13] 예를 들어 1492년에 저술된 『衿陽雜錄』에 소개된 27종의 벼 가운데 倭子, 晚倭子, 仇郎粘 등은 일본 품종이었다. 아마 습윤지에 있어서의 농업 기술은 일본이 앞서 있었기 때문일 것이다. 그렇지만 그것은 소수에 지나지 않았다.

일본 품종의 도입은 한국의 개항 이후 일본과의 왕래가 증가하면서 본격화되었다. 기록상 최초의 것은 都라는 품종으로서 1901년에 木浦商工會議所가 도입한 것으로 되어 있다. 최초에는 일본인 지주들에 의해서 주로 이루어졌지만, 1905년에 統監府가 설치되고, 1910년에 총독부가 설치된 이후에는 정책적으로도 강력하게 추진되었다. 총독부의 증산 정책이 품종 도입부터 시작되었던 것은 자금을 적게 투자하고도, 많은 수익을 올릴 수 있었기 때문이다. 자금과 수익의 두 가지에 대해서 자세히 보아 두자.

1868년 일본은 明治維新에 성공했으며, 그 이후 일본 정부는 일본의 정

---

12) 農林省熱帶農業硏究センタ, 『舊朝鮮における日本の農業試驗硏究の成果』(1976), pp. 233~243.
13) 이춘영, 『한국농학사』(민음사, 1989), pp. 82~83.

치·경제를 근대화하는 작업에 착수했다. 경제를 근대화하기 위해서는 산업 구조와 산업 설비를 바꾸어야 했다. 즉 공업 중심의 산업 구조와 기계제 공장이라는 산업 설비를 갖추어야 했다. 일본의 재래 공업은 그 수준에 도달해 있지 못했기 때문에, 위의 작업에 필요한 기계 및 장치를 외국에서 수입해야 했다. 그리하여 1868년 이후 1920년대까지 제1차 세계대전 기간 중을 제외하고는 항상 적자였으며, 다액의 외채를 도입하지 않을 수 없었다. 한 추계에 따르면, 1914년에 대외 채무가 국민 총생산의 41%에 달했다.[14] 심각한 대외적 불균형에서 벗어나기 위해서 일본 정부는 가능한 한 대외 경쟁력을 높일 수 있는 일본의 공업 부문에 자금을 투하해야 했다. 그런 만큼 식민지 경영에 사용할 자금은 풍부하지 못했다. 그리고 총독부의 재정도 풍부하지 못했기 때문에, 식민지의 농업 개발에 많은 자금을 투자할 수 없었다.

이러한 상황에 알맞게 일본 품종의 도입에는 많은 자금이 필요하지 않았다. 그것은 한국과 일본의 벼 품종에 큰 차이가 없었기 때문이다. 양자가 다 같은 북방미 계통이었기 때문에, 시비량 및 재배 관리 등에서 사소한 차이는 있었지만, 재배 과정에 있어서 근본적인 문제는 없었다. 그리하여 이미 한국의 농경지에 갖추어져 있는 생산 조건하에서 재배할 수 있었다. 즉 생산 조건을 정비하는 데에 특별히 많은 자금을 투자할 필요가 없었다. 이것이 병합 이전부터 일본 품종이 빠른 속도로 도입된 하나의 이유였다.

이어서 수익에 대해 살펴보자. 앞에서 설명했듯이 일본 품종은 다수확 품종이었다. 수원, 목포, 군산의 勸業模範場에서 시험 재배해 본 결과에 의하면, 일본 품종의 수확량은 1段步당 1.9석 정도로서 재래 품종보다 31% 더 많았다.[15]

〈표 1-1〉에 의하면, 도입의 구체적 상황을 파악할 수 있는 29품종 가운데, 연구 기관, 개인, 대농장, 농업 단체가 각각 11, 7, 8, 3 품종씩 도입했다. 시기별로 보면, 1901~10년에는 대농장 또는 농업 단체가 주로 도입했고, 1911~20년에는 개인이 주로 도입했으며, 1921~30년에는 연구 기관

---

14) 安藤良雄, 『近代日本經濟史要覽』(東京, 東京大學出版會), 1979, p.2와 p.100에서 계산.
15) 韓國中央農會, 『韓國中央農會報』, 1908년 4월, p.2.

이 주로 도입했다. 초기일수록 대농장, 농업 단체, 개인 등 민간의 도입 활동이 활발했던 것은 한국에서 일본 품종을 재배하여 일본 시장에 팔면, 높은 수익률을 올릴 수 있었기 때문이다.

〈표 1-1〉   주요 일본 품종의 도입 상황

분 류	1900~10	1911~20	1921~30	합 계
연구기관	3	4	4	11
개 인	0	5	2	7
대 농 장	5	1	3	9
농업단체	3	0	0	3
합 계	11	10	9	30

자료 : 李斗淳, 「日帝下 水稻品種 普及政策의 性格에 관한 研究」, 『農業政策研究』(농업정책학회, 1990), p. 116.

수익률이 높아지는 중요한 이유는 일본과 비교할 때, 한국의 지가가 낮은 것에 있었다. 일본인에 의한 한 조사에 의하면, 한국의 지가는 일본의 10~30%에 지나지 않았다.[16] 그렇다고 해서 한국에 대한 농업 투자가 3~10배의 수익률을 곧바로 가져다 주었던 것은 아니었다. 동일한 일본 품종을 재배할 때, 한국의 단위 면적당 수확량이 일본보다 낮았기 때문이다. 일본 農商務省의 조사에 의하면, 농업 투자의 수익률은 대개 11~17% 사이에 있었다.[17] 지역에 따른 차이는 꽤 커서 군산 부근의 어떤 곳에서는 26% 정도까지 가능한 지역도 있었다.[18] 일본의 토지 수익률은 6~7% 정도로 낮았기 때문에 일본인에게는 좋은 투자처였다.[19] 그리하여 한국에 농업 투자하는 일본인 지주들이 새로운 품종을 가지고 들어왔던 것이다.

총독부는 1922년에서 1940년 사이에 5차례에 걸쳐서 水稻種子更新計劃을 세웠다. 계획 延面積이 551만 정보, 실적이 586만 정보로서 106%의 달성률을 보였다.[20] 종자 갱신 면적이 논 면적을 초과하는 것은 새로운 품종

---

16) 加藤末郎, 『韓國農業論』(1904), p. 258.
17) 日本農商務省, 『韓國土地農産調査報告 慶尙道, 全羅道』(1906), pp. 528~529.
18) 加藤末郎, 앞의 책, pp. 266~268.
19) 淺田喬二, 『日本帝國主義と舊植民地地主制』(東京, お茶の水書房, 1968), p. 75.
20) 朝鮮總督府農林局, 『朝鮮の農業』(1941), p. 81.

의 보급이 지속적으로 일어났기 때문이다.

그런데 일본 품종의 확산을 민간의 자연 발생적 경로에 그대로 맡겨 두어서는 잡종이 많이 발생한다든지, 다른 품종이 섞이게 되는 등, 종자의 퇴화가 빨리 진행될 염려가 컸다. 그리하여 총독부는 채종답을 계통적으로 설치하여, 일본 품종의 보급·확산 과정을 감독했다. 과정은 다음과 같았다. 1) 경기도에서는 수원의 勸業模範場에서, 다른 도에서는 道種苗場에서 도입된 일본 품종 原種을 재배·복제한다. 2) 도의 종묘장에서 수확된 벼를 군의 채종답으로 보내어 지주 또는 篤農家의 힘을 빌어 재배·복제한다. 3) 채종답에서 수확된 벼를 일반 농가에 보급한다.[21]

채종답은 군별로 조직된 지주회에서 운영하는 경우가 많았다. 경영이 곤란한 채종답에 대해서는 그것에 필요한 경비를 총독부 재정 또는 도 재정에서 보조했다.[22]

그런데 일본 품종의 보급이 반드시 순조롭지만은 않았다. 첫째, 일본 품종은 한국의 재래종에 비해서 旱害에 약했기 때문에 수리 시설이 충분히 갖추어져 있지 않은 논에서 재배하는 경우에는 재래종에 비해서 수확의 증감률이 더 높았다. 즉 수확의 안정성이 낮았다. 둘째, 일본 품종을 재배하여 수익을 높이기 위해서는 비료와 노동을 훨씬 더 많이 투하해야만 했다. 1단보당 생산 요소 투입에 대한 조사에 의하면, 재래 농법에 의한 노동 시간, 비료비, 純生産費[23]는 각각 100시간, 2.6원, 16.55원이었지만, 개량 농법의 그것은 각각 145시간, 8.59원, 31.9원이었다.[24] 粗收入에서 總生産費를 뺀 純收入은 개량 농법이 6.8원 더 많아서 결과적으로는 개량 농법이 더 유리하기는 했지만, 농민들은 경작에 필요한 추가적인 노동을 투하하고자 하지 않았다. 나아가서 추가적인 비용을 부담하기도 어려웠다.

그렇지만 지주에게는 수출에 적합한 일본 품종을 재배하는 것이 절대로 유리했다. 〈표 1-2〉에 의하면 1910년대 한국의 생산자 미가는 일본의 그것

---

21) 小早川九郎, 『朝鮮農業發達史』政策篇(1944), pp. 185~190.
22) 朝鮮總督府農林局, 앞의 책, p. 80.
23) 순생산비란 총생산비에서 자본 이자 및 공과금을 제외한 것임.
24) 李斗淳, 「日帝下 水稻品種 普及政策의 性格에 관한 研究」, 『農業政策研究』17권 1호(1990), pp. 130~131.

의 80%에도 이르지 않았다. 한국인에게 적합한 품종을 재배해서 한국 시장에 판매하는 것보다는 일본 시장에 적합한 품종을 재배해서 일본으로 수출하는 편이 더 많은 수입을 얻을 수 있었던 것이다.

⟨표 1-2⟩		한국과 일본의 생산자 미가 비율			(단위 : %)	
연 도	1910~14	1915~19	1920~24	1925~29	1930~34	1935~39
한국 / 일본	77.6	79.9	88.4	90.3	91.8	96.7

자료 : 朝鮮總督府農林局, 『農業統計表』, 1940년판.
　　　梅村又次 外 4 人, 『長期經濟統計 農林業』(1966), pp. 152~153, 162~163.

그리하여 일본에서 도입되었거나, 도입되어 개량된 다비 다수확 품종의 재배 면적은 점차로 증가해 갔다. 정책의 강도는 1910년대에 가장 높았다고 할 수 있지만, 1920년대에도 정책은 꾸준히 실행되었다. 다비 다수확 품종의 보급도가 1916년에는 30%, 1920년에는 57%, 1930년에는 74%, 1940년에는 91%로 상승해 갔다.[25]

(2) 재배 관리 방법의 변화

개항 이후 일본으로부터 품종만이 들어온 것은 아니었다. 벼의 재배 방법도 그것과 함께 들어 왔다. 일본 품종을 재배해서 충분한 성과를 올리기 위해서도 그것에 맞는 재배 관리를 행해야 했기 때문이다.

⟨표 1-3⟩은 벼 종자를 고르는 것에서 수확한 벼의 건조에 이르는, 재배와 가공의 과정에서 중요한 것들을 간추린 것이다. ⟨표 1-3⟩에 대해서 약간의 설명을 추가해 두자.

못자리 통로를 만드는 것은 관리를 편리하게 하기 위해서이다. 그리고 1평당 파종량을 줄인 것은 파종량이 적은 편이 모가 튼튼하게 되고, 가을에 한 포기당 수확량이 많아지기 때문이다. 그렇지만 파종량이 너무 적으면 못자리에 잡초가 많이 나, 김매기에 노동력이 많이 필요하게 되기 때문에 지나치게 줄일 수는 없다.

경운을 20 cm 정도로 깊이 하게 된 것은 그 편이 토양의 질을 좋게 하며, 비료를 많이 줄 수 있게 되어 수확량이 늘어나기 때문이다. 경운을 깊이 하

---

25) 朝鮮總督府, 『農業統計表』, 1940년판.

지 않으면, 稻熱病에 걸릴 확률이 높아진다. 그렇지만 경운을 그 이상 깊이 하면, 땅 깊은 곳에 있는 척박한 흙이 위로 올라오게 되어 오히려 좋지 않다.

김매기의 방법에는 큰 차이가 없으나, 못자리에 통로를 만들고, 모의 줄을 정확하게 맞추어 모내기하도록 바뀜에 따라 김매는 수고가 줄어들어 횟수가 증가했다.

〈표 1-3〉   재배 관리 방법의 비교

경종 과정	재래 농법	도입된 농법
종자 고르기	민물에 담근다	소금물에 담근다
못자리	못자리 전체에 걸쳐서 散播	4尺에 1尺씩 통로를 만듦
	1평당 6~8홉 파종	1평당 3홉 정도 파종
경 운	10cm 정도	20cm 정도
	봄 가을에 각각 한 번씩	가을에 한 번, 봄에 두 번 정도
모내기	중남부 기준으로 평당 40株 내외	중남부 기준으로 평당 60株 내외
	1주당 9~12포기	1주당 6~9포기
	모의 줄을 정확하게 맞추지는 않음	줄을 정확하게 맞춤
김매기	4회 정도	5회 정도
시 비	퇴비와 녹비	퇴비 및 농도 높은 화학비료
벼 건조	벼를 큰 다발로 한 다음 논둑에서 말림	다발을 작게 하고 장대에 걸어서 말림

자료 : 松本武祝, 「朝鮮 全羅北道農業の構造變化」, 『日本史硏究』 298 호 (日本史硏究會, 1987), p. 6.
　　　農林省熱帶農業硏究センタ, 『舊朝鮮における日本の農業試驗硏究の成果』(1976), pp. 255~289.

최근의 연구를 참조하면, 적어도 조선 중기 이후 한국 농업의 발전 방향은 집약화와 다양화에 있었다고 생각할 수 있다.[26] 이 가운데 다양화는 생산물의 구성과 관계 있는 것이므로 생략하고, 집약화에 국한해서 살펴보자.

고려 후기 이후 관개 시설이 어느 정도 갖추어진 경상도 지방을 중심으

---

26) 安秉直, 「다산의 농업경영론」, 『碧史李佑成교수 정년퇴직 기념논총 : 민족사의 전개』하권(창작과 비평, 1990), p. 412.

로 해서 논 농사에 서서히 모내기가 보급되어 갔다. 모내기를 하게 되면, 직파할 때보다 제초 노동이 줄어들기 때문에 동일한 노동력으로 더 넓은 경지를 경작할 수 있었다. 그리하여 일부 지역에서는 임노동자를 고용하여 대규모로 경작하는 농가(廣農)가 등장하기도 했다. 그렇지만 전체적인 경향은 농가의 경영 규모가 평균화되는 것이었다.[27] 즉 농민들은 노동 생산성을 높이는 방향으로 나아가지 않았으며, 토지 생산성을 높이는 것에 주력했다. 조선 후기의 농업 기술에 관한 몇몇 연구를 참조하면, 시비량이 증가하고, 시비 기술 및 종자 선별 방법이 진전되었으며, 사이갈이와 김매기(中耕除草)가 면밀히 행해지도록 바뀌어 갔다.[28]

　이러한 상황하에서 다비 다수확의 일본 품종이 도입되었고, 그 품종에 적합한 집약적 재배 기술이 도입되었다. 새로운 농법의 보급이 농민들의 저항에 부딪치면서도 계속되어 갔던 것은 총독부의 강압에 의한 것만은 아니었다. 그것이 조선 후기 이후의 농업 발전 방향과 일치했기 때문이다.

3. 産米增殖計劃과 관개 논의 증대

(1) 관개 논 증대의 양상

　앞에서 언급했듯이 일본 품종의 보급이 그렇게 빠를 수 있었던 것은 한국과 일본의 품종이 기본적으로는 같았기 때문이다. 그리고 비료 소비의 급속한 증가는 일본 품종의 보급과 깊이 관련되어 있었다. 그런 점에서 품종의 교체가 매우 빨랐던 것과 비료의 소비가 급속하게 증가했던 것은 식민지기의 특징적인 변화라고 할 수 있다.

　관개 시설은 동아시아 계절풍 지대의 논 농사에 있어서는 시대를 초월한 중요한 문제였기 때문에 관개 논이 증대해 간 것은 반드시 식민지기의 특징적인 변화라고는 해석할 수 없다. 그렇지만 優良品種이 보급되고, 비료 소비량이 증가하면서 관개 시설의 증대가 조금씩 더 중요한 문제로 되어

27) 이영훈, 「조선후기 농민분화의 구조·추세 및 그 역사적 의의」, 『東洋學』 21 집(단국대학교, 1991).
28) 宮嶋博史, 「이조 후기 농서의 연구」, 『봉건사회 해체기의 사회경제구조』(청아출판사, 1982). 민성기, 「조선시대의 시비 기술」, 『조선농업사연구』(일조각, 1988).

갔다.

첫째, 일본은 원래 한국보다 강수량이 많은 지역이기도 하지만, 근세에
관개 시설이 크게 정비되었다. 그리하여 일본에서 도입된 일본 품종은 한
국의 재래 품종보다 가뭄에 약했다. 둘째, 일본 품종은 비료를 많이 주어야
만 그 효과가 나타나는 품종이었기 때문에, 재배 후 기대한 만큼의 수확량
을 얻기 위해서는 비료를 충분히 주어야 했다. 그런데 앞에서 설명한 대로
가뭄에는 약했기 때문에, 가뭄이 들면 비료 비용을 회수할 수 없게 되는 문
제가 있었다. 퇴비나 녹비는 토양의 물리적・화학적 성질을 개선하는 비료
이며, 현금으로 구매하는 비료도 아니기 때문에 가뭄이 들어 그 해의 수확
량이 크게 줄어들어도 큰 문제가 아니었지만, 화학 비료는 다음 번 경작 때
까지 남아 있지 않을 뿐 아니라, 현금으로 구매하는 비료이기 때문에, 그
해의 수확량이 크게 줄어들면 당장에 손실이 발생했다.

그림 1-1은 식민지기에 있어서 총독부의 土地改良事業에 의한 관개 논
면적의 증가분을 나타낸 것이다. 관개 논 면적의 증가분 속에는 관개 개선,
지목 변환, 개간, 간척 등에 의한 것들이 모두 포함되어 있다. 그림 1-1
에 의하면, 1918~25년 사이에는 관개 논 면적이 완만하게 증가했으며,
1925~33년 사이에는 빨리 증가했고, 1933년 이후에는 거의 완전히 정체
해 있었다.

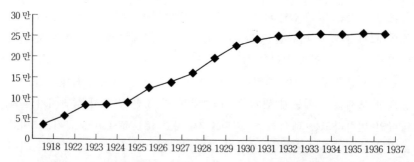

그림 1-1. 土地改良事業에 의한 관개 논 면적의 증가분(단위 : 정보)
자료: 李榮薰・張矢遠・宮嶋博史・松木武祝, 『近代朝鮮水利組合研究』(一潮閣, 1995),
     pp. 13~14.
     朝鮮總督府, 『朝鮮土地改良事業要覽』.
주 : 누적 합계임.

이하에서 관개 시설이 정비되어 가는 과정을 총독부의 정책에 중점을 두고 검토해 가려고 한다. 그 이유 중 하나는 土地改良事業에 의한 관개 논 증가 면적이 상당히 많기 때문이다. 1937년까지 총독부의 정책에 의해서 261,746 정보가 증가했는데, 이것은 병합 이전부터 존재했던 관개 논 면적 291,004 정보의 90%에 이른다. 다른 하나는 민간에 의한 관개 시설 정비 활동을 검토할 수 있는 자료가 매우 적기 때문이다.

(2) 産米增殖 1 期計劃[29]

통감부가 들어선 1905년 이후 한국의 관개 시설에 대해서 본격적인 조사가 이루어지기 시작했으며, 1906년에는 水利組合條例를 제정하여, 관개 사업을 행정적으로 지원하기 시작했다. 1916년에는 비교적 상세한 조사가 이루어졌는데 그것에 의하면 堤堰이 6,348개, 洑가 20,707개였으며, 관개 논 면적은 296,288정보로서 논 면적의 27%였다.[30] 제언은 물줄기를 막아서 물을 저장하는 시설이며, 보는 하천으로부터 논으로 물을 끌어들이는 시설인데, 제언보다 보가 3배 정도 많았던 것은 보의 편이 공사비와 유지비가 적게 들었기 때문이다.

총독부가 가장 먼저 착수한 사업은 이미 있는 堤堰과 洑 가운데 손상된 것을 보수하는 것이었다. 1909년에 '堤堰 및 洑의 修築에 관한 通牒'을 내었고, 그것에서 "설계 감독은 지방청이 하고, 노동력은 蒙利者가 부담하고, 공사비가 필요할 때는 국고에서 보조금을 교부한다"고 규정했다. 그것에 입각해서 같은 1909년부터 관개 시설의 증설 또는 보수에 국고 보조금을 지원하기 시작했다. 1909~18년 사이에 1,937개의 제언과 보가 수축되었으며,[31] 금액이 크지는 않았지만, 1909~16년까지 도합 596,027원이 지급되었다.[32]

1917년에는 水利組合令을 제정했고, 1919년에는 水利組合補助規程을 제정하여 관개 시설의 수리만이 아니고, 관개 시설의 건설, 지목 변환, 개

---

29) 사업의 명칭과 관련해서는 서장의 주 17)을 참조하기 바람.

30) 朝鮮總督府, 『朝鮮彙報』, 1916년 10월, pp. 9~15.

31) 松本武祝, 『植民地期朝鮮の水利組合事業』(東京, 未來社, 1991), pp. 52~53.

32) 朝鮮總督府, 『朝鮮彙報』, 1916년 10월, pp. 9~15.

간·간척 사업에도 보조금을 지급하기 시작했다. 사업 면적 200정보 이상 및 공사비 4만원 이상인 사업에 대해서 사업 비용의 15%를 보조했다. 이어서 1920년에는 보조금 지급 대상 사업을 사업 면적 200정보 이상으로 확대했다. 그렇지만 15%의 보조로서는 성과를 거두기 어려웠다. 관개 시설을 새로이 건설한 다음 그것에 의한 수확량 증가 효과가 나타나는 데에는 상당한 시간이 필요했기 때문이다.

1920년부터 産米增殖計劃이 시행되면서 한국의 관개 시설이 본격적으로 증가하기 시작했다. 産米增殖計劃을 촉발한 사건은 3·1독립운동이었는데, 대규모 독립 운동을 겪은 이후, 조선총독부가 조선인의 분할 지배를 계획한 것이었다.

그 수단의 하나는 정치적인 것으로서 지방 자치제를 도입하는 것이었다. 지방 자치제를 도입하여 한국인의 상층부를 총독부 정치 내부로 포섭하면, 그들과 총독부 사이의 마찰이 줄어들게 되므로, 3·1독립운동과 같은 한국인 상층부까지도 포함하는 민족 운동을 저지할 수 있게 된다. 나아가서는 한국인 내부에서 갈등이 조성되기 때문에 통제하기 쉽게 될 것이었다.

다른 하나는 경제적인 것으로 산업 개발이었다. 어떤 일부의 계층이라도 생활 수준이 높아지게 되면, 총독부의 정치에 호응하게 될 것이고, 3·1독립운동과 같은 대규모의 소요 사태는 발생하지 않을 것이기 때문이었다. 처음에는 농업에 한정하지 않았고, 상공업을 포함하는 산업 전체의 개발을 계획했으나 곧 이어 농업 개발에 초점이 맞추어졌다. 그것은 일본의 쌀 부족을 매우 긴급히 해결해야 했기 때문이었다.

제1차 세계대전의 호황을 거치면서 일본의 국민 소득이 크게 상승했다. 그러면서 쌀에 대한 수요가 전체적으로 증가했으며, 그중에서도 일본 쌀과 질이 비슷한 북방미에 대한 쌀의 수요가 빨리 증가했다. 그런데 북방미의 공급은 거의 한국에 한정되어 있어서 공급이 탄력적으로 증가하지 못했으며, 동남아시아는 흉작이었다. 그리하여 쌀의 공급 증가가 수요의 증가를 충분히 만족시키지는 못했다. 게다가 쌀값이 서서히 상승해 가자, 미곡 상인들이 쌀을 매점하기 시작했다. 그 결과 1914~19년 사이에 쌀의 생산이 21% 증가했고, 1914~19년 사이에 수입량이 120% 증가했지만, 쌀값은 안정되지 못했고, 280%나 상승했다. 그리하여 쌀값 상승에 항의하는 도시 노동자들을 중심으로 1918년에 米騷動이라고 하는 대규모의 민중 운동이 발생했다. 조선총독부와 일본 정부는 다 같이 한국을 일본에 대한 미곡 공급 기지로 본격 개발할 필요를 느꼈다.

그리하여 1920년에 産米增殖計劃이 수립되었다. 産米增殖計劃은 농사 기술의 개선을 꾀하는 농사 개량 사업과 관개 논의 증대를 꾀하는 토지 개량 사업의 두 가지를 포함하는 것이었는데, 土地改良事業에 한정해서 간추려 보면, 〈표 1-4〉와 같았다. 첫째, 15개년간 42만 7천 5백 정보의 논에서 토지 개량을 행한다. 둘째, 필요한 자금의 28%는 국고에서 보조하고, 27%는 정부가 저리의 자금을 알선하여 공급한다. 셋째, 토지 개량으로 쌀 생산량을 349만 석 늘리고, 비료 소비량 증가 및 재배법 개선으로 236만 석을 늘린다.

1920년에 수립된 産米增殖計劃은 1925년으로 종료되었기 때문에, 6년 간의 실적밖에 알 수 없다. 〈표 1-4〉에 의하면 6년간의 실적은 계획에 미치지 못했다. 단지 일본으로의 수출만이 계획치를 상회했다고 할 수 있다. 그 것은 토지 개량 시행 면적 중에서 1920~25년 계획이 1920~34년 계획에서 차지하는 비율은 29%이지만, 수출 증가량의 그것은 47%에 달했기 때문이다. 나아가서 수출 증가량은 수확 증가량을 초과했다. 1918~20년의 평균 수확량은 1,367만 석, 1923~25년의 그것은 1,494만 석이었다.

몇 가지의 이유를 들 수 있다.

첫째로 사업 비용을 제대로 추산하지 못했다. 이것과 관련해서 흥미로운 것은 사업비 총액과 국고 보조금의 지출은 계획을 초과해서 이루어졌음에도 불구하고 실적이 계획에 크게 미달했다는 것이다. 총독부는 계획을 수립하면서 1920년대 전반의 물가 상승률을 정확하게 예측하지 못했다. 수리 조합 자료에서 검토해 보면, 1908~19년 사이의 수리 시설 공사비는 단보당 18원이었다. 총독부는 물가가 상승할 것으로 예상하고, 단보당 39원의 계획을 수립했지만, 실제 공사비에는 크게 못 미쳤다. 실제로는 단보당 60원이 소요되었다.

둘째로 총독부는 저리의 자금을 알선할 수 있을 것으로 생각했지만, 결과는 그와 달랐다. 하나는 1920년대 전반기에 금리 수준이 높아지면서 계획대로 공급할 수 없었던 것이며, 다른 하나는 일본 정부의 협조를 얻을 수

〈표 1-4〉   **産米增殖 1 期計劃 중의 土地改良事業** 개요   (단위 : 정보, 만원, 만석)

항 목	1920~34 계획	1920~25 계획	1920~25 실적
토지 개량 면적	427,500	123,100	71,000
사업비 총액	16,800	5,683	5,795
국고보조금	4,655	1,299	1,387
정부 알선 자금	4,500	?	?
증수량	900	?	127
그중 토지개량사업	349		
수출 증가량	458	?	214

자료 : 장시원,「산미증식계획과 농업 구조의 변화」,『한국사』13(한길사, 1994).
　　　　河合和男,『朝鮮における産米增殖計劃』(東京, 未來社, 1986) 제 3 장.
주 : 1. 증수량의 1920~25 실적은 이 책의 보론을 참고하기 바람.
　　 2. 시행면적은 준공 기준임.

없었던 것이다.

간단히 살펴보자. 일본 農商務省의 자료에 의하면, 일본 정부는 1918~
27 년 사이에 쌀 수요가 1,050 만 석만큼 증가할 것으로 생각했다. 그중 일
본에서의 경지 확장, 경지 개량, 농사 개량에 의해서 742 만 석을 공급할 수
있을 것이고, 257 만 석을 한국과 대만에서 공급받을 수 있을 것으로 생각
했다. 그리고 그것을 위해서 開墾助成法과 帝國開墾株式會社法을 제정했
다.[33] 전자의 주요 내용은 5 정보 이상을 개간하는 경우 6%의 보조금을 지
급한다는 것이었으며, 후자의 주요 내용은 정부가 8%의 교부금을 내어 자
본금 규모 3 천만 원의 개간 전문회사를 설립하는 것이었다.

일본 정부는 위의 정책을 통해서 쌀 생산량을 늘림과 동시에 소작쟁의를
억제할 수 있을 것으로 생각했다.[34] 구체적인 예를 들어 보면, 帝國開墾株
式會社法은 자작농이 되려는 자에게 개간지를 판매할 것을 계획하고 있었
다. 자소작농보다 소작농의 소작쟁의 참가율이 반드시 더 높다고 주장할
수는 없지만, 당시 일본의 농민 조합 구성원에 대한 검토에 의하면, 자소작
농보다는 소작농의 참가율이 훨씬 높았다.[35]

---

33) 河合和男,『朝鮮における産米增殖計劃』(東京, 未來社, 1986), p. 58~60.
34) 같은 책, p. 73.
35) 庄司俊作,『近代日本農村社會の展開』(京都, ミネルヴァ書房, 1991), p. 113.

한편 식민지의 농업 개발은 부차적인 과제로 생각했다. 그것은 식민지 농업 개발의 결과 쌀의 공급량이 지나치게 많아지면, 쌀값이 폭락할 가능성이 있고, 그것은 다시 사회의 불안을 초래할 수 있었기 때문이다.

이러한 사정에 의하여 産米增殖計劃에 대한 일본 정부의 지원은 총독부의 계획에 미치지 못했다. 낮은 이자율의 자금도 쉽게 얻지 못하여, 총독부가 제공한 자금의 평균 금리는 9.5~11%에 달했다.

셋째로 사업의 기술적 문제를 해결할 수 있는 전문적인 시행 회사가 설립되지 못했다. 일본의 경우는 위에서 소개한 帝國開墾株式會社가 기술을 갖추고 공사를 진행했지만, 한국의 경우는 그러하지 못했다.

그리하여 토지 개량 사업은 높은 생산비를 지불하고 사업을 행해도 수익성이 확보될 수 있을 정도의 잠재력을 가지고 있는 토지에 대해서만 행해지게 되었으며, 그림 1-1에서 보았듯이 관개 면적은 완만하게밖에 증가하지 않았다.

일본 정부의 開墾助成法은 1919년부터 시행되었지만, 효과는 크지 않았다. 논 면적의 연간 증가량은 1919년의 17,477정보를 정점으로 해서 그 이후 감소해 갔다. 1925년에는 10,456정보에 지나지 않았다. 한편 공업화에 의한 용도 변경에 의해서 논으로 쓸 수 없게 된 면적은 1919년 이후 증가해 갔다. 1919년에는 6,194정보였지만, 1923년에는 10,845정보에 이르렀고, 1925년에는 6,699정보였다. 그리하여 논의 순증가 면적은 1919년에 11,283정보였던 것이 이후 계속 감소하여, 1925년에는 3,757정보로 줄어들었다.[36]

일본인의 식생활 습관에 어울리는 북방미의 공급이 순조롭지 못하다고 해도, 남방미의 공급이 순조롭게 이루어질 수 있다면, 양의 문제는 해결할 수 있었다. 하지만 그것도 반드시 순조롭지만은 않았다. 일본은 주로 동남아시아에서 남방미를 수입했는데, 다음의 것들이 일본의 수입 조건을 나쁘게 했다. 일본에 대한 주된 공급 지역은 미얀마와 베트남이었다. 그런데 미얀마는 영국의 식민지였으며, 베트남은 프랑스의 식민지였기 때문에 쌀의

---

36) 農政調査委員會 編, 『改訂 日本農業基礎統計』(東京, 農林統計協會, 1977), pp. 58 ~60.

수출은 영국과 프랑스의 시장 전략에 의해서 결정되었다. 일본의 의사가 관철되기는 어려웠던 것이다. 나아가서 동남아시아에는 수리 시설이 충분히 갖추어져 있지 않아서, 생산량이 기상 조건에 크게 좌우되었다. 예를 들어 일본에서 米騷動이 일어났던 1918년에는 동남아시아 역시 흉작이어서 영국과 프랑스가 쌀의 수출을 금지했었다.[37]

나아가서 외국 쌀의 수입이 순조롭다고 해도 외국 쌀의 수입이 증가하면 국제수지가 악화되는 곤란한 점이 있었다. 1910년대 후반 제 1차 세계대전 중에 일본의 소비재 공급 시장은 아프리카, 서아시아, 남아시아 등 전통적으로 서유럽 국가들이 강했던 지역으로까지 확대되었다. 그리하여 수출이 크게 증가했다. 나아가서 서유럽 국가들의 생산재 공급 능력이 떨어졌기 때문에 생산재의 수입 대체도 활발하게 일어났다. 철강업, 전기·화학업 등을 중심으로 중화학공업이 성장하면서 수입 수요가 증가하기도 했지만, 수입의 增加勢는 수출의 增加勢보다 훨씬 낮았다. 그리하여 1915~19년 사이의 짧은 시기에 13억 엔의 무역 수지 흑자를 거두었는데, 이것은 1895~1914년 사이의 20년간의 적자 11억 엔을 훨씬 넘는 것이었다.[38]

그렇지만 이 상황은 그렇게 오래 계속되지는 않았다. 1918년에 전쟁이 끝나고, 1920년대에 서유럽 국가들이 상품 공급 능력을 회복하자, 수출 수요는 크게 증가하지 않았다. 1910~14년과 1915~19년 사이에 수출 누계액이 51억 엔 증가했지만, 1915~19년과 1920~24년 사이에는 6억 엔 증가했을 뿐이었다. 그렇지만 전쟁 중에 성장했던 철강업, 전기·화학공업 등에 대한 투자는 계속 이루어져야 했기 때문에 수입의 증가세는 조금도 둔화되지 않았다. 그리하여 1920~24년의 5년 사이에 25억 엔의 적자를 기록했다.[39] 게다가 농산품이 적자의 30~40％를 차지했기 때문에, 일본 정부의 방침은 식민지에서의 쌀 증산을 장려하는 것으로 바뀌어 갔다.

(3) 産米增殖更新計劃

이상의 경과를 거쳐서 産米增殖更新計劃이 1926년에 수립되었다. 〈표

---

37) 河合和男, 앞의 책, pp. 80~81.
38) 山崎隆三, 『現代日本經濟史』(京都, 有斐閣, 1986), p. 146.
39) 같은 책, p. 146.

1-5〉에 의하면 관개 논의 증대를 꾀하는 土地改良事業의 내용은 다음과 같았다. 첫째, 1926~37년의 12개년에 걸쳐서 35만 정보의 토지를 개량한다. 그것을 위해서 1926년부터 東洋拓殖株式會社에 土地改良部를 두었고, 1927년에는 朝鮮土地改良株式會社를 설립했다. 둘째, 필요한 자금의 23%는 국고에서 보조하고, 69%는 정부가 저리의 자금을 알선하여 충당한다. 셋째, 토지 개량으로 280만 석을 증수하고, 농사 개량으로 537만 석을 증수한다.

〈표 1-5〉 産米増殖更新計劃 중의 土地改良事業 개요   (단위 : 정보, 만원, 만석)

항 목	1926~29 계획	1926~29 실적	1930~33 계획	1930~33 실적	1926~33 계획	1926~33 실적	1926~37 계획
관개 개선	80,000	44,900	108,600	92,600	188,600	137,500	350,000
공사비 총액	8,152	5,751	8,897	6,090	17,049	11,841	28,533
국고보조금	1,732	1,181	2,061	1,580	3,793	2,761	6,507
정부 알선 자금	1,003	342	502	941	11,751	7,797	19,819
증수량						237	817
그중 토지개량사업							280
수출 증가량						387	500

자료 : 장시원, 「산미증식계획과 농업 구조의 변화」, 『한국사』 13(한길사, 1994).
　　　　河合和男, 『朝鮮における産米増殖計劃』(東京, 未來社, 1986) 제3장.
주 : 증수량의 1926~33 실적은 이 책의 보론에 의했음.

먼저 1기계획과 비교하면 다음과 같은 두 가지의 특징이 있다. 첫째로 국고 보조금이 차지하는 비율은 5% 정도 낮아졌지만, 정부 알선 자금이 차지하는 비중은 37%가 상승하여 전체적으로는 사업자의 자금 부담이 줄어들었다. 둘째로 시공 전문 기구가 설립되었고, 알선된 자금의 이자율이 낮아져서 생산비를 절감할 수 있게 되었다. 정부 알선 자금의 금리는 1/2이 연리 5.1%, 나머지 1/2이 연리 8.9%였다.

정책적인 지원은 많았지만, 농업을 둘러싼 객관적인 조건은 좋지 않았다. 1925년 이후 서서히 쌀값이 하락하기 시작했고, 1920년대 말에는 크게 떨어졌다. 1926년을 100으로 할 때, 1931년에는 45까지 떨어졌다. 토지 개량 사업은 썩 수지맞는 사업이 되지 못했고, 공사비를 반제하지 못하는 수리 조합이 속출했다.

갱신계획은 1926~33년 사이에 관개 논을 188,600정보만큼 늘릴 계획이
었지만, 그 실적은 137,500 정보에 지나지 않았다. 그렇지만 1기계획보다
는 성과가 높았다. 그리고 1기계획과 마찬가지로 일본으로의 수출만은 계
획치를 상회했다. 그것은 토지 개량 시행 면적 중에서 1926~33년 계획이
1926~37년 계획에서 차지하는 비율은 54%이지만, 수출 증가량의 그것은
77%에 달했기 때문이다. 나아가서 수출 증가량은 수확 증가량을 초과했
다. 1924~26년의 평균 수확량은 1,443만 석, 1931~33년의 그것은 1,680
만 석이었다.

토지 개량 사업은 1934년에 중지되었다. 앞서 언급한 대로 1920년대 말
에서 1930년대 초에 쌀값이 폭락했기 때문이었다. 일본 정부는 주로 한국
산 쌀의 생산과 수출을 줄일 것을 요구했다. 조선 총독부는 쌀을 저장하여
출하 시기를 조정할 계획을 세움과 동시에, 일본 정부에 대해 미가가 최저
가격을 하회하면 한국산 미곡을 무제한으로 매입하고, 최고 가격을 상회하
면 무제한으로 매각할 것을 요청했다.

일본 정부는 일본, 한국, 대만에 대해 각각 미곡 생산량을 4.4%, 10.0%,
24.0%만큼 줄인다고 하는 臨時米穀作付段別制限案을 제안했지만,[40] 總
督府는 위의 정책에 찬성할 수 없었다. 한국의 産業構造는 농업에 매우 치
우쳐 있어서, 미곡 생산량을 10.0%나 줄이게 되면, 농촌 실업자가 급증하
게 될 것이었기 때문이었다. 결국 위의 案이 실현되지는 않았지만, 총독부
도 미곡 증산 정책을 계속할 수는 없었기 때문에, 1934년에는 産米增殖更
新計劃을 중지했다.

1937년에는 토지 개량 사업에 의해서 증가한 관개 논 면적이 261,746 정
보였고, 병합 이전부터 존재했던 관개 논 면적은 296,288 정보였는데, 그
것과 총독부의 지원을 받지 않고 민간의 힘에 의해서 이루어진 면적을 모
두 합하면 760,000 정보였다. 이것이 논 면적에서 차지하는 비율은 45%
였다.[41]

---

40) 暉峻衆三, 『日本農業問題の展開』 하권(東京, 東京大學出版會, 1984).
41) 小早川九郞, 『朝鮮農業發達史』 發達篇(1944), p. 123. 관개 시설이 갖추어진 논 면
    적이 45%라는 것일 뿐 그 모두가 수리안전답이었다고 할 수는 없다.

(4) 농민과 洑

1935년의 조사에 근거한 〈표 1-6〉을 이용해서 관개 시설별 관개 면적을 검토해 보자. 설명에 앞서 수리 조합 사업에 대해서 약간 설명해 두고자 한다. 토지 개량 사업에 의해 관개 개선, 지목 변환, 개간, 간척에 대해 국고에서 보조금을 지급했으며, 저리 자금을 융자했다. 이때 수리 조합을 만들어서 보조금을 받을 수 있어서 개인이 보조금을 받을 수도 있었다. 〈표 1-6〉의 '수리 조합 사업에 의한 것'은 이 중 전자를 나타낸다.

주의할 점은 〈표 1-6〉의 '수리 조합 사업에 의하지 않은 것'이다. 이것은 1917년의 水利組合令에 의해서 보조금을 받은 것, 1920년 이후의 토지 개량 사업에 의해서 보조금만 받고 수리 조합을 만들지는 않은 것, 보조금을 받지 않은 것의 세 가지를 모두 포함하고 있다. 朝鮮總督府가 발간한 『朝鮮土地改良事業要覽』에는 土地改良事業 보조금만 받고 수리 조합을 만들지는 않은 사업의 내역이 실려 있다. 1935년까지 준공된 사업은 모두 320건이었으며, 그것에 의해서 증가한 논 면적은 49,208 정보였다.

〈표 1-6〉의 수리 조합 사업에 의하지 않은 관개 면적 550,000 정보에서 병합 이전부터 있었던 296,288 정보, 보조금을 받고 증가한 49,208 정보를 빼면, 204,504 정보이다. 그리고 수리 조합 사업에 의하지 않은 관개 시설의 수 83,677 시설에서 병합 이전부터 있었던 27,055 시설, 보조금을 받고 이루어진 320 시설을 빼면, 56,302 시설로 된다.

204,504 정보를 56,302 시설로 나누면, 식민지기에 보조금을 전혀 받지 않고 민간에 의해서 이루어진 관개 시설의 한 시설당 관개 면적을 구할 수 있다. 그 값은 3.6 정보이다.

〈표 1-6〉에 의하면 수리 조합 사업에 의하지 않은 관개 시설의 경우, 제언의 관개 면적은 평균 11.5 정보, 보의 그것은 평균 6.1 정보였다. 이 값은 위의 3.6 정보보다는 큰데, 보조금만 받고 수리 조합을 만들지는 않았던 토지 개량 사업의 한 건당 시설 규모가 컸기 때문이다.

제3절에서 언급했듯이 1916년의 조사에 의하면, 堤堰이 6,348개, 洑가 20,707개였다. 1808년에는 제언이 3,685개, 보가 2,265개였다고 추정되므로,[42] 19세기에 보가 급증한 것으로 된다. 조선 정부는 보에 대해서는 제언

---

42) 松本武祝, 앞의 책, pp. 37~38.

정도로 정확하게 파악하려 하지 않았기 때문에 보의 수는 꽤 과소 집계되
어 있을 것으로 생각할 수 있지만, 그런 것을 감안한다고 하더라도 19세기
에 보가 급증한 것은 부정할 수 없을 것이다.

〈표 1-6〉   관개 시설별 관개 면적   (단위 : 천 정보)

구 분	수리 조합 사업에 의한 것				수리 조합 사업에 의하지 않은 것			
	건수	비율	면적	비율	건수	비율	면적	비율
堤 堰	188	51.8	149	71.0	6,334	7.6	73	13.3
洑	101	27.8	31	14.8	75,258	89.9	458	83.3
양수기	66	18.2	29	13.8	2,085	2.5	19	3.4
기 타	8	2.2	1	0.4	0	0	0	0
합 계	363	100.0	210	100.0	83,677	100.0	550	100.0

자료 : 小早川九郞,『朝鮮農業發達史』發達篇(1944), p. 123.

〈표 1-6〉에 의하면, 식민지기에 농민들의 독자적인 사업으로서는 洑의
건설이 많이 행해졌다. 물을 끌어들이는 소규모의 시설을 관리하는 데에는
농가 4~5호 정도의 힘을 합하는 것으로 충분했기 때문에, 총독부의 지원
이 없더라도 농민들의 힘으로 충분히 가능했던 것이다.

식민지기의 보 증가는 조선 후기 이후의 보 증가 경향과 일치하는 것인
데, 다른 한편에서는 총독부의 토지 개량 사업이 보의 설립을 자극했을 것
이다. 총독부의 구성원들은 한국의 농민과는 민족이 다르기 때문에 정책에
대한 반발도 크지만, 한편에서는 정책이 이정표의 역할을 하기 때문에, 植
民地民들은 반발하면서도 그것에 이끌려 가는 것이다. 아울러 다수확 품종
을 재배하고, 그 품종에 충분할 정도의 비료를 주기 위해서도 관개 시설을
늘려가야 했다.

4. 제 2 차 산업혁명과 한국에서의 그것의 적합성

(1) 비료 공업

산업혁명 이전까지는 농업 생산력 발전의 계기가 기본적으로 농업의 내
부에서 주어지고 있었다. 18세기 말에서 19세기 초에 걸쳐 진행되었던

영국의 농업혁명에서도 그것은 분명하다. 영국의 농업혁명은 클로버, 순무 등을 사료 작물로서 도입하여, 가축 사육 두수를 증가시킨 것으로 요약된다.

그런데 산업혁명 이후에 있어서 농업 기술의 중요한 진보는 그 모두가 공업 발전의 결과였다. 19세기 중반부터 농업의 기계화가 본격적으로 진행되었고, 20세기 초반부터 농업의 화학화가 본격적으로 진행되었는데, 그것은 산업혁명이 불러일으킨 기술 혁신의 순서와 일치하는 것이었다. 이하에서는 한국에서 비료 공업이 성장해 가는 과정을 검토해 보자.

18세기 말부터 19세기 초에 걸쳐 영국에서 농법의 개량이 있었고, 이것이 유럽 대륙에 전파되어 갔지만, 그것이 높은 생산성을 얻게 한 메커니즘에 대해서는 충분히 인식되어 있지 않았다. 부식토를 많이 얻을 수 있게 바뀌었기 때문이었을 것이라는, 전통적인 사고 방식을 가지고 있었을 뿐이었다.

1840년에 독일의 리비히가 식물은 부식토가 아니라 무기 화합물을 양분으로 한다는 것을 증명했다.[43] 그 이후 구아노,[44] 과린산, 鹽基性 광산재 등이 비료로서 이용되기 시작했다. 대개 영국에서부터 이용되기 시작했다.[45]

그 결과로 농업 화학에 대한 관심이 높아졌다. 리비히가 過燐酸석회의 제조법을 제시하였고, 북아메리카에서 인산염이 풍부한 鑛床이 발견되어 인산 비료의 공급이 증가했다. 1870년대 이후에는 칼륨 공업이 발달하여 칼리 비료의 공급이 증가했다.[46] 질소 비료로서는 칠레 초석, 석회 질소 등이 이용되기 시작했다.

농업의 화학화에 있어서 가장 중요한 질소 비료의 공급량이 증가하기 시작한 것은 20세기에 들어와서였다. 그것은 變性硫安法이라는 유안 제조법이 개발되면서, 질소 비료 중에서 가장 널리 사용되었던 硫安이 대량으로

---

43) 소련 과학 아카데미, 『세계기술사』, 1979, p. 332(홍성욱 옮김).

44) 해조류의 똥이 쌓여서 덩어리로 된 것으로 인산 비료로 이용된다.

45) Grigg, D. B., *The Agricultural Systems of the World*(Cambridge University Press, 1974); 飯沼二郎·山內豊二·宇佐美好文 옮김, 『世界農業の形成過程』(東京, 大明堂, 1977), p. 73.

46) 소련 과학 아카데미, 앞의 책, p. 332.

생산되기 시작했기 때문이다. 그 이전에도 副生硫安法이라는 제조 방법에
의해서 유안이 생산되고는 있었지만, 부생 유안법은 제철, 가스, 코크스 공
업에서 부산물로 발생하는 암모니아를 황산에 흡수시켜 유안을 만드는 것
에 지나지 않았기 때문에, 생산량이 매우 적었다.[47]

변성 유안법은 1898년에 독일에서 처음 발견되었는데, 석회 질소에 섭씨
1,000도 정도의 뜨거운 수증기를 쐰 다음, 분해되어 나오는 암모니아를 황
산에 흡수시켜 유안을 만드는 방법이었다. 이미 질소 비료로 쓰이고 있었
던 석회 질소에 수증기를 쐬어 암모니아로 가공했던 것은 석회 질소가 두
가지의 약점을 가지고 있었기 때문이다. 하나는 효과가 매우 느리게 나타
난다는 것이었으며, 다른 하나는 독성이 가시기 이전에 파종하면 식물을
말려 죽이는 것이었다.

20세기의 유안 생산에 가장 크게 영향을 미쳤던 것은 合成硫安法이었다.
이것은 수소 제조, 질소 제조, 암모니아의 합성, 황산 제조, 암모니아와 황
산의 결합이라는 다섯 가지의 작은 공정으로 이루어져 있는데, 19세기 말
에서 20세기 초에 걸치는 기간에 기술 진보가 빨리 이루어지면서 제조법이
완성되었다.

화약의 생산을 늘릴 필요가 있었기 때문에, 제1차 세계대전을 거치면서
암모니아 합성 기술이 비약적으로 발달했다. 이것이 硫安의 생산량도 급증
시켰다. 1914년 무렵에는 140만 톤, 1920년대 전반에는 258만 톤, 1920년
대 후반에는 405만 톤으로 증가해 갔다.[48]

한국에서 유안 공업이 발달할 수 있었던 조건을 이해하는 데에 필요하므
로, 이하에서 합성 유안법에 대해서 간략하게나마 보아 두자.[49]

1) 수소는 물을 전기 분해하든지, 수성 가스에서 분해하든지, 코크스爐
가스에서 분해해서 얻는다.

2) 질소는 공기를 액화시킨 후 질소의 기화점이 산소보다 낮은 것을 이
용해서 질소만을 먼저 기화시켜 얻는다. 이 방법은 1894년 독일에서 발견

---

47) 姜在彦 編,『朝鮮における日窒コンツェルン』(東京, 不二出版, 1985) 제4장.
48) 朝鮮殖産銀行調査課,『肥料の知識』(1932), p. 33. League of Nations, *Statistical
    Year-book*, 1931~32년판.
49) 姜在彦 編, 앞의 책, 제4장.

되었다. 처음에는 산소를 얻는 것이 목적이었지만, 뒤에는 암모니아 합성 공업에 이용되었다.

3) 암모니아는 질소와 수소를 합성시켜 얻는다. 질소와 수소를 합성해서 암모니아를 만드는 것은 화학 평형식상의 반응 방향을 반대로 해야 하는 것이었다. 이것을 가능하게 하기 위해서는 낮은 온도에서 반응시켜야 했는데, 낮은 온도에서는 반응 속도가 지나치게 느려지는 문제가 있었다. 그러던 중 1909 년에 독일에서 200 기압, 섭씨 500 도에서 철과 알칼리를 촉매로 사용하여 암모니아를 대량으로 생산할 수 있는 방법이 발견되었다.

4) 황산은 硫化鐵鑛을 태울 때 나오는 亞硫酸가스를 산화해서 얻는데, 1870 년대 이후 접촉법에 의해 고농도의 황산이 제조되면서 생산량이 크게 늘었다.

5) 마지막으로 암모니아와 황산을 결합시켜 유안을 만들어 내었다.

한국에 질소 비료 공업이 발달하게 되었던 것은 1922 년에 日本窒素肥料株式會社(아래에서는 日窒로 줄여 씀)가 이탈리아에서 합성 유안법의 한 가지인 카자레法을 도입하면서부터였다. 日窒의 회장 노구치 시타가우(野口遵)가 새로운 유안 제조 기술을 찾아서 유럽을 여행하던 중에 발견했던 것이다. 당시는 아직 변성 유안법이 주류였지만, 노구치는 자신이 화학 기사였기 때문에, 그 지식으로써 결국은 합성 유안법이 경쟁력의 우위를 차지할 것이라고 판단했다. 그리하여 100 만 엔이라는 큰 돈을 지불하여 기술을 도입할 것을 결정했다.[50] 1931 년의 조사 자료이기는 하지만, 유안 1톤당 생산비가 카자레식 합성 유안법은 70.7 엔, 변성 유안법은 72.8 엔으로서 전자가 2.1 엔 낮았다. 노구치의 판단이 맞았던 것이다.[51]

카자레法은 물의 전기 분해를 이용해서 수소를 얻는 방법이었다. 그런데 물을 전기 분해하면, 99.9％의 순수한 수소를 얻을 수 있기 때문에 수소를 생산한 뒤에 그 精製 비용이 적게 들기는 했지만, 질소 1톤을 유안으로 합성하는 데에 17,730 kWh라는 대량의 전력이 필요했다. 위에서 소개한 1931 년의 조사에 의하면 유안 생산비의 29.7％가 전력 대금이었다. 日窒은 값싼 전력 자원을 얻는 것이 무엇보다도 필요했지만 일본 국내의 주된 전

---

50) 같은 책, 제 2 장.
51) 같은 책, p. 223.

원지대는 기존의 전력 회사가 거의 장악하고 있었다. 그렇지 않은 지역에서는 항만과 공장 부지를 구할 수 없었다.[52]

기회는 한국에서 왔다. 1920년대 중반 이후 농산물의 가격이 하락하자, 총독부는 과잉 인구 문제를 해결하기 위해 공업화를 구상하기 시작했던 것이다. 과잉 인구가 축적되어, 공업 부문의 고용을 증가시키지 않고는 한국의 통치가 거의 불가능하게 되었기 때문이었다.

역사상 어느 시기에도 과잉 인구가 존재하지 않았던 적은 없었겠지만, 한국에서 과잉 인구가 뚜렷하게 드러나기 시작한 시기는 開港期였다. 조선 말기에도 과잉 인구가 다량으로 존재하고 있었지만, 아직 농촌 수공업 부문이 컸기 때문에 농촌에 체류할 수 있었다. 하지만 개항 이후 외국의 면포가 밀려 들어와 농촌 수공업이 점차로 파괴되자, 과잉 인구가 양적으로도 증대했으며, 또한 그들이 농촌에 체류하기 어려워졌던 것이다. 식민지로 전락한 이후에는 정도가 더욱 심해졌다.

과잉 인구를 해소하기 위해서는 적극적인 산업 개발이 필요했지만, 제1차 세계대전이 발발하기 이전까지는 일본에 조선을 개발할 수 있는 능력이 없었다. 일본의 國際收支는 만성적인 적자 상태였기 때문에 투자는 주로 일본의 국제 경쟁력을 높일 수 있는 부문으로 행해져야 했다. 그리고 민간 기업의 海外投資의 관심은 주로 중국에 두어져 있었다.

1919년에 한국에서 3·1독립운동이 일어나자, 일본 정부와 조선 총독부는 조선 통치 문제의 심각성을 인식하게 되었다. 하지만 산업 정책의 방향은 농업 개발이었다. 그것은 앞에서 본 바와 같이 제1차 세계대전 중에 일본의 국민 소득이 상승하자, 미곡에 대한 수요가 크게 증가했는데, 미곡 수요의 증가분의 일부를 한국이 공급해야만 했기 때문이었다. 그리하여 1920년대에는 産米增殖計劃이라는 미곡 증산 계획이 시행되었다. 정책의 결과로 농업 생산은 증가했지만, 정책이 농촌을 안정시키지는 못했다. 가장 중요한 이유는 1920년대 후반부터 전세계적으로 농산물의 가격이 하락하면서, 한국의 농산물 가격도 하락한 것이었다. 농가의 경제 상황은 매우 나빠졌고, 소작 쟁의가 매우 자주 일어났다.

---

52) 같은 책, p. 94.

그리하여 총독부도 농업 일변도의 정책을 수정했고, 農工竝進의 정책을 추진하게 되었다. 공업화를 추진하고자 하는 그 시점에서 총독부가 주목한 것은 한국의 수력 발전 자원이었다. 한국 북부 지역에 물의 흐름을 돌리기만 하면 적은 비용으로 많은 발전량을 얻을 수 있는 하천이 있었기 때문이었다.

그런데 조선에 있는 소규모의 자본으로서는 대규모의 전력 사업을 펼 수 없었다. 그리하여 총독부는 일본 대자본의 유치를 적극 꾀했다. 총독부의 殖産局長은 조선의 산업 발전을 위해서는 가능한 한 일본 자본이 한국에 투자해야 한다고 발언했다.[53]

그리하여 총독부는 빠른 시일 안에 전원을 개발할 수 있는 일본의 대자본을 모집했다. 전원 개발 사업에 처음 뜻을 둔 것은 三菱과 日窒이었다. 日窒은 1925년에 부전강 수리 개발권을, 三菱은 1926년에 장진강 수리 개발권을 각각 획득했다. 그런데 三菱은 이미 일본 경제 내에서 확고한 지위를 차지하고 있었기 때문에, 수리 개발권을 얻어 두었을 뿐, 사업에 금방 착수하지는 않았다. 그렇지만 日窒은 사정이 그와 달랐다. 日窒은 후발 기업이었기 때문에 사업의 모든 가능성을 모두 재어 본 이후에 착수할 정도의 여유는 없었다. 게다가 구매한 유안 제조 카자레法을 하루빨리 상업화해야만 했다.

그리하여 日窒은 수리 개발권을 얻는 즉시 공사에 착수하여, 1930년에는 19만kW의 전력을 공급할 수 있는 설비를 완성했다. 그것에 자극받아 총독부는 1933년에 三菱이 가지고 있던 장진강 수리권도 日窒에 넘겨 주었다. 日窒은 1935년에 14만kW의 전력을 공급할 수 있는 설비를 완성했다.

발전소 건설과 아울러 1927년부터 日窒은 興南에 朝鮮窒素肥料株式會社(朝窒)라고 하는 대규모의 전기 화학 회사를 건설하기 시작했고, 1930년에 완공했다. 朝窒의 완공과 동시에 부전강 수력 발전소를 가동했고, 朝窒의 유안 생산이 시작되었다.[54]

계획했던 대로 朝窒은 매우 낮은 가격에 전력을 공급받을 수 있었다. 1931년의 한 조사에 의하면, 당시 일본에 있어서 공업용 전력 1kWh의 가

---

53) 高橋龜吉, 『現代朝鮮經濟論』(1935), p. 359.
54) 姜在彦 編, 앞의 책, 제3장.

격이 8厘~1錢이었는데, 朝窒의 가격은 2.15~3.4厘 정도였다.

앞에서 설명했듯이 朝窒의 생산 방법은 당시로서는 선진적인 것이었으며, 朝窒은 세계 시장에서도 충분히 승산이 있다고 확신하고 있었다.[55] 歐美의 공장들과 비교할 수 있는 자료는 없지만, 일본의 다른 공장과 비교하는 한, 생산비가 매우 낮았다. 日本硫安工業協會가 일본 商工省에 제출한 자료에 의하면, 유안 1톤당 생산비는 朝窒이 74엔, 住友肥料株式會社가 82엔, 大日本人造肥料株式會社가 85엔, 電氣化學株式會社가 103엔이었다. 1936년에 朝窒의 연간 질소 생산량은 10만 톤으로서 독일의 IG染料工業株式會社, 영국의 帝國化學工業株式會社, 미국의 空中窒素會社에 이어 세계에서 네번째였다.[56]

〈표 1-7〉 　　　　　　　　화학 비료 생산량 　　　　　　　　(단위 : 톤)

연　도	朝　室	한국 전체
1930	101,585	110,689
1931	239,545	247,248
1932	260,205	258,432
1933	282,100	287,104
1934	356,890	378,779
1935	411,306	466,328
1936	484,215	534,278
1937	527,621	616,119
1938	510,853	593,874
1939	581,654	641,045
1940	546,659	570,433
1941	?	626,345

자료 : 朝鮮總督府農林局,『朝鮮の肥料』(1942).
　　　朝鮮總督府農林局,『農業統計表』, 1940년판.
　　　日本窒素肥料株式會社,「朝鮮の肥料工業について」(1946), pp. 4~5.

朝窒의 화학 비료 생산에 힘입어 한국의 화학 비료 생산량은 1930년대에 급증했다. 〈표 1-7〉에 의하면 1939년에는 유안 생산량이 64만 톤에 달했다.

55) 日本窒素肥料株式會社,『日本窒素肥料事業大觀』(1935), p. 476.
56) 姜在彦 編, 앞의 책, p. 219.

(2) 비료 소비의 증가

  앞에서 언급했던 대로 일본에서 도입한 품종의 단위 면적당 수확량은 한국의 재래 품종보다 많았다. 수확량을 많이 내기 위해서는 벼가 필요로 하는 양분이 충분히 공급되어야 하는데, 양분은 토양을 통해서 공급될 수밖에 없기 때문에, 많은 수확량을 얻기 위해서는 반드시 토양이 그것에 필요한 충분한 양분을 가지고 있어야 한다. 그런데 토양이 충분한 양분을 가질 수 있는 방법은 논리적으로 두 가지밖에 없다. 토양이 원래부터 많은 양분을 가지고 있든지, 아니면 외부에서 토양으로 많은 양분이 공급되는 것이다.

  그런데 아무리 비옥한 토양이라고 해도 곡물을 재배하게 되면, 토양 속의 양분이 서서히 고갈되어 가며, 결국에는 곡물을 재배할 수 없게 되어 간다. 이것을 피하는 하나의 방법은 양분이 없어진 경지를 버리고, 양분이 충분히 있는 다른 경지로 이동하는 것이다. 그렇지만 인구가 증가하고, 이용되지 않는 토지가 없어져 가면 이 방법은 사용할 수 없게 된다. 결국 많은 수확량을 얻기 위해서는 토양의 외부로부터 토양으로 양분이 공급되어야 한다. 즉 다량의 비료가 주어져야 하는 것이었다.

  비료를 많이 필요로 하는 일본 품종이 빠른 속도로 보급되고 있기는 했지만, 한국의 농민은 아직 농도가 높은 비료의 사용에는 크게 익숙해 있지 않았다. 〈표 1-8〉에 의하면, 1910년대의 비료 소비 구조는 1930년대와 비교하는 한, 퇴비와 녹비 등의 자급 비료가 거의 전부였다. 전통적으로 한국 농민이 많이 이용해 왔던 깻묵은 상당량 사용되었지만 그 외는 매우 적었다.

〈표 1-8〉　　　　　　　　　한국의 비료 소비량　　　　　(단위 : kg / 정보)

연 도	어비류	깻묵류	과린산석회	유 안	복합비료	퇴 비	녹 비
1918	0.2	2.1	0.2	0.0	0.1	1,110.6	34.4
1933~37	5.1	9.3	22.2	58.5	28.4	5,791.6	776.2

  자료 : 朝鮮總督府農林局,『農業統計表』, 1940년판.
  주 : 1918년으로 병합 당시의 상황을 대신한 것은 1918년 이전은 아직 토지조사사업이
      끝나기 전이어서 경지 면적을 신뢰할 수 없기 때문이다.

  농도 높은 판매 비료의 소비량이 적었다고 해서 한국의 농업이 지력을

착취하기만 하는 약탈 농업이었던 것은 아니었다. 크게 다음의 세 요인이 한국의 전통적 농업을 지탱하고 있었다.

1) 일본에서 도입된 품종과 비교하는 한, 재래 품종은 단위 면적당 수확량이 적었다. 그렇기 때문에 상대적으로 자연의 회복력으로써 견딜 수 있었다.

2) 규칙적으로 휴한하여 지력의 회복을 꾀했다. 특히 논의 경우, 겨울철에 물을 담아 둔 채 휴한하여 지력의 회복을 도모했다.

3) 지력을 회복시킬 수 있는 작물을 윤작, 간작 또는 혼작했다. 윤작이란 작물의 종류를 바꾸어 가며 재배하는 것이고, 간작이란 主作物 사이에 副作物을 재배하는 것이며, 혼작이란 두 가지 이상의 작물을 섞어서 재배하는 것이다. 농민들은 콩科 식물을 윤작, 간작, 혼작하여 지력이 쇠퇴하

〈표 1-9〉   주요 작물의 비료 적정 소비량   (단위 : 관 /단보)

작 물	질 소	인 산	칼 리
쌀	2.0	1.5	1.0
보리류	1.8	1.5	1.4
조	1.5	1.2	1.0
콩 류	0.5	1.4	2.0
유 채	1.8	1.4	1.2
면 화	1.6	0.4	1.2
삼 베	4.0	2.0	3.0
담 배	3.0	1.5	2.0
골 풀	7.0	3.0	2.0
뽕나무	3.0	1.2	2.0
고구마	0.9	1.0	1.5
무	2.5	1.5	2.0
가 지	5.0	2.0	3.0
마 늘	3.5	2.0	2.5

자료:吉村清常,『新編肥料學全集』(1917) 부록, pp.34∼35.
주:이상은 일본에서의 실험 결과이지만, 면화만은 한국의 실험 결과이다. 農林省熱帶農業研究センタ, 『舊朝鮮における日本の農業試驗研究の成果』(1976), pp.736∼737.

는 것을 막았다. 〈표 1-9〉에 의하면, 콩의 질소 소비량은 1단보당 0.5관으로서 다른 작물보다 적었다. 그것은 콩에 공중 질소를 고정시키는 힘이 있었기 때문이다.

그런데 일본에서 다수확 품종이 도입되고, 한국의 농업이 점점 상업화되면서 위의 조건은 깨뜨려져 갔다.

첫째로 생명계 내부의 에너지는 불변이기 때문에 수확량이 늘어나면, 자연히 흙 속에 있는 영양분이 줄어들게 된다. 앞에서 언급한 대로 일본에서 도입한 품종의 수확량은 1단보당 1.9석 정도로서 재래 품종보다 31% 정도 더 많았다. 그러면서도 비료의 사용을 늘리지 않으면 토양은 금방 척박해져 그 이상 경작할 수 없게 된다.

〈표 1-10〉   경지 이용률 및 주요 작물 재배 면적 (단위 : %, 천 정보)

연 도	1918	1921	1924	1927	1930	1933
논 이용률	113.5	112.6	114.6	116.8	123.5	127.6
밭 이용률	127.0	131.1	131.5	134.7	135.2	129.0
콩과 식물 재배 면적	1,078	1,108	1,114	1,104	1,096	1,095
밭 면적에서 차지하는 비율	28.8	28.3	28.2	27.2	27.0	26.7
특용작물 재배 면적	182	207	232	273	261	244
그중 면화 이외의 것	52	59	62	68	69	75
채소 재배 면적	87	93	96	100	103	163

자료 : 朝鮮總督府農林局,『農業統計表』, 1940년판.

둘째로 경지 이용률이 점점 높아져 갔다. 〈표 1-10〉에 의하면 1918～27년 사이에 논 이용률은 3.3% 정도, 밭 이용률은 7.7% 정도 상승했다. 논이모작이 증가하고, 밭의 휴한이 줄었기 때문이다. 이 절의 주제인 비료 소비의 증가를 일단 배제하면, 가내 수공업이 해체되고, 농업이 점점 상업화되어 현금 수입이 더욱더 필요해져 갔기 때문이다.

셋째로 〈표 1-10〉에 의하면 콩과 식물의 재배 면적 비율이 하락해 갔으며, 1924년 이후는 절대적으로 줄어들었다.

개항 직후 일본으로의 수출 상품은 주로 곡물이었으며, 처음에는 그중에서도 콩이 많았다. 1890년대 이후에는 쌀이 더 많게 되었지만, 콩의 수출량도 여전히 상당량에 달하고 있었다. 1905년에 露日戰爭에서 일본이 이긴 이후 일본은 청국과 맺은 조약에서 大連과 長春, 奉天과 安東 사이를 연결하는 南滿洲鐵道 및 그 부속지 그리고 撫順과 煙臺를 자신의 소유지로 하게 되었다. 일본은 철도를 운영하고, 주변 지역을 개발하기 위해서 1906년에 南滿洲鐵道株式會社를 설립했는데, 곧 이어 南滿洲鐵道株式會社는 만주가 콩을 재배하기에 적합한 지역임을 알게 되었다. 만주의 콩, 그 가운데에서도 大豆는 가격이 싸면서 질도 좋았기 때문에, 일본 시장에서 한국 콩의 경쟁력이 하락해 갔다.

나아가서 1910년에 한국이 일본에 병합된 이후에는 농업 증산 정책이 쌀의 생산량을 증가시키는 것에 집중되었다. 産米增殖計劃이 행해지게 된 1920년대에는 콩의 재배 면적이 눈에 뜨이게 감소했다.

넷째 〈표 1-10〉에 의하면 면화 이외의 특용 작물[57]과 채소 등의 재배 면적이 증가해 갔다. 〈표 1-9〉에 의하면, 삼베, 담배, 골풀, 뽕나무, 무, 가지, 마늘 등 면화 이외의 특용 작물과 채소의 비료 소비량은 다른 작물에 비해서 많았다. 이상의 상황은 총독부의 정책에 변화를 불러일으켰다.

총독부는 병합 초기에는 행정 지도와 관세를 이용해서 판매 비료의 사용을 억제하고 있었다. 예를 들어 1912년의 朝鮮關稅定率令에 의하면 한국으로 수입되는 모든 농구에 관세가 부가되고 있지 않았지만, 비료는 전부 종가 5%의 관세가 부가되고 있었다.[58] 그렇지만 일본에서는 깻묵, 마른 생선, 骨粉, 血粉, 骨灰, 鳥糞, 過燐酸石灰 등 당시 한국의 주요 판매 비료에 모두 관세가 부가되지 않았다.[59]

농도가 낮은 자급 비료는 비료의 양에서 차지하는 비료 성분의 비율이 낮기 때문에 비료를 너무 많이 주거나, 적정한 때에 주지 않아도 작물에 해를 미칠 위험이 낮다. 반면 농도가 높은 비료는 위험이 높아지기 때문에 그것을 사용하는 데에는 상당한 주의와 숙련이 필요하다. 총독부는 한국의 농민이 아직 농도가 높은 비료에 익숙해 있지 않다고 판단했던 것이다.

그런데 경지의 이용 상황, 농작물의 작부 구성이 바뀌어 가면서 총독부

---

57) 특용 작물이란 공업 원료 작물을 가리킨다.
58) 朝鮮貿易協會, 『朝鮮貿易史』(1943), p. 121, 171.
59) 財政經濟學會, 『明治大正財政史』 제 8 권(1939), p. 418.

의 비료 정책도 1910년 말부터 바뀌기 시작했다. 정책의 본격적인 변화는 1919년부터 시작되었다. 그 해에 총독부가 '金肥의 施用에 관한 件'이라는 통첩을 내었는데, 그것에서 자급 비료만으로서는 벼 다수확 품종, 특용 작물, 채소 등의 재배에 충분한 비료를 공급할 수 없기 때문에 판매 비료의 사용을 적절히 유도해야 한다고 언급했다.[60] 그중에서도 특히 한국인이 상대적으로 익숙해 있는 콩깻묵의 사용을 장려했다.[61] 그리고 같은 해에 관세령을 수정하여 비료를 전부 무관세로 했다.[62]

비료의 구입에 필요한 자금은 지주가 대부할 수도 있었지만, 수리 시설이 불완전한 한에서는 비료를 많이 사용하는 것은 위험했다. 재해를 입는 경우에는 비료 투하액만큼 빚이 늘어나게 되기 때문이었다. 〈표 1-6〉에 나타나 있듯이 관개 시설의 면적은 꾸준히 증가해 갔지만, 1935년까지도 50%를 넘지 못했다. 총독부는 수리 안전답을 중심으로 판매 비료의 사용 증가를 더욱 강력하게 장려할 필요를 느꼈다.

1926년에 産米增殖更新計劃을 실시하면서 총독부는 두 가지의 중요한 정책을 내었다. 하나는 自給肥料增産 10個年計劃이었다. 녹비를 198,348톤에서 2,924,070톤으로, 퇴비를 7,172,000톤에서 24,750,000톤으로 증가시키는 것이었다. 그것을 위해서 각 군마다 3~8개소의 지도 동·리를 설정하고, 지도 동·리마다 지도원을 두었으며, 그들에게 수당으로서 연간 50원씩 지급했다. 나아가서 비료 제조에 관한 강습을 열었고 그 비용을 보조했다.[63]

다른 하나는 판매비료 구입자금을 대부하기 시작한 것이다.[64] 산미증식 1차계획에 대한 산미증식갱신계획의 특징 중 하나는 비료 소비를 늘리는 데에 힘을 쏟았다는 것이다. 1차계획 때에도 총독부는 농사 개량을 위해서 746만 원의 사업비를 책정했지만, 그것은 주로 재배 관리와 관계되어 있었다. 그렇지만 갱신계획에서는 4천만 원의 자금을 확보할 계획을 세웠으며, 그중 8할을 비료 대부 자금으로 돌릴 계획이었다.

---

60) 朝鮮農會, 『朝鮮農務提要』(1936), p. 387.

61) 같은 책, p. 1183.

62) 財政經濟學會, 앞의 책, pp. 632~639.

63) 朝鮮總督府農林局, 『朝鮮の肥料』(1941).

64) 河合和男, 『朝鮮における産米增殖計劃』(東京, 未來社, 1986), p. 116.

총독부는 1926~33 년 사이에 계획한 자금량 11,087 만 원의 72%에 해당하는 7,932 만 원을 농사개량 사업자금으로 집행했으며, 그것의 83%에 해당하는 6,551 만 원을 비료 자금으로 대부했다. 산미증식계획이 끝난 1934 년 이후에도 대부 사업은 계속되었고, 1926~39 년 사이에 26,686 원이 대부되었다. 이것은 같은 기간의 판매 비료 소비액의 47%였다.[65]

병합 당시에 한국의 농민들의 비료 사용량이 아직 그렇게 많지는 않았지만, 조선 후기에는 비료 제조와 사용의 기술에 있어서 상당한 정도의 진보가 있었다.[66] 첫째로 분뇨를 재 및 다양한 자연 재료와 섞어서 비료로 만들었다. 비료로 이용하는 분뇨의 종류도 처음에는 사람의 분뇨에 지나지 않았지만, 모으는 방법을 개량하여 닭, 소, 말, 누에 등의 분뇨까지도 비료 제조에 이용하게 되었다. 자연 재료도 점차로 다양해져서 산야초와 볏짚만이 아니라, 각종 나뭇잎, 면화씨, 버드나무 가지, 바닷가 모래땅에 나는 沙草 등으로 다양하게 되었다.

둘째로 퇴비와 구비를 만들어 사용하는 것이 일반화되어 갔고, 농도가 높은 비료를 사용하게 되었다. 후자에 대해서 보면, 18 세기 말에는 깻묵이 비료로 사용되었다.

셋째로 18 세기 말에 이르러 웃거름을 주는 것이 관행화되어 갔다. 웃거름으로서는 주로 사람의 오줌, 닭똥, 깻묵을 가루로 만든 것, 구들 흙, 오줌과 재를 섞은 것 등이 사용되었다.

비료 제조 원료가 다양해지면 비료의 공급이 증가하게 된다. 그리고 웃거름을 주는 것이 일반화되면, 비료 소비가 더욱 빨리 증가하게 되는데, 그것은 모든 비료를 밑거름으로 줄 때보다 일부를 웃거름으로 할 때, 작물의 비료 흡수력이 높아지기 때문이다. 그리하여 작물의 뿌리가 썩어 쓰러지는 것을 막으면서 비료 투하량을 늘릴 수 있게 된다. 웃거름은 대개 김매기를 겸한 사이갈이를 행한 이후에 주어졌다.

이런 점에서 총독부의 비료소비 증가정책은 한국으로부터 최대의 이익을 끌어내기 위한 것이었지만, 한편으로는 조선시대 이래 한국 농업의 발

---

65) 朝鮮總督府農林局, 『農業統計表』, 1940 년판. 朝鮮總督府農林局, 『朝鮮の肥料』 (1942).
66) 민성기, 「조선시대의 시비 기술」, 『조선농업사연구』(일조각, 1988).

전 방향과도 일치하는 것이었다.

나아가서 후기로 갈수록 비료를 더욱더 많이 필요로 하는 품종이 보급되었다. 〈표 1-11〉에 의하면 파종 면적 1 위 품종이 早神力(1910 년대)→穀良都(1920 년대~1930 년대 전반)→銀坊主(1930 년대 후반)로 변화했다. 早神力은 비료를 많이 주면 도열병에 걸리는, 비료에 약한 품종이었으며,[67] 穀良都와 銀坊主의 적정 窒素 소비량은 각각 6.30kg 과 11.42kg 으로서 銀坊主 쪽이 훨씬 더 비료를 많이 소비하는 품종이었다.[68]

〈표 1-11〉   **優良品種의 변천**   (단위 : 천 정보)

연 도	1 위 품종	면 적	2 위 품종	면 적	3 위 품종	면 적
1912	早神力	23	都	3	穀良都	3
1916	早神力	230	穀良都	110	多摩錦	48
1920	早神力	250	穀良都	241	多摩錦	156
1924	穀良都	319	早神力	220	多摩錦	162
1928	穀良都	361	多摩錦	156	早神力	130
1932	穀良都	428	多摩錦	169	龜の尾	110
1936	銀坊主	420	穀良都	410	陸羽 132 號	160
1940	銀坊主	478	陸羽 132 號	219	穀良都	177

자료 : 朝鮮總督府農林局, 『農業統計表』, 1940 년판.

그리하여 〈표 1-12〉에 의하면, 1925 년 이후 분회, 재, 식물질 판매 비료 등을 제외한 모든 비료의 소비량이 빠른 속도로 증가했고, 시기가 후기로 갈수록 더 빠른 속도로 증가했다. 특히 效率이 높은 화학 비료의 소비량이 급증했다.

〈표 1-12〉   **肥料 消費 狀況 指數**

연 도	1921	1923	1925	1927	1929	1931	1933	1935	1937	1939
자급비료 합계			100	109	110	125	155	170	177	182
퇴 비			100	115	135	156	185	202	212	214
녹 비			100	109	130	140	153	143	166	162

---

67) 주봉규・소순열, 『근대 지역농업사 연구』(서울대학교출판부, 1996), p. 110.
68) 李相舜, 「韓國農業における肥料の派生需要分析」, 『北海道大學農經論叢』 44 집 (1988), p. 138.

분 뇨 류			100	102	104	106	109	116	128	138
분 회			100	102	104	111	89	72	56	39
재			100	102	103	96	68	72	83	93
기 타						100	85	86	7	9
판매비료 합계	47	61	100	164	232	253	337	563	686	707
동물질 비료	49	69	100	28	327	658	399	743	1,200	1,229
식물질 비료	50	64	100	156	121	125	80	49	69	53
콩 깻 묵	37	56	100	204	165	150	81	64	59	70
쌀 겨	99	113	100	149	113	165	138	173	108	57
광물질 비료	26	33	100	223	625	695	1,359	2,130	2,652	2,021
유 안	3	10	100	211	675	796	1,464	1,945	2,615	2,070
과린산석회	26	34	100	226	374	287	766	1,489	1,302	672
복합 비료	173	271	100	242	1,248	1,028	1,809	9,599	15,717	28,288
기 타						100	71	187	1	1	1

자료 : 朝鮮總督府農林局, 『農業統計表』, 1940년판.
주 : 1. 1925년의 소비량을 100으로 한 것은 한국의 비료 소비가 본격화된 것이 1920년
　　대 중반이었기 때문임.
　　2. 자급 비료 항목의 기타와 판매 비료 항목의 기타는 각각 통계 작성 최초 연도의
　　소비량을 100으로 했음.

〈표 1-13〉에 의하면, 1930년대 후반의 한국의 비료 소비량은 세계에서
13번째 정도를 기록하게 되었다. 서유럽 10개국을 제외하면 일본, 이집트,
한국의 순서였다.

〈표 1-13〉 **1930년대 후반에 있어서 주요국의 판매 비료 소비량** (단위 : kg/ha)

순 위	국 명	소 비 량
1	네 덜 란 드	337
2	벨 기 에	178
3	독 일	107
4	일 본	97
5	스 위 스	72
6	영 국	59
7	뉴 질 랜 드	58
8	덴 마 크	53

9	노 르 웨 이	44
10	이 집 트	38
11	프 랑 스	37
12	스 웨 덴	34
13	한 국	33

자료 : Lamer, M., *The World Fertilizer Economy*(California, Stanford University Press, 1957), p. 92.

(3) 비료 소비의 합리화

위에서 언급한 대로 한국에서의 판매 비료의 소비 증가를 계획하면서, 총독부는 최초에는 콩깻묵의 소비를 늘리려고 생각했다. 하나의 이유는 콩깻묵은 화학 비료에 비해서는 비료의 농도가 낮기 때문에 사용하는 데에 비교적 위험이 적었기 때문이며, 다른 하나의 이유는 한국의 농민들이 조선 후기 이래 깻묵을 사용해 왔기 때문에 콩깻묵을 사용하는 것이 기술적으로 어렵지 않았기 때문이다.

총독부는 비료 구입에 지출하는 자금의 80~90%를 콩깻묵 구입에 지원하려고 했는데,[69] 사태가 총독부의 생각대로 진행되지는 않았다. 〈표 1-12〉에 의하면, 1927년 무렵까지는 硫安과 콩깻묵의 소비량이 비슷한 속도로 증가했지만, 그 이후에는 유안의 소비 증가 속도가 훨씬 빨라져서, 1925년을 100으로 할 때, 콩깻묵의 소비 지수는 165에 머물렀으나, 유안의 소비 지수는 675에 달했기 때문이다.

위와 같은 변화의 한 이유는 유안이 웃거름에 꼭 맞았으며, 밑거름으로도 사용할 수 있었기 때문이었다. 밑거름은 작물이 자라는 도중에 계속해서 작물에 영양분을 공급해 주어야 하기 때문에, 효과가 천천히 그리고 지속적으로 나타나야 했으며, 비료 성분이 토양에서 쉽게 떨어져서는 안되었다. 토양에서 떨어지면 비에 씻겨 내려가기 때문이다. 이에 비해서 웃거름은 밑거름만으로는 부족한 영양분을 작물이 자라는 사이사이에 김을 매고 보충하는 것이기 때문에 물에 잘 녹아 효과가 빨리 나타나야 했다.

유안은 물에 잘 녹으면서도 토양에 잘 붙어 있기 때문에, 효과가 빨리 나

69) 『東亞日報』, 1925년 12월 12일.

타나면서도 물에 쉽게 씻겨 내려가지 않는 성질을 가지고 있다. 그 때문에
유안은 웃거름으로서 매우 적합했으며, 나아가서 밑거름에 유안을 섞어도
좋았다. 그에 비해서 콩깻묵은 밑거름으로서는 적합했지만, 웃거름으로서
는 그렇게 적합하지 않았다. 콩깻묵을 잘게 부수어 주면, 그냥 주는 경우보
다는 효과가 빨리 나타났지만, 유안보다는 훨씬 느렸기 때문이다.

다른 하나의 이유는 콩깻묵에 비해서 유안의 값이 쌌다는 것이다. 〈표 1-
14〉에 의하면, 1910년대까지는 콩깻묵 가격이 유안 가격보다 낮았다. 그렇
지만 이러한 가격의 우위는 오래 가지 않았다. 1920년대부터는 콩깻묵보다
유안이 상대적으로 값싼 비료로 되어 갔다. 제1차 세계대전 이후 암모니아
합성 공업이 발달하면서 유안이 과잉 생산되어 세계 시장에서의 가격이 하
락했기 때문이다. 그렇지만 아직 유안의 공급이 충분하지 못했기 때문에
1920년대에는 유안 소비의 증가 속도가 아직 그렇게 높지는 않았다.

1930년에는 양자의 가격 차이가 훨씬 커졌다. 그리고 1930년대에는 일

〈표 1-14〉   콩깻묵과 유안의 가격   (단위 : 원 / 관)

연 도	콩깻묵 가격	유안 가격	유안 가격 / 콩깻묵 가격
1917	0.64	1.16	1.81
1919	1.23	1.43	1.16
1921	1.03	0.82	0.80
1923	0.95	0.87	0.92
1925	1.01	0.74	0.73
1927	0.84	0.60	0.71
1929	0.84	0.49	0.58
1931	0.39	0.31	0.79
1933	0.64	0.37	0.58
1935	0.76	0.42	0.55
1937	0.95	0.39	0.41
1939	0.87	0.38	0.44

자료 : 朝鮮總督府農林局,『農業統計表』, 1940년판.
주 : 콩깻묵 가격은 콩깻묵의 3요소 함유량을 유안의 그것과 같은 수준까지 상승시킨
     경우의 가격이다. 성분 가격으로 가중 평균한 성분 함유량은 유안이 콩깻묵의 2.8
     배임.

본 및 한국에서 유안 공업이 급성장했다. 한국의 유안 생산량은 앞에서 소
개한 대로이며, 일본의 연평균 유안 생산량은 1926~29년에 197,627톤,
1930~33년에 397,531톤, 1934~37년에 729,546톤이었다.[70]

유안의 소비 증가와 관련된 다른 하나의 특징은 유안의 소비 증가 속도
에 비해서, 과린산석회는 증가 속도가 늦었다는 것이다. 〈표 1-12〉에 의하
면, 과린산석회의 소비 증가 속도는 유안의 1/2 정도에 지나지 않았으며,
〈표 1-15〉에 의하면 1930년대 후반의 인산 소비량은 질소의 38.5%, 칼리
소비량은 질소의 6.4%에 지나지 않았다.

〈표 1-15〉   판매 비료의 3요소별 소비량   (단위 : 톤)

연 도	1923	1926~30	1931~35	1936~40
질 소	4,089	13,453	34,423	70,706
인 산	2,044	4,964	11,586	27,203
칼 리	1,192	1,476	1,662	4,522

자료 : 조선은행, 『조선경제통계요람』(1949).
　　　朝鮮農會, 『朝鮮農會報』, 1927년 1월, p. 80.

이상의 사실에 근거해서 질소 무기질 비료, 즉 유안을 지나치게 많이 사
용한 것이 식민지기의 농업 생산에 악영향을 미치게 되었다고 주장되기도
한다.[71] 무기질 비료는 그 사용량이 지나치게 많아지면, 토양의 이화학적
성질이 나빠진다. 예를 들면, 토양에 바람이 잘 통하지 않게 되고, 비료를
잘 흡수하지 못하게 되는 것이다. 나아가서 무기질 비료를 많이 주게 되면,
품종의 환경 적응력이 떨어지기 때문에 병충해에 약하게 된다. 또한 유안
을 주고 나면, 토양 속에 硫酸根이 남는데, 논의 유산근이 미생물에 의해서
환원되어 硫化水素로 바뀌면, 그것이 벼의 뿌리 세포를 썩혀서 벼가 영양
을 흡수하지 못하게 한다. 농경지 속의 유산근은 해수의 영향에 의해서 생
기기도 하고, 유황이 산화해서 생기기도 하지만, 대개는 유안, 과린산석회,
유산 칼리 등의 시비에 의해서 생긴다.[72]

---

70) 農林省米穀局, 『肥料要覽』, 1941년판.
71) 정문종, 「산미증식계획과 농업 생산력 정체에 관한 연구」, 『한국 근대 농촌 사회와
　　　농민 운동』(열음사, 1988). 朴永九, 「'産米增殖計劃'における肥料の經濟效果硏究」,
　　　『三田學會雜誌』 84권 2호(1990).
72) 三好洋 外 3人 編, 『土壤肥料用語事典』(東京, 農山漁村文化協會, 1983), p. 89.

그렇지만 필자는 유안의 사용 증가가 농업 생산에 악영향을 미쳤다고 주
장할 수는 없다고 생각한다.

첫째, 식민지기에 무기질 비료의 소비 비중이 점차로 증가해 갔던 것은
틀림없지만, 그것이 토양의 이화학적 성질을 떨어뜨릴 정도에 이르렀다고
할 수는 없다. 먼저 〈표 1-16〉에 의하면, 1 단보당 무기질 비료 소비량은 한
국이 가장 적었다. 유기질 비료의 소비량도 적기는 했지만, 무기질 비료
1kg당 유기질 비료 소비량은 한국이 가장 많았다. 또 한 가지의 이유는 토
양의 비옥도가 10~20년 정도의 짧은 기간에 하락하지는 않는다는 것이다.

〈표 1-16〉   한국, 일본, 대만의 비료 소비 상황   (단위 : kg / 단보)

종 류	한 국	일 본	대 만
유기질 비료	831.4	1106.5	991.4
무기질 비료	12.4	32.9	14.2

　　자료 : 朝鮮總督府農林局, 『朝鮮の肥料』(1942).
　　　　　農林省米穀局, 『肥料要覽』, 1941 년판.
　　　　　臺灣總督府肥料檢査所, 『肥料要覽』, 1936 · 1940 년판.

둘째, 판매 비료가 질소 성분에 치우쳐 있었던 것은 틀림없지만, 그것 때
문에 비료 효율이 감소했다고 할 수는 없다. 이유는 두 가지이다. 하나는
한국의 토양은 전체적으로 비옥도가 낮으면서도 특히 질소 성분이 부족했
던 것이다. 일본과 비교해 보면, 인산과 칼리 성분의 함유량은 일본의 82%
와 75%였으면서도 질소는 38%에 지나지 않았다.[73] 다른 하나는 자급 비
료에 질소 성분이 매우 부족했던 것이다. 1923년의 조사에 의하면, 자급 비
료의 성분별 소비량은 질소가 38,162톤, 인산이 98,473톤, 칼리가 231,702
톤이었다.[74]

자급 비료에 인산과 칼리가 많았던 것은 온돌의 구들에서 퍼낸 재를 비
료로 주었기 때문이다. 왕겨 또는 쓰레기의 재는 질소를 1% 정도 품고
있었지만, 이들보다 양이 훨씬 많은, 풀을 태워 얻은 재와 雜灰는 질소를
전혀 품고 있지 않았으며, 0.7% 정도의 인산과 3% 정도의 칼리를 품고 있

---

73) 三須英雄, 『朝鮮の土壤と肥料』(1943), pp. 15~24..
74) 朝鮮農會, 『朝鮮農會報』, 1927년 1월, p. 79에서 계산.

을 뿐이었다.[75]

자급 비료에 질소 성분이 부족했던 것은 질소의 중요한 공급 원천인 분뇨를 재에 섞는 일이 많았기 때문이다. 퇴비에도 재를 넣는 일이 있었지만, 재에 분뇨를 부어 糞灰를 만드는 일이 더 많았다. 분회를 만들게 되면, 분뇨의 저장 시설이 불필요하게 되고, 분뇨가 고체 상태로 바뀌므로 운반, 저장, 산포에 편리하게 되었기 때문이다. 그러나 알칼리性의 재가 마찬가지로 알칼리性인 암모니아를 품고 있지 못했기 때문에 분회를 만들면 분뇨 속의 질소 성분이 없어지는 결과를 낳았다. 당시의 실험에 의하면, 질소 1.7%를 품고 있는 사람의 분뇨에 분뇨량의 30%에 해당하는 재를 섞으면 3일간에 전체의 53%에 해당하는 질소가 없어져 버렸다.[76]

자급 비료의 성분별 소비량을 〈표 1-15〉의 1936~40년의 연평균 판매비료 성분별 소비량과 더하면, 질소가 108,808톤, 인산이 125,676톤, 칼리가 236,224톤으로서 질소 소비량은 여전히 적은 편이었는데, 요컨대 유안 과용이었다고 할 수는 없고, 유안 소비의 증가가 농업 생산의 증가를 초래했다고 파악하는 것이 타당할 것으로 생각한다.

위에서 언급한 대로 조선 후기의 중요한 비료였던 糞灰와 재는 질소를 거의 가지고 있지 않았다. 그런데 제4절의 제2항에 의하면, 18세기 이후에 깻묵과 사람의 오줌이 웃거름으로 사용되기 시작했고, 糞尿를 퇴비의 원료로 사용하는 경우가 늘어 갔다. 이것은 연작으로 말미암은 토성의 쇠퇴를 막기 위한 것이었는데,[77] 18세기 이후에는 점차로 질소 성분의 부족이 인식되어 갔던 것을 알 수 있다. 농민들의 이러한 인식이 식민지기의 질소비료 소비증가를 이끌어 내었던 것이다.

다음에서 1935년 이전과 이후로 나누어 비료 소비가 합리적으로 바뀌는 것과 농민의 판단과의 관련을 검토해 보자. 이렇게 나누는 이유는 1935년부터 肥料配給5個年計劃이 수립되어 판매 비료의 공동 구입과 공동 배합이 널리 행해졌기 때문이다. '계획'의 이후 朝鮮農會는 전국의 16개소에 비료 배합소를 두었고, 농사 시험장에서 제시한 비료 처방전에 따라 복합 비

---

75) 朝鮮總督府農事, 『肥料分析成績彙集』(1940), pp. 62~63.
76) 三浦若明, 『朝鮮肥料全書』(1914), pp. 176~184.
77) 민성기, 「조선시대의 시비 기술」, 『조선농업사연구』(일조각, 1988).

료를 만들어 공급했다.[78] 그리고 이 계획을 성공적으로 수행하기 위해서
1936년부터 5개년 계획으로 토양의 성질에 관한 조사를 본격화했다.

먼저 1935년 이전에 대해서 살펴보자. 최종적으로 누가 비료를 선택했는
가를 판단하게 해주는 자료는 현재 구할 수 없다. 따라서 자작지와 소작지
의 비율로부터 접근해 보자. 1931~35년 사이에 전국의 경지 면적에 대한
자작지 면적의 비율은 평균 43% 정도였다. 그러므로 43%의 경지에서는
자작농 또는 자소작농이 총독부의 지도에 따르거나, 자신의 판단에 입각해
서 비료를 사용하고 있었던 것이다. 총독부의 지도는 구체적으로는 농회
및 道·郡·面의 산업 技手에 의해서 이루어지게 된다.

수리 조합 지역에서의 비료 소비 상황에 대한 조사에 의하면, 소작지
에 투하되는 비료 소비 총액에서 차지하는 소작농의 임의 소비액의 비율이
14%였다.[79] 소작지율이 57%였기 때문에 그것에 0.14를 곱하면, 8%로 된
다. 따라서 단순히 계산하면 8%의 경지에서는 소작농이 자기 판단에 따라
서 시비했던 것으로 된다. 자작지와 소작지에 있어서 비료 투하액에 차이
가 없다고 가정하면, 비료 소비 총액의 51%에 해당하는 비료는 총독부 관
리의 지도를 받으면서 농민이 선택했던 것으로 된다.

나아가서 朝鮮農會에 의한 소작 관행에 대한 조사에 의하면, 일반적으로
종자에 대해서는 까다롭게 정하고 있었지만, 시비에 대해서는 지주가 거의
규정하고 있지 않았다. 당시의 소작 계약서를 검토해 보면, 종자에 대해서
는 '벼는 전부 우량품종으로 재배할 것'이라고 규정했지만,[80] 시비에 대해서
는 '경지에 비료를 주어 경작할 것' 또는 '시비와 관개에 게을리 하지 않고,
지주 또는 지주의 대리인의 지시에 잘 따를 것'이라고 규정할 뿐이었다.[81]

이것은 지주가 자신의 소유지의 성질을 정확하게 알 수 없었기 때문이었
다. 농장을 개설하고 농업 학교 출신의 관리인을 고용하여 농장을 관리하
는 지주의 경우는 상대적으로 농장 경지의 특징을 잘 알 수 있었기 때문에
비료까지도 지도할 수 있었지만, 대개의 지주는 그렇지 못했다.

---

78) 朝鮮總督府農林局,『朝鮮の肥料』(1942), pp. 27~29.
79) 朝鮮殖産助成財團,『水利組合と肥料の配給』(1931), p. 11.
80) 朝鮮農會,『朝鮮における現行小作および管理契約證書實例集』(1931), p. 258.
81) 같은 책, p. 263, 270.

그렇기 때문에 앞에서 소개한 수리 조합 지구에 대한 조사에서 소작인 임의 투하의 비율이 14%에 지나지 않았지만, 지주가 스스로 비료를 선택할 때에도 소작농의 판단에 따르는 경우가 많았을 것이다. 그러므로 적어도 비료 소비의 51%(=43+8)는 총독부의 지시에 따라서 또는 자기 판단에 기초해서 농민이 선택했다고 할 수 있다.

이어서 1935년 이후에 대해서 살펴보자. 앞에서 언급한 바 있는 肥料配給 5個年計劃에 입각해서 만들어진 복합 비료는 주로 콩깻묵, 硫安, 過燐酸石灰 및 硫酸 칼리를 원료로 했다. 즉 비료의 3요소를 구비하고 있는 비료였다. 또 농사 시험장은 각 지역의 토양 성질에 적절하도록 제조하고, 시비의 효과를 최대한으로 높이는 것을 목표로 했다.

〈표 1-17〉에 의하면, 농회에서 만드는 복합 비료가 판매비료 소비총액에서 차지하는 비율은 1935년에 9.5%였지만, 1941년에는 50.3%까지 높아졌다. 이것은 반 이상의 비료가 농회 또는 농사 시험장의 지시에 의해서 투하되었음을 나타낸다. 1935년 이전의 상황은 조사되어 있지 않아서 알 수 없다.

〈표 1-17〉 판매 비료 소비 총액에서 차지하는 복합 비료 소비액   (단위 : %)

연 도	농회 제조분	비료업자 제조분	합 계
1935	9.5	2.8	12.3
1936	15.5	3.4	8.9
1937	14.7	5.8	20.5
1938	27.7	4.0	31.7
1939	34.9	5.2	39.9
1940	36.8	2.2	39.0
1941	50.3	3.9	54.2

자료 : 朝鮮總督府農林局, 『朝鮮の肥料』(1942), pp. 52~61.

비료 소비의 합리화에 대해 다음과 같이 정리해 두고자 한다. 첫째, 비료 소비를 합리화시켜 가는 것은 총독부 및 그 대리 기관인 農村産業團體,[82]

---

82) 이 책에서는 농민을 구성원으로 하는 단체를 농촌 산업 단체, 농민 운동 단체, 농촌 진흥 단체로 분류한다. 농촌 산업 단체는 총독부가 농업 또는 농산물 가공업을 육성하기 위해서 농촌에 계통적으로 만든 단체이다. 농회, 금융 조합, 산업 조합, 식산계

지주, 농민 3자의 공통된 목표였다. 둘째, 각각의 목적은 이출 농산물을 가
능한 한 많이 확보하는 것, 소작료 수입을 증가시키는 것, 생활 자료를 늘
리는 것이었다. 총독부와 지주의 강한 지도에 의해서 질소 비료의 소비가
증가했던 측면도 물론 있겠지만, '독립 경영자'로서의 농민의 경영 판단이
작용한 측면도 무시해서는 안될 것이다.[83] 이중 후자에 대해서는 제2장에
서 더욱 자세히 검토할 것이다.

(4) 농업 생산량의 증가와 생산성의 상승

〈표 1-18〉은 농업에 있어서 생산량과 생산성의 변동을 지수로 나타낸 것
인데, 〈표 1-18〉의 수치들로부터 다음과 같은 사실들을 알 수 있다. 첫째,
미작의 토지 생산성은 모든 기간에 걸쳐서 꾸준히 상승하고 있었다. 1910
년대보다는 1920년대의 성장률이 더 높았으며, 그보다는 1930년대 중반의
성장률이 더 높았다. 1940년을 전후한 시기에 성장률이 하락한 것은 1939
년에 큰 가뭄이 있었으며, 1940년 이후 전쟁이 확대되면서, 농업 생산 자재
의 공급이 원활하지 못하게 되었기 때문이다.

둘째, 전체적인 토지 생산성은 1910년대에 비해서 1920년대에 오히려
낮았다가, 1930년대 전반에 다시 낮아졌다. 1920년대에 총독부가 관개 개
선, 지목 변환, 개간, 간척 등을 이용해서 관개 논의 면적을 늘리는 데에 지
나치게 집중해 있었기 때문일 것이다. 1930년대에는 전반적인 농사 기술
개량에 주의를 기울이는 쪽으로 정책의 방향이 바뀌어 갔으며, 朝鮮窒素肥
料株式會社가 가동되면서 비료 공급이 크게 늘어 갔다. 이것들에 의해서
토지 생산성이 눈에 뜨이게 상승했다.

등이 여기에 속한다. 농민 운동 단체는 농민 운동가들이 만든 단체이다. 조선농민사
나 적색농민조합이 여기에 속한다. 농촌 진흥 단체는 주로 마을의 재생산을 도모하
기 위해서 만들어진 단체이다. 전통적인 공동 조직에 그 기원을 두는 것도 있고, 총
독부의 정책에 의해서 만들어진 것도 있다. 농촌 진흥회 또는 다양한 명칭의 계가 있
다. 契를 모태로 해서 농촌 진흥 단체가 형성된 사례는 조선 총독부의 조사에서 상당
히 확인된다. 朝鮮總督府內務局社會課, 『優良部落調』(1928), p. 46, 47, 74, 83, 84,
90, 100, 101, 119.
　　농촌 진흥 단체에 대해서는 졸고, 「1930年代朝鮮における總督府の農村統制」,
『經濟論叢』149권 1·2·3호(京都大學經濟學會, 1992)와 이 책의 제3장을 참고하
기 바람.
83) 安秉直,『日本帝國主義と朝鮮民衆』(東京, 御茶の水書房, 1986), p. 26.

셋째, 노동 생산성은 1930 년을 전후한 시기에 이르기까지 거의 높아지지
않았다. 1930 년대 전반에는 꽤 높아졌는데, 그것은 화학 비료의 소비 증가
와 관련이 있다고 보여진다. 자급 비료가 화학 비료로 대체되면서 투하 노
동량이 줄었으며, 그와 동시에 생산량이 늘어났기 때문이다.

단 수정된 쌀 생산량을 이용해서 〈표 1-18〉의 토지 생산성과 노동 생산
성을 구하면, 1920 년대의 정체가 표만큼 심하지는 않았을 것이지만, 이 표
에서는 그것까지는 고려하지 못했다.

넷째, 필리핀 및 프랑스領 印度支那와 같은 다른 아시아 식민지와 비교
하면 증가율이 낮았지만,[84] 개간, 간척 등에 힘입어 25 년 정도의 기간에
9.7% 정도 경지 면적이 증가했고, 50% 정도의 생산량 증가를 기록했다.

〈표 1-18〉   농업 생산성 지표

연 도	1910	1915	1920	1925	1930	1935	1940
토지 생산성		(90)	100(100)	103(102)	104(105)	126(117)	120
미작의 토지생산성	83	93	100	114	128	156	143
노동 생산성			100(100)	101(97)	100(97)	118(115)	115
경지 면적		4,496	4,495	4,572	4,647	4,918	4,934
생산량 지수		90	105	105	108	138	132

자료 : 반성환,『韓國農業의 成長』(한국개발연구원, 1974).
　　　괄호 안의 값은 溝口敏行·梅村又次 編,『舊日本植民地經濟統計』(東京, 東洋經
　　　濟新報社, 1988)에 의함.
주 : 1. 3~5개년 이동 평균임.
　　2. 미작의 토지 생산성은 이 책의 보론에 의함.
　　3. 생산량 지수는 반성환 추계에 의한 토지 생산성에 경지 면적을 곱해서 구했음.
　　4. 1915년의 경지 면적은 1918년 통계임. 土地調査事業 이전의 경지 면적은 신뢰
　　　할 수 없음.

이어서 다른 나라들의 상황과 비교해 보자. 〈표 1-19〉는 몇몇 제국주의
국가와 몇몇 식민지에 대해서 주요 곡물 토지 생산성의 추이를 나타낸 것
이다. 더욱더 긴 시간에 걸쳐 비교할 수 있으면, 더 좋은 결과가 나올 수 있
겠지만, 한국에 대해서는 1910 년 이전의 신뢰할 만한 통계를 구할 수 없다.
표에 의하면 농업 기반이 본격적으로 정비되기 시작한 1920 년대 이후 한국

---

84) League of Nations, *Statistical Year-book*, 1931·32, 1939·40년판.

의 토지 생산성 상승 속도는 대만, 독일 등과 함께 가장 빠른 편에 속했다고 할 수 있다.

이것은 그리 인식되어 있지 않은 중요한 사실이다. 근대 농업사 연구를 검토해 보면, 농업 생산력이 정체해 있었다고 하는 주장이 오히려 지배적이기 때문이다. 농업의 성장을 가능하게 했던 조건은 두 가지였다. 첫째, 일본의 농사 기술이 큰 무리 없이 이식되었다. 농사 기술 이식의 발단은 일본 품종의 도입이었으며, 일본 품종이 도입된 이후에는 그것을 재배하는 데에 적합한 일체의 재배 관리 기술이 도입되어야 했다. 일본과 한국의 전근대 농업 기술 구조가 매우 비슷했고, 그 수준에 큰 차이가 없었기 때문에

〈표 1-19〉　　　세계 각국 주요 곡물 토지 생산성 지수의 추이

연　도	1910	1920	1930	1940	1930, kg / ha
미　국	101	100	105	113	962
독　일	120	100	144	137	2,198
프랑스	83	100	91	94	1,156
한　국	83	100	128	143	1,823
대　만			100	118	1,930
일　본	88	100	97	99	2,933
인　도	119	100	100	87	1,488
필리핀		100	102	109	1,125
베트남		100	91	103	1,011

자료 : 미국 : U.S. Department of Commerce Bureau of the Census, *Historical Sta-tistics of the United States, Colonial Times to 1970*(Washington D.C. U.S. Government Printing Office, 1975) ; 齊藤眞・鳥居泰彦監 譯, 『アメリカ歴史統計』제 1 권(東京, 原書房, 1987).

　　독일, 프랑스 : Mitchell, B.R., *European Historical Statistics : 1750~ 1975*(London, the Macmillan Press, 1980) ; 中村宏監 譯, 『マクミラン世界歴史統計』제 1 권(原書房, 1985).

　　한국 : 이 책의 보론.

　　대만 : 臺灣總督府殖產局, 『臺灣農業年報』(1940).

　　일본 : 梅村又次 外 4 人, 『長期經濟統計 農林業』(1966).

　　인도, 필리핀, 베트남 : League of Nations, *Statistical Year-book*, 1931・32, 1939・40년판.

주 : 미국과 유럽은 밀에 대한 값이며, 아시아는 쌀에 대한 값임.

그 도입에 큰 무리가 없었다. 19세기에 독일이 영국의 농법을 도입하면서 생산성을 상승시켰던 것과 비슷한 상황이었을 것이다.

둘째, 제2차 산업혁명의 성과가 한국의 농업에 매우 적합했다. 〈표 1-20〉에 의하면, 농촌에서 유출되는 인구가 식민지 후기로 갈수록 증가했다. 1910~25년까지 15년간에 유출 인구가 23만 명이었는데, 그 이후에는 5년 간격으로 54만 명, 70만 명, 209만 명이 유출되었다. 이것은 점차 농업 이외의 부문으로 인구가 이동해 갔기 때문이다. 농촌 인구의 자연 증가가 많았기 때문에 농촌의 인구 유출이 곧바로 농업 인구의 감소를 초래한 것은 아니었지만, 겸업하지 않는 농업 주업자의 인구는 1930년을 전후한 시기에 1,570만 명으로 가장 많았고, 그 이후 감소해 갔다.

농업 주업자의 감소는 주로 10~20대의 이농에 기인했다. 農家經濟更生計劃[85]의 지도 대상 농가 1,859호에 대한 조사에 의하면, 1932~37년 사이에 한 호당 평균 가족수가 0.2명 늘어나면서도, 10~20대는 2.2명 줄어들었다.[86]

〈표 1-20〉   都農間 인구 이동 상황과 농업 인구   (단위 : 천명)

연도	시 지역 인구	시 지역 유입 인구	군 지역 인구	군 지역 유출 인구	농업 인구	농업 주업자
1920	494		17,056		14,571	7,243
1925	608	68	18,412	233	15,230	7,631
1930	889	226	19,549	537	15,704	7,621
1935	1,245	260	20,963	702	16,429	7,318
1940	2,377	996	21,170	2,088	16,531	7,292
1944	2,933	321	22,200	1,054		

자료 : 堀和生, 『朝鮮工業化の史的分析』(東京, 有斐閣, 1995), p. 117, 195.
　　　朝鮮總督府企劃部, 『朝鮮農業人口に關する資料』(1941), 표 9.
　　　安秉直·中村哲 共編著, 『近代朝鮮工業化の研究』(一潮閣, 1993), p. 38.
주 : 농업 인구와 농업 주업자는 5년 이동 평균값임. 단 1940년은 1939년 값.

---

85) 農家經濟更生計劃의 자세한 내용에 대해서는 졸고, 「1930년대 초반의 농업 불황과 '농촌 진흥 운동'」, 『仁濟論叢』10권 1호(인제대학교, 1994)를 참조하기 바람.
86) 朝鮮總督府農林局農村振興課, 『農家經濟の概況とその變遷』, 自小作農の部(1940), p. 33.

　최근의 한국 농업은 경작 면적을 늘리면서 주로 노동 생산성의 상승을 추구하는 양상을 나타내고 있지만,[87] 조선 중기 이후부터 식민지기에 걸친 시기에 한국 농업의 기본적인 발전 방향은 주어진 경지에 더 많은 노동을 투하하여 토지 생산성을 높이는 것이었다. 이런 체계하에서는 농업 인구의 유출이 농업 생산의 증가를 억제하는 효과를 초래하게 된다. 젊은 노동력이 더 많이 유출될수록 그러한 영향은 더욱더 커진다.

　그렇지만 1930년대에 생산량, 토지 생산성, 노동 생산성의 모든 부문에서 1920년대보다 성장률이 더 높았다. 이것은 제2차 산업혁명이 한국의 농업에 매우 유리하게 작용했기 때문이다.

　산업혁명을 낳은 곳이 서유럽이었기 때문에 산업혁명 이전에 있어서 서유럽의 농업이 동아시아의 농업보다 발달해 있었다고 형식적으로 말할 수는 있겠지만, 필자는 산업혁명 이전에 서유럽과 동아시아 사이에 농업 생산력에 있어서 결정적인 차이는 없었다는 것이 사실에 가까울 것이라고 생각한다. 공업화 이전의 사회에 있어서는 농업 잉여가 많아질수록 수확량에서 차지하는 소작료의 비율이 높아지므로 그것으로써 농업 잉여의 크기를 비교할 수 있을 것인데, 1757년의 프랑스의 상황에 대한 케네의 서술에 의하면, 농업 경영비를 제외한 순생산물에서 차지하는 소작농 수취분의 비율이 15% 정도였다.[88] 조선 후기에 총생산물에서 차지하는 소작농의 수취분이 50%를 넘지 못했으므로 프랑스와 한국의 상황은 크게 다르지 않았다고 생각된다.

　이러한 평행적인 관계를 깨뜨린 것이 산업혁명이었다. 보통 제1차 산업혁명이라고 부르는 기계 공업에 있어서의 공장 생산은 농구에 커다란 변화를 가져왔다. 이것에 대해서는 이미 머리말에서 자세히 기술했으므로 여기서는 생략한다.

　그런데 제1차 산업혁명은 한국의 농업에는 영향을 미치지 못했다. 하나의 이유는 개발된 기계가 밭 농사에 적합한 것이었다는 것이며, 다른 하나의 이유는 한국의 농촌이 매우 많은 과잉 인구를 가지고 있었던 것이다.

---

　87) 한국통계청, 『한국통계연감』(한국통계청, 1994), p. 108을 참조.
　88) Beaud, M., *Histoire du capitalisme : 1500~1980*(Editions du Seuil, Paris, 1981) ; 김윤자 옮김, 『자본주의의 역사』(창작사, 1987), p. 83.

임금이 매우 낮기 때문에 기계를 도입할 유인이 없었다. 그리고 기계를 도입하는 경우에는 농촌에 대량으로 실업자가 발생하기 때문에 농촌 사회의 안정을 해치게 되었다.

그런데 제 2 차 산업혁명은 그와는 달랐다. 화학 공업이 발달한 결과, 비료의 공급량이 크게 늘어났는데, 이것은 일본, 중국, 한국 등 아시아의 농업 선진 지대에 중요한 영향을 미치게 되었다. 판매 비료의 유통 실태로부터 판단할 때, 시기적으로 보아 일본과 중국이 선행했고, 한국이 뒤늦었기는 하지만, 어느 지역이든지 19 세기 말에는 지속적으로 비료를 투하하지 않고는 지력을 유지할 수 없는, 즉 농업 생산력을 유지할 수 없는 상태에 도달해 있었기 때문이었다.

비료는 노동 집약적인 농업 기술 체계를 바꾸지 않으면서도 농업 생산량을 늘릴 수 있는 생산 요소였기 때문에 대량으로 사용되었고, 일본 품종 및 일본 품종을 모태로 해서 육성한 품종의 효과도 최대한으로 나타날 수 있었던 것이다.

마지막으로 한 가지만 언급해 두고 싶다. 그것은 식민지기의 농업 성장이 한국의 농민을 부유하게 한 것은 아니라는 것이다. 〈표 1-21〉에 의하면, 노동 생산성의 상승 속도는 매우 느렸다. 여기에 대해서는 비교할 만한 소재를 많이 가지고 있지 않지만, 기계화가 어떤 국가보다도 빨리 진행한 미국은 예외로 하더라도, 일본, 대만보다 낮았다. 1920~35 년 사이의 쌀 생산량을 합리적으로 수정하면(보론 참조), 1930 년에 노동 생산성이 하락하는 사태는 발생하지 않겠지만, 어쨌든 1920~40 년 사이에 매우 완만하게밖에

〈표 1-21〉　　세계 각국 농업에 있어서 노동 생산성 지수의 추이

연　도	1910	1920	1930	1940	1985, 천 $ / 인
미　국	85	100	129	205	33.9
대　만	97	100(100)	137(135)	151	2.4
일　본	85	100	117	139	2.9
한　국		100(100)	99(97)	114	1.2

자료 : 〈표 1-20〉과 같음.
주 : 1. 미국은 밀만의 노동 생산성임.
　　 2. 괄호 안은 溝口敏行・梅村又次 編, 『舊日本植民地經濟統計』(東京, 東洋經濟新報社, 1988)에 의함.

상승하지 않았던 것은 틀림없다. 이것은 농업 노동자 1인당 생산량이 조금
밖에 증가하지 않았음을, 즉 소득의 증가는 적었음을 나타내는 것이다.

  그리고 그림 1-2에 의하면, 식민지 후기에 생산량은 증가했지만, 생산량
의 변동폭은 줄어들지 않았다. 그것은 후기로 갈수록 물의 공급을 포함해
서 더욱더 면밀한 재배 관리를 필요로 하는 품종이 보급되었지만, 그것을
충족시키기에는 관개 시설이 여전히 불충분했기 때문이었다. 이것은 소득
을 불안정하게 하는 것이다.

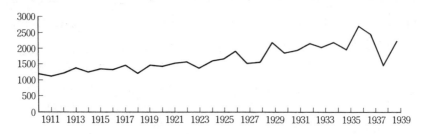

그림 1-2. 식민지기의 쌀 생산량 추이(단위 : 만석)
자료 : 보론의 〈표 7〉

5. 인도와의 비교

  이어서 아시아의 다른 식민지들 즉 영국領 印度(이하 인도로 줄임), 필리
핀, 프랑스領 印度支那(이하 인도지나로 줄임)와 비교하면서 한국의 상황을
조금 더 부각시켜 보자.

  먼저 인도부터 살펴보자. 〈표 1-22〉에서 눈에 뜨이는 것은 인도의 1ha
당 생산량이 정체 내지는 하락하고 있었다는 것이다. 특히 쌀의 하락 경향
이 심했다. 루피로 계산한 농경지 1에이커당 생산액은 1915~19년의 51루
피를 정점으로 해서 지속적으로 하락하여 1942~46년에는 48루피로 되
었다.[89]

---

  89) Chandra, N.K., "Long Term Stagnation in Indian Economy, 1900~75", *Eco-
     nomic & Political Weekly*, Vol. 17, Nos. 14~16(1982), p. 535, 537.

〈표 1-22〉   인도 농업의 양상   (단위 : 천ha, quintals /ha)

연 도	쌀	밀	보리	옥수수	담배	면화
1921~25	32,941	11,996	2,823	2,329	390	10,708
1925~29	32,733	12,765	2,778	2,379	533	6,602
1930~34	33,726	13,678	2,666	2,505	496	5,248
1938~40	29,519	14,423	2,519	2,296	521	6,143
1921~25	14.9	7.6	10.3	8.8	1.7	2.2
1925~29	14.2	6.8	9.1	9.0	0.4	4.3
1930~34	14.2	6.7	9.1	8.8	0.3	3.8
1938~39	12.3	7.6	8.4	9.1	0.5	3.5

자료 : League of Nations, *Statistical Year-book*, 1931・32, 1939・40년판.
주 : 1. 위쪽의 4행은 작부 면적이며, 아래쪽 4행은 ha당 생산량임.
　　2. 1quintal은 100kg임.

생산성이 지속적으로 하락했던 것은 크게 다음의 두 가지에 기인한다. 첫째로 1920년대 이후 관개 개선 사업이 침체에 빠졌던 것이다. 1880년 이후 인도에 대규모 기근이 연발하자, 인도의 지식인들은 영국의 식민지 정책이 잘못되었기 때문이라고 비판했다. 영국이 공업 제품의 판로를 넓히기 위해서 철도를 중시할 뿐, 인도인의 생활과 직결되는 관개 사업을 경시한다는 것이었다. 그리하여 1901년에 관개 위원회가 설치되었고, 위원회의 계획에 입각해서 중앙 정부의 주도하에 관개 사업이 진행되었다. 관개 사업의 주요 내용은 용수로를 만드는 것이었다.

〈표 1-23〉에 의하면 1880년부터 1947년 인도가 독립할 때까지 관개 면적은 2배 이상 증가했고, 관개율은 15%에서 24%로 상승했지만, 관개 사업은 대개 1880~1920년 사이에 활발히 이루어졌을 뿐이었다. 1919년의 통치법 개혁과 함께 관개 사업이 중앙 정부에서 州政府의 소관 사항으로 된 이후, 주정부는 민간의 소규모 관개 시설을 장려했다. 기술적으로는 이 시기부터 양수기를 이용한 관개가 이루어지기 시작하는 등 긍정적인 변화가 일어나기도 했지만, 관개 사업이 활발히 진행되지 못했고,[90] 1920년대 이후에는 25%를 전후하는 수준에서 거의 정체해 있었다. 이것은 한국의

---

90) 福田仁志 編,『アジアの灌漑農業』(東京, アジア經濟硏究所, 1976), pp. 184~185.

관개 논 비율이 1918~37년 사이에 15%에서 45%로 상승했던 것과는 매
우 대조적이었다.

〈표 1-23〉   인도의 관개 상황   (단위 : 천ha, %)

연 도	면 적	비 율
1880	1,168	14.8
1920~21	1,960	23.1
1939~40	2,198	26.2
1944~47	2,820	24.1

자료 : 福田仁志 編, 『アジアの灌漑農業』(東京, アジア經濟硏究所, 1976), pp. 183~
186.

둘째로 면화, 사탕수수 등 지력 소모 작물의 재배가 증가하면서도 비료
가 충분히 사용되지 못했던 것을 들 수 있다. 화학 제품의 생산과 무역의
실태로부터 판단할 때, 당시 인도에서 소비된 화학 비료 중에서는 硫安이
가장 중요했다. 그런데 〈표 1-24〉에 의하면 인도의 유안 소비는 꾸준히 증
가하고는 있었지만, 1930년대 후반에도 7만 톤 정도에 머물렀을 뿐이다.
1ha당 소비량은 0.7kg 정도로 추산되는데, 같은 시기의 한국의 55kg 정
도와 비교하면 매우 적은 양이었다.[91]

화학 비료의 소비가 적었던 것은 인도 총독부의 정책에도 기인했지만,
수요의 부족에 더 크게 기인했다고 생각한다. 이 시기는 세계적으로 화학
비료의 공급 능력이 급상승했던 시기였다. 유안을 예로 들어 보자. 제1차
세계대전 중에 화약 생산을 늘리기 위해서 질소를 인공적으로 합성하는 기
술이 크게 진전하여, 공중 질소를 직접 고정시킬 수 있게 되었다. 전쟁이
끝난 이후 그것들이 평시 산업으로 재편되면서 물을 전기 분해해서 얻은
수소를 앞의 질소와 반응시켜 암모니아를 얻고, 그것을 硫酸과 반응시켜
유안을 얻는 방법이 개발되었다. 그리하여 공급이 과잉되었고, 가격은 지

---

91) 졸저, 『1930年代朝鮮における農業と農村社會』(東京, 未來社, 1995), p. 92. 이런
차이는 1970년대에도 여전히 존재하고 있다. 1970년대 후반의 1ha당 비료 소비량
은 한국이 325kg이었으며, 인도는 24kg이었다. Wade, Robert, "South Korea's
Agricultural Development : The Myth of the Passive State", *Pacific Viewpoint*
(1984), p. 13.

속적으로 하락했다. 〈표 1-24〉의 가격란은 유안 21%를 함유하고 있는 독
일산 비료의 세계 시장 가격을 나타낸 것인데, 표에 의하면 12년간 55%
정도 하락했다.

인도 정부는 인도의 공업을 성장시키기 위해서 1920～30년대에 관세율
을 높여 갔다. 일반 관세율은 1921년에 11%, 1931년에 21%로 되었다.[92]
인도 총독부는 인도의 비료 공업이 외국의 비료 공업과 경쟁할 수 있도록
유산에 대해서도 보호 관세를 부과했다.[93] 그렇기 때문에 세계 시장에서의
가격 하락의 효과가 그대로 나타났다고는 할 수 없으며, 비료의 수요가 증
가하기 어려운 점도 있었을 것이다.

그렇지만 더 큰 이유는 농민들이 아직 비료를 사용하는 데에 익숙하지
않았던 것에 있었다고 생각된다. 여기에 대해서 자세한 사정을 알 수는
없지만, 인도의 대표적인 논 농사 지대인 탄자불 지역에 대한 조사에 의하
면, 1880년대까지만 해도 5년에 한 번 정도 비료가 주어질 뿐이었으며,
1910년경에 이르러 비로소 관개 논에서는 매년 시비되었다고 한다.[94]

〈표 1-24〉	인도의 유안 생산과 소비		(단위 : 천톤, 금프랑/kg)	
연 도	생산량	순수입	소비량	가 격
1925～26				1.27
1927～28				1.15
1929～30	17	25	42	1.07
1931～32	11	16	28	0.93
1933～34	13	30	43	0.85
1935～36	18	46	64	0.82
1937～38	19	53	72	0.57

자료 : League of Nations, *Statistical Year-book*, 1931 · 32년판, p. 165. 1937 · 38년판,
　　　p. 166. 國際日本協會, 『印度統計書』(1943), p. 353.

92) 吉岡昭彦, 「第1次大戰後におけるインド統治體制の再編成」, 『政治權力の史的分
　　析』(東京, 東京大學出版會, 1975), p. 276.
93) Kumar, D. ed, *The Cambridge Economic History of India*, vol. 2 : 1757～1970
　　(Cambridge, Cambridge University Press, 1983), p. 638.
94) 柳澤悠, 「南インドにおける小農化傾向と農村小工業」, 『長期社會變動』(東京, 東京
　　大學出版會, 1994), p. 234.

인도의 농산물 가격은 1873년을 100으로 할 때, 1880년대 이후 장기적
으로 상승하기 시작하여, 1919년에는 322에 도달했다. 그 이후 하락하기
시작하여 1933년에는 125까지 하락했다.[95] 곡물 가격의 하락기에 생산성
을 높여 그것에 대응해야 했지만 그러지 못했기 때문에 수익성이 낮아졌
고, 생산량이 감소해 갔다. 그 결과 〈표 1-25〉에서 보듯이 1930년대 후반에
인도의 쌀 수출이 감소하면서, 수입은 증가해 갔다.

〈표 1-25〉   인도의 쌀 무역   (단위 : 톤)

연 도	수 입	수 출
1929~30	6,360	2,298
1931~32	26,973	2,301
1933~34	88,405	1,733
1935~36	210,024	1,394
1937~38	1,234,076	227

자료 : 國際日本協會, 『印度統計書』(1943), pp. 348~349, 366~367.

한편 〈표 1-26〉에 의하면 한국의 경우는 전체적으로 1ha당 생산량이 지
속적으로 상승했다. 1938~39년에 쌀의 1ha당 생산량이 특히 높은 것은
1936년도부터 통계 조사 방법의 변화에 의해서 26% 정도 단순 증가했기
때문이다. 어느 식민지를 막론하고 후기로 갈수록 조사 방법이 정확하게
되었을 것이므로 한국의 경우에만 반드시 그것을 고려할 필요는 없을지도
모르지만, 26%를 줄이면 21.7quintals로 된다. 그래도 상당한 상승임에는
틀림없다. 한국은 1920~40년 사이에 경지 면적도 9.8% 증가했기 때문에
농업 생산량도 크게 증가했다. 한국의 농업이 인도에 비해서 상대적으로
양호한 모습을 나타내었던 것은 인도에 있어서는 식량 작물의 경작 방법이
거의 개선되지 않았던 것에 비해서,[96] 한국 농업에는 어느 정도의 기술 진
보가 있었기 때문이다. 그것은 제 4절까지 설명한 바와 같다.

94) Kumar, D. ed, 앞의 책, p. 903~904.
96) 脇村孝平, 「インド19世期後半の飢饉と植民地政府の對應」, 『社會經濟史學』50권
   2호(1984), p. 67.

⟨표 1-26⟩   한국 농업의 양상   (단위 : 1,000 ha, quintals /ha)

연 도	쌀	밀	보리	옥수수	담배	면화
1921~25	1,547	357	862	93	14	164
1925~29	1,572	360	894	101	19	200
1930~34	1,664	327	991	110	14	181
1938~40	1,646	342	1,108	138	20	243
1921~25	17.0	7.5	9.2	7.7	8.7	1.5
1925~29	17.6	7.2	9.1	7.5	9.9	1.5
1930~34	19.3	7.5	9.8	7.4	11.9	1.6
1938~39	27.2	8.3	10.0	7.1	14.0	1.7

자료 : League of Nations, *Statistical Year-book*, 1931·32, 1939·40년판.
주 : 1. 위쪽의 4행은 작부 면적이며, 아래쪽 4행은 ha당 생산량임.
     2. 1 quintal은 100 kg임.

위와 같은 모습은 인도와의 비교에서만 드러나는 것은 아니다. 아시아의
다른 식민지였던 필리핀 및 印度支那와 비교해 보아도 마찬가지이다. ⟨표
1-27⟩은 필리핀 및 인도지나의 미곡 작부 면적과 1 ha 당 생산량을 나타낸
것인데, 위쪽의 4행이 작부 면적을, 아래쪽 4행이 1 ha 당 생산량을 나타내
고 있다. 미곡만을 소개한 것은 미곡이 각국 농업 생산의 50 % 이상을 차지
하는 중요한 농산물이었기 때문이다. 그런데 표에 의하면 필리핀과 인도지
나의 1 ha 당 생산량도 거의 정체 상태였다.

⟨표 1-27⟩   필리핀과 인도지나의 미곡 작부 면적과 **1 ha** 당 생산량

                                      (단위 : 1,000 ha, quintals /ha)

연 도	필리핀	인도지나
1921~25	1,695	4,860
1925~29	1,788	5,380
1930~34	1,879	5,462
1938~40	1,912	6,012
1921~25	11.1	11.6
1925~29	12.3	11.1
1930~34	11.3	10.5
1938~39	12.1	11.9

자료 : League of nations, *Statistical Year-book*, 1931·32, 1939·40년판.
주 : 1 quintal은 100 kg임.

필리핀 미작 농업의 기술 진보는 매우 미미했던 것으로 보여진다. 그 근
거로 들 수 있는 것은 미작 부문에 판매 비료가 거의 사용되지 않았다는 것
이다.[97] 이것은 미작의 비료 사용량이 거의 정체해 있었다는 것을 나타내는
데, 비료 사용량이 정체해 있었다는 것은 관개 시설 및 품종에 있어서 큰
진전이 없었다는 것을 간접적으로 표현한다.

이 시기의 필리핀 농업은 주로 경작지의 외연적 확대에 의존하고 있었
다. 〈표 1-28〉에 의하면 필리핀에서는 1903~48년 사이에 경작 면적의 증
가율이 인구 증가율보다 높았다. 1937년의 한 조사에 의하면 경지로 이
용할 수 있는 토지의 면적이 1,860만 ha였다. 그것에 비하면, 실제로 이용
되고 있는 면적은 그것의 22% 정도였다.[98]

〈표 1-28〉   필리핀의 인구와 경지 면적   (단위 : 천명, 천 ha)

연 도	인 구	좌동 지수	경지 면적	좌동 지수
1903	7,640	100	1,299	100
1918	10,151	133	2,416	186
1939	16,152	211	3,954	304
1948	19,144	250	3,712	286

자료 : Frank Golay, *The Philippines : Public Policy and National Economic Develop-
ment*(Cornell University Press, 1961), p. 40.

인도지나의 1ha 당 생산량은 여기서 다루고 있는 네 지역 중에서 가장
낮았으며, 다른 식민지들에 비해서 농업 기술 수준도 낮았다. 1940년경의
조사 기록에 의하면 당시까지도 모판과 모판 사이에 통로를 만드는 못자리
는 드물었고, 줄을 맞추어 모내기하는 곳도 매우 적었으며, 1ha 당 파종량
은 일본의 2배 정도였다. 이 무렵에는 한국과 일본의 파종량이 거의 비슷
했으므로 한국의 2배 정도라고 생각할 수 있다. 비료의 사용량도 매우 적
어서 못자리에도 퇴비와 구비를 약간 사용할 뿐이었고 화학 비료는 전혀
사용되고 있지 않았다.[99]

97) 永野善子, 『フィリピン經濟史研究』(東京, 勁草書房, 1986), p. 31, 262, 263.
98) Shirley Jenkins, *American Economic Policy towards the Philippines*(Stanford
   University Press, 1954), p. 40.
99) 松田延一, 『佛印農業論』(1944), pp. 38~39. 梅村又次 外 4人, 『長期經濟統計 農林

생산량의 증가는 주로 경지 면적의 증가에 힘입었다. 인도지나 중에서는 가장 집약적으로 미작이 행해지고 있었던 메콩강 하류 지역에서도 1919 ~36년 사이에 논 면적의 증가율이 인구 증가율을 상회하고 있었다.[100] 그 것은 인도지나에 미간지가 많았기 때문이다. 그리하여 프랑스는 미간지 개 간을 위해서 1874년 이후 콘세션 *concession* 제도를 두고 있었다. 그것은 일 정한 기간 안에 토지를 개간하여 경작하고 조세를 납부한다는 조건하에 官 有地 또는 無主地를 무상 또는 유상으로 대여받는 것이었다. 1928년의 규 정에 의하면 5년 이내에 경작하는 것을 조건으로 300정보까지는 무상으로 주어지고 있었다. 콘세션 인가 면적은 1900년까지 32만ha, 1930년까지 102만ha, 1940년까지 226만ha였는데,[101] 이것은 1940년의 미작 면적 601 만ha의 38% 정도에 해당하는 것이었다.

6. 맺 음 말

제2, 3, 4절에서 보았듯이 한국의 농업 생산은 식민지기에 매우 큰 변화 를 겪었다. 농업 생산의 기반, 농업 기술의 체계가 바뀌었으며, 요소 생산 성도 크게 상승했다.

그런데 이 변화들이 내재적으로 성취되었던 것은 아니었다. 그것에는 서 구의 농업 기술이 일본에 영향을 미치면서 형성된 일본의 근대 농업 기술 과 서유럽에 있어서 제2차 산업혁명의 결과가 크게 영향을 미쳤다.

어떠한 역사적 변화도 외부로부터의 영향을 배제하고 생각할 수 없다. 예를 들어, 영국으로부터의 기술 도입이 없었다면, 프랑스의 산업혁명은 그보다 늦어졌을 것이며, 마찬가지로 나폴레옹의 점령 이후 프랑스로부터 근대적인 제도가 도입되지 않았다면, 독일의 산업혁명 역시 그보다 늦어졌 을 것이다. 직접적으로 산업혁명에 대한 것은 아니지만, 네덜란드로부터 새로운 사료 작물 및 그것과 한 벌을 이루고 있는 농업 기술이 도입되지 않 았다면, 산업혁명에 유리한 전제 조건을 창출한 영국의 농업혁명은 불가능

業』(東京, 東洋經濟新報社, 1966), p. 59.

100) 松田延一, 앞의 책, p. 111.

101) 같은 책, pp. 115~116.

했을 것이다. 나아가서 네덜란드의 해운업, 인도의 면직물업과의 경쟁이 없었다면, 영국의 산업혁명은 불가능했을 것이다.

세계사는 끊임없는 관계의 역사이며, 한국 역시 그것의 예외가 아니다. 일국의 빠른 성장이란 외부의 영향을 효율적으로 도입하는 것에 의해서 이루어지는 것이 보통이다. 한국 근대의 농업 변동도 그것에서 출발했던 것이다.

그렇지만 일본의 근대 농업 기술과 서유럽에 있어서 제2차 산업혁명의 결과가 농업 생산력을 높이는 효과를 미칠 수 있었던 것은 그것들에 의해서 초래되는 변화가 조선 후기 이래의 한국 농업의 발전 방향과 일치하고 있었기 때문이다. 관개의 개선, 사이갈이, 김매기 횟수의 증가, 시비량의 증가와 시비 관행의 합리화 등이 그것이었다. 총독부가 경찰력을 동원해서 새로운 농법을 강압적으로 집행해 간 측면도 배제할 수는 없지만,[102] 변화가 광범하게 발생한 것은 강압만이 아니라, 동의가 작용했기 때문이다.

동의에 있어서도 지주에게만 초점을 맞추어서는 안된다. 이 장에서는 관개 시설의 건설, 새로운 비료의 사용 등 모든 수준의 변화에서 자신의 경제적 지위를 상승시키고자 하는 농민의 노력이 검출되고 있다.

모든 경제 주체는 모든 영역에서 독립 변수로 작용한다는 것이 필자의 생각이다. 물론 노동 운동의 영역에서는 독립 변수인 노동자가 생산의 영역에서는 종속 변수로 될 수도 있다. 하지만 근대의 노동자와 농민은 그 존재 형태가 發生史的으로 분명히 구별된다. 기계에 의한 분업 체계가 갖추어진 공장은 그 이전의 생산 현장과는 전혀 다른 것이었고, 노동자는 외부로부터 공장의 내부로 투입되었다. 그렇지만 농업의 변화는 경지 위에서 이루어졌으며, 속도의 차이는 있었지만, 지속적으로 이루어져 왔다. 농민 운동의 영역에서는 독립 변수로 다루어지는 농민이 농업 생산의 영역에서는 종속 변수로 다루어지게 되는 것은 공업과 농업의 차이를 정확하게 보지 못한 결과이다. 나아가서 공장제 생산의 역사가 200년 정도에 달한 현재는 노동자 역시 더 이상 생산 활동의 종속 변수가 아니다. 왜냐하면 그들이 이미 공장에 적응했기 때문이다.

---

102) 久間健一, 『朝鮮農政の課題』(1943), pp. 6～13.

 제2장으로 넘어가기에 앞서, 마지막으로 제1장의 검토 결과를 이용해서 '농업 생산력의 증진'과 식민지기의 한국 공업화의 관련에 대해서 약간 서술해 두고 싶다.

 이미 제4절에서 언급한 바 있듯이 식민지 후기의 '농업 생산력의 증진'은 농가 인구의 도시 유출과 동시적으로 진행되었다. 그리고 보론의 〈표 8〉에 의하면, 1930년대 초반 이후 1인당 쌀 소비량이 증가해 갔으며, 1939년의 큰 흉작이 있기 전까지는 농산물 무역 수지가 나빠지지 않았다. 이 세 가지를 종합하면, 농업 부문이 공업 부문에 노동자와 그 노동자가 소비해야 하는 농산물이란 두 가지 모두를 제공했다고 할 수 있다. 이 시기의 '농업 생산력의 증진'은 농업 내부의 변동을 낳은 것으로 그치지 않았고, 공업으로도 그 영향을 미쳐 갔던 것이다.

제 2 장 농민 경영

1. 머 리 말

필자가 서장에서 언급한 식민지기에 있어서 지주의 동태적 변화란 진공 상태 내에 있어서 지주의 자기 발전을 나타내는 것은 아니었다. 개항 이후 시장 경제의 발달 정도가 더욱 높아진 것, 일본으로부터 새로운 농법이 도입된 것, 사회 사상의 변화에 따른 지주와 소작농 사이의 대립이 더욱 심화된 것 등이 동태적 변화를 초래한 것이었다.

나아가서 농업을 둘러싼 위와 같은 여러 변화가 지주에게만 그 영향을 미친 것은 결코 아니었다. 그것은 농민의 농업 경영을 둘러싼 조건에도 영향을 미치는, 무차별적인 것이었다. 지주와 농민 각각의 변화 양상의 차이는 영향의 있고 없음에 의해서가 아니라, 영향이 초래한 상황의 변화에 대한 적응 방법 및 적응 속도에 의해서 초래된 것이었다. 그 차이를 인정한 다음에 양자 모두의 대응과 적응의 양상이 검토되어야 하며, 식민지기의 농업 변동은 그것을 조합하여 해석되어야 하는 것이다. 서장에서도 언급했듯이 지주의 변화는 누누이 지적되어 왔으므로, 필자는 그것에 대해서는 굳이 검토하지 않는다. 이하에서는 농민 경영의 변화에 대해서 검토하고자 한다.

농민 경영이란 농민의 농업 경영을 줄여 쓴 것인데, 여기서의 경영이란 시장 조사를 행하고, 생산 계획을 세우고, 생산된 농산물을 시장에 공급하는, 생산과 경영에 걸친 일체의 활동을 의미한다. 이것은 현대 기업 활동에 있어서 마케팅과 유사한데, 경영을 이렇게 정의한 것은 그렇게 함으로써 제1장에서 언급한 농사 기술을 제외한 나머지의 농업 생산, 농산물 유통 행위가 경영이란 개념 속에 포괄될 수 있기 때문이다.

제1장에서 필자는 새로운 농업 기술의 도입, 농업 기반의 정비, 생산량의 증가, 생산성의 상승 등 농업 생산의 영역에서 다양한 변화가 있었음을

보였다. 제2장에서의 주제와 관련해서 중요한 것은 위의 변화가 농민의 경영 능력을 높여 갔다는 것이다.

자세한 것은 본론에서 다룰 것인데, 여기서는 본론의 내용과 중복되지 않는 한에서 조금 언급해 두고자 한다. 개항 이후 외국과의 무역이 증가하자, 외국 공산품의 수입이 증가하고, 국내 농산물의 수출이 증가했다. 그것은 주로 가격 경쟁력에 기인했다. 농촌 수공업이 해체되기 시작했고, 농촌 과잉 인구가 많아졌다. 그리하여 소작지 획득 경쟁이 치열해졌다. 농민들은 소작권을 유지하기 위해서는 더욱 많은 수확량을 거두고, 더욱더 많은 소작료를 납부해야만 했다.

한편 국내 농산물의 수출이 증가하자, 농산물의 가격이 상승했으며, 그것이 농업의 요소 생산성을 높이려는 의욕을 자극했다. 그리하여 농민들은 자신이 경작하고 있는 토양의 성질, 자신이 사용하고 있는 품종의 특성 등에 대해서 더욱 깊이 이해해야 하게 되었으며, 재배 과정을 더욱더 주도 면밀하게 관리해야만 하게 되었다. 이 무렵에 더욱더 높은 수준의 기술이 도입되고 보급되었으며, 농민들은 그것을 습득해 갔다. 이 과정에서 농민들은 농업 경영자로서의 자신의 능력을 높일 수 있게 되었다.

이것은 언뜻 지주의 동태화와는 어울리지 않게 보이기도 하지만, 반드시 그렇지는 않다. 지주의 동태화가 진행하는 다른 편에서 농민의 동태화가 동시에 진행하기 때문이다. 농민의 동태화가 진행되면서도 농민의 지위가 쉽게 개선되지 못했던 것은 지주의 동태화의 속도가 농민의 그것보다 높은 정도로 또는 그와 비슷한 정도로 빨랐기 때문이며, 1930년대 초까지는 공업 및 서비스업의 성장 속도가 느려서 농촌의 과잉 인구가 줄어들지 않았기 때문이다. 서로 대항하는 양자 사이에서 우열의 관계가 바뀌는 것은 한편이 정체해 있는 중에 다른 한편이 성장하기 때문이 아니고, 양자의 성장률이 서로 다르기 때문이다. 이것은 한국의 식민지화를 소재로 해서 서장에서 언급한 바와 같다.

그렇지만 농민 경영을 둘러싼 종래의 견해는 필자와는 다르다. 식민지기에 농민 경영이 끊임없이 취약해져 갔다는 것이 지배적인 견해라고 생각된다.

이렇게 된 것에는 몇 가지의 근거가 있다. 하나는 지주가 동태화되면서 소작인은 임노동자와 비슷한 지위로 하락했다는 것이다. 이것의 오류에 대해서는 서장에서 충분히 검토했으므로, 더 이상 논하지 않는다.

다른 하나는 소작지의 면적이 계속 증가해 갔으며, 소작쟁의가 끊임없이 증가해 갔다는 것이다. 여기에는 구별되어 마땅한 두 가지의 문제가 혼재해 있는데, 경영과 생활의 혼재가 그것이다. 우선 우리는 다음과 같은 네 가지의 조합을 만들어 볼 수 있다.

　　　1) 경영 개선, 생활 개선
　　　2) 경영 개선, 생활 악화
　　　3) 경영 악화, 생활 개선
　　　4) 경영 악화, 생활 악화

기존의 연구가 취하고 있는 입장은 경영 악화와 생활 악화가 동전의 양면으로서 존재했다는 것이다. 소작쟁의는 그것의 표현이었다고 주장된다. 그렇지만 필자의 생각은 이와는 다르다. 소작쟁의를 낳는 일차적인 원인은 생활 악화이며, 그것은 경영 개선과 어울릴 수도 있고, 경영 악화와 어울릴 수도 있기 때문이다. 논리는 결코 복잡하지 않다. 경영이 개선되어 수확량이 증가해도 소작농의 취득률이 하락하면, 생활은 악화될 수 있다. 경영이 악화되어 수확량이 감소하는 경우에 대해서는 말할 필요가 없을 것이다.

필자는 전자의 입장에 선다. 식민지기의 생활 악화와 소작쟁의의 빈발은 경영 악화의 결과는 아니었다. 경영이 안정되어 갔음에도 불구하고, 취득률이 하락했기 때문이었다. 이러한 파악은 제 1 장에서 본 바 있는, 농업에 있어서 생산량의 증가와 생산성의 상승과도 합치하는, 보다 합리적인 파악이다.

그런데 농민의 경영자로서의 능력의 상승은 결코 농사 기술의 개선에서 머물지 않는다. 농가의 수입을 증가시키는 것이 다음의 목적으로 된다. 이 章에서는 농가의 수입 증가 노력에 대해서 다루고자 한다. 구성은 다음과 같다.[1]

―――――――――

1) 이하는 졸고, 「1930 年代朝鮮における野菜栽培の展開」, 『土地制度史學』 137 호(土地制度史學會, 1992) 및 「植民地期朝鮮における米穀の共同販賣」, 『農業經濟研究』 64 권 4 호(日本農業經濟學會, 1993)에 주로 의거하고 있다. 두 편 모두 졸저, 『1930 年代朝鮮における農業と農村社會』(東京, 未來社, 1995)에 수록되었음.

제 2 절에서는 1930 년대 초반의 농가 경제의 모습에 대해 검토하려 한다. 1930 년대 초반을 소재로 하는 것은 분석할 정도의 충분한 자료가 그외의 시기에 대해서는 주어져 있지 않기 때문이다. 농가 경제의 모습에서는 농가가 상품 화폐 경제에 휩싸여 있는 정도에 대해서 주로 살펴볼 것이다. 필자는 제 3 절 이하에서 주로 가격을 설명변수로 해서 설명할 것인데, 그것을 위해서는 농민이 가격에 예민하게 반응할 것이라는 것을 미리 보여 두어야 하기 때문이다.

제 3 절과 제 4 절에서는 각각 공동 판매와 채소 재배를 소재로 해서, 농가의 현금수입 증가 노력에 대해서 검토하고자 한다.

2. 농가 경제의 모습[2]

경영체로서의 농가[3]의 수지 개선 노력과 관련해서 경영체인 동시에 가계로서의 농가의 현금 수지에 대해서 보아 두자.

〈표 2-1〉은 1933~40 년 사이에 행해진 農家經濟更生計劃의 제 1 차 지정 농가 가운데, 전국 各邑·面에서 평균 2 호씩 선정해서, 農林局農村振興課가 1932 년 4 월~1933 년 3 월에 행했던 조사의 결과를 나타낸 것이다. 자소작농이 1,859 호, 소작농이 1,728 호로서 모두 합하면 3,587 호였다. 조사 대상 농가의 평균 경지 면적이 자소작농 2.01 정보, 소작농 1.50 정보로서 전국 평균의 1.48 정보를 웃돌고 있고, 농산물 재배 면적에서 차지하는 쌀 재배 면적의 비율이 자소작농 34.3%, 소작농 36.2%로서 전국 평균 27.8%를 웃돌고 있기 때문에 쌀 경작에 치우친 상층농에 대한 조사 결과라는 약점은 있다. 그렇지만 전국에 걸쳐서 3,587 호 정도에 이르는 대규모 조사라는 점에서 다른 어떤 조사에 비해서도 대표성이 높다고 할 수 있다.

---

2) 농가는 소비 단위임과 동시에 생산 단위이다. 필자는 소비 생활과 생산 활동의 전체에 대해서 농가 경제라는 용어를 사용한다.
3) '경영체로서의 농가'라고 하는 한정적인 표현을 사용한 것은 생산 단위로서의 농가를 고려한다는 것을 분명히 드러내기 위해서이다. 농가는 생산 단위인 동시에 소비 단위이기 때문이다.

〈표 2-1〉 　　　　　　　　　농가의 현금 수지 상황　　　　　　 (단위 : 원)

1. 수 입

분 류	자소작농	소작농
영농수입		
경종수입	86.5	47.1
(미작)	(62.2)	(33.0)
부업수입	31.9	19.6
소계(a)	118.4	66.7
영농 외 수입(b)	87.6	54.5
현금수입 합계(a+b)	206.0	121.2
현금 외 수입	265.9	215.7
수입 합계(c)	471.8	335.9
(a+b) / (c)	43.6%	36.1%

2. 지 출

분 류	자소작농	소작농
영농 지출		
비료비	13.5	8.7
고용비	13.6	5.5
기타	20.0	8.5
소계	47.1	22.7
租稅 公課 지출	17.3	6.1
가사 지출		
식량비	11.9	16.9
儀禮費	9.5	5.4
기타	53.3	34.4
소계	74.7	56.7
기타	50.6	26.0
현금지출 합계	189.6	111.1

자료 : 朝鮮總督府農林局農村振興課, 『農家經濟の槪況とその變遷』, 自小作農の部, 小
　　　作農の部(1940).

위 조사 결과로부터 현금 수지에 대해서 다음의 2가지를 지적할 수 있
다. 첫째로 현금 수입의 總收入에 대한 비율과 營農 현금 지출의 소작료를
제외한 영농 總支出에 대한 비율이 각각 자소작농 43.6%, 40.1%, 소작농
36.1%, 40.7%였다. 같은 시기에 일본 농가의 현금 수입 비율이 68.3%였

기 때문에 일본에 비해서는 낮았지만,[4] 이미 현금 수입을 제외하고는 농가 경제의 재생산이 불가능하게 되어 있음을 나타내고 있다. 여기서 농가 경제라고 함은 경영체로서의 농가의 경제 생활과 가계로서의 농가의 경제 생활 두 가지 모두를 포함한다.

둘째로 수입과 지출이 대체로 동액이기 때문에 현금 수입이 충분히 확보되지 못하면, 수지를 균형시킬 수 없었다. 따라서 그것이 확보되어야만 비료와 식량의 구매, 租稅 公課의 지불, 노동력의 고용, 농촌 공동체의 성원으로서 인정받는 것 등이 가능했다고 할 수 있다. 즉 생산과 소비에 걸쳐서 농가의 재생산이 가능하게 되었던 것이다. 의례비에서 가장 중요한 것은 冠婚喪祭의 비용이었는데, 그것을 지불함으로써 비로소 공동체의 성원으로서 인정받을 수 있었다.

소작농의 현금 수입이 자소작농의 그것보다 적은 것은 소작료를 부담하기 때문이다. 소작료는 대개 쌀로써 지불되는데, 쌀은 중요한 換金 작물이기 때문에, 현금 수입이 크게 줄어들게 된다. 현금 지출도 자소작농의 그것보다 적은데, 그 내역을 유심히 보면, 가사 지출보다는 영농 지출과 조세 공과금 지출에서 주로 차이가 난다. 그것은 소작지에 대한 영농 투자와 조세 공과금의 상당 부분을 지주가 부담하기 때문이다. 자신의 소작지에 필요한 판매 비료 자금의 50% 정도는 지주가 부담하는 경우가 많았다.

정리하면 현금 수입을 늘리고, 지출을 줄이는 것이 농가 경제를 개선하는 데 필수 불가결하게 되어 있었던 것이다. 이것을 전제로 해서 제3절과 제4절에서는 현금 수입을 늘리려는 농가의 움직임과 관련해서 농산물 판매 방법의 다양화와 농업 생산물 구성의 다각화를 검토하고자 한다. 현금 지출을 줄이는 것과 관련해서는 노임 지출을 줄이기 위한 노동 강도의 강화, 조세 공과금 등의 부담을 줄이기 위한 소작쟁의 등을 들 수 있지만, 그것들에 대해서는 생략한다. 부분적이기는 하지만 전자와 관련해서는 제1장에서 약간 언급된 바 있으며, 후자에 대해서는 제3장에서 언급한다.

---

4) 農政調査委員會 編, 『改定 日本農業基礎統計』(農林統計協會, 1977), pp. 494~ 497.

3. 농산물 판매 방식의 합리화: 벼의 공동 판매

(1) 문제 제기

농산물 판매 방식의 합리화와 관련해서는 벼의 공동 판매에 대해서 언급하고자 한다. 공동 판매를 소재로 하는 이유는 개별적 즉 고립 분산적 판매로부터 집합적 공동 판매로 이행하는 것이 농산물 판매 방법에 있어서의 발전이라고 생각할 수 있기 때문이다.[5]

여기서 공동 판매는 영세한 생산자가 공동으로 하나의 출하자를 이루고, 그들의 농산물을 모아서 대량으로 판매하는 것을 가리킨다. 그 목적은 첫째, 중간 상업 자본을 배제하거나 대체하여 유통 마진 중의 유통 이윤을 줄이고, 줄어든 유통 이윤을 가능한 한 생산자인 농민에게 되돌린다. 둘째, 생산물을 대량 집적하여 구매자에 대한 교섭력, 즉 가격 형성력을 높여서 小農의 생산물이 높은 가격으로 팔리게 한다. 셋째, 생산물을 대량으로 집적하고 판매를 조정하여, 가격을 표준화하고 안정화시킨다.[6]

당시의 공동 판매는 아직 셋째의 목적까지는 의도하고 있지 않았다. 〈표 2-5〉에 의하면, 가격 조절 기능을 가지고 있었던 농업 창고의 벼 공판량은 전체의 12% 정도에 지나지 않았으며, 〈표 2-6〉에 의하면 벼 공판량은 11월과 12월에 지나치게 집중돼 있었다. 그런 점에서 미숙한 형태였다고 할 수 있지만, 그렇다고 해서 정의에서 벗어나 있다고는 생각하지 않는다.

벼를 소재로 하는 이유는 식민지기의 농업이 쌀의 재배에 크게 치우쳐 있었고, 판매되는 쌀의 2/3 정도가 벼로서 판매되고 있었기 때문이다. 1937~38년의 쌀의 시장 거래량을 평균하면 1,459만 석 정도인데, 그중 1,000만 석 정도가 벼이고, 나머지가 현미와 백미일 것으로 추정되었다. 459만 석의 현미와 백미를 벼로 환산하면 약 918만 석이 된다.[7]

---

5) 御園喜博, 『農産物市場論』(東京, 東京大學出版會, 1966), p. 26.

6) 같은 책, p. 47.

7) 朝鮮農會, 『朝鮮農會報』, 1940년 11월, p. 7, pp. 18~19. 久間健一, 『朝鮮農政の課題』(1943), p. 188에는 1936년의 쌀 상품화 총량을 벼로 환산하면 2,877만 석 정도된다고 추정하고 있으며, 李洪洛, 「植民地期 朝鮮內 米穀流通」, 『經濟史學』 19호 (經濟史學會, 1995), p. 169에는 1937~38년에 평균 2,716만 석 정도일 것으로 추정

벼로 판매된 것은 식민지기의 쌀 거래의 커다란 특징이었다. 전통적으로 조세는 벼로 징수되었지만, 시장에서의 거래는 백미로 이루어졌다. 그렇기 때문에 개항 직후에는 일본으로 수출되는 쌀의 거의 대부분이 백미였다.[8] 그런데 한국의 일반 농가가 만든 백미는 잘 말려져 있지 않았고, 도정의 정도가 낮았으며, 겨나 흙이 섞여 있어서, 일본 소비자의 불평이 컸다. 그리하여 1890년대부터 쌀의 수출에 종사하는 외국인들에 의해서 정미 기계가 도입되기 시작했고, 1900년 무렵에는 대규모의 정미소가 가동하기 시작했다. 그리하여 농민은 서서히 정미 과정에서 분리되어 갔다.

농민이 직접 정미하지 않고 벼로 팔게 되면, 쌀값을 높여 받을 수 없고, 겨를 얻지 못하게 되기 때문에 농가 경제에는 나쁜 영향을 미친다. 조사에 의하면, 1석당 0.5원 정도의 손실이 발생하고 있었다.[9] 그리하여 총독부는 産業組合 또는 産米改良組合을 만들어 농민이 직접 정미하도록 꾀해 보기도 했지만, 농민이 상인과의 경쟁에서 이기지 못했다. 기술이 모자랐던 것, 정책적 지원이 불충분했던 것 등이 그 이유였다.

아래에서는 공동 판매에 대한 기존의 연구를 정리하여, 필자의 분석 의도를 더욱 명확하게 하고자 한다. 우선 이 문제와 관련되는 최근의 연구로서는 田剛秀, 「米穀貯藏獎勵政策과 벼檢査制度·共同販賣의 전개」(『經濟史學』17호, 1993)를 들 수 있다.[10] 위의 연구는 다음과 같은 몇 가지로 요약

하고 있다. 久間健一과 李洪洛의 추정값은 생산량에서 소비량을 제외하여 구한 것이며, 필자가 인용한 값은 당시의 농정 담당자가 수출량과 반출량을 계산하여 구한 것인데, 필자는 후자의 방법이 방법적으로 타당하며, 결과에 있어서도 타당하다고 생각한다. 전자의 경우 자신의 쌀 소비량을 평균 수준 이하로 떨어뜨리면서 판매하는 경우가 포함되지 않아, 과소 추계되어 있을 가능성이 크기 때문이다. 실제로도 전자의 방법에 의한 값은 후자에 의한 값에 미달한다.

8) 李憲昶, 「開港期 韓國人 搗精業에 관한 硏究」, 『經濟史學』7호(經濟史學會, 1984), p. 145.

9) 朝鮮農會, 『朝鮮農會報』, 1940년 12월, p. 23.

10) 이외에 菱本長次, 『朝鮮米の研究』(1938)와 文定昌, 『朝鮮の市場』(1941)이라고 하는 식민지기에 출판된 두 권의 책을 들 수 있다. 히시모토(菱本)는 "쌀은 자유 매매되어, 공동 판매는 실로 미미했지만, 최근에 벼 검사가 이루어짐에 따라, 벼의 공동 판매가 활발하게 이루어지게 되었다"고 서술하고 있으며(p. 475), 문정창은 장시에 대해서 검토한 뒤, 농촌 산업 단체가 알선하는 공동 판매에 주목하여 "쌀, 보리쌀, 밀, 옥수수 등의 곡류는 일부의 지주와 대농이 농가 앞마당에서 매각할 뿐, 중농 이하의 농민은 모두 시장에 있는 정미소 혹은 군 농회, 금융 조합, 산업 조합 등이 운영

할 수 있다. 1) 벼의 공동 판매량은 단기간에 급속하게 증가했다. 2) 벼 공동 판매량이 급격하게 증가한 것은 벼 검사를 확충하기 위해서 적극적으로 장려했기 때문이다. 3) 공동 판매에서의 출하량으로 판단할 때, 벼 공동 판매는 대체로 농민에 의해서 이루어졌다. 그것은 총독부가 정책적으로 그렇게 이끌었기 때문이다. 4) 그렇지만 상대적으로 판매량이 적은 소지주의 경우에는 공동 판매에서 이익을 얻을 수 있었다. 5) 전시 체제 이전의 벼 공동 판매 기구는 전시체제기의 공출 기구와 기본적으로 같은 내용을 갖추고 있다. 1930년대 후반의 벼 공동 판매가 전시체제기 미곡 통제의 역사적 전제였다.

위의 연구는 공동 판매의 중요성에 주목했다는 점에서 중요한 것이지만, 필자는 공동 판매의 실태가 불충분하게 파악되어 있으며, 공동 판매를 증가시킨 요인에 대한 파악이 부정확하다고 생각한다. 3)에 의하면, 농민의 공동 판매가 활발하게 이루어진 것은 총독부의 지도에 의한다. 그렇지만 농업의 변동을 농업 생산자의 활동을 배제하고 설명하는 것은 우선 논리적으로 분명한 잘못이며, 사실에 있어서도 그러하다. 판매 가격을 높이기 위한 농민의 활동이 반드시 포함되어야 하는데, 자세한 것은 본론에서 다룬다.

나아가서 2)에 의하면, 공동 판매는 벼 검사의 실효를 거두기 위해서 시도된 것으로 되지만, 필자는 거꾸로라고 생각한다. 벼 검사에 의해서 판매 벼의 등급화가 가능하게 됨으로써 공동 판매가 촉진된 것이다. 나아가서 필자는 농가 경제를 안정시켜 총독부 권력 내부로의 통합도를 높이려 한 점을 중요하게 고려해야 한다고 생각한다.

마지막으로 한 가지 양해를 구해 두고 싶은 것은 분석의 대상 시기를 1939 米穀年度[11]까지로 한정하는 것이다. 그 이유는 1940년부터는 부분적이기는 해도 공출이 행해지기 시작한 것에 있다. 일본 정부는 중일전쟁이 시작되고, 國家總動員法이 실시된 1938년까지는 쌀이 충분히 공급될 것으

하는 공동 판매소에서 매각한다"고 서술하고 있다(p. 150).

11) 미곡 연도란 미곡의 한 수확기부터 다음 수확기까지를 분리해서 파악하는 연도 구분의 방법이다. 구체적으로는 서력을 기준으로 해서 직전 해의 11월부터 다음해의 10월까지이다.

로 자신하고 있었다. 그런데 1939년에 대만, 일본, 한국에 큰 가뭄이 발생하자 정책을 바꾸지 않을 수 없었다. 昭和15米穀年度食糧配給方策은 "수출에 필요한 쌀의 수량은 쌀의 과잉 수량을 고려해서 나누어, 과잉 道에 할당하고, 도지사가 책임을 지고 공출할 것"이라고 규정했다.[12] 그리하여 1941 미곡 연도에는 427만 석의 현미가 공출되었다.[13]

(2) 식민지 초기의 쌀 판매 경로

1) 지주와 약간의 부농

식민지 초기의 쌀 판매 경로에 대한 이하의 서술은 菱本長次, 『朝鮮米の硏究』(1938)에 기초를 두고 있다. 단지 히시모토(菱本)가 일본인 지주와 한국인 지주를 대비시킨 데에 비해서 필자는 동태적 지주와 '靜態的'지주[14]를 대비시켜 서술하고 있다. 그것은 한국인 지주의 동태화에 대한 최근의 연구 결과를 중시해야 하기 때문이다.

부농[15]과 지주를 함께 다루는 것을 부농에 대해서는 별도로 서술할 만큼의 자료가 없기 때문이다.

먼저 동태적 지주는 자신을 찾아오는 중매인 또는 미곡 상인에게 쌀을 판매하기도 했지만, 그것보다는 스스로 항구 또는 철도 연변의 도시에 반출하여, 대규모 정미소 또는 수출 미곡 상인에게 직접 판매하는 쪽이 많았다. 지주의 소작지 경영 사례에 대한 연구에 의하면, 대체로 1920년대 중반 이후의 쌀값 하락기에 그 손실을 줄이기 위해서 적극적으로 행하고 있었다.[16] 그들은 일반적으로 자신 또는 타인이 소유하고 있는 정미소에서 현미 또는 백미로 만들어서 판매했다. 나아가서 일본의 미곡 상인에게 직접 판매하는 경우도 있었다. 예를 들면 岩泰島의 지주 문재철은 스스로 鮮一社라고 하는 정미소를 경영했고, 그곳에서 가공한 현미와 백미를 오사카(大

---

12) 殖産銀行, 『調査月報』 20호, 1940년 1월, pp. 90~91.
13) 朝鮮總督府, 『昭和16米穀年度における統制米買上狀況』(1941).
14) 정태적 지주란 농업 생산과 유통에 있어서 개량을 꾀하지 않는 지주를 가리킨다. 이후에는 따옴표 없이 사용한다.
15) 여기에서의 부농은 상품 판매량이 많은 농가를 뜻한다. 원래 부농이란 임노동을 고용하는 농가를 의미하지만, 적절한 용어가 없어서 그대로 사용했다.
16) 제3장 〈표 3-3〉의 자료.

版)의 쌀 도매상 月出巖商店에 수출했다.[17]

東洋拓殖株式會社, 朝鮮興業會社, 不二興業會社, 朝鮮實業會社, 鮮滿開拓會社, 多木農場, 森農場 등의 농장 지주들은 鮮米協會[18]의 중개로 일본의 미곡 상인에게 직접 판매하고 있었다.[19]

나아가서 동태적 지주들은 가지고 있는 쌀의 가격 하락에 의한 손실을 막기 위해서 미곡 거래소의 선물 거래를 이용하고 있었다. 東洋拓殖株式會社와 같은 대지주들은 도쿄(東京), 오사카(大阪), 고베(神戶) 등의 거래소도 이용했다.[20]

한편 정태적 지주들은 정미소에 위탁 판매하기도 했지만, 주로 자신을 찾아오는 미곡 상인이나 중매인에게 판매했다.[21] 그리고 판매하는 쌀의 거의 대부분을 벼 형태로 판매하고 있었다.

2) 중소 농민

농민은 일반적으로 자신의 앞마당에서 농촌을 순회하는 중매인 또는 미곡 상인에게 판매했다.[22] 이렇게 앞마당에서 거래하는 경우에는 쌀은 모두 벼로서 판매되었다. 또 농민은 저장해 둔 벼를 조금씩 정미하여 백미로 만들어 지방의 소비자 또는 미곡 상인에게 판매했다. 이것은 대개 장시[23]에서 이루어졌다. 어떤 경우에도 중매인이 사이에 끼어들어 거래를 중개했다. 중매인은 대개 전업자였지만, 철도 운수를 행하는 운송회사 또는 하천 운

---

17) 박천우, 『韓末·日帝下의 地主制 硏究 : 岩泰島 文氏家의 地主로의 성장과 그 변동』(연세대학교 대학원 석사학위 논문, 1983), pp. 80~82.
18) 鮮米協會는 1923년에 일본에서 關東大地震이 있은 이후, 그것을 기회로 일본 東京 부근의 지방으로 한국 쌀의 판로를 넓혀 가기 위해서 조선 총독부의 지도 아래, 朝鮮穀物商組合聯合會와 미곡 생산자가 공동 출자해서 설립한 미곡 유통 기구이다. 1923년에 설립되었다.
19) 鮮米協會, 『鮮米協會 10 年史』(1933), p. 147.
20) 菱本長次, 『朝鮮米の硏究』(1938), p. 471.
21) 같은 책, pp. 473~475. 朝鮮米穀事務所, 『京城府における米穀事情』(1936), pp. 187~189.
22) 菱本長次, 앞의 책, pp. 457~468.
23) 정해진 장소에서 정기적으로 시장이 열리고, 주로 생활 필수품이 거래된 한국의 재래 시장이다. 15세기 말부터 발생하기 시작했으며, 17세기 말에는 대개 5일에 한 번 열리게 되었다. 18세기 후반에는 1,060개 정도에 달했으며, 1910~40년 사이에 1,084개소에서 1,588개소로 늘어났다. 대체로 전국 어디에서도 장시까지 하루에 왕복할 수 있었다.

수를 행하는 배주인이 중매인의 업무를 겸하는 경우도 있었고,[24] 때로는 일반 농민이 그것을 겸하는 경우도 있었다.[25]

미곡 중매인의 활동이 활발한 것은 미곡 거래에 있어서 중요한 하나의 특징이었다. 중매인은 주로 농민과 미곡 상인의 사이, 정태적 지주와 미곡 상인의 사이에서 한편에 대해서는 쌀의 현재 가격이라는 정보를, 다른 편에 대해서는 쌀의 소재지라고 하는 정보를 가지고 거래를 중개한 자인데, 쌀의 집산지 중의 하나였던 충청남도 강경의 중매인 조합에는 140명이 넘는 사람이 가입해 있었다.[26]

중매인은 대체로 복수의 미곡 상인이나 정미업자로부터 자금을 대부받아, 그 자금으로 벼를 구입한 다음, 그 벼를 자금의 제공자에게 재판매했다. 따라서 그들의 수입은 기본적으로는 판매 차액과 수수료 수입이었다. 그들은 수입을 올리기 위해서 여러가지 방법으로 구매 가격을 떨어뜨리려고 노력했다. 미곡의 時勢를 낮추어서 이야기하든지, 구입하는 벼의 등급을 낮게 책정하든지 속여서 무게를 낮추었다. 또한 더 낮은 값으로 살 수 있는 벼가 눈에 뜨이면 계약을 이행하지 않기도 했다. 그럼에도 불구하고 농민이 중매인에게 벼를 판매했던 것은 농민들이 벼를 유리하게 팔 수 있는 기회를 알지 못했기 때문이었다. 이 점과 관련해서는 제3절 제3항의 2에서 다시 언급한다.

(3) 농업 불황과 총독부와 농민의 판매 방법 합리화 노력

1) 농업 불황

제1차 세계대전 중에 일본의 공업은 비약적으로 성장했다. 노동자의 수도 급증하여 제2차 산업의 종사자 수가 1910년에는 400만 명 가량이었으나, 1920년에는 623만 명 가량으로 증가했다. 취업 인구에서 차지하는 제1차 산업의 비중이 1910년에는 64.3%였으나 1920년에는 52.9%로 하락했다. 빠른 속도로 공업 사회로 바뀌어 갔고, 공업 부문의 높은 부가가치 비율에 힘입어서, 국민 소득은 1909~11년과 1919~21년 사이에 52%

---

24) 朝鮮米穀事務所, 앞의 책, pp. 127~128, 132~133.
25) 印貞植, 『朝鮮の農業地帶』(1940), p. 82.
26) 菱本長次, 앞의 책, p. 458.

증가했다.[27]

소득이 증가하는 만큼 농산물에 대한 수요가 증가했고, 그것에 자극을 받아 농산물의 생산도 증가했으나 수요의 증가를 충분히 만족시키지는 못했다. 이미 제 1 장에서 보았듯이 1914～20 년 사이에 쌀값이 280％나 상승했고, 쌀값 상승에 항의하는 도시 노동자들을 중심으로 1918년에 米騷動이라고 하는 대규모의 항의 소동이 발생했다.

일본의 도시 노동자에게 충분한 쌀을 공급할 필요가 생겼고, 일본의 식민지 농업 정책이 한 단계 구체화되었다. 그리하여 일본은 1) 일본, 대만, 한국의 농촌에 자본을 투자하여 쌀의 경작 면적을 늘리고, 토지 생산성을 높여서 쌀의 생산량을 늘린다, 2) 식민지의 쌀 생산량 증가분을 일본으로 수입한다는 계획을 세웠다.

그리하여 일본에서는 1919년부터, 한국에서는 1920년부터, 대만에서는 1922년부터 각각 본격적으로 쌀 증산 사업이 시작되었다. 일본에서는 주로 개간과 관개 개선 사업이, 한국에서는 주로 개간, 관개 개선, 농사 개량 사업이, 대만에서는 주로 관개 개선과 北方米 보급 사업이 추진되었다. 대만의 쌀은 南方米여서 일본인의 입맛에 맞지 않았기 때문이다.

〈표 2-2〉   일본, 한국, 대만에 있어서 쌀 증산 사업의 결과

분 류	일 본		한 국		대 만		합 계	
논 면적	1915～19	312	1918～19	155	1915～19	35	1915～19	502
(단위 : 만 정보)	1930～34	331	1930～34	168	1930～34	43	1930～34	542
1 정보당 수확량	1915～19	19.0	1915～19	9.0	1926	12.5		
(단위 : 석)	1930～34	19.5	1930～34	10.4	1930～34	13.7		
쌀 생산량	1915～19	5,689	1915～19	1,380	1926	621	1915～19	7,690
(단위 : 만 석)	1930～34	6,103	1930～34	1,726	1930～34	825	1930～34	8,654

자료 : 일본 : 矢野恒太記念會, 『數字でみる日本の百年』(東京, 國勢社, 1986), p. 177.
　　　 한국 : 朝鮮總督府, 『農業統計表』, 1940년판.
　　　 대만 : 矢內原忠雄, 『帝國主義下の臺灣』(東京, 岩波書店, 1988), p. 277.
　　　　　　 臺灣總督府殖産局, 『臺灣農業年報』, 1940년판.
주 : 한국에 관한 통계를 1918년부터 구한 것은 그해에 土地調査事業이 끝났기 때문임.
　　 대만은 이모작 중 1 期末에 한함.
　　 논 면적과 쌀 재배 면적은 일치하지 않으므로, 논 면적과 1 정도당 수확량을 곱한
　　 값과 쌀 생산량은 일치하지 않음.

27) 安藤良雄, 『近代日本經濟史要覽』(東京, 東京大學出版會, 1979), pp. 2～6.

〈표 2-2〉는 일본, 한국, 대만에 있어서 쌀 증산 사업의 결과를 나타낸 것
이다. 세 지역의 변화를 종합해 보면, 논의 면적은 502만 정보에서 542만
정보로 8% 증가했다. 이 시기에 특히 대만과 한국에서 이모작 논이 증가
했기 때문에, 쌀 재배 면적의 증가율은 8%를 넘었다. 이모작 논의 구성 비
율은 대만이 65%에서 71%로, 한국이 16%에서 23%로 상승했다.[28] 그리
하여 세 지역의 생산량을 합하면 7,690만 석에서 8,654만 석으로 13% 정
도 증가했다.

계획의 성과는 상당히 높았고, 위의 결과로 일본 시장으로의 쌀 공급이
크게 증가했다. 그것은 일본의 생산량이 증가한 것과 수입량이 증가한 것
두 가지 모두에 기인했다. 수입량은 1915~19년에 연평균 481만 석이었으
나, 1930~34년에는 연평균 1,002만 석에 달했다. 특히 한국, 대만으로부
터의 수입량이 크게 증가했다. 한국과 대만으로부터의 수입량은 1921~
25년에는 447만 석이었으나 1926~30년에는 808만 석으로 되었다.

공급의 증가와 비교하는 한, 수요는 크게 증가하지 않았다. 일본의 미곡
소비량이 1920년대 초반에 6,500만 석 정도였으나, 1920년대 말에는 6,900
만 석 정도까지 증가했기 때문에 소비가 어느 정도로 증가하고 있었다고는
할 수 있을 것이다. 하지만 공급 增加分을 해소시키기에는 부족했다. 공급
량이 소비량을 초과하는 상황이 계속되었고, 재고가 증가해 갔다. 재고는
1924년의 521만 석을 최저로 해서 계속 증가하여, 1931년에는 914만 석,
1934년에는 1,643만 석에 달했다. 그리하여 일본의 미가도 빠른 속도로 하
락했다. 1925년의 1석당 42원을 정점으로 해서 하락하기 시작하여, 1931
년에는 18원으로 되었다.[29] 수출을 늘리면 재고를 줄일 수도 있었겠지만,
쌀의 국제 가격이 하락하고 있었기 때문에 불가능했다.

〈표 2-3〉에 의하면 미곡의 전세계 생산량은 1913~32년 사이에 14% 정
도 증가했다. 생산의 증가 속도가 지나치게 빨랐다고는 할 수 없지만, 소
비 증가 속도에 비해서 충분히 높았다고는 할 수 있다. 1920년대 후반의 곡

---

28) 일본 : 梅村又次 外 4 人, 『長期經濟統計 農林業』(東洋經濟新報社, 1966), pp. 216~
　　217. 한국 : 『朝鮮總督府農業統計表』, 1940년판. 대만 : 徐照彦, 『日本帝國主義下の
　　臺灣』(東京, 東京大學出版會, 1975), p. 86.

29) 鄭文鐘, 『1930年代 朝鮮에서의 農業政策에 관한 硏究』(서울대학교 대학원 박사학
　　위 논문, 1993).

물 소비 상황은 알 수 없지만, 1920~25년 사이에 아시아의 1인당 미곡 소
비량은 115kg의 수준에서 거의 변함이 없었기 때문이다.[30]

〈표 2-3〉   세계의 미곡 상황   (단위 : 만 톤)

연 도	생산량	생산량 지수	가격 지수 : 세계	가격 지수 : 한국
1913	7,789	100	100	100
1926	8,488	109	174	198
1927	8,515	109	166	180
1928	8,806	113	155	148
1929	8,656	111	149	156
1930	8,656	111	134	141
1931	8,913	114	84	89

자료 : 國際聯盟事務局東京支局, 『世界農業恐慌』(1931), pp. 76~77.
　　　日本國際協會, 『最近世界生産と物價の動向』(1937), p. 243.
　　　朝鮮總督府農林局, 『朝鮮米穀要覽』(1940).

소비가 정체한 가운데 생산이 증가하자, 재고가 증가했으며, 가격이 하
락해 갔다. 가격이 하락하는 가운데에서도 생산이 계속 증가한 것은 농민
이 가격 하락에 의한 손실을 생산량 증가로써 만회하려고 생각했기 때문이
다. 타인 노동을 고용하지 않는 가족 농업의 생산은 공장 생산과는 달라서
노동을 추가적으로 투입하여도 비용이 상승하지 않는다.

재고는 1925~29년을 100으로 할 때, 1929~31년은 대개 140 정도였으
며, 1932년에는 150을 넘어섰다.[31] 가격은 1913~31년 사이에 52% 하락
했다. 특히 1930~31년 사이의 下落幅이 컸는데, 이것은 재고가 일정한 수
준을 넘으면서 投賣가 일어났기 때문이었다. 그리하여 1931년에는 제1차
세계대전이 일어나기 전의 수준을 밑돌 정도로 가격이 하락했다.

이제 다시 일본에 대해서 살펴보자. 輸入量에 비교하면, 수출의 절대량
은 적었지만, 1931년 무렵까지는 수입량의 증감 양상과 輸出量의 증감 양
상이 대개 일치하고 있었다. 수입량이 천만 석을 초과했던, 1925, 1927,

---

30) United States Department of Commerce, *Rice Trade in the Far East*(1927), pp.
　　4~5.
31) 日本國際協會, 『最近世界生産と物價の動向』(1937), p. 27.

1928, 1931년은 수출량도 192만 석, 130만 석, 101만 석, 200만 석으로서 예년에 비해 많았다. 이것은 일본이 값싼 한국의 쌀을 수입하여 일본에서 소비하고 다른 한편으로 일본의 쌀을 유럽 등의 지역에 수출하고 있었기 때문이다. 이것은 개항기 이래 계속된 패턴이었다.[32] 그렇지만 1932년부터 는 수입량이 증가해도 수출량은 거의 증가하지 않았다. 이것은 세계 시장 에 있어서 1931년부터의 가격 폭락에 기인했다.

이어서 한국의 상황을 살펴보자. 한국의 미곡 시장은 수요와 공급이 거 의 균형을 이루고 있었다고 할 수 있다. 1921~35년 사이에 공급량에 대한 수요량의 비율이 거의 100의 수준을 유지하고 있었기 때문이다. 하지만 한 국의 쌀값은 한국의 미곡 시장에서 결정되고 있지 않았다. 일본 미곡 시장 에서의 가격 변동에 종속되어 있었다. 그것은 미곡이 한국과 일본 사이에 서 無關稅로 무제한 이동할 수 있었기 때문이었다. 그리하여 1920년대 중 반 이후 일본 미곡 시장에서 쌀값이 내려가자, 한국의 수출 미가가 하락하 기 시작했고, 이어서 한국 미곡 시장에서의 쌀값이 하락하기 시작했다. 〈표 2-4〉에 의하면 1926~31년 사이에 55% 하락했다.

지금까지 쌀에 국한해서 보아왔지만, 재고 증가로 말미암은 가격 하락이 라는 현상이 미곡 부문에서만 발생했던 것은 아니었다. 1920년대 후반에는 세계 시장의 거의 모든 농산물 가격이 동시에 하락했다. 한국 시장에서도 1925년을 100으로 한 1931년의 가격 지수는 쌀이 53, 밀이 63, 보리가 40, 콩이 50, 조가 54, 면화가 39, 무가 38, 사과가 34였다.[33] 農業恐慌이 엄습 했던 것이다.

그런데 공산물 가격의 하락 속도는 농산물 가격의 그것처럼 급격하지 않 았다. 당시 조선의 무역 구조가 농산물을 수출하고, 공산물을 수입하는 것 이었으므로, 교역 지수를 농가 패리티 *parity* 비율(농가 수취 가격 지수 / 농가 지불 가격 지수)의 대리 변수로서 이용할 수 있을 것인데, 그 값은 1926~31 년 사이에 34%나 하락했다.[34]

공산물 가격의 下落幅을 초과하는 농산물 가격의 하락은 농가 경제에 즉

---

32) 김경태, 『한국근대경제사연구』(창작과 비평, 1994), p. 71.

33) 朝鮮總督府農林局, 『農業統計表』, 각년판.

34) 車明洙, 「世界農業恐慌과 日帝下 朝鮮經濟」, 『經濟史學』 15호(經濟史學會, 1991).

각적으로 커다란 타격을 주었다. 그것은 이미 제2절의 〈표 2-1〉에서 보았듯이 당시 조선의 농가가 이미 貨幣經濟에 깊이 흡수되어 있었기 때문이다.

〈표 2-1〉의 조사 대상 농가는 상대적으로 경영 면적이 넓은 농가여서, 현금 수입이 현금 지출을 약간 상회하고 있지만, 평균적인 또는 평균 이하의 농가의 경우는 사정이 그와 달랐다. 1933년에 전라북도에서 행해진 道內 6,221戶에 대한 조사에 의하면, 1호당 평균 현금 수입은 121원, 평균 현금 지출은 137원으로서 평균 16원의 적자를 나타내고 있었다.[35] 동일한 농가에 대한 時系列的인 조사를 구할 수 없기 때문에 1920년대 중반에서 1930년대 초반에 걸친 변화를 파악하는 것은 불가능하지만, 1930년대 초반의 상황이 매우 나빴던 것은 틀림없다. 춘궁 농가도 대량으로 발생했다. 1931년에 자작농의 18.4%, 자소작농의 37.5%, 소작농의 68.1%가 춘궁 농가였다.[36]

이번에는 농가의 계층 구성과 小作地 비율을 이용해서 1920년대 중반에서 1930년대 초반에 걸친 農家經濟의 변화를 살펴보자. 〈표 2-4〉에 의하면, 첫째로 농가 계층의 구성에서 자작농이 감소하고, 소작농이 증가했다. 자작농의 수는 1918~25년에는 약간 증가했지만, 1925~31년에는 5만호 정도 감소했다. 그리고 자작농의 비율은 1918~25년 사이에는 대개 비슷했지만, 1931년에는 17.0%까지 하락했다. 반면 소작농의 수는 1918년 이후 계속해서 증가했고, 비율도 1918~31년에 37.6%에서 51.7%로 상승했다. 특히 눈을 끄는 것은 소작농의 증가 속도가 1925~31년 사이에 그 이전보다 빨랐던 것이다. 둘째로 소작지의 면적이 1918~25년 사이에는 거의 증가하지 않았으나, 1931년에는 246만 정보로 증가했다. 소작지의 비율도 1918~26년 사이에는 거의 변함이 없었으나, 1925~31년에는 56.2%에 달했다.

농가의 궁핍화가 초래하는 효과는 농가 소비 수준의 하락 또는 농가 계층 구성의 변화 등에서 멈추는 것이 아니었다. 종국에 그것은 농업 경영 기반의 악화와 小作爭議를 포함하는 農民運動의 증가를 초래하는 것이었다.

---

35) 全羅北道, 『農村經濟調查成績』(1933).
36) 朝鮮總督府農林局, 『朝鮮における小作に關する參考事項適要』(1932), p. 24.

〈표 2-4〉　　　　　　　　농가 계층 구성과 소작지 비율 (단위 : 만 호, %, 만 정보)

연도	자작 농가		소작 농가		소작지	
	호수	비율	호수	비율	면적	비율
1918	52	19.7	100	37.6	219	50.4
1925	54	19.9	118	43.2	220	50.7
1931	49	17.0	139	51.7	246	56.2

자료 : 朝鮮總督府農林局,『農業統計表』, 1931년판.

2) 농민의 판매 방법 합리화

각각 서로 다른 이유에서였지만, 이 시기부터 농민과 총독부는 각각 유통 합리화에 착수했다. 농민은 현금 소득을 높이기 위해서, 총독부는 소작쟁의 등의 농민운동을 억제하기 위해서였다.

농민의 유통 합리화 노력은 크게 두 가지 방향으로 행해졌다. 하나는 중매인에 의해서 잠식되는 유통 이윤을 줄이고, 줄어든 유통 이윤을 가능한 한 자신들이 차지하고자 하는 것이었다.

농민의 경영 능력이 높아지면서, 농민들이 더 높은 가격으로 판매할 수 있는 기회를 찾고 있던 가운데, 점차로 중매인의 폐해를 인식하게 되었다. 그리하여 대개 1920년대 후반부터 농민이 직접 견본을 가지고, 미곡 상점을 돌아다니며 가장 높은 가격을 제시하는 상인에게 판매하게 되었다. 판매량이 적은 경우에는 현물을 가지고 다니기도 했다.[37] 그리하여 중매인의 역할이 조금씩 줄어들기 시작했다.

그런데 중매인이 자신의 역할이 감소하는 것을 단지 바라보고만 있었던 것은 아니었다. 농민이 미곡 상점을 순회하게 되자, 중매인은 미곡 상인의 가게 앞에서 거래를 중개했다. 그렇지만 이런 경우에는 농가 앞마당 거래에 비해서, 중매인의 정보 독점력이 현저히 하락했다. 그리하여 중매인의 수수료도 줄었으며, 중매인이 부정을 범할 수 있는 가능성도 줄어들었다.[38]

다른 하나는 공동 판매를 조직하는 것이었다. 농민 운동 단체의 활동에서 이것을 검토해 보자. 식민지기의 농민 운동은 크게 정치주의적인 赤色

---

37) 菱本長次,『朝鮮米の研究』(1938), pp. 462~464.
38) 같은 책, p. 464. 朝鮮米穀事務所,『京城府における米穀事情』(1936), p. 183.

農民組合 운동과 경제주의적인 朝鮮農民社 운동으로 나누어 볼 수 있는데 후자부터 살펴보자.

朝鮮農民社는 1925년에 설립되었는데, 1928년에는 지방 지부가 158개, 社友 수가 16,570명이었으며,[39] 1933년 9월에는 郡農民社 수가 150여 개, 里農民社 수가 3,000여 개, 조합원이 5만 명, 社員이 20만 명 정도에 달했다.[40] 조선농민사의 목적은 농민의 교양을 쌓고 농업 경영과 관련한 제반의 사항을 훈련하는 것에 있었는데, 사업 중에서 유통과 관련된 것에 국한하면, 설립 직후인 1926년부터 농산물의 판매를 알선하는 기구를 두어, 공동 판매 사업을 전개하고 있었다.[41] 1928년에는 조선농민사의 조직이 개편되어, 서무부, 경리부, 교양부, 斡旋部, 선전 조직부, 조사 출판부의 6부가 두어졌는데, 알선부가 그중의 하나로 편성되었다.

이어서 1931년에는 알선부가 농민공생조합으로 독립했다. 1932년의 조사에 의하면, 중앙에 朝鮮農民共生組合中央會를 두었고, 지방에 181개의 조합, 37,962명의 조합원을 가지고 있었다.[42]

조선농민사는 공동 판매 사업의 중요성을 인식하고 있었다고 할 수 있다. 공동 판매의 구체적인 상황을 체계적으로 전달하고 있는 자료는 없지만, 조선농민사 지부의 보고에 의하면, 의주 조합이 옥수수를, 정주 조합이 현미를, 영변 조합이 명주를, 순천 조합이 보리와 귀리를, 陵中祥原 조합이 조를 공동 판매하고 있었다.[43] 의주, 정주, 영변 등은 전부 평안도인데, 그것은 평안도가 조선농민사의 주된 활동 기반이었기 때문이다.

평안북도의 한 지부가 소속 사원에 대해서 행한 조사에 의하면, 자작농이 4%, 자소작농이 33%, 소작농이 55%, 화전민이 8%로서 소작농이 가장 많았다. 이것으로써 조선농민사 전체의 계층 구성을 대변하는 데에는 약간 무리가 있기는 하지만, 조선농민사의 공동 판매 활동이 농민의 자주적인 대응이라는 측면을 가지고 있었다고 주장하는 데에는 무리가 없을 것

---

39) 지방 지부와 社友가 가리키는 내용은 분명하지 않지만, 다른 자료들과 비교해 볼 때, 지방 지부는 里農民社, 社友는 사원에 해당하는 듯하다.
40) 朝鮮農民社,『朝鮮農民』, 1930년 6월, pp. 27~29.
41) 같은 잡지, 1926년 10월, 목차의 앞 페이지.
42) 朝鮮農民社,『農民』, 1932년 10월, pp. 42~44.
43) 같은 잡지, 1933년 11월, p. 24.

이다.[44]

적색농민조합도 공동 판매를 꾀했다. 1930년대 전반기에 적극적으로 항일 운동을 전개했던, 대표적인 적색농민조합의 하나인 정평 농민조합에 대한 사례 연구에 의하면, '조합'은 농산품과 부업품의 입찰 판매제를 확립하는 것을 자신의 행동 강령의 하나로 삼고 있었다.[45] '조합'의 구성원은 21%가 자작농, 32%가 자소작농, 24%가 소작농, 23%가 기타였다. 이것 역시 농민의 자주적 대응으로 판단할 수 있다.

3) 총독부의 미가 대책

조선 총독부가 계획하고 실행에 옮긴 미가 대책을 시간 순서에 따라 정리하면, 대개 다음의 세 가지로 된다. 첫째, 쌀의 出荷期에 쌀을 저장하여, 出荷量의 계절적 변동을 완화한다. 그리하여 쌀값의 계절적 변동을 줄인다. 1931~35년을 평균할 때, 일본으로의 수출량의 거의 70% 정도가 그해 11월에서 다음해 4월 사이에 집중되어 있었기 때문이다. 둘째, 공동 판매를 장려하는 등, 생산물의 판매 방법을 개선하여, 농가의 쌀 판매 가격을 높인다. 셋째, 産米增殖計劃을 중지하여, 쌀의 공급량이 지나치게 늘어나지 않도록 해서, 가격 하락을 억제한다. 위의 세 가지에 대해서 차례대로 살펴보자.

총독부가 가장 많은 자금을 지출하면서 추진했던 것은 쌀을 저장하여, 쌀의 출하량을 계절적으로 평균되게 하는 것이었다. 여기에 가장 많은 자금이 지출될 수 있었던 것은 쌀의 저장이 일본 정부와 조선 총독부의 양자를 동시에 만족시킬 수 있는 절충안이었기 때문이다.

그렇지만 총독부가 가장 중요하게 생각했던 것은, 일본 정부로 하여금 미가가 최저 가격을 하회하면 한국산 미곡을 무제한으로 매입하게 하고, 최고 가격을 상회하면 무제한으로 매각하게 하는 것이었다. 이것은 총독부가 독자적으로 수행해야 할 사업인 것처럼 보이기도 하지만, 쌀이 한국과 일본 사이에서 무관세로 무제한 이동할 수 있는 한, 한국 시장에서

---

44) 같은 잡지, 1930년 1월, pp. 45~46.
45) 飛田雄一, 「定平農民組合」, 『日帝下の朝鮮農民運動』(東京, 未來社, 1991) ; 거름 편집부 옮김, 「정평농민조합의 전개」, 『1930년대 민족해방운동』(거름, 1984), pp. 172~173.

유통되는 쌀을 매입하여 한국의 쌀값 하락을 막는 것은 불가능했기 때문
이다.

총독부의 요구가 작용하여, 1932년의 改定米穀法에서 잠정적이기는 하
지만, 일본 정부가 한국산 쌀을 매입, 매각하도록 되었다. 이어서 1933년에
는 米穀統制法이 제정되어, 그것이 항구적인 조치로서 인정되었다. 米穀統
制法 가운데 한국산 쌀과 관련되는 내용을 간추려 보면, 첫째로 이출 수량
의 월별 변동을 없애기 위해서 出荷期에 매입하고, 端境期에 즈음해서 매
각한다. 둘째로 미곡의 생산을 계획적으로 통제한다. 셋째로 잡곡의 수입
량을 할당하거나, 수입세를 인상한다는 것들이었다. 1932년 이후의 현미로
환산한 한국 쌀 매입 실적은 1932년에 46만 석, 1933년에 165만 석, 1936
년에 14만 석, 1937년에 108만 석, 1938년에 71만 석이었지만,[46] 한국산
쌀을 매입하는 데에 대량의 예산을 지출할 의향은 없었다. 1934, 1935년은
매입하지 않았다.

일본 정부는 쌀값이 폭락하기 직전인 1929년에 "內地에 이출하는 朝鮮
米의 수량을 월별 평균적으로 조절하기 위해 속히 총독부에서 적당한 방책
을 수립해야 한다"는 권고를 채택했으며, 총독부는 이 권고를 받아들여
1930년에 朝鮮米穀倉庫計劃을 수립했다.[47] 계획은 1934년을 목표 시점으
로 해서, 25,000평의 米穀倉庫를 건설하여, 100만 석의 현미를 저장하는
것이었다.

계획을 추진하던 중에 1931년에 미가가 폭락하자, 일본 정부는 계획을
확대했다. 일본, 조선, 대만의 농가에 각각 600만 석, 300만 석, 100만 석
의 벼 저장을 행하도록 하며, 금리, 보관료, 운임 등은 일본 정부가 보조한
다는 米穀貯藏獎勵規則을 1932년에 내놓았다. 총독부는 1933년에 위의 규
칙에 따라서 벼 300만 석을 장기 저장하는 벼長期貯藏計劃을 수립했다.[48]
장기 저장으로 계획이 바뀌었던 것은 1920년대 말까지만 해도 쌀 과잉에
대해서 계절적 과잉이라고 인식하고 있었지만, 이때에 이르러 구조적 과잉
으로 인식이 바뀌었기 때문이다.

---

46) 朝鮮總督府農林局,『朝鮮米穀要覽』(1940), pp. 132～135.
47) 朝鮮總督府農林局,『朝鮮における米穀統制の經過』(1938), pp. 2～4.
48) 같은 책, pp. 10～17.

1월 말을 기준으로 한 미곡 창고의 미곡 저장량은 벼로 환산해서 1932년
에 173만 석, 1933년에 139만 석, 1934년에 220만 석, 1935년에 394만 석,
1936년에 447만 석이었다.[49] 미곡 창고에 의한 벼 저장량을 당시의 벼 환
산 미곡거래 추정량 2,000만 석으로 나누어 보면 9%, 7%, 11%, 20%,
22% 정도였다.

이어서 두번째의 공동 판매에 대해서 살펴보자. 공동 판매에 대한 본격
적인 정책이 나오기 시작한 것은 쌀 저장에 관련한 정책보다는 뒤늦은
1931년이었다. 그렇지만 공동 판매란 이 시기에 이르러 비로소 구상된 것
은 아니었다. 제1차 세계대전 이후의 농산물 가격 하락기에도 농민에 의한
현미 제조와 제조된 현미의 공동 판매를 목적으로 해서 産米改良組合이 설
립된 적이 있었다. 그리고 1926년부터는 판매, 구매, 이용 사업을 행하는
농업 협동 조합으로서 産業組合이 설립되기도 했지만, 양자에 대한 정책적
지원은 매우 적었으며, 제대로 기능하지 않았다.

그러던 중 총독부는 1931년에 農業倉庫共同販賣規程準則을 내었다. 그
것은 쌀의 출하 시기를 조절하기 위해서 창고에 저장해 두었던 벼를 저장
해제와 동시에 공동 판매하도록 하는 것이었는데, 조선총독부의 공동 판매
정책으로서는 거의 처음이었다.[50] 이것에 대한 자세한 내용은 이 절의 제4
항에서 다룬다.

공동 판매 사업은 주로 총독부의 외곽 단체인 조선 농회에 의해서 이루
어졌다. 조선 농회는 1931년부터 出荷團體助成事業을 시작했다. 1931~36
년 사이에 115개의 단체가 조성되었고, 모두 32,570원이 지원되었다.[51] 이
어서 1933년에는 購販斡旋事業을 시작했다.[52] 조선 농회에 의하면, 사업의
목적은 다음과 같았다.

> 현재에 있어서 농가 경제의 상황은 농산물 가격 하락의 중압 아래에 있는 이외
> 에 점차 화폐 경제의 영향을 받아서 그 농업 경영비 및 농가 생활비의 상당량은
> 반드시 화폐의 지출을 요한다. 그리하여 이것에 필요한 화폐는 농산물의 판매에

---

49) 朝鮮總督府農林局,『朝鮮米穀倉庫要覽』(1939).

50) 朝鮮農會,『朝鮮農會報』, 1931년 9월, p. 96.

51) 朝鮮農會,『朝鮮農會の沿革と事業』(1935), pp. 46~53.

52) 朝鮮農會,『朝鮮農會報』, 1933년 10월, p. 76.

의해서 얻어지지 않으면 안되는 이상, 그 판매 방법의 합리화를 꾀해야 한다.

〈표 2-1〉에 의하면 농가 현금 수입의 30% 가량이 쌀의 판매에 의한 것
이었다. 그런데 이 절의 제 1 항에서 보았듯이 농민이 판매하는 쌀은 거의
대부분이 벼였기 때문에, 농산물의 판매 방법을 합리화해서 보다 많은 현
금 수입을 얻기 위해서는 반드시 벼의 판매 방법을 개선해야 했다.

그러기 위해서는 벼의 질이 높아져야 했고, 벼 질의 수준을 객관적으로
표시할 수 있어야 했다. 여기에 가장 효과적인 것은 등급화이다. 등급화하
게 되면, 더 높은 등급을 받기 위해 노력하게 되며, 등급이 수치로 표시되
기 때문이다. 그런데 1930년대 초반까지는 현미와 백미에 대해서 등급 검
사가 이루어지고 있었을 뿐, 벼에 대해서는 그것이 이루어지고 있지 않았
다. 미곡 상인들은 빈번히 벼 검사를 요구했지만,[53] 앞에서 언급한 대로 농
가로 하여금 현미의 제조까지 담당하게 한다는 것이 총독부의 기본적인 방
침이었기 때문이다.

그렇지만 사태는 총독부가 원하는 대로 진행되지 않았다. 벼로 판매하는
비율이 점점 높아졌으며, 그와 동시에 정미업은 점점 성장했다. 1933년에
는 쌀 생산량에서 차지하는 정미업 생산량의 비율이 47.2%에 이르렀으며,
이후에도 계속 증가하여 1937년에는 54.9%에 이르렀다.[54] 공장이 분포하
는 지역도 점점 넓어져 갔다. 1년에 1만 석 이상을 생산하는 공장의 수는
1924년에 30府·郡, 92 공장으로서 1府·郡당 3.1 공장이었지만, 1927년에
는 63府·郡, 173 공장으로서 1府·郡당 2.7 공장으로 되었고, 수출 항구가
없는 충청북도에까지 확산되었다.[55] 그리고 5인 이상의 종업원을 고용하는
공장의 수는 1932년에는 123府·郡, 154 공장으로서 1府·郡당 9.4 공장이
었지만, 1935년에는 134府·郡, 1,223 공장으로서 1府·郡당 9.1 공장으로
확산되었다.[56]

53) 朝鮮玄米商組合聯合, 『朝鮮玄米商各位に檄す』(1929), p. 37. 鮮米協會, 『鮮米情
　　報』, 1933년 2월 1일 등등.
54) 朝鮮總督府, 『統計年報』, 각년판.
55) 朝鮮殖産銀行調査課, 『朝鮮の米』(1927). 같은 책(1930). 자료에서는 소재지가 府
　　·郡 또는 面으로 되어 있지만, 필자는 府·郡으로 통일했다. 통일하기 전에는 각각
　　31 지역과 66 지역이었다.
56) 朝鮮總督府, 『朝鮮工場名簿』(1934). 같은 책(1937). 공장의 소재지는 府·郡으로

결국 총독부가 1934년에 벼의 국영 검사를 시작했는데, 그것은 벼의 공동 판매를 크게 촉진했다. 벼의 등급화가 가능하게 되어, 대량 출하가 가능하게 되었기 때문이다.

총독부의 판매 방법 합리화 정책은 1935년의 殖産契令에서 최고조에 달했다. 식산계란 農家經濟更生計劃[57]의 성과를 높이기 위해서 1935년부터 조직되기 시작한 농촌의 소규모 산업 법인이었는데, 그 주된 사업은 농민의 생산물을 공동으로 판매하고, 소비재와 농업 자재를 공동으로 구입하는 것이었다.

앞에서 언급했듯이 1930년대에 들어온 이후 총독부가 차례차례 공동 판매 정책을 내어 놓았지만, 1930년대 초반까지는 아직 적극적이지 않았다. 農家經濟更生計劃도 정신적 지도를 강조했으며, 농가 소재 노동력을 완전히 소화하여, 자급 자족적인 방법으로 식량의 충실, 금전 경제의 수지 균형, 부채의 근절을 달성하려고 했다. 그것은 총독부가 상업적 농업의 진전을 1920년대 말 1930년대 초의 농업공황의 한 원인으로 파악했기 때문이다.[58]

그렇지만 1930년대 중반에 이르러 총독부의 판단이 바뀌었다. "지방 진흥 시설의 성과를 가능한 한 급속히 올리기 위해서는 금융 조합 또는 산업 조합의 조합원으로 되어야 하는 산업 小法人을 인정하고, 그것으로 하여금 공동 구매와 판매를 행하게 하는 것이 가장 유효 적절"하다고 인정하게 되었던 것이다.[59] 이후 식산계의 수는 1936년에 1,345개, 1937년에 3,978개, 1938년에 8,022개, 1939년에 17,827개로 급증했다.[60]

생산량 제한은 일본 정부에 의해서 먼저 제안되었다. 한국은 농업 부문의 비중이 매우 컸고, 조선 총독은 항상 군량미를 보급해야 한다는 생각에 사로잡혀 있었기 때문에 생산을 제한하는 정책은 매우 부담스러웠다. 그렇지만 일본 정부는 일본, 한국, 대만에 대해서 각각 미곡 생산량을 4.4%, 10.0%, 24.0%만큼 줄인다는 臨時米穀作付段別制限案을 제안했다.[61] 1930

되어 있다.
57) 제3장에서 자세히 설명함.
58) 「農家經濟更生計劃指導要綱」, 朝鮮總督府, 『自力更生彙報』, 1933년 3월 25일.
59) 朝鮮總督府, 『朝鮮』, 1935년 9월, p. 95.
60) 全國經濟調査機關聯合會 朝鮮支部, 『朝鮮經濟年報』(1941·42), p. 102.
61) 暉峻衆三, 『日本農業問題の展開』하권(東京, 東京大學出版會, 1984).

년에 일본의 産業構造는 생산액을 기준으로 하면, 農林水産業이 17.6%,
광공업이 25.7%, 건설업이 5.9%, 운수업, 통신업, 공익 사업이 13.0%, 상
업 및 기타의 서비스업이 37.8%였고, 취업 인구를 기준으로 하면, 농림수
산업이 49.4%, 광공업이 17.1%, 건설업이 3.3%, 운수, 통신, 공익 사업이
4.4%, 상업 및 기타의 서비스업이 25.8%였다. 아직 농업 부문의 비중이
상당히 높기는 했지만, 생산액 비중은 20% 미만, 취업 인구 비중도 50%
미만이었기 때문에 미곡 생산량을 4.4% 정도 줄이는 것이 어느 정도는 가
능했다고 할 수 있을 것이다.[62]

　하지만 조선의 産業構造는 농업에 매우 치우쳐 있었다. 1930년에 조선의
산업 구조는 생산액을 기준으로 하면, 농림수산업이 44.2%, 광공업이 10.2
%, 건설업, 운수업, 통신업, 공익 사업, 상업, 기타의 서비스업이 45.6%였
고, 취업 인구를 기준으로 하면, 농림수산업이 80.5%, 공업이 2.3%, 광업,
건설업, 운수업, 통신업, 공익 사업, 상업, 기타의 서비스업이 17.2%였
다.[63] 그렇기 때문에 쌀값의 하락을 억제할 수 있다고는 해도, 미곡 생산량
을 10.0%나 줄이는 정책을 채택할 수는 없었다. 총독부는 크게 반대했고,
위의 案이 그대로 실현되지는 않았다. 그렇지만 총독부도 미곡 증산 정책
을 계속할 수는 없었기 때문에, 1934년에는 産米增殖計劃을 중지했다.

(4) 공동 판매의 양상

1) 공동 판매의 조직자 및 출하자

　여기서 공동 판매의 양상을 분명히 해보자. 서술의 순서에서는 대개 육
하 원칙을 고려했다. 먼저 〈표 2-5〉에 의하면, 공동 판매의 조직자는 농회,
농업 창고, 금융 조합, 산업 조합이었다.

　모든 기간에 걸쳐서 농회가 차지하는 비율이 가장 높았다. 후기로 갈수
록 그 비율이 낮아져 1936년에 75%였던 것이 1939년에는 53%로 떨어지
기는 했지만, 그래도 50%를 넘었다. 그것에는 크게 두 가지의 이유가 있었
다. 하나는 농회가 식민지기의 어떤 농촌 산업 단체보다도 강력한 단체였

---

62) 安藤良雄, 『近代日本經濟史要覽』(東京, 東京大學出版會, 1979).
63) 溝口敏行・梅村又次 編, 『舊日本植民地經濟統計』(東京, 東洋經濟新報社, 1988).
　　朝鮮總督府, 『統計年報』, 1930년판.

기 때문이다.[64] 농회에는 모든 자작농과 3단보 이상 경작하는 모든 소작농
이 반드시 회원으로 되어야 했고, 회비를 납부해야 했다. 다른 하나는 농회
가 벼 검사를 대행하는 일이 많았기 때문이다.[65] 공동 판매가 이루어지는
날, 농회 직원이 현장에서 검사하여 바로 공동 판매에 부치는 일이 많았다.

〈표 2-5〉   벼 共販量   (단위 : 천 석)

米穀年度	農 會	農業倉庫	金融組合	産業組合	合 計
1933	?	34	0	202	?
1934	?	241	0	236	?
1935	?	159	0	242	?
1936	1,686	306	?	262	2,254
1937	1,794	429	36	351	2,610
1938	3,977	824	683	499	5,983
1939	4,264	261	2,825	704	8,054
합 계	11,721	2,254	3,544	2,496	20,015

자료 : 農會 : 殖産銀行,『調査月報』, 1939년 3월.
　　　朝鮮農會,『朝鮮農會報』, 1938년 3월~1940년 12월.
　　　農業倉庫 : 朝鮮總督府農林局,『朝鮮米穀倉庫要覽』, 1939년판.
　　　金融組合 : 朝鮮金融組合聯合會,『朝鮮金融組合統計年報』, 1936·38년판
　　　朝鮮總督府農林局,『農村産業團體に關する參考資料』(1940), p. 79.
　　　産業組合 : 文定昌,『朝鮮農村團體史』(1942), pp. 393~394.
주 : 1. 農會와 農業倉庫의 통계는 米穀年度가 기준이고, 金融組合과 産業組合의 통계
　　　는 회계 연도(4월~다음해 3월)가 기준이어서 작성 시기가 일치하지 않는다. 그
　　　렇지만 출하가 집중하는 시기는 11월~다음해 3월이기 때문에 金融組合과 産業
　　　組合의 통계를 모두 1년씩 뒤로 미루어서 미곡 연도와 일치하도록 했다.
　　2.『朝鮮金融組合統計年報』의 공판 통계에는 곡물보다 자세한 통계는 나오지 않는
　　　다. 1938년도의 곡물 共販額에 대한 벼 공판액의 비율(『朝鮮の農業』, 1941, p.
　　　216)을 이용해서 金融組合의 벼 공판량을 구했다. 産業組合에 대해서도 동일한
　　　방법을 이용했다.
　　3. 1939 米穀年度의 공판량은 최대 94만 석이 과대 평가되어 있을 수 있다. 복수의
　　　산업 단체에 의한 공동 공판이 있었기 때문이다.
　　4. 위의『農村産業團體に關する參考資料』에 1938 米穀年度의 '벼共同販賣斡旋成
　　　績'이 실려 있다. 그런데 다른 자료와 비료하면 農業倉庫와 産業組合의 공판량이
　　　과소 평가되어 있는 듯하다.

---

64) 朝鮮農會,『朝鮮農務提要』(1936).
65) 朝鮮農會,『朝鮮農會報』, 1933년 10월, pp. 74~78.

금융 조합이 점점 증가하고 있는 것은 앞에서 언급했던 식산계의 공동 판매 사업에 기인했다. 금융 조합은 병합 직전부터 공동 판매를 행하기는 했지만,[66] 금융 기관으로서의 신용도를 높이기 위해서 1918년 이후에는 공동 판매 사업을 행하지 않았다.[67] 그것은 공동 판매가 영업 이익을 높여 주지 않는다고 판단했기 때문이었다. 총독부의 정책이 공동 판매를 육성하는 것으로 바뀐 이후, 1935년부터는 공동 판매가 유리한 사업이라고 판단하여, 조합의 전국 연합회 내에 구매 판매 사업부를 설치했고, 식산계를 하부 조직으로 이용하여 공동 판매 사업에 다시 착수했다.

산업 조합의 판매량은 증가해 갔지만, 전체에서 차지하는 비율을 높이지는 못했다. 농회와 금융 조합은 각각 농림국과 재무국의 지도 아래에서 보호·육성되고 있었지만, 산업 조합은 농업 협동 조합으로서 설립된 것이어서, 총독부의 지원을 거의 받지 못했던 것이 중요한 이유였다.

〈표 2-6〉에 의하면, 출하 인원은 11월, 12월, 1월의 순서로 많았다. 여기서 출하 인원이 가장 많았던 11월을 소재로 해서 출하자의 성분을 검토해 보자. 먼저 1937·38년 11월의 출하 인원은 각각 272,216명과 322,547명이었다. 자작 지주를 포함해서 지주의 수가 10만 명 정도였기 때문에 하나

〈표 2-6〉   출하 인원의 월별 분포

연 월	출하 인원	연 월	출하 인원	연 월	출하 인원
1937. 11	272,216	1938. 7	6,690	1939. 3	37,909
1937. 12	198,830	1938. 8	–	1939. 4	20,424
1938. 1	69,109	1938. 9	6,078	1939. 5	17,395
1938. 2	41,602	1938. 10	63,282	1939. 6	9,336
1938. 3	41,430	1938. 11	322,547	1939. 7	3,563
1938. 4	18,876	1938. 12	272,970	1939. 8	–
1938. 5	19,303	1939. 1	97,001	1939. 9	3,564
1938. 6	9,292	1939. 2	64,654	1939. 10	5,765

자료 : 朝鮮農會, 『朝鮮農會報』, 1938년 3월~1940년 2월.
주 : 1937년 11월에서 1938년 10월 사이의 출하 인원에는 산업 조합 계통의 그것이 포함되어 있지 않다.

---

66) 朝鮮經濟協會, 『金融組合及金融組合聯合會槪況』(1926), p. 9.
67) 같은 책, p. 12.

의 지주 가계 또는 농가가 한 달에 한번 공동 판매에 참가한다고 하면, 모든 지주가 공동 판매에 참가한다고 가정해도 1938년 11월의 경우는 약 22만 정도의 농가가 공동 판매에 벼를 내었던 것으로 된다.

이어서 출하 인원 한 사람당 벼 출하량으로 검토해 보자. 1937·38년에 1인당 출하량은 경기도가 7석, 충청북도가 10석, 충청남도가 11석, 전라북도가 7석, 전라남도가 4석, 경상북도가 4석, 경상남도가 6석, 황해도가 21석, 평안남도가 10석, 평안북도가 15석, 강원도가 9석, 함경남도가 10석, 전국 평균이 6석이었다. 1930년대 중반이 되면, 자작농이라면 0.4 정보, 소작농이라면 0.8 정보 정도 경작하면, 10석 정도의 벼를 손에 넣을 수 있었기 때문에, 지주도 판매 벼를 공동 판매에 내고 있었겠지만, 농민도 마찬가지로 상당한 벼를 공동 판매에 내고 있었다고 할 수 있다.

〈표 2-7〉로 지역에 있어서의 실제 사정을 살펴보자. 〈표 2-7〉은 경기도, 전라남도, 경상북도의 몇몇 마을[68]의 상황을 나타낸 것인데, 곡성의 한 마을은 한 농가당 벼 8.7석을 공동 판매에 내고 있었고, 순천의 한 마을은 한 농가당 벼 3.7석을 내고 있었다. 평균하면 벼 6석인데, 전라남도의 평균 출하량이 4석이었으므로, 역시 농민들이 출하하고 있었음이 분명히 드러나고 있다고 할 수 있다.

마지막으로 한 가지만 덧붙여 두자. 그것은 공동 판매에 벼를 내도록 지주가 강요했다고는 할 수 없다는 것이다. 지주 소작 관계에 대한 한 연구를 참조하면, 당시 소작지 생산물 가운데 소작인에게 귀속된 부분은 소작인이 스스로 판단해서 상품화하고 있었다.[69]

다음과 같이 정리할 수 있다. 첫째, 중매인 또는 미곡 상인의 횡포를 피해서 보다 높은 가격으로 미곡을 판매하고자 하는 농민들이 유리한 기회를

---

68) 마을의 식민지기의 명칭은 부락이다. 필자가 부락이라는 용어를 사용하지 않는 가장 큰 이유는 그 명칭이 이미 사용되고 있지 않는 것에 있다. 부락에 해당하는 학술적인 용어로서는 자연 촌락이라는 것이 있고, 현실적인 명칭으로서는 마을이 있는데, 필자는 그중에서 후자를 선택했다. 그것은 후자를 이용하는 쪽이 보통 명사로서도, 고유 명사로서도 이용할 수 있기 때문이다. 당시의 상황을 그대로 묘사한다는 점에서는 부락이 타당하다고 할 수 있지만, 반드시 그 시대의 용어를 고집해야 한다고는 생각하지 않는다. 덧붙이면 당시에 마을은 대개 40호로 구성되어 있었다.

69) 張矢遠, 『日帝下 大地主의 存在形態에 관한 研究』(서울대학교 대학원 박사학위 논문, 1989), p. 239.

〈표 2·7〉 식산계 등에 있어서 벼의 공판 상황 (단위 : 석, %, 명, 정보 / 호)

조사지역		벼생산량	계원소지량a	공판량b	b / a	자작농	자소작농	소작농	경영면적
전라남도	곡성	1,685	1,633	735	45	19	54	12	0.86
	순천	1,875	1,115	400	36		37	71	0.76
경상북도	안강	1,440	?	580	40				
경기도	양주	16	5	3	60			1	0.82

자료 : 朝鮮金融組合聯合會,『金融組合』, 1938년 2월, p. 138, 142, 3월, p. 114.
　　　朝鮮總督府,『調査月報』, 1940년 3월, p. 4.
주 : 1. 경상북도 안강의 b / a는 벼생산량과 공판량의 비율임.
　　 2. 조사 연도는 전부 1938년임.

찾아서 공동 판매에 벼를 내어 놓았다.

둘째, 1920년대 이후 지주의 판매 방법 합리화가 진행되었지만, 그들 중에서 안정적이고 유리한 거래 관계를 형성할 수 없었던 일부의 지주들이 총독부에 의해서 유리한 기회가 주어지자 그것을 이용했다.

2) 공동 판매일

공동 판매는, 농업 창고의 경우에는 창고에 저장된 벼 또는 현미의 저장이 해제되는 날, 농업 창고 이외의 산업 단체들은 장시가 열리는 날 공동 판매를 시행했다. 경기도 농회는 "11월 2일에 開市한 이후, 5일마다 열리는 장시일에 시행하며, 2월 23일에 종료"했다.[70]

3) 공동 판매 장소

농회, 금융 조합, 산업 조합 등은 대개 장시, 역 앞 광장, 관청 등에서 공동 판매를 행했다. 농업 창고는 자신의 창고에서 행했다. 가장 빈번히 이용되었던 것은 장시였다. 1938년도에 장시에서의 벼 거래액에서 차지하는 벼 공동 판매액의 비중은 46%에 달했다.[71]

공동 판매소의 수는 1937년의 11월과 12월에 각각 1,418개소와 1,576개소였다. 같은 해에 장시의 수가 1,522개였으므로 그것과 비슷한 수이다. 전국 어디에 거주하는 농민이라도 자신의 거주지에서 그것에 가장 가까운 장시까지 하루에 왕복할 수 있었으므로, 적어도 미곡의 출하기에는 전국의

---

70) 朝鮮農會,『朝鮮農會報』, 1933년 2월.
71) 文定昌,『朝鮮の市場』(1941), p. 220.

모든 농민이 공동 판매를 이용할 수 있었다고 할 수 있다.

4) 공동 판매의 방법

농회의 경우는 다음과 같았다.[72] 1) 군 농회는 도 농회 또는 조선 농회 판매 알선부에 공동 판매를 신청하며, 도 농회는 조선 농회 판매 알선부에 신청한다. 2) 신청을 받은 도 농회 또는 조선 농회 판매 알선부는 몇몇의 미곡 상인과 정미업자에게 연락한다. 3) 벼의 품질과 포장 상태의 확인은 공동 판매소에서 곡물 검사소의 技師가 행한다. 당일 아침 농가가 출하하기 전에 농가를 방문해서 행하기도 한다. 4) 공동 판매소에서는 미곡 상인 및 정미업자들이 경쟁 입찰한다. 예정 가격에 도달하지 않으면 재입찰한다.

금융 조합은 1) 식산계가 조합원이 판매하고자 하는 미곡을 수집한다. 2) 식산계가 자신이 소속되어 있는 농촌 금융 조합에 신청한다. 3) 신청을 받은 농촌 금융 조합은 직접 판매하든지, 朝鮮金融組合聯合會의 구매 판매 사업부 또는 그 지부에 판매를 위탁한다. 공동 판매소에서의 방법은 농회와 동일하다.

농업 창고에 저장되었던 미곡 중에서 저장 해제된 것은 농업 창고에서 곧바로 경쟁 입찰되었다.

이상에서 본 대로 공동 판매의 방법은 대체로 정비되어 있었다. 여기에 대해서 총독부가 미곡 수집 또는 미곡 통제를 위해서 정비해 두었다고 파악할 수도 있지만, 필자는 당시의 농업 경제의 수준이 미곡의 공동 판매가 급증할 정도의 단계에 이르렀기 때문이라고 생각한다.

하나는 적극적인 이유로서 1920년대 중반부터 즉 총독부가 아직 공동 판매의 필요성을 크게 느끼기 이전에 농민 운동 단체들에 의한 공동 판매가 시작되었고, 그것에 농민들이 호응하고 있었다는 것이다.

다른 하나는 소극적인 이유인데, 금융 조합의 공동 판매량을 크게 늘리는 데에 기여한 식산계가 미곡 유통의 통제를 위해서 만들어진 기관은 아니라는 것이다. 근거는 두 가지이다. 사정을 알 수 있는 31개의 식산계에 대해서 검토해 보면, 판매 사업에서 출발하고 있는 식산계가 1개, 구매 사업에서 출발하고 있는 식산계가 15개, 판매와 구매를 동시에 시작한 식산

---

72) 朝鮮農會, 『朝鮮農會報』, 1933년 10월, pp. 74~78, 96~97. 殖產銀行, 『調査月報』, 1939년 3월.

계가 15 개소였다.[73] 식산계의 판매를 총독부의 입장에서 보면, 수집에 해
당하는데, 그것만을 목적으로 해서 출발한 식산계가 하나밖에 되지 않았다
는 것은 총독부가 수집을 의도하고 있지 않았다는 것을 나타낸다. 나아가
서 이 절의 머리말에서 이미 언급했듯이 일본 정부는 1938 년까지는 쌀의
공급을 낙관하고 있었다.

5) 공동 판매에서의 벼 가격

〈표 2-8〉에 의하면 벼의 공동 판매 가격은 벼의 산지 가격[74]보다 1 원 정
도 더 높았다. 가격이 1 원이나 높았던 것은 이들 지역의 공동 판매가 아직
시작 초기였기 때문일 것이다. 시작 초기였다고 판단하는 근거는 표의 공
동 판매 개시 연도와 조사 연도가 거의 비슷한 것에 있다.

어쨌든 이러한 격차가 지방 시장의 벼 가격을 상승시켰다. 경기도 농회
에 의하면, 1931 년 용인군 농회가 벼의 공동 판매를 시작한 이후, 경기도
인천 시장에서의 벼 1 근당 가격과 경기도 용인군 금량 시장에서의 그것의
차이가 5~6 釐로 줄어들었으며, 1932 년에는 그 격차가 2 釐 5 毛 내지 4 釐
5 毛로 줄어들었다고 한다.[75] 정리하면 경기도의 주요 쌀 수출 항구인 인천
과 지방 시장 사이의 가격 차이가 줄어들었다는 것, 즉 지방 시장의 벼 가
격이 상대적으로 빨리 상승했다는 것이다.

여기에서 농민이 얻는 수입은 수수료를 제외한 것이기 때문에 수수료에
대해서 검토하지 않으면 안된다. 수수료의 정확한 금액은 알 수 없지만, 일
반 상거래의 수수료는 벼 1 석당 최저 5 전이었고,[76] 공동 판매의 수수료는

---

73) 朝鮮金融組合聯合會,『殖産契の經營事例』, 1941.『金融組合』, 1937 년 10 월, p.
   109, 11 월, p. 110, 12 월, p. 112.
74) 논리적으로는 농가 앞마당 가격, 장시 가격, 미곡 상점 가격이라는 3 개의 산지 가
   격이 있을 수 있다. 그렇지만 총독부가 농가 앞마당 가격밖에 조사하지 않았기 때문
   에 산지 가격은 농가 앞마당 가격이었다고 추측한다(朝鮮總督府農林局,『朝鮮米穀
   要覽』(1936), pp. 92~93). 벼 1 근의 농가 앞마당 가격은 "현미 또는 백미 1 석의 時
   勢로부터 포장비, 검사 수수료 등을 포함하는 현미 또는 백미 제조비를 빼고, 현미
   또는 백미 1 석을 만드는 데에 필요한 벼의 斤數로서 나누어 구했다"(菱本長次,『朝
   鮮米の硏究』(1938), pp. 458~459). 식산계도 현미 또는 백미를 기준으로 한 견적 가
   격으로서 벼의 산지 가격으로 하고 있었다(朝鮮金融組合聯合會,『金融組合』, 1938
   년 12 월, p. 136).
75) 朝鮮農會,『朝鮮農會報』, 1933 년 2 월, pp. 86~87.『동아일보』에서도 동일한 취지
   의 기사가 발견된다(1932 년 11 월 10 일).
76) 菱本長次, 앞의 책, p. 461.

〈표 2-8〉　　　　　　벼의 공판 가격　　　　（단위 : 석, 円 / 석）

調査地域		共販日	共販量	共販價格	農家價格	差　異	開始年度
慶尙南道	晋州	1927년 10~12월	627	12.05	11.22	0.83	
	密陽	상동	1,710	11.72	10.89	0.83	
	金海	상동	1,850	12.38	10.89	1.49	
	四川	상동	251	12.54	11.06	1.48	
忠淸南道		1927년 10~12월	6,789			0.27	1925
京 畿 道	安城	1931년 10월	134	8.25	7.2	1.05	1930
	龍仁	상동	345			0.64	1930
咸境南道	高原	1937년	70	14.82	12.31	2.51	1937
全羅南道	南原	1938년	130	14.98	14.45	0.53	1938

자료 : 朝鮮農會, 『朝鮮農會報』, 1928년 3월, p. 82, 5월, pp. 70~71, 1931년 12월, p. 130.
　　　朝鮮金融組合聯合會, 『金融組合』, 1938년 5월, p. 139, 6월, p. 92, 12월, pp. 134~136.
주 : 忠淸南道의 조사 지역은 연산, 논산, 강경, 규암리, 홍상, 길산이다.

벼 1석당 최대 7.5전이었다.[77] 따라서 수수료는 공동 판매 쪽이 최대 2.5전 많았지만, 판매 가격의 차이는 1원 정도였기 때문에, 수수료를 고려해도 공동 판매하는 편이 더욱 유리했다. 미곡 상인이나 중매인의 속임수에 의한 손실까지 생각하면, 농민의 이익은 훨씬 더 컸다.

공동 판매가 농민에게 더 유리했던 것은 기술 자료에서도 확인된다. 京城府가 1935년에 행했던 경기도의 미곡 사정에 대한 조사에 의하면, 벼 공동 판매가 행해진 이후에는 경성부의 미곡 상인이나 그들의 중매인이 김포군에서 미곡을 수집할 수 없게 되었다고 한다. 그 이유는 공동 판매에 벼를 내어 놓는 편이 더 높은 가격을 받을 수 있기 때문에 미곡 상인의 구매에 응하지 않는 것이었다.

공동 판매의 가격이 산지 가격보다 높아서, 농민들이 적극적으로 공동 판매에 벼를 내어 놓게 되자, 전체적으로 벼 가격이 상승해 갔다. 〈표 2-9〉에 의하면, 1930년대에 현미 가격과 벼 가격이 동시에 상승하면서도, 현미 가격에 대한 벼 가격의 비율이 높아져 갔다.

77) 朝鮮農會, 『朝鮮農會報』, 1933년 2월, p. 86.

〈표 2-9〉 벼와 현미의 가격차 (단위 : 원 / 석)

연 도	현 미	벼	벼 / 현미
1931	15.91	6.46	0.41
1933	20.67	8.91	0.43
1935	28.49	12.81	0.45
1937	31.00	14.88	0.46
1939	35.21	16.98	0.48

자료 : 朝鮮總督府農林局, 『朝鮮米穀要覽』(1940).
주 : 1937년 이후의 벼 가격은 錢 / 斤으로 표시되어 있어서, 1석당 165斤(앞의 책, p. 137)으로 환산했다.

6) 공동 판매량

벼의 공동 판매량은 1933년부터 부분적으로나마 확인할 수 있다. 〈표 2-5〉에 의하면, 1937 미곡 연도에 공동 판매량이 정체했는데, 그것은 1936년이 흉작이었기 때문이다. 前年度에 비해서 11% 정도 감소했다. 수확량의 감소가 반드시 판매량의 감소로 귀결되는 것은 아니지만, 수출량도 약 200만 석 감소했기 때문에 흉작에 기인한다고 판단해도 좋을 것이다.

벼 공동 판매량은 1936 미곡 연도에 225만 석에 지나지 않았으나, 1939 미곡 연도에는 805만 석에 달했다. 같은 해에 현미는 56만 석이 공동 판매되었기 때문에,[78] 양자를 합해서 벼로 환산하면 917만 석이었다. 제3절의 제1항에서 서술했듯이, 당시의 쌀 판매량을 벼로 환산하면 3,000만 석이므로, 쌀 판매량의 31% 정도가 공동 판매되었다.

(5) 소 결

이상의 검토에서 분명하게 된 것은 다음과 같다. 1) 공동 판매는 근저에 있어서는 조선 경제 전체, 특히 농업의 상품 경제화에 기인했다. 2) 1920년대 후반 이후의 미가 하락기에 농민 운동 단체가 먼저 공동 판매를 행하기 시작했고, 1930년대에 들어가서 총독부도 공동 판매에 착수했다. 3) 총독부의 공동 판매 기구가 정비되면서 공동 판매량은 단기간에 급속히 증가했

---

78) 朝鮮總督府農林局, 『朝鮮の農業』(1941), p. 226에서 계산했음.

다. 4) 지주, 중소 농민 등 거의 모든 농업 경영 주체들이 공동 판매에 참가했다. 가장 큰 이유는 공동 판매하는 편이 더 높은 가격을 받을 수 있었기 때문이다.

그렇지만 약점도 많았다. 여유 자금을 가지고 있지 못한 농민들이 쌀의 출하를 늦추기 위해서는 자금이 지원되어야 했지만 그렇지 못했다. 농업 창고도 불충분하게밖에 갖추어지지 않았다. 그리고 포장, 상품명의 통일 등 판매 가격을 더욱 높일 수 있는 여러 기술적인 조건도 갖추어지지 못했다. 쌀 판매 추정량에서 차지하는 공동 판매량의 비율이 31% 정도에 머물렀던 것은 이상과 같은 약점의 반영이라고 생각한다.

그와 같은 약점이 있기는 했지만, 공동 판매는 증가해 갔고, 그것이 유통 경로를 다양하게 했다. 식민지 초기의 일반적인 유통 경로였던 농민·정태적 지주─중개인─미곡 상인─정미업자·수출 미곡 상인, 동태적 지주─정미업자·수출 미곡 상인에 덧붙여, 농민·지주─산업 단체─정미업자·수출 미곡 상인이라는 또 하나의 미곡 판매 경로가 성립되었던 것이다.

4. 생산물 구성의 변화 : 공업 원료 농산물과 원예 작물 생산의 증가

(1) 문제 제기

제4절에서는 농민이 자신의 현금 수입을 늘리기 위해서 생산물의 구성을 조절한 것에 대해서 검토한다. 소재는 채소 재배이다. 경제 행위의 중요성을 논리적으로 배열하면, 생산 행위가 판매 행위보다 앞서기 때문에, 제3절에서 판매를 다루고 제4절에서 생산을 다루는 것은 일견 불합리하게 보이지만, 그것에는 두 가지의 이유가 있다.

첫째, 공동 판매가 중소 농민에게까지 이르는 많은 농민을 포괄하는 움직임이었던 데에 비해서, 생산물 구성의 조정은 대개 일부의 선진적인 농민들의 움직임이었다. 둘째, 공동 판매를 촉진한 외부적 요인은 농업의 상품 경제화와 1920년대 후반 이후의 농업 불황이었는데, 생산물 구성의 조정에는 이것들에 더해서 1930년대의 공업화가 추가적인 외부적 요인으로 작용했다. 1931년을 최저점으로 해서 그 이후 농산물의 가격이 전체적으로 회복되기 시작했는데, 이 과정에서 일부의 농민들은 가격의 상승률이 상대적으로 높은 채소 재배에 노력을 기울였던 것이다.

그렇지만 지금까지의 연구들은 농업 환경의 변화가 초래한 결과를 충분히 파악하고 있지 않다. 하나는 1930년대의 공업화 및 도시화에 의한 농업 생산의 변화이다. 1930년대의 자본주의적 관계의 확대가 농가의 수지 구조에 미치는 영향을 분석한 한 연구도 "1930년대 이후 조선에 있어서 공업화가 급속히 진전했지만, 그것은 도시부를 중심으로 한 움직임이었고, 농촌에 있어서 임노동 겸업 기회의 확대를 초래하지는 못했다. 또 도시부에는 임노동 계급이 형성되고 있었지만, 그 양적·질적(구매력)인 불충분성 때문에, 채소, 과일, 축산이라고 하는 신흥 부문에서의 농산물 수요를 늘리는 힘은 취약한 수준에 머물러 있었다(p.123)", "채소(감자, 무, 배추) 및 과일(사과)의 가격 회복이 늦었던 것은 조선 내 수요의 회복이 늦었음을 나타낸다(p.108)"고 서술하고 있을 뿐이다.[79]

그렇지만 가격의 회복이 늦었던 것으로써 수요의 증가가 적었다고 단정할 수는 없다. 수요의 증가를 상쇄할 정도로 공급이 증가하면 가격이 상승하지 않기 때문이다. 예를 들면, 1930년대 일본에서 과일과 채소의 가격이 낮은 수준에 머물러 있었던 것은 공급의 증가에 기인했다고 파악되고 있다.[80]

다른 하나는 공업화 및 도시화가 초래한 농산물 수요 구조의 변화에 농민들이 어떻게 대응했던가 하는 것이다. 이미 서장에서 충분히 언급했듯이 한국 근대 농업사 연구는 지주에 대한 분석에 매우 치우쳐 있다. 그런데 지주의 소작지 경영의 중심은 미작에 있었기 때문에, 지주에 대한 분석에 집중해서는 농업 생산물의 구성 변화나 쌀 이외의 작물에서의 농업 경

---

79) 松本武祝, 「1930年代朝鮮の農家經濟」, 『近代朝鮮의 經濟構造』(比峰出版社, 1989).

80) 川東靖弘, 「農業及び農政」, 『現代日本經濟史』(京都, 有斐閣, 1986). 松本武祝의 파악은 松本이 이용하고 있는 자료, 『農家經濟の槪況とその變遷』(朝鮮總督府農林局農村振興課, 1940)의 한계에 기인하는 바가 크다고 생각된다. 왜냐하면, 위의 자료는 農家經濟更生計劃의 지정 농가에 대한 조사 기록이어서, 한국 농가 전반의 동향을 나타내고 있지는 않기 때문이다. 구체적으로 農家經濟更生計劃의 지정 농가의 경지 이용 상태와 전국 농가 평균의 그것을 비교하면, 쌀이 36.6%와 28.3%, 보리가 19.5%와 23.9%, 콩이 15.3%와 17.0%, 조가 13.5%와 13.4%, 면화가 3.6%와 3.8%, 기타가 6.2%와 10.5%였다. 즉 조사 대상 농가는 미작에 치우쳐 있었던 것이다.

영의 변화 등은 검출하기 어렵게 된다. 이것이 농민의 대응에 주목하는 이유이다.

마지막으로 채소를 소재로 선택한 것은 그것이 농민의 대응을 검토하는데에 가장 적절한 품목이기 때문인데, 여기에는 두 가지의 근거가 있다. 첫째, 채소는 1년생 작물이기 때문에, 시장의 상황에 따라서 손쉽게 재배면적을 조절할 수 있다. 둘째, 채소 재배에 대해서는 정책적 지원이 거의 없었기 때문에 농민의 독자적인 대응을 검토할 수 있다. 이러한 점들이 과일 또는 공업 원료 작물보다 채소가 더 유리한 부분이다. 공업 원료 작물에 대해서는 정책적 지원이 많이 행해졌기 때문에 검토에 적절하지 않다. 과일에 대해서는 정책적 지원이 없었지만, 과일은 재배 면적을 조절하기 어렵다.

(2) 농산물 생산 구성의 변화

채소 재배에 대해서 자세한 검토를 행하기 전에, 먼저 1930년대의 생산물 구성에 대해서 살펴보자.

그림 2-1은 耕種農業, 잠업, 축산업 생산물을 쌀, 잡곡, 공업 원료, 원예 작물, 축산물로 中分類하여 각각의 구성 비율의 추이를 나타낸 것이다. 중분류 항목을 小分類하면, 잡곡에는 보리류, 콩류, 조, 귀리, 수수 등이 포함되어 있고, 공업 원료에는 특용 작물과 누에고치가 포함되어 있으며, 원예 작물에는 서류, 채소, 과일이 포함되어 있다. 그림 2-1에서 몇 가지의 특징을 지적할 수 있는데, 그에 앞서 주의를 환기해 두고 싶은 것은, 이하의 서술은 전부 구성비를 기준으로 이루어져 있기 때문에, 구성비가 상승하지 않았다고 해서 생산량이 정체했던 것은 아니라는 것이다. 1910년대 말에서 1930년대 말 사이에 농업 생산량은 약 130% 정도 증가했다.

첫째, 쌀의 구성비는 1910년대 말부터 1920년대 초반까지는 거의 변동이 없었다. 이후 1924년 무렵부터 1934년 무렵까지 10% 정도 상승했는데, 이 기간은 일본으로 쌀을 공급하기 위해서 시행되었던 産米增殖計劃과 겹치고 있다. '계획'이 한국의 농업 구조가 쌀의 생산에 지나치게 집중되는 하나의 계기로 작용했음을 나타낸다고 생각할 수 있다.

흥미로운 것은 쌀과 잡곡의 구성비가 서로 반대 방향으로 움직이는 것이다. 이것은 1920년대 이후 관개 시설이 갖추어져 갔음에도 불구하고 여전히 관개 설비가 부족했음을 나타낸다. 즉 봄에 비가 충분히 내려 모내기를할 수 있었던 해에는 벼의 경작 면적이 증가하여 쌀 생산량이 증가하며, 봄에 가뭄이 드는 해에는 논에 잡곡을 代播하여 잡곡의 경작 면적이 증가하고, 그 결과 잡곡 생산량이 증가하는 모습을 보여 주고 있다.

둘째, 장기적으로 볼 때, 잡곡의 구성비가 하락해 갔다. 그 내부의 변화에 주목해 보면, 보리의 구성비는 큰 변화가 없는 반면, 조, 콩 등의 구성비가 약 3% 정도 하락했다. 이것은 주된 소비 잡곡이 조에서 보리로 바뀌어갔음을 뜻한다. 이것에 대해서는 부록의 세번째 표에 제시되어 있는 주요곡물의 소비량을 참고하기 바란다.

특별한 정책적 지원을 받지 않았음에도 보리의 구성비가 하락하지 않았고, 생산량이 순조롭게 증가해 갔던 것은 관개 설비가 갖추어져 갔고, 화학비료의 공급량이 증가했기 때문이다. 관개 설비가 갖추어지지 않으면, 가을에 추수가 끝난 이후 논을 밭으로 이용하는 것이 거의 불가능하다. 그것은 논에 밭 작물을 심어 버리면, 논의 수분이 없어져서 봄에 모내기하기가어려워지기 때문이다. 봄에 비가 충분히 올 것이 분명하다면 밭 작물을 재배할 수도 있겠지만, 그것은 누구도 예상할 수 없었다.

産米增殖計劃期에 관개 설비가 갖추어지자, 가을 수확 이후에 밭 작물을재배할 수 있게 되었다. 가을에 재배할 수 있는 중요한 밭 작물에는 보리와綠肥가 있었는데, 화학 비료의 공급량이 풍부해지면서, 녹비의 중요성이감소했고, 점차로 보리를 재배할 수 있게 되었다.

셋째, 1930년대 중반 이후 축산물과 원예 작물의 구성비가 상승했다. 이것은 이 시기에 식료품 소비액이 증가했을 뿐만 아니라, 미미하기는 하지만, 소비 구성도 고급화되었음을 나타낸다. 여기에 대해서는 이 절의 3항에서 詳述한다.

넷째, 공업 원료 농산물은 크게 면화와 누에고치로 구성되었다. 면화는다시 기계 방적사 제조의 원료로 이용되는 육지면과 재래식 면포의 원료로되는 재래면으로 나뉜다. 그림 2-1에 의하면 공업 원료 생산물이 차지하는비중은 거의 정체해 있었는데 그것은 육지면과 누에고치의 생산이 증가했음에도 불구하고, 재래면의 생산이 줄었기 때문이다.

한국의 농촌에서는 고려 말기 이후 재래식 베틀로써 재래식 면포를 제조
해 왔으며, 그것은 기계제 면포에 대해서도 어느 정도의 경쟁력을 가질 수
있는 수준이었다. 그리하여 1920년대 말까지도 약 2,500만 제곱야드 정도
의 면포가 농가 부업으로 제조되었다. 그렇지만 농촌의 상품 경제화가 진
전되고, 1930년대에 한국에서 방직 공업이 빠른 속도로 성장하면서 농가
부업은 점점 유지되기 어려워졌다. 1940년에는 870만 제곱야드로 생산량

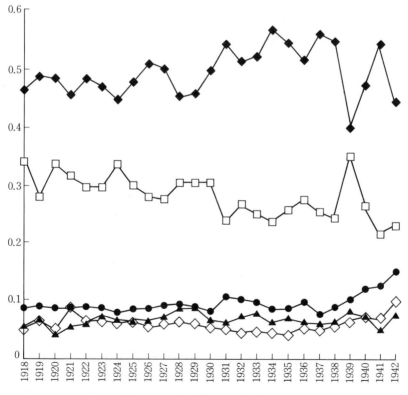

그림 2-1. 농업 생산물의 생산액 구성

자료 : 朝鮮總督府農林局,『農林統計表』, 1940.

주 : 쌀의 생산액에 대해서는 보론을 참고하기 바람.

이 줄어들었다.[81] 그리하여 공장제 방적 공업의 원료로 쓰이는 육지면의 생
산액은 1930 년대 말까지도 증가해 갔지만, 재래식 면포의 원료로 쓰이는
재래면은 1930 년대에 생산액이 급감했다.[82] 육지면과 누에고치에 대해서
는 다음 항목에서 설명한다.

그림 2-2는 耕種農業, 잠업, 축산업의 각종 품목을 합한 농업 총생산이
특정 소분류 항목의 농산물의 생산에 어느 정도로 집중되어 있는가를 알기
위해서 구한 허핀달 Herfindahl 지수[83]이다.

그림에 의하면 허핀달 지수는 1920 년대 전반에 완만하나마 하락했다가,
이후 1934 년 무렵까지 경향적으로 상승했으며, 그 이후 다시 완만하나마
하락하고 있다. 허핀달 지수는 값이 클수록 소수의 특정 품목에 농업 생산
이 집중함을 나타내기 때문에, 위의 값의 흐름은 1920 년대 전반에 농업 생
산이 다양화되었다가, 그 이후 1934 년 무렵까지 집중도가 높아졌고, 그 이
후에 다시 다양화되어 갔던 것으로 된다.

1920 년대 후반에서 1930 년대 초반에 걸쳐 집중도가 빠른 속도로 높아져
갔던 것은 그림 2-1 에서도 알 수 있듯이, 일본에 대량의 쌀을 공급하기 위
해서 시행되었던 産米增殖計劃 때문이었다. 반면에 1930 년대 중반 이후에
새로운 변화가 나타난 것은 한국 내부에 있어서 원예 작물과 축산업 생산
물에 대한 소비가 증가했기 때문이었다.

1930 년대에도 쌀 생산액이 농업 총생산액에서 차지하는 비율은 50 %를
넘었으며, 한국의 농업 생산은 미곡 단작적 성격을 벗어나지 못했지만,
1930 년대 중반 이후에는 공업화와 함께 원예 작물과 축산업 생산물에 대한
소비가 증가하면서 농업의 다양성이 높아졌던 것을 나타내고 있다.

---

81) 堀和生,「1930 년대 朝鮮工業化의 再生産條件」,『近代朝鮮의 經濟構造』(比峰出版
  社, 1989).
82) 朝鮮總督府農林局,『農業統計表』, 1940 년판.
83) 허핀달 Herfindahl 지수는 원래 산업에 있어서 기업 집중도를 기업 분포의 불균등
  정도까지 반영할 수 있도록 궁리하여 만든 지수이다. 특정 기업으로의 집중도를 Si
  로 나타내면, 허핀달 지수는 ΣSi^2으로 된다. 여기서 제곱을 하는 이유는 그렇게 함
  으로써 기업 분포의 불균등 정도를 반영할 수 있기 때문이다. 필자는 농업 총생산액
  에서 차지하는 특정 농산물의 비율을 Si로 하여, 농업에 있어서 작물 집중도를 구하
  는 것에 이용했다.

그림 2-2. 허핀달 지수의 추이

이번에는 농업 생산액에서 차지하는 곡물 생산액의 비율을 이용하여 농업 생산의 지역적인 특징에 대해서 보아 두자. 각 도에 대해서 위의 비율의 1935~38년 평균값을 구하면, 경기도가 71%, 충청북도가 74%, 충청남도가 81%, 전라북도가 83%, 전라남도가 81%, 경상북도가 82%, 경상남도가 84%, 황해도가 83%, 평안남도가 76%, 평안북도가 81%, 강원도가 81%, 함경남도가 81%, 함경북도가 80%이었다.[84]

위의 수치를 이용해서 다음과 같은 몇 가지의 특징을 지적할 수 있다. 첫째, 전체적으로 보아, 생산액의 구성이 곡물에 매우 크게 집중되어 있다. 이것은 한국의 소득 수준이 아직 낮았기 때문이기도 하지만, 한국의 농업 생산에 큰 영향을 미치고 있었던 일본이 한국의 쌀을 대량으로 수요하고 있었기 때문이다.

일본이 항상적인 쌀 수입국이 되었던 것은 20세기에 들어온 이후였다. 수입량도 1890년대에는 140만 석 정도였으나, 1900년대에는 328만 석 정도로 증가했다. 생산량에서 차지하는 수입량의 비율은 3%에서 7%로 상승했다.[85] 일본의 정부와 민간은 모두 한국의 쌀 공급 능력에 관심을 가졌다. 1898년과 1914~16년 사이에 두 번에 걸쳐 총리를 지낸 적이 있는 오노 노부스케(大畏重信)는 1902년 朝鮮協會의 창립 총회에서 "최근에 우리

---

84) 朝鮮總督府, 『統計年報』, 1935~38년판. 朝鮮總督府農林局, 『農業統計表』, 1935~38년판.

85) 村上勝彦, 「植民地」, 『日本産業革命の硏究』 下卷(東京, 東京大學出版會, 1975) ; 정문종 옮김, 『식민지』(한울), p. 22.

나라의 인구는 빠른 속도로 증가하고 있는데, 농업 생산의 증가는 그것에 따르지 못해서 해마다 식량의 부족이 발생하고 있다. 그리하여 풍년이 든 다고 해도 외국 쌀의 수입을 막는 것이 불가능하게 되었다. 그런데 한국은 인구에 비해서는 경지의 면적이 넓다. 또 토지를 개간할 수도 있다. 그리하 여 쌀과 보리를 우리나라가 수입하면, 우리나라의 식량을 보충할 수 있는 길이 열린다"라고 발언했다.[86] 병합 이후의 사태에 대해서는 제 1 장에서 충 분히 서술했으므로 생략한다.

그 때문에 채소, 과일, 축산물 등은 거의 늘 수입 초과의 상태였다. 사과 의 수출이 많았기 때문에 과일은 때때로 수출 초과를 기록하기도 했지만, 그것도 1930 년대 중반 이후에는 수입 초과로 바뀌었다. 특히 채소의 수입 량이 많았다. 1937~38 년 무렵에는 한국 채소 소비 총액의 9%가 수입되었 으며, 수입선은 일본이었다. 상대적으로 고급한 부문이 일본에 배치되고, 그렇지 못한 부문이 한국에 배치되는 것은 식민지기에 있어서 한국과 일본 사이의 분업의 일반적인 모습이었는데, 그것은 농업 생산에 있어서도 전혀 예외가 아니었다.

둘째, 그렇다고 해서 지역 사이에 차이가 전혀 나타나지 않고 있는 것은 아니다. 곡물 생산액 비중 80%를 경계로 해서 둘로 나누어 보면, 경기도, 충청북도, 평안남도와 그 나머지로 나누어진다. 즉 이상의 3도는 상대적으 로 곡물 이외의 부문(새로이 일어나는 상업적 부문)에서 생산을 증가시켜 갔 던 것이다.

셋째, 경기도는 채소와 축산물, 평안남도는 축산물의 비율이 높았고, 또 비율이 빠른 속도로 높아지고 있었다. 경기도의 축산물 생산 비율은 1932~35 년에 9.4%였지만, 1939~42 년에는 14.4%로 상승했다.[87] 같은 기간에 평안남도에서는 7.5%에서 17.8%로 상승했다. 축산물은 50% 이 상이 쇠고기였다. 반면 경기도는 1939~42 년에 곡물 생산이 차지하는 비율 이 63%로, 평안남도는 62%로 하락했는데, 경기도와 평안남도의 동향은 1930 년대 도시화의 진전에 동반하는 소비 구조의 변화에 기인한 것이었다.

---

86) 『涉澤榮一傳記資料』 16 권, p. 656 ; 裵民植, 「韓國全羅北道日本人大地主形成」, 『農業史硏究』 22 호(農業史硏究會, 1989), p. 1 에서 재인용.
87) 京畿道, 『農事統計』, 1938 년판.

넷째, 충청북도는 면화 생산액의 비율이 높았고, 또 비율이 빠른 속도로 높아지고 있었다. 면화를 포함하는 공업 원료 작물의 비중이 1932~35년에서 1939~42년 사이에 11.9%에서 17.8%로 상승했다. 반면 1939~42년에는 곡물 생산액의 비율이 67%로 하락했다. 이것은 면방적업의 성장에 따른 육지면 수요의 증대에 기인했다. 육지면을 재배하는 데에는 온화한 기후가 특히 중요했기 때문에, 위도로 나타내면 대개 37도 이남에서 주로 재배되었다.[88] 충청북도에서 특히 많이 재배되었던 것은 충북이 남부의 밭 작물 지대였기 때문이다.

(3) 공업 원료 농산물과 원예 작물

공업 원료 농산물과 원예 작물 중 면화, 누에고치, 채소에 한정해서 생산의 변동과 공업화의 관련을 조금 더 직접적으로 살펴보자.

먼저 면화에 대해서 살펴보자. 한국에서 민간 기업에 의한 織物工業이 일어나기 시작한 것은 1890년대 후반부터였다. 이후 1910년까지 적어도 20~30개 정도의 직물 공장이 설립되었다고 보여진다. 대부분의 공장이 경영 부실로 문을 닫았지만, 中谷染織工所, 淳昌號, 京城織紐 등은 식민지로 된 이후에도 영업을 계속하고 있었다.[89]

그렇지만 병합 직후까지는 면제품의 국내 생산량이 매우 적었다. 1917년까지도 면포 소비액에서 차지하는 면포 생산액의 비중은 23%에 지나지 않았다.[90] 제1차 세계대전을 겪으면서 상황이 바뀌기 시작했다. 그것은 제1차 세계대전의 호황을 겪으면서 일본 국내에 면공업 노동자의 임금 수준이 높아져 일본산 면직물의 경쟁력이 하락했기 때문이었다. 일본의 三井이 1917년에 朝鮮紡織株式會社를 설립했으며, 호남의 대지주였던 김연수·김성수는 1917년에 京城織紐를 인수하고, 1919년에 그것을 확대하여 京城紡織株式會社를 설립했다. 이때의 면제품 생산은 아직 면포에 머물러 있었다. 면공업을 방직업과 방적업으로 나누어 보면, 방적업은 자본 집약도가

---

88) 農林省熱帶農業研究センター, 『舊朝鮮における日本の農業試驗研究の成果』(1976), p. 667.

89) 권태억, 『한국 근대 면업사 연구』(일조각, 1989), 제2장.

90) 趙璣濬, 『韓國企業家史硏究』(民衆書館, 1971), p. 174.

높았기 때문에 노동자의 임금이 상승해도 큰 타격을 입지 않았고, 여전히 일본의 경쟁력이 높았기 때문이다.

한국에서 방적업이 본격적으로 성장하게 되는 것은 1930년대 이후였다. 여기에는 일본의 重要産業統制法이 영향을 미쳤다. 일본 정부는 1930년대의 불황기에 기업간의 과당 경쟁이 이윤율을 떨어뜨리는 것을 막기 위하여 위의 '법'을 제정했고, 투자를 제한했다. 일본의 방적 자본들은 일본에서의 추가적인 투자가 불가능하게 되자, 한국에 투자했다. 그리하여 한국 방적업의 생산 능력이 증대되기 시작했다.

방적사의 생산 능력을 나타내는 紡錘 수에 대한 완전한 통계를 구할 수는 없지만, 朝鮮紡織, 東洋紡績, 鐘淵紡織, 京城紡織의 방추 수를 합하면, 1936년에 15.3만 추, 1940년에 21.4만 추였다.[91] 1936년 이전에 대해서는 면사의 공장 생산량으로 생산 능력을 대신하면, 1928년에는 5,700톤에 지나지 않았지만, 1932년에는 7,700톤, 1936년에는 22,600톤으로 증가해 갔다.

이상의 변화가 면화에 대한 수요를 증가시켰다. 〈표 2-10〉에 의하면, 1920년대 중반까지만 해도 면화의 생산과 소비가 거의 균형을 이루었지만, 후기로 갈수록 점차 소비가 생산을 초과하게 되었다. 1940년에 소비가 생산에 크게 미달한 것은 일본이 미국과 전쟁을 치르게 되면서 미국 면화가 일본으로 수입되지 않게 되자, 일본 시장으로 한국의 면화가 수출되었기 때문이다.

총독부는 면화 생산의 부족을 해소하기 위해서 1933년부터 棉花增産計劃을 시행했다. 이 계획은 각각 10년씩 2개의 시기로 나뉘어 있었는데, 제1기 계획이 끝나는 1942년에는 재배 면적을 25만 정보로 하고, 생산량을 3억 斤으로 하고자 했다.[92] 기술 지도를 위해서 도와 군에 전임 직원을 배치하여, 이들이 비료의 사용, 품종의 선택, 재배 기술의 개선 등을 맡도록 했다. 직원을 배치하는 비용은 전액 국고에서 보조했다.

이들 전임 직원들은 육지면의 재배 면적을 늘리기 위해서 매우 강압적인 행정 지도를 폈다. 전통적으로 한국 남부의 밭은 보리, 면화, 콩이라는 세

---

91) 堀和生, 「1930년대 朝鮮工業化의 再生產條件」, 『近代朝鮮의 經濟構造』(比峰出版社, 1989), p. 329.

92) 朝鮮總督府農林局, 『朝鮮の農業』(1941), p. 301.

가지 작물이 윤작되고 있었다. 가을에 보리를 심어, 초여름에 수확하면서 면화 또는 콩을 심었던 것이다. 어느 것을 심는가 하는 것은 그때 그때의 토양의 사정, 시장에서의 가격 상황에 달려 있었다.

그런데 육지면의 재배 면적을 늘리기 위해서는 밭의 면적을 늘리거나 콩의 재배 면적을 줄이는 것이 필요했다. 그리하여 총독부는 면 직원을 동원해서 콩의 재배를 막았다. 어떤 경우에는 이미 콩이 파종되어 있는 밭을 갈아엎고 육지면을 재배하도록 하기도 했다.[93] 행정 지도는 상당한 효과가 있어서, 1940년에는 재배 면적이 목표를 초과하는 28만 정보에 달했다. 그렇지만 생산성은 높지 않아서 수확량은 1억 8,000만 근에 머물렀다. 그렇지만 1930년대 초반과 비교하면, 약 7,000만 근 정도 증가한 것이었다.

〈표 2-10〉　　　　채소, 누에고치, 면화의 생산과 소비　　　（단위 : 천원）

연 도	채소생산액	채소소비액	생사생산액	생사소비액	면화생산액	면화소비액
1925	46,730	47,717	6,145	3,266	23,313	16,734
1926	48,947	49,981	6,835	4,180	26,971	27,089
1927	52,773	53,887	7,655	5,093	25,256	26,858
1928	45,739	46,706	8,323	6,313	28,394	28,412
1929	54,121	55,264	10,436	8,408	26,305	26,591
1930	49,774	50,825	11,967	9,919	28,139	23,828
1931	49,265	50,747	14,290	12,157	19,210	23,284
1932	54,320	56,548	14,429	12,917	25,663	29,635
1933	55,342	57,494	15,445	14,277	26,500	30,296
1934	56,163	59,496	18,401	17,155	25,900	31,583
1935	58,018	61,539	16,199	15,140	35,754	38,745
1936	56,012	60,539	16,856	15,738	22,715	36,240
1937	61,400	67,859	16,474	15,488	40,318	72,994
1938	63,549	69,503	16,186	15,399	35,360	48,938
1939	48,105	54,090	14,670	14,068	35,506	34,584
1940	55,918	65,701	16,121	15,656	31,674	20,874

자료 : 朝鮮總督府農林局, 『農業統計表』, 1940년판.
　　　溝口敏行·梅村又次 編, 『舊日本植民地經濟統計』(東京, 東洋經濟新報社, 1988).
주 : 생산액은 생산량에 1934~36년 평균 가격을 곱해서 구했음.

93) 『동아일보』, 1938년 5월 12, 17, 29일자 등.

누에고치를 원료로 해서 생명주실을 제조하는 제사 공업의 생산 기술은
크게 수입 기술과 재래 기술로 나뉘며, 수입 기술은 다시 器械 제사 기술과
座繰 제사 기술의 두 가지로 나뉘는데, 한국에서 기계 제사 공업이 본격적
으로 일어나기 시작했던 것은 1920년대 중반이었다. 방적업에 비해서 투자
가 먼저 이루어졌던 것은 누에고치를 구하기 쉬웠기 때문이며, 방적업과
비교하는 한, 제사업이 매우 노동 집약적인 공업이었기 때문이다. 이후 1935
년까지 연평균 5개 정도의 기계 제사 공장이 새로이 설립되어 갔다.[94]

그리하여 1925~40년 사이에 누에고치를 삶아 내는 가마의 수가 器械 제
사 기술에서는 2,300개에서 9,200개로 4배, 座繰 제사 기술과 재래 기술에
서는 110,000개에서 314,000개로 2.9배 증가했다. 이것은 생명주실의 생산
능력이 증대되었음을 나타내는 것이다. 누에고치에 대한 수요가 점점 증가
해 갔다. 〈표 2-10〉에 의하면, 1920년대 중반에는 생산에 대한 소비의 비율
이 60% 정도에 지나지 않았지만, 1930년대 후반에는 소비 비율이 95% 정
도에 이르게 되었다.

이어서 채소에 대해서 살펴보자. 먼저 표의 통계 값들을 구한 방법에 대
해서 설명해 두고자 한다. 1930년 이전에는 무, 배추, 참외라는 3종류에 대
해서만 조사가 이루어졌고, 이후 1931년부터는 오이, 마늘, 파 등 13종류
에 대해서 조사하게 되었는데 나머지 10종류가 차지하는 비중이 전체의
60% 정도에 달하여 그대로 둘 수 없기 때문이다.

1930년 이전의 채소 생산 통계를 보정한 작업으로서는 溝口敏行·梅村
又次 編, 『舊日本植民地經濟統計』가 있는데, 작성자가 채소와 과일을 합해
서 원예 작물이라는 항목을 두었기 때문에 채소만에 대한 값은 구해져 있
지 않다. 그리하여 필자는 1931~33년간의 채소와 과일의 생산액 구성비를
이용해서 1930년 이전의 실질 생산액을 채소와 과일로 나누었다. 표의 실
질 소비액은 실질 생산액에 실질 순수입액을 더해서 구했다. 즉 재고 변동,
손실률 등은 고려하지 않았다.

채소의 재배가 증가하는 것은 자국의 소득 수준의 상승과 관련이 깊다.
냉장 기술이 발달하여 장거리를 운송해도 상품의 질이 떨어지지 않게 되

---

94) 朝鮮總督府農林局, 『朝鮮の蠶絲業』(1940).

면 외국의 소득 수준에도 반응하게 되지만, 그렇지 못한 경우에는 대개 자국의 소득 수준 상승에 자극되어 생산이 증가하게 된다.

한국 근대에 있어서 소득 수준의 상승은 공업화에 기인하는 바 컸다. 국내 총지출을 검토해 보면, 1920년대에는 정체해 있었지만, 1930년대에는 10년 사이에 1인당 국내 총지출이 30% 정도 상승했는데, 같은 기간에 총생산액에서 차지하는 광공업의 비중이 8% 정도 상승했기 때문이다.[95] 한 계량 분석에 의하면,[96] 1936년 가격으로 계산한 1인당 식료품 구매액은 1919~21년에 34.9원, 1924~26년에 32.8원, 1929~31년에 29.4원, 1934~36년에 33.8원, 1939~40년에 38.6원이었다.

1인당 국민 소득이 거의 증가하지 않았던 1920년대에 식료품 구매액이 경향적으로 감소했던 것에는 다음과 같은 이유가 있을 것이다. 하나는 다양한 소비재가 소비자의 구매 욕구를 자극하여, 식료품 소비액을 줄이면서도 공산품의 소비를 늘린 것이다. 실지로 1920~30년 사이에 쌀, 보리, 조의 소비량을 합한 곡물 소비량이 1.52석에서 1.39석으로 줄어들었다.[97] 다른 하나는 생활 필수품의 일부분을 점점 自家 조달할 수 없게 되면서 소득의 일부분을 공산품의 구매에 지출하게 되었는데, 공산품의 가격이 상대적으로 빨리 상승했기 때문이다. 의류가 대표적인 예이다.

1930년대에는 농산물에 대한 구매액이 꾸준히 증가해 갔다. 그런데 구매액이 증대한다고 해서 모든 농산물의 소비량이 균등히 증가해 가는 것은 아니다. 대개의 경우 상대적으로 고급한 농산물의 소비가 빨리 증가하게 된다. 당시 한국에서 새로운 소비의 대상으로 된 소비 농산물은 채소, 과일, 축산물 등이었다. 1939년의 전국 채소 판매액을 도시 지역(府)과 농촌

95) 溝口敏行・梅村又次 編, 『舊日本植民地經濟統計』(東京, 東洋經濟新報社, 1988), pp. 236~237.
96) Suh, Sang chul, *Growth and Structural Changes in the Korean Economy, 1910~1940*(Cambridge, MA, Harvard University Press, 1978), pp. 65~66. 식료품비를 정확히 추정하는 것은 매우 어렵지만, 寺崎康博,「臺灣・朝鮮の消費水準」, 溝口敏行・梅村又次 編, 앞의 책, p. 62, 239에서의 추정과 결과가 거의 일치하기 때문에, 그대로 이용한다.
97) 朝鮮總督府農林局,『農業統計表』, 1940년판. 5년 이동 평균값임. 소비량의 계산에서 종자량, 손실률 등은 고려하지 않고, 무역량만 고려했음. 쌀의 소비량은 보론에서의 필자의 수정에 의거해서 구했음.

지역(郡)으로 나누어 보면, 각각 3,466만 원과 2,044만 원으로서 도시 지역이 70%나 많았다. 이것은 소득 수준과 새로운 소비 대상의 관계를 잘 드러낸다. 도시 지역에 일본인이 많이 살며, 일본인의 채소 소비량이 많기 때문에 그렇다고 주장할 수도 있지만,[98] 일본인의 소득 수준이 한국인에 비해서 높으므로 소득 수준에 기인하는 것으로 생각해도 틀리지 않을 것이다.

〈표 2-10〉에 의하면, 1920년대 중반에서 1930년대 후반에 걸쳐 채소의 소비액이 약 30% 정도 증가했다. 위의 생산액은 1934~36년 평균값으로 구한 것이므로 물가 상승의 결과는 아니다. 소비량이 30% 증가한 것과 같으며, 구매력 상승에 따른 수요 증가를 나타내는 것으로 파악할 수 있다. 그리고 1931~38년 사이에 가격이 연평균 5.8% 정도 상승했는데, 그것 역시 수요가 증가해 왔음을 나타내는 하나의 지표이다.

가격의 상승에 힘입어 생산액이 1925~27년과 1936~38년 사이에 22% 정도 증가했다. 1939년과 1940년의 생산액은 평년에 비해 줄었는데, 그것은 1939년에 큰 가뭄이 있었으며, 1940년 이후에는 전쟁의 영향으로, 〈표 1-7〉에 나타나 있듯이, 채소의 생산에 매우 중요한 화학 비료의 공급량이 줄어들기 시작했기 때문이다. 1925~38년 사이에 일본의 채소 생산액이 약 26% 증가했으므로, 일본에는 미치지 못했지만,[99] 높은 수준이었다고 할 수 있다.

지금까지 공업화-구매력 상승-채소 수요 증가-채소 생산 증가라는 논리를 전개해 왔는데, 이하에서는 채소 재배와 공업화의 관련을 미시적으로 검토하여, 상황을 더욱 분명히 드러내어 보자. 서술은 두 단계로 나누어서 진행된다. 첫번째는 지역간 이동의 실태를 이용해서 관계를 드러내며, 두번째는 지역 내에 있어서 채소 생산의 배치를 이용해서 관계를 드러낸다.

〈표 2-11〉은 철도에 의한 조선 내부에서의 채소 이동량과 항구를 통한 채소의 수입량을 나타내고 있다. 항구를 통한 채소 수출량은 조사할 수 없었지만, 논의에는 영향을 미치지 않는다고 생각한다. 우선 표의 합계란에

---

98) 朝鮮農會, 『朝鮮農會報』, 1931년 9월, p. 56.
99) 梅村又次 外 4人, 『長期經濟統計 農林業』(東京, 東洋經濟新報社, 1966), p. 153.

의하면, 채소의 주된 반입지는 경기도, 경상남북도, 함경남북도였다. 경상
남도와 함경북도의 항구를 통한 채소의 수출량은 알 수 없지만, 각각
33,000톤과 15,000톤을 수입하고 있었으므로, 수입량이 수출량을 훨씬 초
과하고 있었다고 생각해도 좋을 것이다. 그러면 각 지역의 상황에 대해서
구체적으로 보아 가자.

첫째, 경기도 京城 : 〈표 2-11〉과 다른 자료를 덧붙여서 살펴보면,[100] 충
청남도와 경상남도의 채소가 경부선을 경유하거나, 황해도, 평안남도, 평
안북도의 채소가 경의선을 경유하고, 강원도의 채소가 경원선을 경유하거
나, 전라북도(특히 삼례)의 채소가 송려선, 호남선, 경부선을 경유하여 경기
도로 반입되었다. 송려선은 이리에서 호남선에 접속되며, 호남선은 대전에
서 경부선에 접속되었다.

경기도로 반입되는 채소는 거의 대부분이 京城으로 반입되었다. 수송
량이 가장 많은 경부선에 대해서 보면, 경성에서의 발송량은 1,444톤으로
서 경기도 전체의 46.5%였지만, 도착량은 19,234톤으로서 경기도 전체의
98.3%였다.[101] 나아가서 1933년의 조사에 의하면, 경기도, 충청남도, 황해
도, 경상남도가 각각 32,176톤, 501톤, 3,628톤, 477톤씩의 채소를 경성부
로 반입하고 있었다.[102]

둘째, 경상북도 대구 : 〈표 2-11〉과 다른 자료를 덧붙여서 살펴보면,[103]
충청남도와 경상남도의 채소가 경부선을 경유해서 경상북도로 반입되었
다. 경상북도로 반입되는 채소는 최종적으로는 주로 그 중심 도시에 해당
하는 대구로 향했다. 경부선의 상황을 보면, 대구에서의 발송량은 184톤으
로서 경상북도의 그것의 43.3%였지만, 도착량은 1,961톤으로서 경상북도
전체의 82%를 차지했다.[104]

셋째, 경상남도 부산 : 앞에서 언급했듯이 일본의 채소가 시모노세키
(下關)항을 경유해서 부산항으로 수입되었다. 일본으로부터 부산으로 수입
되는 채소 수입량은 3만 톤 정도였으며, 그 중의 5천 톤 정도가 철도를 통

---

100) 朝鮮總督府鐵道局, 『業務月報』, 1929년 4월, p. 54, 1932년 2월, p. 25 등.
101) 朝鮮總督府鐵道局, 『年報』제4편, 운수 통계(1936), pp. 96~97.
102) 京城府, 『穀物及穀粉類荣蔬及果物の取仁に關する調査』(1935), p. 66.
103) 주 100)의 자료와 같음.
104) 주 101)의 자료와 같음.

〈표 2-11〉   채소의 이동과 수입 상황   (단위 : 톤)

도 명	경부선	경의선	호남선	경원선	함경선	경전선	송려선	동해선	수입	합계
경 기 도	3,105	657		158						3,920
	19,570	1,082		2,378					2,151	25,181
충청북도	477									477
	564									564
충청남도	1,535		56							1,591
	744		118							862
전라북도			169				1,312			1,481
			332				66		164	562
전라남도			573			107	121			801
			705			470	87		46	1,308
경상북도	425							367		792
	2,395							97		2,492
경상남도	6,178					337	357			6,872
	1,646					769		263	33,531	36,209
황 해 도		3,657								3,657
		235								235
평안남도		8,121								8,121
		2,016							2,796	4,812
평안북도		1,820								1,820
		624							277	901
강 원 도				1,562				79		1,641
				239				742		981
함경남도				743	1,639					2,382
				1,372	1,331				868	3,571
함경북도					2,341					2,341
					592				15,343	15,935

자료 : 朝鮮總督府鐵道局,『年報』제 4 편, 운수 통계(1936), pp. 96～113.
　　　 朝鮮總督府,『貿易年表』(1938).
주 : 1. 철도선에 있어서 상단은 발송량, 하단은 도착량이다.
　　 2. 수입량은 항구를 통한 것이다.
　　 3. 항구를 통한 수출량은 알 수 없다.

해서 부산에서 전국의 각지로 이동하고 있었다.[105] 그리고 그 일부가 경부
선을 통해서 전국 각지로 반출되었다. 1930년대 초반에 부산의 채소 소비
추정액 30만 원의 1/2 정도를 일본에서 수입된 채소가 차지하고 있었
다.[106] 아울러 부산으로는 부산을 둘러싸고 있는 동래군, 양산군, 김해군 등
으로부터 파 등이 공급되고 있었다.[107]

넷째, 함경남도 : 강원도(특히 무의 주된 생산지의 하나인 세포)로부터 경
원선을 통해서, 그리고 함경북도의 청진항에서 함경선을 통해서, 원산 또
는 함흥 방면으로 반입되었다.[108]

다섯째, 함경북도 : 일본과 만주의 채소가 청진항 또는 나진항으로 수
입되었다.

이상을 정리하면 전국의 각 지역에서 생산되었거나, 각 지역으로 수입된
채소가 경성, 부산, 대구, 원산, 함흥, 청진 등의 공업 도시로 이동해 갔다
고 할 수 있다.[109]

지금까지는 주로 채소의 지역(道)간 이동을 소재로 해서 공업화와 채소
재배의 관련에 대해서 보아 왔다. 이하에서는 지역 내 생산 배치를 소재로
하여 공업화와 채소 재배의 관련을 살펴보자. 대상 지역은 경성을 둘러싸
고 있는 경기도이다.

그림 2-3은 경기도의 지도이다. 실선으로 나뉘어 있는 부분은 도의 하부
단위인 군을 나타낸다. 사각형으로 둘러싸인 수치는 현금 소득 조사의 대
상으로 된 23개 마을에 있어서 농업 총소득에서 차지하는 현금 소득의 비
율을 나타내고 있으며, 사각형이 그려져 있는 위치는 조사 마을의 위치와
일치한다. 군별로 하나씩 두어져 있는 수치는 경기도의 채소 생산액에 대
한 각 군 생산액의 비율을 나타낸 것이다.

그림에서 알 수 있는 사실의 하나는 경성에서 가까운 군일수록 경기도의

105) 주 101)의 자료와 같음.
106) 朝鮮農會,『朝鮮農會報』, 1931년 3월, p. 125.
107) 졸고,「식민지기 김해의 농업생산의 변화」,『慶南開發』제6호(慶南開發硏究院, 1994), p. 22.
108) 朝鮮總督府鐵道局,『業務月報』, 1931년 4월, p. 27, 1932년 8월, p. 33.
109) 평안남도 평양에 대해서도 동일한 것을 말할 수 있겠지만, 자료의 부족으로 다루지 못했다.

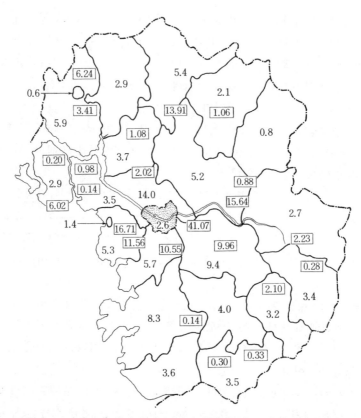

그림 2-3. 경기도에 있어서 채소 생산과 농가 채소 재배 소득의 현황
자료 : 京畿道, 『農事統計』, 각년판. 朝鮮農會, 『朝鮮農會報』, 1939년 4월, pp. 71~74.
주 : 군별 채소 생산 상황은 5개년 평균임.

채소 생산액에서 차지하는 비중이 크다는 것이다. 고양군은 경성의 북부에 접해 있고, 광주군은 경성의 남부에 접해 있는데, 이들의 비중이 특히 높아서 각각 14.0%와 9.4%를 차지하고 있었다. 1933년의 조사에 의하면, 고양군과 광주군은 각각 경성으로 반입되는 채소의 38.1%와 13.8%를 공급하고 있었다.[110]

다른 하나의 사실은 경성에서 가까운 마을일수록 소득에서 차지하는 채소 재배 소득의 비중이 크다는 것이다. 위의 그림에서 41.07%를 기록하고

---

110) 京城府, 『穀物及穀粉類菜蔬及果物の取引に關する調査』(1935), pp. 68~69.

있는 마을은 고양군 독도면 잠실리인데, 겸부업 수입까지 전부 합한 현금 총수입에서 31.8%는 채소가, 19.1%는 양잠이, 17.8%는 노임 수입이 차지했다. 현금 수입 조사에서는 빠져 있지만, 같은 면의 동독도리는 경지 52 정보의 거의 전부를 채소 재배에 이용하고 있었다.[111]

여기에서의 각 군의 생산 비율의 비교는 각 군의 넓고 좁음이나 농업 인구의 많고 적음을 무시하고 이루어져 있는데, 그것은 채소의 생산이 좁은 경지에서 집약적으로 이루어지기 때문이다. 전국 채소 생산의 22%를 차지하고 있었던 경기도도 채소 재배 면적은 경종 작물 전체 재배 면적의 6.9%에 지나지 않았다.

그리하여 서울 근교에는 채소의 생산에 집중하는 지역이 출현했다. 〈표 2-12〉는 경기도 중에서도 채소 재배가 활발했던 京城府, 고양군, 광주군의 생산 구조를 검토한 것이다. 표에 의하면 1938년에 채소의 재배 면적이 전체의 12.6%였으며, 집약적으로 재배되었고, 높은 값으로 판매되었기 때문에 생산액은 전체의 31.8%에 달했다. 그리하여 도시 근교의 농업 선진 지역에서는 쌀 재배와 채소 재배가 결합한 생산 구조가 만들어져 갔던 것이다.

〈표 2-12〉   京城府, 고양군, 광주군의 농업 생산 구조, 1938년   (단위 : %)

府·郡名	쌀	보리류	콩류	잡곡	공업 원료 작물	서류	채소	합계
경성부	33.6	6.4	5.3	3.1	0.2	3.9	47.6	100.0
고양군	49.4	15.0	14.8	*3.7	1.0	1.2	14.9	100.0
광주군	34.2	21.6	15.8	14.1	5.2	1.0	8.2	100.0
재배 면적 합계	39.9	18.3	14.9	9.6	3.4	1.2	12.6	100.0
경성부	32.9	1.3	1.1	0.8	0.1	3.5	60.3	100.0
고양군	55.0	3.2	3.5	0.8	0.5	1.2	35.6	100.0
광주군	57.7	6.1	5.0	3.7	2.7	1.5	23.3	100.0
생산액 합계	54.7	4.4	4.0	2.2	1.5	1.5	31.8	100.0

자료 : 京畿道, 『農事統計』, 1938년판.

---

111) 채소 재배에 이용된 면적을 정확하게는 알 수 없다. 동독도리의 연간 채소 생산량 20만 관을 밭의 총면적 52정보로 나누면, 1정보당 생산량이 3,846관으로 된다. 이 지역은 京城種 무의 주산지이고(朝鮮農會, 『朝鮮農會報』, 1938년 10월, pp. 104~105), 고양군의 1정보당 무 생산량은 3,740관이었기 때문에(京畿道, 『農事統計』, 1940년판), 밭의 거의 전부가 채소 재배에 이용되었다고 추측한다.

(4) 채소 재배와 농민

1) 채소 재배의 농민적 성격

이하에서는 채소에 한정해서 1930년대의 농업 생산물 구성의 변화가 현금 소득을 높이려는 농민의 노력의 결과였음을 보이고자 한다. 먼저 총독부와 지주의 활동에 대해서 검토하여, 채소 재배의 증가가 총독부의 농업생산 정책 및 지주의 경영 합리화와는 독립적이었음을 증명해 보자.

1920년대 말부터 총독부의 경제 정책은 농업 지원 일변도에서 벗어나 農工竝進 정책으로 나아가기 시작했다. 1920년대 말 이후 쌀의 과잉이 심해져서 産米增殖計劃이 중단되었는데, 그 이후에는 농업 증산 정책의 방향도 쌀의 증산에서 여타 작물의 증산으로 바뀌었다. 하나는 쌀 이외의 곡물 생산을 늘리는 것이었다. 1930년대 초반에도 한국인의 곡물 소비는 계속 줄어들고 있었는데, 쌀은 생산량이 늘어도 쌀값이 상대적으로 높은 일본으로 수출될 뿐 한국인의 소비 생활에 기여하지 못하고 있었다. 총독부는 보리, 조 등의 생산량을 늘려서 곡물 소비를 늘리려고 했다. 다른 하나는 면화 또는 양모 등 섬유 공업 원료의 생산량을 늘리는 것이었다. 그리하여 1931년부터 田作改良增殖計劃이, 1933년부터 棉花增産計劃이, 1934년부터 綿羊增殖計劃이 각각 시행되었다.

채소, 과일, 축산물 등에 대해서는 도 또는 군이 약간이나마 지원하고 있었지만, 총독부는 그것들을 정책 과제로 하지 않았다. 도의 예를 들면, 경기도는 농사 시험장에 채소 재배 기술자를 두고 채소 재배를 시작하는 농민에게 기술 지도를 하고 있었으며,[112] 경상남도와 김해군에서는 김해 농민을 대상으로 온실 건설, 출하 조합 설립, 부산 직판소 설립 등의 지원을 하고 있었다.[113] 양자는 모두 京城과 부산이라는 대규모의 소비지를 곁에 두고 있었기 때문이었다. 경기도 의회에서 農務課長과 산업과장은 大京城에 채소 및 과일을 공급하는 것은 경기도의 중요한 역할이라고 발언하고 있었다.[114] 그렇지만 총독부의 농사 시험장은 여전히 쌀, 보리, 면화의 재배 기

---

112) 京畿道, 『第14回京畿道會會議錄』(1936), p. 78.
113) 朝鮮農會, 『朝鮮農會報』, 1931년 7월, p. 124. 金海郡農會, 『産業獎勵の指針』(1932), p. 120.
114) 京畿道, 앞의 책, pp. 78~79.

술을 연구하는 데에 주력했을 뿐이었다.

채소 재배를 정책적 과제로 하기 시작했던 것은 中日戰爭이 발발한 그 다음해인 1938년부터였다. 총독부는 "조선은 병참 기지로서 다량의 채소를 군대에 공급해야 하는 절호의 위치에 있음에도 불구하고, 그것에 응하지 못하고 있는 것은 실로 그냥 둘 수 없는 문제이다"라고 하여, 도 세출에서 기술 지도원 및 지도 圃場의 설치, 종자·비료·농구의 공급, 집하·운반·저장 경비의 지원, 상품 품평회 경비 및 조합 유지비의 지원 등을 행하도록 지시했다. 그렇지만 보조금은 1938년에 30,709원, 1939년에 43,566원으로서 도 勸業費 전체의 0.2%, 0.3%에 지나지 않았다.[115]

"채소 재배의 개선 및 그 판로의 확장 등에서도 눈에 뜨이는 것이 있지만, 그것들은 대개 민간 당업자의 자발적 활동에 의한 것이 많고, 정책 당국으로서는 오히려 그것을 助成함에 지나지 않았다. 말하자면 소극적으로만 행해 왔다고 인정해야 한다"고 진술되고 있듯이 채소 재배에서는 정책적 지원이 거의 없었고, 민간의 노력에 의해서 증산이 이루어져 왔던 것이다.[116]

이상에서 주로 시장 조건의 변화에 대한 민간의 대응 또는 적응 과정중 채소의 재배가 증가해 갔음이 분명하게 되었다고 생각된다. 그런데 민간의 대응에 대해서는 크게 두 가지의 경우를 상정할 수 있다. 하나는 지주가 자신의 소작농에게 채소 재배를 강요하는 경우이고, 다른 하나는 농민이 자신의 작물 구성을 바꾸어가는 것이다.

지주의 강요의 정도란 양으로 계산할 수 없기 때문에, 그것을 알아 내는 것은 쉽지 않은데, 소작료 징수 방법에 대한 총독부의 조사를 이용해서 검토해 보자. 그것은 소작료의 양이 미리 결정되어 있는가 아닌가 하는 것인데, 소작료의 양이 미리 결정되어 있으면, 지주가 작물의 선택에 간섭하지 않을 것이기 때문이다.

당시의 조사에 의하면, 소작료의 징수 방법은 定租, 打租, 執租의 세 가지로 나뉘어 있었으며, 각각은 다음과 같이 구별되었다. 1) 정조란 소작료의 양을 미리 결정해 두는 제도이다. 혼동해서 안되는 것은 여기서 말하는

115) 朝鮮農會,『朝鮮農會報』, 1938년 10월, pp. 36~62.
116) 小早川九郎,『朝鮮農業發達史』, 政策篇(1944), p. 596.

소작료의 양이란 實物을 기준으로 하는 것이며, 결코 화폐의 양을 기준으로 하는 것이 아니라는 것이다. 그렇다고 해서 화폐의 양이 기준으로 되는 경우가 없다는 것은 아니다. 2) 타조란 소작 계약과 함께 수확량의 분배 비율을 미리 결정해 두는 제도이다. 3) 집조는 수확기에 그 作況을 고려해서 분배 비율을 결정하는 제도이다. 1)과 2)가 분배량 또는 분배 비율을 미리 결정해 두는 제도임에 비해서 3)은 수확기에 이르러 결정한다는 점이 다르다. 1), 2), 3)의 어떤 경우에도 代金納이라고 하는 방법이 이용되고 있었다. 이것은 소작료로 확정된 현물에 時勢에 해당하는 가격을 곱해서 화폐로 징수하는 것이었으며, 지주가 농산물의 상품화에 전혀 적응해 있지 못한 경우에 곧잘 이용되었다. 이상에서 볼 때, 정조는 그렇지 않지만, 타조와 집조의 경우는 지주가 재배 작물의 선택에 간섭할 가능성이 발생하게 된다.

밭의 소작료 징수 방법에 대한 총독부의 조사에 의하면, 각 도 定租의 비율은 경기도가 87%, 충청북도가 90%, 충청남도가 92%, 전라북도가 98%, 전라남도가 90%, 경상북도가 66%, 경상남도가 86%, 황해도가 42%, 평안남도가 21%, 평안북도가 20%, 강원도가 59%, 함경남도가 22%, 함경북도가 14%였다. 이것을 각 도별 채소 생산액으로 가중 평균해서 추정해 보면, 채소 생산 총액의 63%가 정조의 소작지에서 생산되었던 것이 된다.[117] 북부 지방일수록 정조의 비율이 낮은 것은 북부 지방일수록 수확량이 불안정하여 지주와 소작농 사이에 위험을 분산시킬 필요가 있었기 때문이다.

그런데 논의 정조는 32%였기 때문에 논과 비교하면, 정조의 비율이 매우 높았다고 할 수 있다. 즉 지주가 간섭할 가능성이 낮은 것이다. 채소 재배가 활발했던 경상북도 경주군 경주읍 사정리 국당마을에 대한 조사에 의하면, 밭의 소작지는 모두 정조였다.[118]

2) 경영의 양상

강요가 아니었다면, 농민이 채소 재배를 증가시켜 간 목적은 농업 수입을 늘리는 데에 있었을 것이다. 자가 소비를 늘리기 위해서였다고 가정할

---

117) 朝鮮總督府,『朝鮮の小作慣行』上卷(1932), pp. 117~123.
118) 滿洲大同學院,『朝鮮農村の實態的研究』(1941), p. 328.

수도 있지만, 〈표 2-13〉에 의하면 그렇지만은 않았다고 생각된다.

〈표 2-13〉은 채소 재배가 가장 성했다고 할 수 있는 1937~38년을 대상 기간으로 해서 채소 생산의 도별 구성비, 개인 소득 및 인구의 순위를 나타 낸 것이다. 소득 수준이 높고, 인구가 많을수록 채소에 대한 수요가 많을 것이므로, 자가 소비의 증대가 생산의 증대를 규정한 주된 요인이라면, 경 기도, 경상남도, 전라남도, 평안남도, 함경남도, 경상북도 등이 채소의 대 량 생산지로 되어야 할 것이다. 그렇지만 경상남도, 전라남도, 함경남도, 경상북도는 그렇지 않았고, 충청남도, 평안북도, 강원도의 생산 규모는 그 수요 규모에 비해서 상당히 컸다. 나아가서 채소의 지역간 이동이 꽤 활발 했음은 이미 앞에서도 본 바 있다.

〈표 2-13〉   채소의 생산을 둘러싼 도별 상황   (단위 : %)

도 명	채소 구성비	채소 구성비 순위	소득과 인구를 결합한 순위
경 기 도	22.0	1	1
충청남도	9.4	2	12
평안북도	9.3	3	8
평안남도	8.2	4	4
황 해 도	8.1	5	7
강 원 도	7.0	6	10
전라남도	6.5	7	3
경상남도	5.7	8	2
경상북도	5.6	9	6
전라북도	5.6	10	11
함경남도	5.4	11	5
충청북도	3.8	12	13
함경북도	3.4	13	9

자료 : 朝鮮總督府農林局, 『農業統計表』, 각년판.
　　　朝鮮總督府, 『昭和15年度國勢調査結果要約』(1940). 朝鮮總督府, 『統計年報』, 1940년판.
주 : 1. 생산량에 1934~36년 평균 가격을 곱해서 생산액을 구했으며, 그것으로써 생산 액의 구성비를 구했음.
　　 2. 소득과 인구를 결합한 순위는 소득의 순위와 인구의 순위를 기하 평균하여 구 했다.

농업 수입을 늘리는 것이 가장 중요했다면, 논리적으로는 당연히 채소 재배의 수익률이 고려되었을 것이므로 그것에 대해서 검토해 보자. 먼저 앞에서 언급했던 경주읍 사정리 국당마을의 경우, 1940년에 채소 재배 농가 7호의 채소 재배 소득은 1단보당 평균 103.3원이었는데, 이것을 경상북도 중상층 농가의 1단보당 영농 소득과 비교해 보자. 경상북도와 비교하는 것은 국당마을이 그것에 속해 있기 때문이며, 도 이하의 행정 단위에서는 비교의 대상을 구할 수 없기 때문이다. 경상북도에 대한 조사는 1938년에 중상층에 속하는 자소작농 102호에 대한 것인데, 조사의 범위는 경종 작물 재배 소득, 양잠 소득, 농림산물 가공 소득, 축산 소득에 걸쳐 있었다. 이 조사를 이용해서 1단보당 영농 소득을 구하면, 31.3원이 된다.[119] 국당마을에 대한 조사 시점이 2년 늦기 때문에 물가 상승을 감안해야 하지만, 1939년과 1940년의 물가 상승률이 17.8%와 10.2%였으므로 여전히 채소 재배의 쪽이 수익이 컸다고 말할 수 있다.[120]

이어서 강원도 세포에 대한 조사를 검토해 보자. 〈표 2-14〉에 의하면, 감자와 무의 1단보당 총수익이 각각 21.23원과 16.63원이었고, 다른 작물보다 특별히 높았다. 그런데 〈표 1-9〉에서 알 수 있듯이 무와 감자는 비료를 많이 소비하는 작물이었기 때문에 비료비를 고려해야만 한다. 〈표 2-14〉에 의하면, 콩이 무 다음으로 총수익이 많은 작물이며, 표의 다른 어떤 작물보다 비료를 적게 소비하는 작물이므로 콩과 비교해 보자. 〈표 1-7〉에 의하면, 1단보당 무는 콩보다 질소를 2관, 인산을 0.1관 많이 소비한다. 이것들에 1935년의 비료 가격 1.9원과 0.9원을 곱하면 3.9원이 되는데, 이 값은 두 작물의 총수익의 차이를 크게 초과한다.

언급한 경기도 의회 기록도 동일한 사정을 전하고 있다. 農務課長과 산업과장의 발언에 의하면, 채소는 재배하기 까다롭기는 해도 재배에 성공하기만 하면 큰 수익을 얻을 수 있었다.[121]

---

119) 朝鮮總督府 農林局 農村振興課, 『農家經濟の概況とその變遷』 自小作農の部 (1940).

120) 韓國統計發展史 編纂委員會,『韓國統計發展史(1)』(大韓民國統計廳, 1992), 부표의 도매 물가 지수에 의함.

121) 京畿道, 앞의 책, p. 79.

〈표 2-14〉　　강원도 세포에 있어서 주요 밭작물의 단보당 총수입

작물 종류	수확량	단　가	총수입
감　자	193(관)	0.11(원/관)	21.23(원)
무	500	0.033	16.63
대　두	0.432(석)	15.59(원/석)	6.73
옥수수	0.476	9.80	4.66
·　조	0.413	10.71	4.42
귀　리	0.385	8.59	3.31

자료 : 朝鮮農會, 『朝鮮農會報』, 1938년 9월, pp. 73~76.
주 : 단가와 총수입의 조사 연도는 1935년이며, 수확량은 1933~38년 평균값임.

수익률이 높은 만큼 토지 이용도도 높았으며, 재배는 매우 집약적으로 이루어졌다. 전라남도의 채소 지도 圃場에 있어서 채소 재배 지도에 의하면, 오이(3월)-무(7월)-파(9월), 곤약(4월)-恭菜(8월)-시금치(9월) 등의 윤작이 추천되고 있었다.[122] 경지 이용도가 대개 300%에 달했던 것인데, 위에서 언급한 국당마을에서는 3월에 봄 배추 또는 봄 무를 심었으며, 그것의 수확이 거의 끝난 8월에는 토마토와 가지를 심었고, 11월에는 다시 시금치, 배추, 무 등 가을 채소를 심었다.[123]

비료 투하량도 매우 많았다. 국당마을에 대한 조사에 의하면, 채소에 대한 시비량이 쌀보다 훨씬 많았다. 국당마을에서 재배하는 쌀 품종은 주로 日進과 豊玉이었는데, 이것들은 1937년에 수원 농사 시험장에서 육성된 품종으로서 식민지기의 품종들 중에서는 비료 필요량이 가장 많은 품종이었다. 1단보당 시비량은 퇴비가 100관이었으며, 복합 비료가 20관이었다.

그런데 채소에 대한 시비량은 퇴비가 300관, 인분뇨가 100관, 유안이 15관으로서 쌀에 대한 시비량을 훨씬 넘었다. 국당마을의 농가가 쌀 재배에 게을렀기 때문은 아니었다. 식민지기에 가장 선진적인 농업이 행해졌던 전라북도의 농업 경영에 대한 1940년의 조사에 의하면, 퇴비의 사용량은 알수 없지만, 1단보당 판매 비료의 사용량은 10.6관으로서 국당마을보다 적었다. 그렇기 때문에 채소의 생산비는 쌀보다 크게 높았다. 채소 생산비에

122) 朝鮮農會, 『朝鮮農會報』, 1938년 10월, pp. 54~59.
123) 滿洲大同學院, 앞의 책, p. 338.

대한 1931년의 조사 결과는 39.9원이었으며,[124] 쌀 생산비에 대한 1933년의 조사 결과는 33.2원이었다.[125] 1931년에서 1933년 사이에는 물가가 거의 정체해 있었으므로,[126] 양자의 생산비 차이는 꽤 컸다고 할 수 있다.

이어서 채소의 유통에 대해 살펴보자. 쌀과는 달리 채소에 대해서는 자료가 많지 않기 때문에 유통의 전체상을 알기는 매우 어렵다. 여기에서는 1939년에 행해진 조선 총독부의 조사 결과를 이용하여, 쌀과 비교한 특징을 제시하는 방법으로 전체적인 모습에 접근하고자 한다.

〈표 2-15〉는 위의 조사에서 채소와 쌀에 관한 부분을 정리한 것인데, 그것에 의하면 중개인이 차지하는 비율이 53%와 26%였다. 조사 자료의 범례에 의하면, 중개인이란 중매인, 대리상, 농회, 금융 조합 등을 모두 포함하고 있는데, 이 章 제3절의 검토 결과를 이용하면, 쌀의 중개인은 대개 농회와 금융 조합이었을 것이다. 그렇지만 농회와 금융 조합이 채소의 공동 판매는 거의 행하고 있지 않았으므로(後述함), 채소의 중개인은 중매인 또는 대리상이었을 것으로 생각된다. 그러므로 쌀과 비교하는 한, 중매인의 역할이 컸다고 할 수 있다. 쌀도 1920년대까지는 중매인이 차지하는 비중이 컸지만, 판매 가격을 높이려는 농민들의 노력이 증대하고, 총독부가 그 노력을 조장함으로써 줄어들어 갔다. 채소는 신선도를 유지해야 한다는 작물의 특성상 중매인이 활동하기 쉽게 되는 점도 있지만, 채소 유통과 관련한 여러가지의 기법이 아직 충분히 성장하지 못했기 때문이기도 했다.

역시 〈표 2-15〉에 의하면, 산업 조합 또는 출하 조합을 경유해서 소비자에게 직접 판매하는 것은 쌀과 비교하는 한 활발했다.[127] 이것은 총독부의 지원이 미미하게밖에 이루어지지 않고(後述함), 상인의 지배가 강한 속에서 농민들이 자구책을 모색한 결과였다. 산업 조합은 총독부의 설치령인 朝鮮産業組合令에 입각해서 설립되었다는 점에서는 농회 및 금융 조합과

---

124) 朝鮮農會,『朝鮮農會報』, 1932년 2월, pp. 73~75.

125) 菱本長次,『朝鮮米の硏究』, 1938, p. 235.

126) 溝口敏行·梅村又次 編,『舊日本植民地經濟統計』(東京, 東洋經濟新報社, 1988), p. 306. '소비자 물가지수 종합'에 의함.

127) 쌀과 비교하는 한 그러했다는 뜻이다. 산업 조합은 농촌 산업 단체 공동 판매 총액의 8.0%를 차지했는데, 농회보다는 채소의 공동 판매에 노력했지만, 그 비율은 9.1%에 지나지 않았다. 朝鮮總督府農林局,『朝鮮の農業』(1941), pp. 216~217.

⟨표 2-15⟩   채소와 쌀의 거래 형태, 1939년

거래 형태	과일과 채소	쌀
소 매 상	7.7	6.9
생 산 소 매 상	5.5	0.2
도 소 매 상	6.8	31.9
도 매 상	18.2	33.0
무 역 상	0.0	0.7
산 업 조 합	4.7	0.5
출 하 조 합	4.1	0.8
중 개 인	53.0	26.0
합 계	100.0	100.0
거 래 총 액	55,101(천원)	744,885(천원)

자료 : 朝鮮總督府, 『國勢調査參考統計表』 제1권(1942).

주 : 1. 생산소매상은 생산자 직판을 뜻한다.

2. 1939년의 쌀 소비액이 419,327,000원, 채소와 과일 소비액의 합계가 107,427,000(=90,629,000+16,798,000)원이었기 때문에 쌀과 비교하는 한 채소와 과일의 거래액은 충분히 파악되어 있지 않다. 그 점을 감안하면 과일과 채소에 있어서 생산 소매상 또는 중개인의 비중이 조금 더 클 수 있으나, 이 글에서는 그 점까지는 감안하지 않았다. 위의 소비액은 경상 가격으로 계산한 것이기 때문에 ⟨표 2-10⟩과는 일치하지 않는다.

같았지만, 조합의 운영에 대해서 총독부가 지원하지 않았다는 점에서는 전혀 달랐다. 총독부는 농회에 대해서는 전혀 보조금을 지불하지 않았으며, 판매, 구매, 이용 사업만 허용했을 뿐, 신용 사업은 허락하지 않았다.[128] 농회에는 경지를 조금이라도 가지고 있는 농가 및 소작농이라 하더라도 3단보 이상 경작하고 있는 모든 농가의 가입이 강제되었으며, 농회는 회원으로부터 회비를 징수할 수 있는 권리를 가지고 있었다. 그외에도 매년 보조금을 받고 있었는데, 수입의 16% 정도를 보조금으로 충당할 수 있었다.[129]

채소 판매에서는 산업 조합 또는 출하 조합의 활동이 상대적으로 활발했던 것에 비해서 농회, 금융 조합 등의 농촌 산업 단체의 역할은 매우 작았다. 농회는 3단체 중에서 공동 판매 사업이 가장 활발한 단체였다. 1938년

128) 文定昌, 『朝鮮農村團體史』(1942), pp. 372~382.

129) 朝鮮農會, 『朝鮮農會報』, 통상 총회에서의 예결산 보고에 의함.

에 총액의 79.1%를 차지했다. 공동 판매액은 소가 가장 많았고, 그 다음이
벼여서, 각각 44.1%와 31.2%를 차지했다. 서류와 채소는 전체의 0.5%에
지나지 않았다.[130] 〈표 2-15〉의 주에 의하면, 채소 소비액이 쌀 소비액의
21% 정도에 달했으므로, 매우 적었다고 할 수 있다. 1934년의 조사에 의
하면, 농회의 자금 지원을 받는 출하 단체가 26개였지만, 그중에서 채소를
출하하는 단체는 6개에 지나지 않았다.[131] 금융 조합은 농촌 산업 단체 공
동판매 총액의 12.0%를 차지했는데, 쌀이 87.2%를 차지했다. 채소가 차
지하는 비율은 계산할 수 없을 정도로 적었다. 이것은 채소의 유통에 대해
서는 총독부가 거의 관심을 기울이지 않았다는 것을 나타낸다.

　이상의 검토와 〈표 2-15〉를 종합해서 정리하면, 채소의 판매에는 크게
다음과 같은 세 가지의 경로를 상정할 수 있다. 1) 생산자-중개인-도매
상-소매상(소매상, 도소매상)-소비자, 2) 생산자-출하 단체(산업 조합 포
함)-소비자, 3) 생산자(생산소매상)-소비자. 그리고 쌀과 대비한 특징으
로서는 농민의 자발적인 대응이 두드러졌다는 것이다.

　지금까지의 검토에 의해서 생산 활동 및 판매 활동의 양상이 꽤 자세히
드러났다고 생각한다. 마지막으로 앞에서 소개했던 국당마을에 대한 조사
를 이용해서 채소 재배 농가의 구체적인 모습에 대해서 검토해 보자.

　먼저 국당마을의 계층 구성부터 보아 가자. 〈표 2-16〉은 국당마을의 계
층 구성을 경상북도의 평균적인 모습과 비교한 것인데, 그것에서 몇 가지
의 특징을 지적할 수 있다. 우선 국당마을은 영세 농가의 비율이 매우 낮았
다. 이것은 국당마을이 경주읍과 가까워서, 영세 농가가 탈농했기 때문이
다. 그리고 경작 규모가 2정보를 넘는 농가의 비율이 상대적으로 낮았다.
영세 농가가 적을수록 농업 임노동자를 구하기 어렵게 되는 것이 하나의
이유이며, 대개 도시의 부근에서는 농업이 집약적으로 이루어지기 때문에
대규모 경영이 성립하기 어렵게 되는 것이 다른 하나의 이유이다.[132]

　도시 근교 농업을 상대적으로 집약적으로 만드는 수요와 공급의 양쪽에

130) 朝鮮總督府農林局, 앞의 책, pp. 216~217.
131) 朝鮮農會, 『朝鮮農會の沿革と事業』(1935), pp. 51~55.
132) 오늘날의 市에 해당하는 식민지기의 행정 구역은 府였지만, 읍은 농촌 지역의 인
　　구 밀집 지대로서 시가 초래하는 효과와 비슷한 효과를 가져오게 된다.

〈표 2-16〉   국당마을의 계층 구성   (단위 : 정보, %)

경작 규모	경상북도		국당마을	
	호 수	비 율	호 수	비 율
0~0.5	176,987	51.9	26	38.2
0.5~1.0	97,879	28.7	29	42.7
1.0~2.0	50,600	14.8	12	17.6
2.0~3.0	12,849	3.8	1	1.5
3.0~	2,724	0.8	0	0
합 계	341,039	100	68	100

자료 : 滿洲大同學院, 『朝鮮農村の實態的研究』(1941), p. 316.
　　　朝鮮總督府, 『調査月報』, 1938년 11월, p. 57.

모두 이유가 있는데, 공급 측면의 하나의 이유로서는 근교 농촌 쪽이 농업 투입물을 상대적으로 많이 구할 수 있는 것이다. 그 좋은 예가 분뇨인데, 총독부의 조사에 의하면, 府 또는 邑의 행정 관청은 관할 지역의 분뇨를 주변의 농촌에 무상으로 나누어주는 경우가 많았다. 유상으로 배분하는 경우도 있었지만 그 경우에도 가격은 매우 낮았다.[133]

〈표 2-16〉에서 0.5~1.0 정보에 속하는 농가가 거의 1/2을 차지할 정도로 많은 것은 이상의 이유 때문이다.

이어서 〈표 2-17〉은 국당마을의 채소 재배 농가의 상황을 나타낸 것이다. 표에 의하면, 채소 재배 농가는 0.5~1.1 정보를 경작하는 농가이며, 고용과 피고용 관계를 거의 맺고 있지 않는 농가이다. 그리고 〈표 2-16〉을 참조하면, 마을의 중간 정도에 위치하는 농가이다.

0.5 정보 이하의 빈농층은 농업보다는 비농업 부문에서 필요한 소득을 획득하려 했다. 피고용 소득 이외에도 채소 판매, 가축의 仲買, 행상, 인조 진주 제조 등 다양하게 겸업하고 있었다.[134] 〈표 2-17〉에 의하면 1.2 정보 이상을 경작하는 상대적으로 규모가 큰 농가들은 80% 정도까지 농업 노동자를 고용하고 있었으며, 쌀의 재배를 주로 했다. 이들이 채소를 재배하지 않았던 것은 채소 재배에는 주도면밀한 재배 관리가 필요한데, 임노동을 충분

---

133) 朝鮮總督府, 『朝鮮』, 1936년 7월, 8월. 서울시, 『서울100년사』(1981), p. 1103.
134) 滿洲大同學院, 『朝鮮農村の實態的研究』(1941), pp. 316~317.

〈표 2-17〉 채소 재배 농가의 경영 면적과 노동력 상태 (단위 : 정보)

농가번호	논	밭	합계	가족수	농업피고용	비농업피고용	농업 고용	총호수
22	0.9	0.2	1.1	5	없음	없음	없음	
16	0.7	0.4	1.1	5	없음	없음	없음	
36	0.5	0.4	0.9	6	없음	없음	없음	
46	0.4	0.2	0.6	3	없음	없음	없음	
33	0.6	0.0	0.6	3	없음	없음	없음	
49	0.4	0.1	0.5	5	있음	없음	없음	
55	0.2	0.3	0.5	5	있음	없음	없음	
채소농가	0.5	0.2	0.7	4.6	0.3	0.0	0.0	7
1.2 정보 이상	1.1	0.3	1.4	6.3	0.0	0.2	0.8	6
0.5~1.1 정보	0.5	0.2	0.8	5.0	0.1	0.2	0.4	36
0.4 정보 이하	0.2	0.1	0.3	4.0	0.4	0.2	0.1	26
전체 농가	0.5	0.2	0.7	4.9	0.2	0.2	0.4	68

자료 : 滿洲大同學院, 『朝鮮農村の實態的研究』(1941), pp. 314~317.
주 : 농업 피고용, 비농업 피고용, 농업 고용 항목의 숫자는 농가 호수에서 차지하는 비
율을 나타낸다.

히 관리하기 어려웠기 때문이다.

이상을 요약하면, 채소 재배는 중규모의 농가, 그 가운데에서도 가족 노
동력을 충분히 가지고 농업에 전업하는 농가에 의해서 이루어졌다고 할 수
있다.

(5) 소 결

제 4 절의 검토 결과를 요약하면 다음과 같다. 첫째, 공업화와 도시화는
곡물보다는 공업 원료 농산물, 원예 작물, 축산물 등 새로운 상업적 농산물
에 대한 수요를 증가시켰다. 둘째, 그 결과로서 그러한 부문의 생산이 증가
했고, 농업 생산의 구성이 다양화되었다. 셋째, 채소에 한정해서 보면, 시
장 조건의 변화에 대한 농민의 독자적인 대응이 생산의 증가에 큰 영향을
미쳤다.

필자는 이상의 것을 거의 수요 측면에 입각해서 설명했지만, 공급 측면
의 변화를 무시해서는 안된다. 1930년대에 硫安이 이전보다 낮은 가격으로
그리고 대량으로 공급되었던 것은 비료를 대량으로 필요로 하는 채소 재배

에 유리한 조건을 제공했기 때문이다(〈표 1-7〉과 〈표 1-14〉). 이것을 생략한 것은 제 1 장에서 검토한 것이 상당한 정도로 반복되기 때문이다.

그렇지만 농민의 대응이 지나치게 높게 평가되어서는 안될 것이다. 〈표 2-10〉에서 알 수 있듯이 생산의 증가가 소비의 증가를 만족시키지는 못하여, 소비에서 차지하는 輸入의 비율이 계속 높아져 갔다. 1920년대 중반에는 소비가 생산을 2% 정도 초과할 뿐이었지만, 1930년대 말에는 17%에 달했다. 국내 생산의 증가로써 충족시키지 못한 부분은 일본으로부터의 수입에 의해서 충당되었는데, 주로 규슈(九州)의 시모노세키(下關)항을 통해서 부산으로 수입되었다.[135] 일본에서 수입된 채소의 종류를 금액이 많은 순서로 늘어놓아 보면, 양파, 무, 배추, 파 등이었다.[136] 그리고 판매 과정에 있어서도 공동 판매의 조직화의 정도는 아직 낮았고, 판매 과정은 상인에 의해서 장악되어 있었다.

5. 맺 음 말

필자는 제 1 장에서 농업 생산력의 증진에 대해서 검토했다. 제 2 장과 관련할 때, 검토 결과의 중요한 점들은 다음과 같았다. 1) 일본에서 일어난 농업 변화와 제 2 차 산업혁명의 결과로 얻어진 화학 비료 생산의 증가가 한국에서의 농업 생산력 증진을 가능하게 했다. 2) 그 변화들이 커다란 영향을 미칠 수 있었던 것은 그것이 조선시대의 농업 발전 방향과 일치하는 것이었기 때문이다. 3) 생산력의 증진에서는 농민들의 적응 능력을 배제하고 생각할 수 없다.

제 2 장에서는 시장 경제의 발달, 공업화, 도시화에 농민들이 적응해 가면서, 농업 기술만이 아니라 농업 생산과 농산물 판매 과정에서 합리화가 진행되었음이 분명하게 되었다. 이미 제 3 절 제 5 항과 제 4 절 제 5 항에 요약되어 있으므로 두 번 서술하지는 않는다.

머리말에서도 언급했지만, 소작농 및 소작지의 증가와 경영체로서의 농가의 성장은 반드시 구별되어야 한다. 소작농이 증가하며, 빈곤하게 되는

---

135) 朝鮮總督府, 『貿易年表』, 1938년판.
136) 京城府中央都賣市場, 『年報』, 1939, pp. 187~189.

것과 소작농의 경영 능력이 상승하는 것은 얼마든지 양립할 수 있기 때문이다. 나아가서 농업 발전의 어떤 단계에서는 농가의 성장이 동반되지 않고서는 소작지도 증가하지 않는다.

첫째로 농민 경영의 안정성이 매우 낮아서 경지에서 소작료가 안정적으로 수취되지 않는 상황에서는 소작지를 보유하고자 하는 욕구도 낮아지기 때문이다. 이러한 경우에는 소작지가 빨리 증가하지 않는다. 둘째로 농민 경영의 안정성이 낮을수록 토지 소유자는 자신의 모든 경지의 경작을 소작농에게 맡기기보다, 일부분의 경지를 직영하는 쪽이 안전하기 때문이다. 한국 북부 지방의 소작지율이 남부 지방보다 낮았던 것은 북부 지방의 생산력 수준이 남부 지방보다 낮았기 때문이다.

마지막으로 식민지기의 농가 경영 규모에 대한 조사 자료를 이용해서 농가 경영의 안정성에 대해서 검토해 보자. 경영 규모에 대해서는 많은 조사가 이루어지지 않았기 때문에 자세한 상황을 알 수는 없지만, 필자는 〈표 2-18〉이 1920~30년대의 상황을 비교적 정확하게 전하고 있다고 생각한다.

식민지기의 농가 경영 규모에 관한 조사로서는 표에서 이용하고 있는 1923년과 1937년의 자료 이외에도 1913년의 것이 있으나, 그 원자료는 구할 수 없고, 小早川九郎, 『朝鮮農業發達史』, 發達篇에 그 조사 결과를 가공해서 만든 표가 실려 있을 뿐이다(pp. 71~72). 그런데 1913년과 1923년을 비교해 보면, 그 수치의 흐름에 부자연스러운 점이 지나치게 많아서 여기서는 이용하지 않았다. 한 가지만 예를 들면, 1913~23년 사이에 3정보 이하의 농가는 절대적으로 감소하고, 3정보 이상의 층이 증가하고 있다. 비율은 6%에서 11.5%로 급증했다. 이것은 당시의 농업 기술의 변화 방향, 공업화의 정도를 고려할 때, 신뢰하기 어렵다. 해방 이후까지 시야에 넣어 판단해 보면 3정보 이상의 비율이 줄어드는 편이 자연스럽다. 1913년의 조사를 이용하기 위해서는 조금 더 자세한 검토가 필요하다고 생각한다.

〈표 2-18〉의 경영 규모a에서 나타난 특징은 3단보 이하의 빈농이 대거 탈농했다는 것과 3정보 이상의 부농이 감소했다는 것이다.[137] 5단보 정도

---

137) 여기서의 빈농과 부농은 농업 고용 노동력과의 관련에서 사용했다. 빈농은 자신의 노동력의 일부를 타인에게 팔지 않고서는 가계를 재생산할 수 없는 존재이며, 부농은 농업 생산을 위해서 타인 노동력을 고용하는 존재이다. 팔지도 사지도 않는 존

를 기준으로 해서 호수를 구할 수 있다면 더 좋겠지만, 1923년의 조사 자료
에서는 그것을 구할 수 없었다. 표에 의하면 1923~37년 사이에 농가 호수
가 40만 호 이상 증가했음에도 불구하고, 3단보 이하의 층이 14만 호 정
도, 3정보 이상의 층이 11만 호 정도 감소했는데, 이것은 농가 경영이 균질
적으로 되어 갔음을 나타내는 것이다. 제1장에서 언급했던 대로 한국 전근
대에 있어서 농업 기술의 발전 방향은 집약화였는데, 농가가 집약적 기술
체계를 습득하여 토지 생산성이 균등하게 되어 간 결과였다.[138] 집약적 기
술의 확산, 토지 생산성의 균등화, 농가 경영 규모의 균질화는 경영체로서
의 농가가 성장해 간 사실의 표현인 것이다.

자신을 둘러싸고 있는 경제적 세계에서의 실력의 상승은 대개의 경우에
그것에서만 머무르지는 않는다. 이것은 농업 정책, 농촌 사회에서의 계층
관계 등에도 포괄적으로 영향을 미치게 된다. 이것에 대해서는 제3장에서
詳論한다.

〈표 2-18〉 경영 분해의 양상 (단위 : %)

경영 규모a	1923 호수	1923 비율	1937 호수	1937 비율	경영규모b	1937 비율	1960 비율
0.0~0.3	631,508	25.8	488,345	17.0	0.0~0.5	48.8	42.9
0.3~1.0	856,220	35.0	1,326,543	46.2	0.5~1.0	27.6	30.1
1~3	675,792	27.7	878,404	30.6	1~3	21.7	26.7
3 이상	281,307	11.5	175,906	6.1	3 이상	1.9	0.3
합 계	2,444,827	100.0	2,869,198	100.0	합계	100.0	100.0

자료 : 朝鮮總督府農林局,『朝鮮における小作に關する參考事項適要』(1932).
　　　朝鮮總督府,「耕地面積別農家號數調」,『調查月報』, 1938년 11월.
　　　이명희,「1950年代 農家經濟分析」,『經濟史學』제16호(1992).
주 : 경영 규모a는 전국에 대한 것이며, 경영 규모b는 남한만에 대한 것이다.

재는 중농이라고 부른다.
138) 박원서,「식민지조선에서의 수도생산력 발전의 지역차」(서울대학교 대학원 석사
학위 논문, 1991), p. 71.

제 3 장 국가, 농민, 지주

1. 머 리 말

제1장에서 필자는 농업에 있어서 생산량의 증가와 생산성의 상승에 대해서 언급했고, 제2장에서는 제1장의 논의를 전제로 하면서, 농업 환경의 변화에 농민이 어떻게 대응해 갔던가를 생산과 유통의 측면에서 각각 검토했다. 생산의 측면에서는 공업화와 도시화에 의한 채소 수요의 증대에 농민들이 자신의 경영을 적응시켜 갔던 방법에 대해서 검토했으며, 유통의 측면에서는 판매 과정을 합리화하려는 움직임으로서 공동 판매를 검토했다. 이 두 가지에 있어서 농민들의 기본적인 목표는 현금 수입을 늘리는 것이었다. 이것을 바탕으로 해서 필자는 식민지기에 있어서 농민 경영의 성장을 주장했다. 이러한 주장은 식민지기에 농민이 지주에 의해서 철저히 통제되어 있었다고 하는 기존의 주장과는 다르다. 필자는 식민지기의 농민을 보다 동태적인 존재로 파악해야 한다고 생각한다.

제3장에서는 관심을 정치 과정으로 확대해서, 농업 정책, 농촌 사회에 있어서 농민의 존재 형태, 그리고 지주제의 양상에 대해서 검토해 보고자 한다. 경제 과정에 있어서 이상과 같은 변화가 그것에 합당한 정치 과정의 변화를 초래했을 것이기 때문이다.

정치 과정을 분석함에 있어서 가장 우선적으로 고려하는 요소는 국가 권력, 즉 조선 총독부이다. 그것은 총독부가 자신의 정책 목표를 실현하는 과정에서 지주와 농민의 사회적 지위를 확정지어 가기 때문이다. 조선 총독부는 이식된 異民族의 권력이었기 때문에 정당성이 약하다는 약점을 가지고 있었고, 그런 만큼 총독부의 정치에 대한 반발도 컸지만, 조선 총독부는 제국주의 국가의 한 단계 진전된 통치술을 넘겨 받고 있었기 때문에, 그러한 약점을 상쇄할 수 있었다.

이미 제1장에서 언급한 바 있듯이 모든 사물에는 고유한 리듬이 있으며,

그것들의 상호 작용 속에서 역사가 전개되어 가는 것이기 때문에, 총독부를 지나치게 특권화해서는 안된다. 그렇지만 상호 작용하는 여러 요소, 서로간의 우열을 무시해서도 안될 것이다.

우위에 서 있는 조선 총독부는 지주와 농민을 자신이 이용할 수 있는 수단으로 위치지웠다. 즉 총독부는 어느 한편의 의지에 의해서 규정되는 존재가 아니라, 그들을 규정하는 존재였다. 총독부는 기본적으로 조절하는 자였던 것이다. 그렇다고 해서 한국 사회의 객관적 조건에 의해서 자신이 영향을 입지 않았다는 것은 결코 아니다. 총독부가 택할 수 있는 방법 및 그 방법의 사용이 초래하는 결과 등은 모두 상당한 정도로 사회적 조건에 달려 있었기 때문이다.

그 조건의 가장 중요한 것은 지주와 농민 사이의 힘 관계이다. '지주와 농민 사이의 힘 관계'라는 표현은 일견 당연한 것 같지만, 반드시 그렇지는 않고, 여기에는 미리 양해를 구해 두어야 하는 두 가지의 문제가 있다. 하나는 농민이 단일한 존재는 아니라는 것이다. 경지의 소유 형태로부터는 자작농, 자소작농, 소작농으로 나눌 수 있고, 경영의 규모, 수입의 정도로부터는 부농, 중농, 빈농으로 나눌 수 있다. 그럼에도 불구하고 필자가 이 세 가지를 구별하지 않는 것은 이들이 직접적인 생산자라는 점에서 동일하며, 그 점에서 직접 생산에 종사하지 않는 지주와는 구별되기 때문이다. 이하의 논의에서도 직접적인 생산자와 토지의 소유자, 그 양자의 관계에 대해서 언급할 것이다.

다른 하나는 지주가 직접적으로 상대하는 자는 전체로서의 농민이 아니고, 소작농이라는 점이다. 사전의 정의에 따르면 지주란 자기 땅을 남에게 빌려주고 지대를 받는 사람인데, 이 정의 역시 지주를 소작농과의 대항 관계에 서 있는 경제적 주체로서 상정하고 있다. 그렇지만 한국 근대사에 있어서 지주의 영향력이 미치는 범위는 그것보다는 넓었다. 뿌리깊은 班常 의식, 지주제에 대한 총독부의 옹호 등이 영향을 미쳤지만, 가장 중요한 것은 농업에 있어서는 생산 단위와 지역 사회의 단위가 상당한 정도로 일치한다는 것이었다. 지주의 영향력이 미치는 그 자신의 소작농들은 특정 지주의 소유지에서 멀지 않은 곳에 모여서 거주한다. 그 경우 지주의 영향력은 자신의 소작농들이 모여 살고 있는 지역 사회 전체에 대해서 발휘되는 것이다.

힘 관계에 대해서 살펴볼 때, 주의해야 하는 것은 지주와 농민 사이의 힘 관계가 고정되어 있지 않다는 것이다. 그것은 사회 변화에 대한 양자의 대응 및 적응 능력의 차이에 의해서 바뀌어 간다. 필자는 제1장에서 농업 생산력이 증진되었음을 말했으며, 제2장에서는 상품 경제화의 진전 및 공업화에 대한 농민의 적응 또는 대응 양상에 대해서 언급했다. 지주의 대응에 대해서는 생략했는데, 그것은, 서장에서도 언급했듯이, 연구 성과가 이미 충분히 축적되어 있기 때문이다.

종래의 연구들의 결점은 토지 소유 관계를 지나치게 중요하게 생각했던 것, 농민의 경영체적 성격을 충분히 고려하지 못했던 것에 있다고 생각한다. 그것은 사회적 세력간의 힘 관계가 거의 전적으로 소유권의 유무에 의해서 결정된다고 생각하여, 경영체로서의 성숙의 정도를 경시했기 때문이다. 식민지 말기에 이르기까지 총독부의 계급 배치 전략에 변화가 없었으며,[1] 있었다고 하더라도, 그것은 특정한 국면에서의 불규칙한 변동에 지나지 않았다고 생각한 것은 그 때문이었다. 그리하여 식민지 말기에 지주의 이익에 제한이 가해졌으나, 전시 체제 때문이라고만 해석되었다.[2]

제2절에서는 1920년대를 대상 시기로 하고, 소작쟁의를 소재로 해서, 소작 관행을 둘러싸고 소작농, 지주, 총독부가 상호 작용한 방식에 대해서 검토하고자 한다. 필자는 1920년대 말부터 소작 관계 정책이 서서히 지주를 견제하는 방향으로 바뀌어 갔다고 생각한다.

제3절에서는 1930년대를 대상 시기로 하고, 농업 공황과 만주사변이라는 외부적 계기를 소재로 해서, 소작 관계 정책의 변화가 심화되어 가는 과정에 대해서 검토한다. 소작쟁의라는 계기를 소홀히 하는 것은 물론 아니지만, 앞의 두 가지를 더 중요하게 다룬다.

제4절에서는 제2절과 제3절에서 검토한 정책의 변화 및 제1장과 제2

---

1) 池秀傑, 「1932~35年間의 農村振興運動」, 『韓國史硏究』 46호(1984) ; 「1930년대 전반기 조선인 대지주층의 정치적 동향」, 『역사학보』 122호(1989). 정연태, 『일제의 한국 농지정책』(서울대학교 대학원 박사학위 논문, 1994).
2) 富田晶子, 「準戰時下朝鮮의 農村振興運動」, 『歷史評論』 377호(1981) ; 「農村振興運動下의 中堅人物의 養成」, 『朝鮮史硏究會論文集』 18호(1981).

장에서 검토한 농민 경영의 변화 양상을 결합하여, 농민의 사회적 지위의
변동과 지주제의 양상에 대해서 검토한다.[3]

2. 1920년대 전반의 소작쟁의와 총독부 및 지주의 대응

(1) 지 주 회

병합 이후 총독부가 줄곧 시도했던 것은 전통적으로 존재하고 있었던 한
국 농촌의 자치 조직을 가능한 한 부정하고, 관료제적 통제를 완성하는 것
이었다. 근대 국가는 모두 중앙 집권적 관료제 국가였다고 할 수 있지만,
일본은 한국에서 식민 본국인 일본보다도 관료제의 원칙을 더욱 철저히 적
용하려 했다. 植民地民을 신뢰할 수 없는 한, 국가의 정책 목표를 철저히
관철시키기 위해서는 민간인의 참여를 부정하지 않을 수 없었을 것이다.
예를 들어, 土地調查事業의 측량 과정에서도 일본에서는 농민의 참여가 인
정되었지만, 한국에서는 철저히 배제되었다.

관료제적 통제를 달성하기 위해서는 신분제적 원리에 입각한 지방 지배
라는 전통적인 틀을 해체해야만 했다. 그리하여 총독부는 1906년에 지방관
관제를 개정하면서, 지방에 거주하는 양반을 郡 정치로부터 배제하려 했으
며, 징세 제도의 개혁에서는 신분적 질서에 입각해 있지 않은 지주들을 새
로이 농촌 사회의 지배층으로서 위치시키려고 했다.[4] 1908년의 향교 재산
정리도 지방에 거주하는 양반의 지방 지배력을 약화시키는 것이었다.[5]

총독부는 일단 위의 작업을 수행한 이후 지방 제도의 개편에 착수했다.
1914년에 총독부는 大韓帝國시대의 府, 郡, 面 제도를 개정했다. 부는 종래

---

3) 이하의 논의는 졸고, 「植民地朝鮮における小作關係政策の展開」, 『日本史硏究』
   353호(1992) ; 「1930年代朝鮮における總督府の農村統制」, 『經濟論叢』149권 1・
   2・3호(京都大學經濟學會, 1992) ; 「植民地後期의 地主制」, 『經濟史學』18호(1994)
   ; 「1930년대 초반의 농업 불황과 '농촌 진흥 운동'」, 『仁濟論叢』10권 1호(인제대학
   교, 1994)에 주로 의거하고 있다. 앞의 두 편은 졸저, 『1930年代朝鮮における農業と
   農村社會』(東京, 未來社, 1995)에 수록되었음.
4) 田中眞一, 「韓國財政整理における徵稅制度改革について」, 『社會經濟史學』 제39
   권 4호(1974), p. 65.
5) 大和和明, 「植民地期朝鮮地方行政に關する試論」, 『歷史評論』458호, 1988.

대로 12 부를 두었지만, 군은 97 개를 줄인 220 군으로 했고, 면은 1,800 개를
줄인 2,521 면으로 했다.[6] 동·리의 통폐합 작업은 1912 년부터 시작했다.
그리하여 1912 년에 동·리의 수는 62,532 개였는데, 작업이 거의 끝난 1918
년에는 27,595 개로 줄었다.[7]

　총독부는 면을 지방 제도의 기초 단위로 설정했으며, 면장으로는 전통적
인 지배 계층보다는 민중에 직결된 인물을 앉히려 했다. 면장을 判任官으
로 하고, 면사무소를 설치했으며, 하나의 면사무소당 평균 4.6 명 정도의 면
직원을 두었다.[8] 면재산을 면장의 관리하에 두었으며, 면의 징세권을 인정
했다. 면재정이 확립되게 되었으며, 면이 사업을 수행할 수 있게 되었다.
1917 년에 면제가 시행되면서 이 골격이 거의 완성되었다.[9] 대한제국기에
도 면이 두어져 있지만 그때는 면장과 면직원이 집무를 볼 수 있는 행정사
무소가 별도로 두어져 있지 않았다. 면장은 자신의 집에서 집무를 보았으
며 군수를 보좌하는 정도를 넘지 못했다. 그리고 면장과 면직원이 공무원
선발제도가 아니라 군수와 재지 유력자의 협의에 의해서 임명되었다.

　한편 조선시대의 洞·里[10]는 그 행정적 지위를 인정받지 못했다. 예를 들
면, 조선시대의 洞·里는 대개 공동 이용지를 가지고 있었고, 농민은 그곳
에서 삼림 자원을 얻을 수 있었다. 그런데 총독부는 林野調査事業 과정에
서 洞·里 소유의 임야를 국유지로 편입시켰다. 그 뒤 국유지로의 편입이
洞·里 소속 농가의 경제 생활을 위협한다고 주장되기도 했지만, 洞·里는
법인이 아니라는 이유로 소유권은 전부 府 또는 面으로 귀속되었다.[11] 洞·
里의 실체를 인정하면, 면의 위상이 약화될 위험이 있으며, 면의 위상이 흔
들리면, 전통적인 지방 지배의 기구가 힘을 발휘할 수 있었기 때문이다.[12]

　6）朝鮮總督府,『施政 30 年』(1940) p. 73.
　7）朝鮮總督府,『統計年報』(1917).
　8）같은 책.
　9）大和和明, 앞의 글.
　10）이 문단에서의 洞·里는 행정 洞·里를 가리키지 않는다. 식민지기의 표현으로 하
　　　면, 부락이며 오늘날의 표현으로 하면 마을이다. 마을에 대해서는 제 2 장의 주 68)을
　　　참조하기 바란다. 이하에서는 별도로 표시하지 않는 한 洞·里는 전부 행정 洞·里
　　　이다.
　11）權寧旭,「朝鮮における日本帝國主義の植民地的山林政策」,『歷史學研究』297 호
　　　(1965).
　12）帝國地方行政學會朝鮮支部,『朝鮮行政』, 1928 년 12 월, p. 22.

면을 중심으로 한 관료제적 지배 체제가 완성되면 체제의 효율성이 높아
질 수 있었겠지만, 관료 기구를 정비하는 데에는 비용이 매우 많이 들기 때
문에 쉽게 추진하기는 어려웠다. 위에서 본 대로 당시 총독부의 재정 능력으
로는 하나의 면사무소에 4.6명 정도의 면직원밖에 둘 수 없었던 것이다.

그리하여 총독부에게는 적절한 민간측 대리인을 구하는 것이 매우 중요
했다. 총독부는 면의 말단 관료와 농민 사이에 민간측 대리인을 넣어 두고
싶었다. 총독부가 그들에게 할당하고자 했던 지위는 洞·里의 장이었다.
총독부는 그것의 명칭을 區長으로 정했으며, 명예직으로 했다.

총독부가 민간측 대리인으로 주목한 계층은 지역 사회에 기반을 두고 있
는, 양반, 향리, 지주였다. 가장 주목한 계층은 開港期 이후 새로이 성장해
온, 신분적 질서에 입각해 있지 않은 在地地主였다. 이하에서는 주로 농업
과 농업 정책에 초점을 맞추어 여기에 대해서 검토해 보자.

지역 사회에 기반을 두고 있는 양반들은 총독부의 정치에 쉽게 협력하지
않았다. 이유의 하나는 총독부가 自民族 권력이 아니었기 때문이며, 다른
하나는 전통적인 지방 유력자들이 구상하는 질서와 총독부가 구상하는 질
서가 너무나 달랐기 때문이었다. 총독부는 明治維新 이후 일본에서 시험해
보았거나, 또는 아직 시험되지 않았다고 해도 효율적이라고 생각되는 제도
를 식민지에 적용하려고 했다. 그렇지만 지방의 전통적인 유력자들의 근대
에 대한 이해의 수준은 아직 높지 않았다. 洞·里 내의 유력자들은 구장이
라는 직위에 나서는 것을 전혀 달가워하지 않았으며, 자신의 몸을 더럽히
는 행위라고 생각했다.[13] 1919년의 3·1 독립운동에서 전통적인 지방 유력
자의 상당 부분이 그 선두에 섬으로써 그들이 총독부에 저항하고 있다는
것을 분명하게 드러내었다.

경찰, 학교 교사, 금융 조합의 직원, 농회의 직원 등이 면행정의 부족한
점을 보완했다. 특히 식민지 초기에는 무장한 경찰에 많은 부분을 의존했
다. 경찰은 戶口 조사에서 농사 지도, 위생 검사에 이르기까지, 오늘날에는
몇 개의 행정 부서가 행해야 할 일을 한꺼번에 담당했다. 하지만 이들 조직
역시 실질적으로는 면의 수준에서 끝나 있었다. 무장한 경찰은 행정의 목

---

13) 朝鮮總督府, 『面制說明書』(1918), p. 19.

표를 실현하는 데에 유리하게 작용하기도 했지만, 민중의 반발을 크게 사기도 하여 반드시 높은 성과를 거둔 것은 아니었다.

이와 관련하여 다수의 일본인을 한국에 아주시킬 필요성이 일찍부터 주장되고 있었지만, 한국의 사정이 그것을 허락하지 않았다. 일본은 淸日戰爭과 露日戰爭이라는 두 차례의 대규모 전쟁을 치러가면서 한국을 식민지로 만들었는데, 그것에는, 자신이 다른 제국주의 국가들과 맺고 있는 불평등 조약을 개정한다는 것 등, 여러가지의 목적이 있었지만, 경제적으로 중요한 것은 과잉 인구를 송출하는 것과 농산물을 공급받는 것이었다. 일본 정부는 일본인 농민이 한국에서 농업을 영위하게 되면, 한국의 농업 개발 속도가 빨라질 것이고, 농산물을 공급받기 쉬워질 것이라고 판단했다.

그렇지만 한국은 동남아시아의 다른 식민지들과는 달리 농업 이민을 받아들일 여유가 거의 없었다. 〈표 3-1〉에 의하면, 한국의 인구 밀도는 필리핀, 印度支那에 비해서 2배나 높았으며, 두 지역과는 달리 식민지기에 경지 면적 증가율이 인구 증가율을 크게 밑돌았다. 1908년에 행해진 日本國京都府의 한 조사는 한국에 대한 농업 투자의 곤란함을 자세히 지적하고 있었다. 한국의 未墾地 중에는 홍수 또는 한해의 우려가 없는 토지가 거의 없으며, 未墾地에 자본을 투하해서 쓸 만한 경지로 바꾸기 위해서는 대량의 투자가 필요하기 때문에, 일본 농민이 적은 자본으로 농업의 자영을 꾀하다가는 실패하기 쉽다는 것이었다.[14]

〈표 3-1〉 한국, 필리핀, 印度支那의 인구수와 경지 면적 (단위 : 1㎢ 당 인구수)

연 도	印度支那	필리핀	한 국
인구 밀도	24 (1921)	26 (1903)	57 (1909)
인구 증가율	24.2(1921~36)	57.6(1918~38)	23.8(1925~40)
경지 면적 증가율	24.0(1921~39)	63.4(1918~39)	9.8(1920~40)

자료 : 인도지나 : 松田延一, 『佛印農業論』(1944), p. 111.
　　　필리핀 : Frank Golay, *The Philippines : Public Policy and National Economic Development*(Cornell University Press, 1961), p. 40.
　　　한국 : 朝鮮總督府, 『統計年報』.
주 : 印度支那의 경지 면적 증가율은 논 면적의 증가율로써 대신했음.

---

14) 京都府知事 編, 『韓國農業視察復命書』(1908), p. 10.

이러한 이유로 해서 한국의 未墾地를 개간하여, 일본의 농민을 한국에 이주시키는 사업은 東洋拓殖株式會社, 不二興業會社 등에 의한 몇 사업 이외에는 거의 성공하지 못했다.[15] 일본인 농가의 수는 병합 초기에 꾸준히 증가하여, 1919년에 10,210호에 이른 이후, 정체했다. 1932년에 11,439호로 가장 많았으며, 그 이후에는 다시 감소하여, 1940년에는 6,826호로 줄었다.[16] 일본인의 농업 투자는 대부분 일본에 비해서 상대적으로 값싼 한국의 경지를 구매하는 형태를 띠었으며, 농업 투자는 농민이 아닌 지주 중심으로 이루어져 갔다.

전체적으로 사태는 지주를 육성하여 이용하는 방향으로 진행되었다. 한편 지주 쪽에서도 농업에 대한 정보를 나누어 가지게 하며, 소작농의 움직임에 공동 대처할 수 있게 하는 조직을 필요로 하고 있었기 때문에, 총독부의 구상은 쉽게 실천에 옮겨져 갔다. 道別로 약간의 차이가 있기는 했지만, 1912년 이후 전국적으로 地主會가 설립되어 갔다. 조사 보고에 따르면, 1913년에 45개, 1917년에 120개가 설립되어 있었다.[17]

지주회는 군수가 그 회장을 겸임하고, 군청의 勸業課長이 간사를 겸임했으며, 군청의 서기 또는 기술 관계 직원(技手)이 지주회의 서기를 겸임했다. 총회는 지주회 회원으로 구성되었는데, 지주회의 회원 자격은 대개 소유 규모 3정보 이상이었다. 회원 자격은 지방에 따라서 상당히 달랐다. 전라북도는 1정보 이상의 소유자로서 조건이 매우 느슨했고, 평안북도는 10정보 이상의 소유자로 상대적으로 까다로웠다.[18]

지주회는 총독부의 정책 결정 과정에 참여할 수 있는 기관은 아니었고, 행정 조직의 보완물에 지나지 않았다고 생각된다. 하나의 이유는 지주회의 조직이 매우 관제적이었던 것이다. 여기에 대해서는 바로 위에서 보았으므로 더 이상 덧붙일 필요가 없을 것이다. 다른 하나의 이유는 구성원의 범위가 총독부의 정책 결정 과정에 참여하기에는 지나치게 넓다는 것이다. 정

15) 李圭洙,「植民地期朝鮮における集團農業移民の展開過程」,『朝鮮史研究會論文集』33집(1995).
16) 朝鮮總督府,『統計年報』.
17) 小早川九郎,『朝鮮農業發達史』政策篇(1944), pp. 307~310.
18) 이기훈,「1910~1920년대 일제의 농정 수행과 지주회」,『한국사론』33(1995), p. 276.

책에 대해서 발언하기 위해서는 지주회 구성원의 이해 관계가 단일하게 되어야 하지만, 3정보 이상의 소유자들 사이에서 그것을 기대하기는 어렵다. 경지의 소유 규모가 다르면, 문제가 발생하게 되는 지역적 범위가 달라지게 되며, 사태를 판단하는 데에 고려하는 시간의 길이가 달라지게 되기 때문이다.

공식적으로는, 총독부가 지주회를 이용해서 달성하고자 한 정책 목표는 '생산력의 증진'이었으며, 그 수단으로 생각했던 것은 농업 개량과 소작농의 보호였다.[19] 그렇지만 이 두 가지의 목표는 양립하기 어려웠다. 농업 개량을 지주 중심으로 추진한다는 것은 지주에게 소작농 및 지주의 영향력이 미칠 수 있는 범위 내에 있는 농민에 대한 발언권을 준다는 것이다. 발언권을 바탕으로 해서 힘이 발생하는데, 그럼에도 불구하고 지주가 소작농을 보호하는 것은 온정이 작용할 때뿐이다.

변화의 전체적인 방향은 보호가 아니었다. 소작농의 권리를 제약하고, 의무를 늘리는 방향으로 움직여 갔다. 소작권이 불안정해져 갔다. 1927∼32년에 걸친 총독부의 조사에 의하면, 소작 계약 기간은 81%가 부정기였다.[20] 부정기 소작 계약은 지주와 소작농의 힘 관계에 따라서 누구에게도 유리하게 될 수 있는 계약 방법이었지만, 농촌에 과잉 인구가 매우 많았던 당시에는 지주에게 유리하게 작용했다. 1作期[21] 만에 소작권이 바뀌는 것도 드물지 않게 되었다. 한 연구에 의하면 1920∼26년 사이에 한국 지가 총액의 96.9%가 매매되었다고 한다.[22] 다음에서 보지만, 소작 기간의 단기화는 소작료의 인상에도 영향을 주었다.

소작료율은 높아져 갔다. 일본식 소작 계약이 점점 널리 퍼져 가는 가운데, 관행에 종속되는 지주는 경쟁에서 패배해 갔다. 시기가 약간 어긋나지만, 1920년대 후반부터 1930년대 초반에 걸친 불황기에 한국인 지주들이 급속히 몰락한 것에는 위와 같은 이유가 있었다. 1920년대 초반의 농산물 가격 상승기에는 드러나지 않았던 경영 악화가 하락기에 여실히 드러났기

---

19) 文定昌, 『朝鮮農村團體史』(1942), p. 63.
20) 朝鮮總督府, 『朝鮮ノ小作慣行』上卷(1932), p. 87.
21) 하나의 작물의 재배가 시작되어서 끝날 때까지의 기간, 쌀의 경우는 경운이 시작되는 초봄부터 추수가 끝나는 늦가을까지임.
22) 堀和生, 「植民地産業金融と經濟構造」, 『朝鮮史研究會論文集』20 집(1983), p. 168.

때문이다.

경쟁에서 이기는 방법은 소작료를 가장 많이 낼 수 있는 소작농에게 경지를 맡기는 것이었으며, 소작농은 소작지를 얻기 위해서는 경쟁적으로 많은 소작료를 제시했다. 그리하여 수확량에서 소작료가 차지하는 비율이 점차 상승해 갔다. 1929년 당시 定租法을 적용하는 경지가 전체의 32%, 執租法의 그것이 16%, 打租法의 그것이 52%였으므로, 식민지로 전락할 당시의 비율도 이와 비슷할 것이라고 생각하고 가중 평균해 보면, 식민지로 될 당시에는 45% 정도였던 것이 1929년 무렵에는 51% 정도로 되었다. 즉 1910~30년 사이에 소작료율이 6% 정도 상승한 것이다.[23]

지주를 민간측 대리인으로 사용하는 것은 소작농의 불만을 축적해 간다는 약점을 가지고 있었지만, 1910년대에는 아직 문제가 표면화되지는 않고 있었다.

(2) 소작쟁의

지주와 농민의 관계는 기본적으로 경쟁 관계이다. 경쟁 관계라고 부르는 것은 양자가 서로를 보완하고 있음과 동시에 서로를 배제하기 때문이다. 생활의 수준에 있어서도 경영의 수준에 있어서도 양자는 그러하다.

농민은 지주가 없이는 춘궁기의 식량을, 파종기의 종자를, 재배기의 비료를 얻을 수 없다. 적어도 하나는 그렇다. 한편 지주는 농민이 없이는 자신의 소유지를 경작할 수 없다. 그렇게 되어 수확을 거둘 수 없게 되면, 자신의 생활을 유지할 수 없으며, 소작지의 집합체로서의 자신의 경영체를 유지할 수 없다. 이런 점에서 그들은 보완한다.

하지만 춘궁기의 식량, 파종기의 종자, 재배기의 비료에 관한 대차 관계를 청산하는 국면에서, 보다 중요하게는 수확물의 분배를 둘러싸고, 때로는 경영 방법을 둘러싸고 그들은 서로를 배제한다. 지주의 배제 활동은 소작농을 공격하게 되며, 농민의 배제 활동은 지주를 공격하게 되는데, 이 양자가 맞부딪치는 곳에서 소작쟁의가 일어나는 것이다.

조선 총독부의 官報를 이용해서 판단하면, 1910년대 초부터 주로 소작료

---

23) 졸고, 「식민지 조선에 있어서 1930년대의 농업정책에 관한 연구」, 『한국 근대 농촌 사회와 농민운동』(열음사, 1988), p. 130.

를 둘러싸고 지주와 소작농 사이에 마찰이 있었던 것 같지만,[24] 아직 사회
문제로 될 만한 수준은 아니었던 것 같다. 한국에서 소작쟁의가 본격적으
로 관찰되기 시작하는 것은 1920년대였다. 총독부 警務局의 판단에 의하
면, 병합 이후 자유·평등 사상의 보급, 제1차 세계 대전이 끝난 이후의 불
황, 러시아 혁명 이후의 사회주의 사상의 보급 등이 그 이유였다.

　조선 후기까지는 토지의 소유자와 그 토지의 경작자와의 사이에는 많은
경우 신분적 상하 관계가 있었으며, 소작 관행은 상당한 정도로 마을의 관
습에 의해서 규제되고 있었다.[25] 농가 겸업 소득의 감소, 일본인 지주에 의
한 일본식 소작 계약 방법의 보급, 병합, 土地調査事業 등이 그 관계를 깨
뜨렸다. 자유·평등 사상이 보급되면 관습은 점점 약화되게 된다.

　여러가지 연구들에 의하면, 조선시대에도 소작 기간은 그리 길지 않았
다. 明禮宮의 宮房田에 대한 한 연구에 의하면, 秋收記에 기록된 20년 사이
에 경작 기간이 1년에 지나지 않은 경작자가 전체 경작자의 48%에 달했으
며,[26] 조선 총독부가 행정 지도의 기준으로 삼고 있었던 3년 이상 경작하는
경작자는 37%에 지나지 않았다. 그리고 과천의 한 民田에 대한 사례 연구
에서도, 경지에 따라 차이는 있지만, 秋收記에 기록되어 있는 42년 사이에
10번 이상 경작자가 바뀌는 경지도 드물지 않았다.[27]

　그럼에도 불구하고 소작권의 이동이 민란의 주된 문제로 되지 않았던 이
유는 그것이 가족의 인원수를 고려한, 적정 규모를 확보시키는 이동이었기
때문이다. 즉 다른 농가의 재생산에 중대한 악영향을 가하는 이동이 아니
었던 것이기 때문이다. 그런데 개항 이후 가내 수공업이 서서히 해체되어
가면서 조건이 바뀌기 시작했다. 가내 수공업이 해체되자 농가의 겸업 소
득이 줄어들어 갔다. 줄어든 겸업 소득을 농업 소득으로 만회할 수밖에 없
었는데, 그것을 위해서는 이전보다 더욱 넓은 소작지가 필요했다. 그 결과
농가의 소작지 획득 경쟁을 치열하게 만든 것이다. 적정 규모는 그 이상 고
려의 대상으로 될 수 없었다.

---

24) 朝鮮總督府,『官報』, 1912년 5월 6일.

25) 李覺種,『朝鮮における小作制度』(1922).

26) 이영훈,「개항기 지주제의 一存在形態와 그 정체적 위기의 실상」,『經濟史學』9호
　　(1991), p. 423.

27) 안병태,『한국 근대경제와 일본 제국주의』, 백산서당(1982), p. 95.

병합과 함께 유포되기 시작한 일본식 소작 계약이 소작농 사이의 경쟁을
조장했다. 최대의 소작료를 제시하는 소작농에게 경작을 허락한다는 원칙
에 서 있었기 때문이다. 농가의 재생산과 관련해서 무수히 많은 문제를 낳
았으며, 소작료 인상과 연계된 소작권 이동이 소작쟁의의 가장 중요한 원
인으로 되어 갔다.

이어서 지주-소작인 사이의 정치적 관계에 대해서 살펴보자. 병합에 의
해서 총독부가 한국을 통치하게 되자, 조선시대의 지배층은 정치 권력에서
완전히 배제되거나, 종속적으로 편입되었다. 나아가서 토지 조사 사업은
토지가 가지고 있었던 신분적 성격을 없앴다. 이것은 지주와 소작농의 관
계를 경제적인 관계로 단일화시켜 갔다. 소작농도 점차 권리를 주장하고,
의무를 묻게 되었으며, 자신의 주장을 표현하게 되었다.[28]

소작쟁의에 대해서는 **警務局**이 1920년 이후, **殖産局**이 1925~31년 사이
에, **農林局**이 1932년 이후 각각 조사했는데, 〈표 3-2〉는 1920년대의 소작
쟁의 상황을 나타낸 것이다. 식산국이 1931년에 조사를 그만둔 것은 농림
국이 1932년에 식산국에서 분리되어 나왔기 때문이다. 그리고 〈표 3-2〉를
경무국 조사로 작성한 것은 식산국의 조사 결과로서는 1920년대 초반의 상
황을 알 수 없기 때문이다.

그런데 〈표 3-2〉의 소작쟁의 건수 및 참가자수에는 상당히 부자연스러
운 데가 있다. 특히 1923년과 1924년의 건수가 유달리 많다. 농업은 공업
에 비해서 자연 조건에 의존하는 바가 크기 때문에, 불규칙한 변동이 오히

〈표 3-2〉   **1920년대의 小作爭議와 農民運動團體의 狀況**

연 도	1920	1921	1922	1923	1924	1925	1926	1927	1928	1929	1930
건 수	15	27	24	176	164	11	17	22	30	36	93
참가자수	4,040	2,967	2,539	9,063	6,929	2,646	2,118	3,285	3,572	2,620	10,037
건당 참가자수	269	110	106	51	42	241	125	149	119	73	108
농민단체수	0	3	23	107	112	126	119	160	307	564	943

자료 : 朝鮮總督府警務局,『最近における朝鮮の治安狀況』(1930・1938).
주 : 표의 값은 모두 警務局의 조사에 의한 것이다. 따라서 殖産局 또는 農林局의 값과
    는 일치하지 않는다.

---

28) 全羅南道,『小作慣行調査書』(1923), p. 111.

려 타당할 수도 있다. 그렇지만 쟁의의 발발은 단순히 자연 현상을 반영하는 것만이 아니고, 사회 변동의 결과이기 때문에 특별한 정책의 변화가 없는 한 10배를 전후하는 변동을 보이지는 않는다.

〈표 3-2〉에 의하면 소작쟁의 한 건당 참가자수가 연도에 따라서 매우 다른데, 그것은 경무국의 조사 기준에 일관성이 없을 수 있음을 암시하고 있다. 만약 조사 기준에 일관성이 없었다면, 건수 또는 참가자수로서 소작쟁의의 상황을 설명하는 것은 불가능하게 된다. 나아가서 그림 3-1에 의하면, 1930년을 제외하고는 건수의 변동 방향과 한 건당 참가자수의 변동 방향이 반대이다. 이것은 소규모 쟁의까지 조사에 포함시켰을 때, 소작쟁의의 건수가 많아졌고, 대규모 쟁의만을 포함시켰을 때, 건수가 작아졌음을 나타낸다. 그렇다면 소작쟁의의 상황은 건수나 참가자수와 같은 양적인 지표보다는 농민 조직의 발전 과정, 농민 운동 단체의 수, 소작농 조합의 수와 같은 상대적으로 질적인 지표를 기준으로 해서 파악해야 할 것이다. 이와 관련하여 농민 조직의 발전 과정부터 보아 가자.

1920년에 朝鮮勞動共濟會가 결성되었는데, 소작농들은 자신의 성격을 소작 노동자로 규정했고, 노동 공제회의 일원이 되었다. 소작인을 노동자로 규정한 것은 농민과 노동자의 지향점이 다르다는 것이 정확히 인식되어 있지 않았기 때문이다. 이후 민중 운동의 과정에서 그들의 지향점이 다르다는 것이 인식되어 갔지만, 1924년에 결성된 朝鮮勞農總同盟은 여전히 노

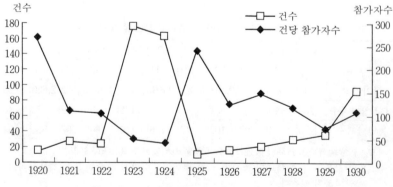

그림 3-1. 소작쟁의의 건수와 한 건당 참가자수
자료 : 〈표 3-2〉와 같음.

동자와 농민을 동일한 조직 속에 품고 있었다. 이러한 미숙성에서 탈피하는 것은 1926년에 이르러서였다. 그 해에 이르러 朝鮮農民總同盟이 결성되어 비로소 전국적인 수준에서 농민의 독자성을 주장하게 되었다.[29] 〈표 3-2〉에 의하면 1924년을 제외한 모든 연도에서 농민 운동 단체의 수가 증가하고 있는데, 이것은 농민 의식의 성장과 궤를 같이하는 것이었다.

하지만 농민 운동과 소작쟁의가 반드시 일치하는 것은 아니다. 소작쟁의는 경제적 요구에 국한되어 있지만, 농민 운동의 요구는 그것보다 광범위해서 정치적 요구에까지 이르기 때문이다. 이와 관련해서『동아일보』에서 파악되는 한에서의 소작농 단체의 상황을 보면, 단체의 수가 1922년에 14개, 1923년에 53개, 1924년에 62개로 각각 증가해 갔다. 소작쟁의가 심화되어 갔다고 할 수 있을 것이다.

(3) 지주의 동태화

소작쟁의의 진행 양상을 추상적으로 요약하면 다음과 같이 된다. 1) 소작농들이 지주에게 소작 조건의 개선을 요구한다. 2) 지주가 그것을 거절한다. 3) 소작쟁의가 발생한다. 4) 총독부가 조정에 나서서, 양자의 타협을 도모한다. 5) 처음에는 지주와 소작농 모두 그것에 응하지 않는다. 소작농의 입장에서는 자신들의 요구가 충분히 받아들여지지 않았기 때문이며, 지주의 입장에서는 자신들이 양보해야 하기 때문이다. 6) 소작쟁의가 격렬해진다. 7) 총독부가 소작쟁의의 진압에 나선다. 8) 소작농 가운데 쟁의를 주도했던 자가 희생된다. 그렇지만 소작농 전체로서 보면, 다소나마 사태가 개선된다.[30]

총독부의 입장에서 볼 때, 소작쟁의란 순수한 낭비이다. 낭비는 총독부 행정력의 추가 지출, 촌락에 있어서 모든 종류의 의사 결정의 지연, 농업

---

29) 권두영,「일제하의 한국 농민운동」,『한국근대사론』(지식산업사, 1977).

30) 소작쟁의에 관한 사례 연구로서는 다음의 연구를 참고할 수 있다. 淺田喬二,『日本帝國主義下の民族革命運動』(東京, 未來社, 1973). 大和和明,「1920年代前半期の朝鮮農民運動」,『歷史學研究』502호(1982) ;「朝鮮農民運動の轉換點」,『歷史評論』413호(1984). 金容燮,「재령 동척농장의 성립과 지주 경영 강화」,『韓國近現代農業史研究』, 一潮閣(1992). 蘇淳烈,「1930年代朝鮮における小作爭議と小作經營」,『アジア經濟』, 36-9(1995).

생산의 부진 등으로 나타난다. 그렇기 때문에 총독부의 최선은 소작쟁의가 일어나지 않도록 하는 것이다. 그것을 위해서 총독부가 행할 수 있는 것은 논리적으로 두 가지이다. 하나는 지주에게 더 강력한 통제력을 주어 소작 쟁의를 억압하는 것이며, 다른 하나는 소작 관행을 합리화하는 것이다. 총 독부가 채택한 것은 후자였다. 농민 경영이 성장하는 가운데 지주에게 더 강력한 통제력을 주는 것은 마찰을 증폭시킬 위험성이 컸기 때문이다. 그 리하여 총독부는 쟁의의 현장에서는 소작농을 억압했지만, 제도를 포함하 는 전체적인 과정에서는 지주에게 양보를 요구하는 방향으로 나아갔다.

그렇지만 지주도 결코 수수방관하지 않았다. 지주의 대응은 두 측면에서 행해졌는데, 그 가운데 하나는 정치적인 것이었다. 앞서 언급한 대로 총독 부는 지주회를 총독부 행정 기구의 보완물로 생각했을 뿐이지만, 지주들이 그것에 대항하기 시작했다. 하나의 예를 들어 보자.

1922년에 추수가 끝난 직후부터 겨울에 걸쳐서 순천군의 각 면에서 대규 모의 소작쟁의가 일어났다. 그중 쌍암면 농민 대회는 1) 토지의 개량과 농 사의 혁신에 노력한다. 2) 지세 및 공과금은 지주가 부담한다. 3) 수확량에 대한 소작료의 비율은 3~4할로 한다. 4) 지주는 소작권을 무리하게 이동 해서는 안된다. 5) 소작료 운반은 4km 이내로 한다[31]라고 결의했다.

여기에 대해서 순천군청은 1923년 1월에 순천군 지주회 임시 총회를 열 고, 1) 소작료를 4할 이내로 한다. 2) 지세 및 공과금은 지주가 부담한다. 3) 지주는 소작권을 함부로 이동하지 않는다. 4) 소작료 운반은 8km 이내 로 한다는 등의 사항을 결의하게 했다.[32] 이것은 소작료의 운반 거리를 제 외한 나머지 항목에서 전적으로 소작농의 주장에 동의한 것인데, 농업 생 산력의 증진을 위해서는 지주와 소작농 사이의 분배 관계를 개정할 필요가 있다고 총독부도 생각했기 때문이었다.

지주들은 이에 반대했다. 같은 해 3월에 순천군, 보성군, 고흥군의 대지 주 48명은 지주 연합회를 열었고, 1) 소작료는 조선 전체의 관행인 수확 절 반의 원칙을 변경하지 않는다. 2) 소작료 운반은 8km 이내로 하며, 초과한 거리에 대해서는 지주가 비용을 부담한다. 3) 불온한 거동을 보이는 자에

---

31) 『동아일보』, 1923년 1월 11일.
32) 『동아일보』, 1923년 1월 27일.

게는 소작권을 주지 않는다. 4) 결의 사항을 일반에게 널리 알린다는 네 가지 사항을 결의했다.

나아가서 이 날의 대회에서는 무의미한 지주회를 폐지하고, 관청의 감독을 받지 않는 독립적인 기구를 만들 것이 제안되었으며, 채택되어 집행 위원이 구성되었다. 명칭은 鮮南興農會로 했다.[33] 즉 자신들의 이익을 전달할 수 있는 정치적 기구를 계획한 것이었다.

다른 하나는 경영 합리화였다. 지주들의 경영 합리화는 처음에는 일본인 지주들 사이에서만 행해지고 있었지만, 이 시기에 들어와 한국인 지주들도 점차 행하기 시작했다. 露日戰爭에서 일본이 승리함으로 해서 일본이 歐美 열강으로부터 조선을 식민지로 해도 좋다고 인정받게 되자, 일본은 乙巳保護條約을 강제로 체결하여, 조선을 保護國으로 하게 되었다. 그 이후로 일본인들은 조선에서의 농업 경영을 위해서 개인적으로 또는 집단적으로 치밀하게 계획을 세우게 되었다. 예를 들면 일본의 石川縣[34]은 1906년에 조선에 시찰단을 보내었는데, 그 시찰단에는 9명의 농업 시찰자가 있었다. 이들이 돌아가서 조선에서의 농업 경영은 장래성이 크다고 보고하자, 그 이듬해인 1907년에 지주들이 중심이 되어서 石川縣農業會社를 만들었고, 한국 진출을 계획했다.[35] 이외에도 川崎농장은 한국 내에 시험 논을 두고 1905~7년에 80종의 벼의 품질과 수량을 시험했다.[36]

대개의 경우 일본인 지주들은 농업에 투자할 때 경영의 목표를 지가 상승에 의한 이득보다는 농업 경영에 의한 수입에 두고 있었다. 상당수의 한국인 지주들이 지가 상승에 의한 이득을 목표로 하고 있었던 것과는 달랐다고 할 수 있다. 그리하여 이들은 한국에 농업 투자를 하는 초기부터 개량 농구 보급, 시비량 증가, 다수확 품종의 재배, 벼의 乾燥度 개선 등 다양한 방법으로 농사 개량을 추구하였다. 그리고 농장을 형성해서, 소작농을 통제하기 쉽게 하여, 농사 개량이 경지에서 실제로 적용되도록 했다.

---

33) 『동아일보』, 1923년 3월 12일.
34) 일본의 縣은 한국의 道 수준에 해당하는 지방 행정 단위이다. 규모는 한국의 도보다 작다.
35) 田中喜男, 「明治後期朝鮮拓植への地方的關心 : 石川縣農業株式會社の設立を通じて」, 『朝鮮史硏究會論文集』 4집(1967).
36) 주봉규 · 소순열 공저, 『근대 지역농업사 연구』, p. 121.

일본인 지주들이 농업 경영의 수익을 높이기 위해서 일찍부터 소작농의 통제를 강화하고, 나아가서 농사 개량을 추구했던 것과는 달리, 한국인 지주들의 대부분은 농업 경영을 소작농에게 일임하고 있었다.

그런데 지주제에 대한 사례 연구를 검토해 보면, 1920년대에 들어서서 한국인 지주들의 경영 합리화가 눈에 뜨이게 진행되었다. 가장 많은 것은 소작지 경영의 합리화였으며, 그외에도 자작지 증대,[37] 농외 투자[38] 등이

〈표 3-3〉   지주의 경영 합리화 상황

지주명	경영 합리화가 활발히 이루어졌던 시점	농장명	직접 관련된 소작쟁의
고부 김씨	1924년대	三水社	
재령 東拓	1920년대 후반	東拓農場	소작쟁의(1924~25)
동복 오씨	1920년대 중반	東皐農場	
해남 윤씨	1920년대 말	守當農場	맹골도에서의 빈번한 소작쟁의
암태도 문씨	1930년대 초반	湖城農場 湖華農場	소작쟁의(1924~27)
보성 이씨	1920년대 초반		

자료: 金容燮, 「古阜金氏家의 地主經營과 資本轉換」, 『韓國近現代農業史研究』(一潮閣, 1992).

　　　金容燮, 「재령 동척농장의 성립과 지주 경영 강화」, 위의 책.

　　　박천우, 『韓末・日帝下의 地主制 研究 ─ 岩泰島 文氏家의 地主로의 성장과 그 변동 ─』(연세대학교 대학원 석사학위 논문, 1983).

　　　최원규, 『19・20세기 海南 尹氏家의 農業 경영과 그 변동』(연세대학교 대학원 석사학위 논문, 1984).

　　　洪性讚, 「韓末・日帝下의 地主制 研究 : 50町步 地主 寶城 李氏家의 地主經營事例」, 『東方學志』 53집(1986).

　　　洪性讚, 「日帝下 企業家的 農場型地主制의 存在形態 : 同福 吳氏家의 東皐農場 經營構造分析」, 『經濟史學』 10호(1986).

---

37) 金容燮, 「羅州 李氏家의 地主經營의 成長과 變動」, 『韓國近現代農業史研究』(一潮閣, 1992).

38) 洪性讚, 『韓末・日帝下의 地主制 研究 : 江華洪氏家의 秋收記와 長冊分析을 中心으로』(연세대학교 대학원 경제학과 석사학위 논문, 1980). 박천우, 『韓末・日帝下의 地主制 研究 ─ 岩泰島 文氏家의 地主로의 성장과 그 변동 ─』(연세대학교 대학원 석사학위 논문, 1983). 洪性讚, 「韓末・日帝下의 地主制 研究 : 谷城 曺氏家의 地主로의 成長과 그 變動」, 『東方學志』 49집(1985). 金容燮, 「古阜金氏家의 地主經營과 資本轉換」 및 「江華 金氏家의 地主經營과 그 盛衰」, 『韓國近現代農業史研究』(一潮閣, 1992).

이루어졌다.

〈표 3-3〉에 의하면, 지주의 경영 합리화가 이루어졌던 시점은 고부 김씨와 재령 東拓(東洋拓殖株式會社)이 1920년대 중반, 동복 오씨와 해남 윤씨가 1920년대 후반, 암태도 문씨가 1930년대 초반이었다. 그리고 농장 설립에까지는 이르지 않았지만, 보성 이씨가 1920년대 초에 농장의 운영 방식을 대거 합리화했다.

사례 연구에 의하면, 재령 東拓, 해남 윤씨, 암태도 문씨 등은 자신의 소작지에서 발생한 쟁의를 경험한 후, 소작농을 더욱더 효과적으로 통제하기 위해서 농장제를 도입했다. 다른 지주의 경우는 직접적인 관련은 확인할 수 없지만, 예방적인 차원에서 이루어졌을 것이다.

지주의 경영 합리화는 크게 다음과 같은 내용으로 구성되었다.[39] 1) 소작에 관한 모든 조건을 문서로 작성하며, 조건을 이행하지 못했을 때에는 사정의 여하를 불구하고 해약한다. 2) 개량 농법을 반드시 실행하도록 의무 짓는다. 개량 농법에 관한 규정은 품종, 못자리를 만드는 방법, 모내기의 방법, 비료 투입량과 투입 시기, 사이갈이와 김매기의 횟수, 가을갈이의 깊이, 쌀 건조 방법, 포장 방법 등, 파종에서 수확에 이르는 전체의 과정에 걸쳐 있었다. 3) 소작농 통제 기구를 근대화한다. 지주 소유지의 면적이 일정한 수준을 넘어서면 어떠한 지주라도 혼자서 소작농을 관리할 수 없기 때문에, 반드시 자신의 대리인을 두어야 한다. 전통적인 지주들은 마름이라고 불리는 존재를 자신의 대리인으로서 두고 있었다. 그런데 마름은 대개 소작농 중에서 충당되었기 때문에, 마름이 반드시 지주의 이익에 입각해서 모든 사태를 판단하는 것은 아니었다. 즉 지주의 의도가 정확하게 관철되지는 않았다.

그리하여 경영을 합리화하는 지주들은 근대적인 농업 교육을 받은 기술자를 직원으로 채용해서 이용했다. 熊本農場에 대한 사례 연구에 의하면, 33명의 농장 직원 가운데 농림학교 출신이 17명, 잠업학교 출신이 1명, 상업학교 출신이 4명, 農士학교 출신이 1명, 철도학교 출신이 1명, 區學전문학교 출신이 3명, 기타가 6명이었다.[40] 農士학교란 農村振興運動期(제3절

---

39) 久間健一, 『朝鮮農政の課題』(1943).
40) 주봉규・소순열 공저, 『근대 지역농업사 연구』, p. 163

제3항에서 서술함)에 농민에게 농사 기술, 농민 정신 등을 가르치기 위해서 만든 기관이었다.[41] 이들은 기술적으로 소작농보다 우위에 설 수 있었기 때문에 소작농을 지주가 바라는 방향으로 이끄는 데에 더 적절했다.

　총독부와의 관계에서 볼 때, 경영 합리화는 크게 두 가지 점에서 지주에게 유리하게 작용했다. 첫째, 지주에 대한 총독부의 지지가 줄어드는 것에 의해서 발생하는 손실을 보완할 수 있다. 둘째, 농업 생산에 있어서 지주의 역할을 강화하여, 총독부에 대한 자신의 교섭력을 높이게 되며, 소작농에 대한 지주의 우위를 지킬 수 있게 된다.

(4) 朝鮮農會令과 '小作慣行改善에 關한 件'

　농민과 노동자는 그 존재 형태가 다르다. 노동자는 모든 종류의 生産手段으로부터 분리되어 있지만, 농민은 적어도 토지 이외의 생산 수단은 직접 소유하고 있는 독립된 경영체이다. 이것이 각자의 생존 전략에 차이를 낳는다. 노동자가 자신의 경제적 지위를 상승시키는 데에는 임금의 상승이 거의 유일한 방법이지만, 농민은 소작료 및 조세 公課金의 크기의 변화, 다수확 품종의 도입, 생산물 구성의 변경, 생산 요소 투입량의 조절, 판매 가격의 개선 등 다양하다. 때로는 자급 경제로 후퇴하는 것도 하나의 방법이었다. 앞에서 소개한 1922년의 순천 지방 소작쟁의에 있어서도 소작농들이 소작 조건의 개선에 대해 주로 언급했지만, 결의 사항의 제일 처음에 토지의 개량과 농사의 혁신에 애쓸 것을 규정했다. 소작지의 생산력이 증진되는 것은 자신에게도 유익하기 때문이다.

　소작농이 추구하는 전략이 다양한 만큼, 소작농과 총독부의 이해 관계도 단일하지 않았다. 소작쟁의는 소유권에 입각해서 이루어진 계약의 결과의 집행을 저지한다는 점에서 총독부의 탄압의 대상이 되기는 했지만, 다른 한편에서 총독부는 소작 조건을 개선시켜, 소작농의 생산적 투자를 유도하고, 그것으로서 농업 개발의 한 축으로 삼고자 했다. 많은 지주들이 경영 합리화를 시도했던 것은 총독부의 이러한 파악에 대한 대응이었다. 그렇지만 이미 1910년대와 같은 상황을 재생산할 수는 없었다.

---

41) 朝鮮總督府, 『農山漁村における中堅人物養成施設の槪要』(1936).

지배하는 자는 지배받는 자에게 복종을 요구하며, 그런 점에서 지배에 의해 가해지는 억압은 지배받는 인간을 파괴하기도 하지만, 다른 한편에서 그것은 지배받는 인간에게 적응력과 저항력을 준다. 일본의 농법은 한국의 전통적인 농법을 파괴하면서 도입되었지만, 다른 한편에서 그것은 한국의 농민들에게 에너지의 지출을 더 많이 요구하는, 상대적으로 복잡한 농법에 적응시켰다. 이 속에서 전통적인 농민이 근대적인 농민으로 바뀌어 가는 것인데, 1910년대 이후의 총독부 농업 정책이 이 과정을 촉진했다. 농민에게 강요되었던 개량 농법은 관행 농법과 비교하는 한, 단위 면적에 대한 노동과 자본의 투하량이 더 많았다. 노동 투하량은 45%가 더 많았고, 자본 투하량은 93%가 더 많았다.[42] 농민의 생산력적 기능이 강화되어 갔던 것이다.

농민의 존재 형태가 바뀌면 정책이 동일할 수 없고, 총독부가 농민과 지주를 조정하는 방법이 동일할 수 없다. 이하에서 총독부 정책의 변화에 대해서 살펴보자.

총독부가 시도한 하나는 지주회를 해체하고 農會를 설립한 것이었다.[43] 농회는 1926년에 설립되었는데, 그 이전부터 설립되어 있었던 농업 일반, 축산업, 잠업, 면업, 농가 부업, 지주 소작 관계 등에 관한 여러 조합을 모아서 만든 것이었다. 회원의 범위는 매우 넓어서, 모든 자작농과 3단보 이상 경작하는 소작농을 포괄하고 있었다. 이렇게 함으로써 총독부는 지주의 상대적으로 특수한 요구를 희석시킬 수 있었기 때문이다.

농회는 朝鮮農會-道農會-府·郡·島農會라고 하는 계통 조직을 갖추고 있었는데, 집행부 및 事務局의 구성으로 볼 때, 행정 조직의 別動隊에 다름아니었다. 조선농회장은 政務總監이 겸했으며, 도농회장은 도지사가 겸했고, 군농회장은 군수가 겸했다. 나아가서 도 산업부의 기술 담당 직원이 도농회의 그것의 67%를 겸하고 있었다.[44] 그리고 농회의 의원은 농회 회원 중에서 행정 관청에 의해서 지명된 사람으로 구성되었으며, 농회의

---

42) 朝鮮農會,『朝鮮農會報』, 1927년 1월.
43) 朝鮮農會,『朝鮮農務提要』(1936).
44) 朝鮮農會,『朝鮮農會報』, 1928년 1월, pp. 111~114. 朝鮮總督府,『朝鮮總督府及 所屬官署職員錄』(1928).

會費는 면직원이 대신 징수했다. 이상의 사태로부터 판단할 때, 농회가 설립됨으로 해서 조선 총독부의 농촌 지배력이 훨씬 높아졌다고 할 수 있다.

농회의 목적은 1) 농업을 지도·장려한다. 2) 농업에 종사하는 자의 복리를 증진시킨다. 3) 농업에 관해서 연구·조사한다. 4) 농업에 관한 분규를 조정 또는 중재한다. 5) 농업의 개량 발달을 돕는다. 6) 농업에 관한 사항을 행정 관청에 건의한다는 것이었는데, 지주회와 관련해서 4) 에 대해서 살펴보자.

지주 소작 관계와 관련하는 한 총독부의 의도는 분명하게 드러난다. 지주회라는 이름 아래에서는 지주에게 양보를 요구하는 데에 한계가 있었다. 지주의 이익을 보호하지 않고서는 지주회가 유지될 수 없었기 때문이다. 그런데 총독부의 정책 목표는 지주를 보호하는 것이 아니라, 농업을 개발하고, 농촌을 안정시키는 것이었다. 그 때문에 지주회라는 명칭하에서 농업 정책을 계속 추진하는 데에는 상당한 어려움이 따랐다.

먼저 농업의 개발을 위해서는 일정한 한계 내에서이기는 하지만 소작농의 이익을 옹호해야 하는 측면이 있었다. 나아가서 농촌의 안정이라는 점에서도 총독부와 지주의 이익이 반드시 일치하는 것은 아니었다. 지주가 완전한 헤게모니를 가지고 소작농을 통제할 수 있다면 일치할 수도 있겠지만, 식민지기의 지주는 신분적으로도 이데올로기적으로도 우위에 서 있지 못했다. 이미 유교로서는 불가능했다. 지주가 민족주의를 자신의 이데올로기로 가질 수 있었다면 상당한 정도로 가능할 수 있었겠지만, 그것은 총독부가 용납하지 않는 이데올로기였다. 한국인 지주들은 때때로 총독부에 반발했지만, 전체적으로는 총독부와 보조를 맞추었다.

농회는 소작쟁의의 당사자로 될 수 있는 계층 모두를 동일한 기구 속에 포함하여, '농업에 관한 분규를 조정 또는 중재'하려 했던 것이다. 〈표 2-18〉에 의하면 1923년에 3단보 이하를 경작하는 농가가 25.8%였다. 25.8% 가운데에는 자작지를 가지고 있는 농가도 있겠지만, 모두가 소작농이라고 해도, 농회가 74.2%의 농가를 포섭했던 것이다. 그리고 3단보 이하를 소작하는 소작농은 농업 이외의 부문에서 상당한 소득을 얻기 때문에 소작쟁의에 대한 참여도는 낮다. 물론 기구의 변동만으로는 총독부가 지주와 농민 사이의 힘 관계를 어떻게 조정하려고 했는지 정확하게 알 수 없다. 여

기서 알 수 있는 것은 양자 모두에 대한 통제력을 강화하고자 했다는 것에
지나지 않는다. 계속해서 소작 관행에 대한 총독부의 입장을 검토해 보자.

소작 관행에 대한 법률적 기준을 제정하려고 하는 시도는 병합 직후부터
있었다. 예를 들면, 1914년의 道農業技術官會議에서는 小作法을 제정해야
하며, 마름 제도를 개선해야 한다고 하는 의견이 제기되었다.[45]

이후 1921년부터는 소작 관행에 대한 실제적인 조사도 행해졌다. 이것은
1920년대에 소작쟁의가 빈발한 것과 관련이 있다. 1921년 5월 23일자『동
아일보』는 소작법 제정을 위한 소작 관행 조사가 행해지고 있음을 보도했
다. 이 조사는 이후 약 6개월간에 걸쳐서 행해졌고, 조사의 결과는『朝鮮に
おける小作制度』(李覺種, 1922)란 제목으로 출판되었다. 이어서 1922년 7
월 3일자『동아일보』는 총독부 내무국이 위의 조사 결과를 바탕으로 하고,
일본의 소작법 등을 참조해서, 소작법을 제정할 것이라고 보도했다. 그렇
지만 구체적인 결과는 나오지 않았다. 한국 내의 사정도 아직 충분히 무르
익어 있지 않았지만, 일본의 소작법 제정 움직임이 실패로 돌아갔던 것에
도 기인했다.

소작법 제정의 필요가 다시 제기되었던 것은 1926년이었다. 1926년 11
월 21일자『동아일보』는 총독부가 소작 제도를 합리적으로 개선해 갈 것이
라고 보도했다. 일본에서도 1926년부터 小作調査會가 설치되는 등 소작 법
안에 대한 심의가 다시 시작되었는데, 그것과도 관련이 있을 것이다.[46]

1927년에는 총독부가 농림국 농무과 내에 小作制度慣行調査主任官을 두
고, 소작 관행의 조사에 본격적으로 착수했다.[47] 그런데 소작 관행에 대한
조사가 끝나기를 기다려서 소작 관행에 대한 총독부의 입장을 내기에는 농
촌의 상황이 급박했다. 1923~26년 사이에는 농민 운동 단체의 수가 완만
하게밖에 증가하지 않았지만, 1927년 이후에는 기하 급수적으로 증가했다.

그리하여 총독부는 1928년에 臨時小作調査委員會를 두어, 소작 관행의
개선에 필요한 사항을 우선적으로 심의하게 했다.[48] 그 결과 1928년에는

---

45) 小早川九郎,『朝鮮農業發達史』政策篇(1944), pp. 37~38.

46) 小倉武一,『土地所有の近代化』, 農山漁村文化協會(1983), p. 148.

47) 鹽田正弘,「朝鮮農地令について」, 朝鮮史料研究會,『朝鮮近代史料研究集成』3호
(友邦協會, 1960).

48) 같은 글.

'小作慣行改善에 關한 件'이라고 하는 정무총감의 통첩이 제정되었다.[49]
'件'의 서문에 의하면 그것의 목적은 1) 소작지의 생산력 증진, 2) 소작농의
생활 안정, 3) 지주·소작농간 분규의 억제라고 하는 세 가지였다. 소작농
의 생활 안정이란 그것이 저해됨으로 인해 1) 또는 3)의 목표가 달성되지
않을 때에 문제로 되는 것이므로 총독부의 주된 목표는 1)과 3)의 두 가지
라고 할 수 있다. 이것은 지금까지 살펴본 바와 일치할 뿐 새로운 것은 아
니다. 이하에서 그것을 달성하기 위해서 도입한 조치에 대해서 살펴보자.
    먼저 '件'은 모두 15개의 조항으로 구성되어 있다. 항목의 내용과 그것이
가지는 의미는 다음과 같다.

1) 소작 계약은 문서로 한다.
2) 새로이 지주가 된 자는 예전의 소작 관계를 계승해야 한다. 함부로 소작권을
   이동시키거나 소작료를 인상해서는 안된다.
3) 소작지의 轉貸는 특별한 경우에만 할 수 있다. 소유권이 바뀌어도 소작료를 늘
   릴 수 없다.
4) 소작 기간은 보통의 경작지에서는 3년을 내려갈 수 없고, 뽕밭은 10년을 내려
   갈 수 없다. 배신 행위가 없는 한 계약을 갱신해야 한다.
5) 소작권은 상속된다.
6) 소작료의 체납을 이유로 해서 소작 계약을 해제하는 것은 1년분 전액 또는 2
   년간 계속해서 일부분을 체납했을 때이다. 해제하고자 할 때는 2개월 이전에
   예고해야 한다.
7) 소작료는 定租法으로 한다.
8) 소작료가 고율이면 점차 타당한 수준으로 낮춘다.
9) 소작료의 양을 정할 때는 도량형에 관한 법규에 따른다.
10) 소작료를 운반할 때, 8km를 초과하는 부분에 대해서는 운반 비용을 지주가
    부담한다.
11) 소작지에 대한 세금 및 공과금은 지주가 부담한다.
12) 뽕밭과 같은 특수 작물의 소작지를 반환하는 경우에는 지주가 작물을 매수해
    야 한다.
13) 지주는 항상 농사 개량에 유의해야 한다.
14) 마름의 폐해를 없애야 한다.
15) 소작쟁의는 소송 또는 행정 관청의 조정에 의해 해결한다.

---

49) 「小作慣行改善に關する件」, 朝鮮農會, 『朝鮮農務提要』(1936).

초점은 소작 기간과 소작료에 대해서 맞추어져 있었다. 그 두 가지가 농업 생산력의 증진을 저해하고, 소작쟁의를 발생시키는 주된 요인이었기 때문이다. 소작 기간이 짧아지면 고정 자본 투자를 하지 않는데, 이것은 장기적인 시점에서 생산성을 해치게 된다. 나아가서 소작료가 많아지면, 유동 자본 투자까지도 꺼려 한다. 투자자인 소작농에게는 대가의 일부분밖에 돌아오지 않기 때문이다. 소작 기간을 최저 3년으로 한 것은 소작농의 농업 투자 의욕을 돋우기 위한 것이었다.

위의 '件'을 공포한 직후, 총독부는 朝鮮農會 주최로 小作慣行改善懇談會를 열었다.[50] 간담회의 벽두부터 총독부는, 지주의 반발을 우려하여, 사회자를 통해 '件'은 이미 지방 장관에게 통달되었으며, '件'을 수정하는 것은 절대로 불가하다. 그리고 이 '件'에는 불합리한 내용이 없다. 오늘의 모임은 '件'의 내용을 원활히 실현하는 것이 목적이다라고 회의의 성격을 제한했다.

그렇지만 회의는 결코 원활하지 않았다. 지주들은 소작권 이동에 동반하는 소작료 인상을 허락할 것, 소작 기간을 정하지 말 것, 소작쟁의를 주도한 자를 엄중히 처벌한다는 조항을 추가할 것 등을 주장했다. 불만이 특히 집중되었던 것은 6)이었다. 6)은 '소작료의 체납을 이유로 하는 소작 계약의 해제는, 소작농이 1년분의 소작료 전액을 체납한 경우 또는 계속해서 2년에 걸쳐 매년의 소작료의 일부분을 체납한 경우에 있어서 지주가 2개월을 내려가지 않는 기간내에 납입해야 한다는 취지의 催告를 했음에도 불구하고 납입하지 않는 경우에 행할 수 있다'는 것이었다. 이것에 대해 지주들은 소작권 해제는 지주의 사활이 걸린 문제라고 주장했고, 항목을 없애거나, 불가항력에 의한 체납만으로 체납을 제한하고, 催告 기간을 1개월로 줄일 것을 요구했다. 지주들의 요구는 많았지만, '불가항력에 의한 체납'만이 인정되었을 뿐 아무것도 받아들여지지 않았다. 이것은 지주의 지위가 상대적으로 하락해 가는 첫단계였다.

총독부가 가장 중요하게 고려한 계층은 농업의 혁신을 주도하는 계층이었다. 그런데 식민지 시기 한국에 있어서 농민은 농업의 혁신을 주도하지

---

50) 이하는 朝鮮農會, 『朝鮮農會報』, 1928년 11월에 의함.

못하였다. 농업이 몇 천년 전부터 행해져 오기는 하였지만, 이미 농업도 전근대적인 산업에 머물러 있지는 않았다. 농업에서도 이미 현장과 연구소가 분리되어 있었고, 연구소에서 개발되고 실험을 거쳐 성숙된 기술이 현장에 적용되게 되었기 때문이다. 그리고 많은 기술들이 농장의 농업기술원을 경유해서 농민에게 전달되었다. 그렇지만 농업의 변혁은 농민이 점유하고 있는 경지에 새로운 기술이 들어오면서 전개된다는 점에서 공업과는 전혀 달랐다. 노동자는 공장의 외부로부터 그 내부로 투입되기 때문이다.

이러한 점에서 총독부는 농민을 가볍게 다룰 수 없었다. 그리고 제 1 장과 제 2 장에서 언급했듯이 병합 이후 농민의 경영 능력은 상승해 오고 있었다. 점차로 지주와 농민의 관계에서 지주의 편에 일방적인 우위를 설정할 수 없게 바뀌어 갔다. 그러면서 소작쟁의가 항상적으로 일어나게 되자, 총독부는 '件'으로서 사태를 수습해 두고자 했던 것이다.

3. 농촌의 위기와 농민을 포섭하기 위한 총독부의 정책

(1) 농업 공황

1920 년대 말~1930 년대 초에 걸친 정치·경제적 변동을 겪으면서 계급 관계를 둘러싼 상황이 또다시 바뀌어 갔다. 이번에는 외부의 변화가 더 중요했다. 제 1 장에서 보았듯이 일본 정부와 조선 총독부는 제 1 차 세계 대전 이후에 일본의 쌀 부족과 한국에 있어서 민족 운동의 고양이라고 하는 새로운 문제에 부딪쳤으며, 그것에 대한 대응으로서 産米增殖計劃을 행했다. 그런데 産米增殖計劃이 本軌道에 진입한 1920 년대 중반에 세계 쌀 시장은 공급 과잉의 기미를 보이기 시작했다. 제 1 차 세계 대전 이후 불황 타개책의 일환으로 다른 제국주의 국가들도 동아시아 식민지를 본격적으로 개발하기 시작했으며,[51] 그 결과 쌀의 공급량이 늘어났기 때문이다. 필리핀에 대해서 살펴보면, 1911~15 년에 쌀 재배 면적이 132 만 ha였지만, 1921~25 년에는 170 만 ha로 증가했다. 같은 기간에 생산량은 86 만 톤에서 190 만

---

51) 松田延一, 『佛印農業論』(1944), p. 112.

톤으로 두 배 이상 증가했다.[52] 한국의 쌀 시장이 세계 쌀 시장과 직접적으로 연결되어 있었던 것은 아니었지만, 일본의 쌀 시장을 통해서 세계 쌀 시장의 영향이 파급되어 왔다. 그리하여 한국의 쌀 시장도 1925년부터 서서히 공급 과잉의 기미를 띠어 갔다.

이 시기의 농산물 가격 하락 양상과 그것이 초래한 농가의 궁핍에 대해서는 이미 제2장 제3절 제3항에서 충분히 언급했으므로 여기서는 생략한다. 이하에서는 小作爭議를 포함하는 農民運動에 대해서 살펴보자.

〈표 3-4〉에서 소작쟁의에 관련된 통계는 식산국의 조사를 이용해서 만든 것이며, 농민 단체의 수는 경무국의 자료에 의한 것이다. 이 시기의 소작쟁의에 대한 조사 중에는 경무국에 의한 것도 있지만, 제2절 제2항에서도 언급한 바 있듯이 경무국 조사에는 일관성이 결여되어 있어 이용하기 어렵다. 그것에 비하면 식산국 조사가 일관성이 있다고 생각된다. 1928년은 예외적으로 건당 참가자수가 적지만, 그 이외에는 15명을 전후한 수준에서 거의 일정하기 때문이다. 이 조사에 의하면 1930년 무렵까지 소작쟁의는 증가하는 경향을 보였다가 1931년 이후에 줄어들었는데 그것은 滿洲事變의 영향 때문일 것이다.

농민 단체의 수도 비슷한 경향을 보이고 있다. 1931년까지 증가하고 있는 것이다. 그리고 제2장 제3절 제3항에서 언급했던 정평 농민 조합도 그렇듯이 많은 농민 조합들이 1920년대 말부터 정치 운동을 강화하는 농민 조합으로 개편하기 시작했다. 나아가서 1930년 무렵부터는 赤色農民組合

〈표 3-4〉   1925~32년 사이의 小作爭議와 農民運動團體의 狀況

연 도	1925	1926	1927	1928	1929	1930	1931	1932
건 수	204	198	275	1,590	423	726	676	300
참가자수	4,002	2,745	3,973	4,863	5,419	13,012	10,282	4,687
건당 참가자수	19.6	13.9	14.5	3.1	12.8	17.9	15.4	15.6
농민단체수	126	119	160	307	564	943	1,759	1,380

자료 : 朝鮮總督府農林局,『朝鮮農地年報』(1940), pp. 36~37.
　　　 朝鮮總督府警務局,『最近における朝鮮の治安狀況』(1933), p. 168.

---

52) 永野善子,『フィリピン經濟史硏究』, 勁草書房(1986), p. 29.

으로 전환하기 시작했다.[53]

총독부는 여기에 대해서 滿洲事變 이후의 사상 통제로서 대응했지만, 그것으로는 사태를 진정시킬 수 없었다. 농민을 총독부의 정치 내로 통합하기 위한 새로운 방법이 강구되어야만 했다.

(2) 滿洲事變

1910년대 후반 제1차 세계 대전 중에 일본의 국제 경쟁력이 높아졌지만, 전쟁이 끝난 이후 서유럽 국가들이 경쟁력을 회복하자, 일본의 경상 수지 적자가 매우 심해졌다. 이것에 대해서는 제1장 제3절 제2항에서 자세히 언급한 바 있기 때문에 자세한 것은 생략한다.

1920년대 초반부터 일본 정부는 국제 경쟁력을 높이기 위해서 기업 합리화를 계획했지만, 실업의 증가를 동반하는 사회 전체적인 혼란이 우려되었기 때문에, 쉽게 실행에 옮겨지지 않았다. 1919~24년 사이는 공업 생산액 증가율이 2.3%에 지나지 않는 등, 경제 상황이 좋지 않았기 때문에 부실 기업의 도산이 수반될 수밖에 없는 합리화 정책을 펼 수 없었던 것이다. 그러던 중 1923년에 도쿄(東京)를 엄습한 關東大地震이 일어나자 위의 정책은 포기되었다.

일본 정부는 1924년에 열렸던 帝國經濟會議에서 다시금 통화 발행량 제한, 국제 경쟁력 강화 등에 대해서 논의했다. 1925~29년 사이는 공업 생산액 증가율이 10.2%에 달하는 등, 경제 상황은 호전되었기 때문에 기업의 경쟁력 강화 정책을 펼 수도 있었지만, 머뭇거리던 중 1927년에 臺灣銀行, 十五銀行 등의 경영 부실이 드러나면서, 종합상사 鈴木商店과 그 계열 회사들이 파탄에 처하게 되자 그것의 파급 효과를 막는 것이 더 급하게 되어, 기업 합리화는 시도되지 못했다.[54]

일본이 산업 합리화 정책에 본격적으로 나서기 시작했던 것은 1929년이

---

53) 飛田雄一,「定平農民組合」,『日帝下の朝鮮農民運動』(東京, 未來社, 1991) ; 거름 편집부 옮김,「정평농민조합의 전개」,『1930년대 민족해방운동』(거름, 1984). 池秀傑,『1930년대 조선의 農民組合運動 연구』, 고려대학교 대학원 박사학위 논문 (1990) 제1장.

54) 山崎隆三,『現代日本經濟史』(京都, 有斐閣, 1986) 제4장. 김종현,『근대일본경제사』, 비봉출판사(1991) 제4장.

었다. 내각에 産業合理化審議會가 설치되었으며 이어서 1930년 1월에는 金本位制度로 복귀하여, 통화 발행량을 금 보유량에 연동시킴으로써 그 이전과 같은 통화량 증가 정책을 펼 수 없도록 했다.[55] 이 긴축 정책은 내수를 억제하는 것이었으며, 따라서 일본의 경기 하락을 수반하는 것이었다. 일본 정부는 그 과정에서 부실 기업을 도태시키려 했던 것이었다.

그런데 일본 정부가 전혀 예상하지 못했던 국제 경제의 변화가 발생하였다. 그것은 1929년부터 미국에서 시작한 大恐慌이 미국의 총수요를 줄였고, 이어서 일본의 수출 수요를 줄어 들게 하였던 것이다. 그리하여 일본의 총수요가 급격히 줄어들었다. 1929년 12월에서 1931년 6월 사이에 생명주실(生絲), 면사, 쌀, 선철 등 주요 상품의 가격이 평균 30% 정도 하락하였다.[56] 대부분의 산업이 5할 이상 조업을 단축했고, 카르텔에 의한 생산 제한 비율도 1931년 6월 현재 방적이 30%, 철강이 50%, 過燐酸石灰가 55%에 달했다. 1926년을 기준으로 해서 볼 때, 고용 인원은 1931년에는 74.4%, 1932년에는 74.7%의 수준으로 떨어졌다. 그 결과 회사의 이윤율은 1929년 상반기를 100으로 했을 때, 1931년 상반기에는 70으로 떨어졌다.[57]

그리하여 滿洲를 세력권 내에 포섭하여 시장을 확대하는 것이 사태를 타개하는 하나의 방법으로 고려되었다. 일본은 1905년 露日戰爭에서 승리하여, 旅順, 大連 등이 위치하고 있는 중국 遼東 반도의 關東州와 南滿洲 鐵道의 부속지를 획득한 이후, 줄곧 만주에 대해서는 일본이 특별한 이익을 가져야 한다고 주장해 왔다. 방법에는 조금씩 차이가 있었는데, 군부는 무력을 사용할 것을 주장해 왔고, 外務省은 외교적 교섭을 중요하게 생각했다.

1928년에 蔣介石이 南京에 중화민국의 수도를 정하고, 辛亥革命 이후 분열 상태에 있었던 중국의 통일 작업을 일단 완성하자, 일본의 軍部는 만주가 蔣介石의 지휘하에 들어갈 것을 두려워하여, 장개석의 휘하에 들어갈

---

55) 歷史學硏究會, 『日本史年表』, 岩波書店(1984).
56) 楫西光速 외 3인, 『危機における日本資本主義の發達』(東京大學出版會, 1958), p. 166.
57) 宇佐美誠次郎, 「滿洲侵略」, 『岩波講座日本歷史』 현대 3(岩波書店, 1968).

생각을 가지고 있었던 만주의 군벌 張作霖을 살해했다. 장작림을 살해한
후 일본 군부는 그의 아들 張學良을 위협하여 그를 장개석으로부터 떨어져
나오게 하려 했지만 그 판단은 전혀 맞지 않았다. 오히려 장학량은 國民
黨 정부와 연합하여, 反日 정책을 강화했다. 關東州 및 南滿洲鐵道의 부속
지에 대한 일본의 租借權에 대해서 저항했고, 영국과 미국의 자본과 제휴
해서 남만주 철도의 사업 독점권에 대항할 수 있는 철도를 건설하고자 했
다.[58] 만주에서 일본의 이익에 배치되는 행동이 많아지면서, 일본에서는 만
주에 대한 강경책이 점점 세력을 얻어 갔다. 마침내 1931 년 9 월 18 일에 일
본 關東軍의 주도로 滿洲事變이 일어났다.

일본 내각은 전쟁을 확대시키는 것을 바라지 않았지만, 일본의 군부는
1932 년 3 월에 滿洲國을 성립시켜 만주를 중국에서 분리시키는 작업을 행
했다. 결국 1932 년 9 월에는 일본 내각도 만주국을 승인했다. 국제연맹은
일본이 만주에서 즉각 철수할 것을 요구했지만, 일본은 국제연맹에서 탈퇴
하는 것으로 그것에 대응했다.[59]

일본이 장기간에 걸쳐서 주장해 왔던 만주에 대한 일본의 특수 권익은
1932 년 만주국이라는 일본의 傀儡國家가 만들어짐으로 해서 실현되었다고
할 수 있다. 일본에 남겨진 문제는 만주국이 일본에 긍정적인 효과를 낳도
록 하는 것이었다. 적어도 만주국의 유지 비용을 초과하는 수입을 만주에
서 획득해야 한다는 것이었다. 그것을 위해서는 가능한 한 통치 비용을 줄
이고, 이익을 늘려야 했는데, 한국 농촌의 궁핍이 전자를 곤란하게 했다.
만주가 안정되기 위해서는 한국이 안정되어야 했지만, 한국 농촌의 궁핍은
경제적으로도 정치적으로도 한국의 안정을 저해했기 때문이다. 총독 우가
키 가즈시게(宇垣一成)의 다음과 같은 발언이 위의 문제를 정확하게 나타내
고 있다.

　"조선의 개발 충실은 실로 국제적 난국에 처해 있는 帝國의 영광스런 우월을
　확보하고 振張해 가기 위해서 크게 필요한 것이다. 제국의 권위가 엄하여 움직이
　지 않을 때, 동아시아의 평정은 스스로 확보되고, 세계의 불안도 자연히 방지될
　것이다. 이와 같이 중대한, 제국의 국제적 사명을 수행하는 데에는 충실한 조선

---

58) 안유림, 「1930 년대 총독 宇垣一成의 식민정책」, 『이대사원』 27 집(1994), p. 152.
59) 宇佐美誠次郎, 앞의 글.

의 산업과 훈련된 2천 만 민중의 심혼을 요구한다. 즉 광명은 '조선으로부터' 오지 않으면 안된다."[60]

여기에서 총독부가 부딪친 문제는 '2천만 민중의 심혼'을 얻어내는 것이었다. 얻어내는 방법에는 크게 두 가지가 있는데, 하나는 구매하는 것이고, 다른 하나는 강탈하는 것이다. 제국주의가 식민지 민중에게서 얻어내는 일반적인 방법은 강탈이라고 인식되고 있지만, 사태가 항상 그러한 것은 아니었다. 더구나 농민에게서 얻어내는 데에는 강탈로서는 매우 부족했다. 그것은 농민이 구성하고 있는 농가가 소비 단위인 동시에 생산 단위이기 때문이다. 농가가 사회적으로 필요한 어느 정도의 기술을 갖춘 경영체로서 존재하는 한, 강탈로서는 불충분하다. 반대 급부가 주어지는 거래가 이루어져야 하는 것이다. 총독부는 조금씩 더 농민의 중요성을 인정하는 방향으로 정책을 바꾸어 가기 시작했다.

(3) 農村振興運動

이미 언급했듯이 1920년대 중반부터 총독부는 지주를 대리인으로 해서 농민을 통제하기보다는 가능한 한 직접적으로 농민을 총독부 정치 내로 통합하려 하였다. 그것의 한 표현이, 이미 본 바 있지만, 1926년의 朝鮮農會令이었다. 농업 공황과 만주사변을 겪으면서 정책은 점점 더 위의 방향으로 움직였다. 農村振興運動이 이것을 구체적으로 나타내고 있다.[61]

농촌 진흥 운동은 農家經濟更生計劃(이하에서는 갱생계획으로 줄여 씀), 自作農地設定事業, 高利負債整理事業, 卒業生指導 등을 포함하지만, 그중에서 갱생계획이 가장 중요하므로, 나머지는 기존의 연구에 넘기고,[62] 이하에

---

60) 朝鮮總督府農林局, 『朝鮮における小作に關する參考事項適要』(1932), p. 24.

61) 농촌 진흥 운동에 대한 기존의 연구로서는 富田晶子, 「準戰時下朝鮮の農村振興運動」, 『歷史評論』 377호(1981). 池秀傑, 「1932~35年間의 農村振興運動」, 『韓國史研究』 46호(1984). 졸고, 「식민지 조선에 있어서 1930년대의 농업정책에 관한 연구」, 『한국 근대 농촌사회와 농민운동』(열음사, 1988). 鄭文鐘, 『1930年代 朝鮮에서의 農業政策에 관한 硏究』(서울대학교 대학원 박사학위 논문, 1993). 졸고, 「1930년대 초반의 농업 불황과 '농촌 진흥 운동'」, 『仁濟論叢』 10-1(인제대학교, 1994)을 참조 바람. 다른 연구자들과 필자의 견해 차이에 대해서는 위의 두 졸고를 참고하기 바란다.

62) 졸업생 지도에 대해서는 富田晶子, 「農村振興運動下の中堅人物の養成」, 『朝鮮史研究會論文集』 18호(1981)를, 자작농지 설정사업과 고리부채 정리사업에 대해서는

서는 갱생계획에 대한 검토에 국한한다.

갱생계획의 핵심은 農家經濟更生計劃指導要綱에 잘 나타나 있다. '요강'
은 '農家經濟更生計劃樹立에 관한 방침', '指導部署에 있어서 指導計劃의
수립 및 그 실행의 순서와 방법', '基本調査方法', '經濟更生計劃樹立方法'
이란 4부분으로 구성되어 있는데, 그중에서 첫번째의 것이 갱생계획의 핵
심을 제시하고 있으므로 그것을 중심으로 해서 살펴보자. 먼저 그 내용은
다음과 같다.[63]

1) 계획은 농가 개개의 경제를 갱생시키는 구체적 방책을 세우는 것을 본위로 함
   과 함께 정신 생활적 의의를 충분히 드러나게 할 것.
2) 계획은 각 호의 소재 노동력을 완전히 소화시키는 것을 목표로 해서, 작업 능
   률을 증진시키는 것과 함께 가급적 그것을 다각적으로 이용하게 하고, 모든 것
   을 유기적으로 통합·통제하여 한 가지 사업에 치우치지 말게 할 것.
3) 계획은 자급 자족을 원칙으로 하여 쓸데없이 기업적인 영리 본위의 계획으로
   되지 않게 할 것.
4) 이 계획은 지방의 현상에 비추어 수립하는데, 첫째는 식량의 충실, 둘째는 금
   전 경제 수지의 균형, 셋째는 부채의 근절을 목표로 하여 연차 계획을 수립하
   게 할 것.

핵심은 1)과 2)에 있었다. 갱생계획의 목표는 농사 개량과 경영의 다각
화였으며, 그 수단은 개별 농가를 대상으로 지도하여, 노동 시간을 증가시
키고, 노동 강도를 높이는 것이었다. 농민으로서의 생활의 정신적 의의를
강조하여 드러나게 함으로써 노동 강도를 높이고자 한 것이었다.

개별 농가를 지도한다는 것은 지주를 대리인으로 한다는 것과는 뚜렷이
구별되는 방법인데, 이것에 대해서는 제4절 제1항에서 상론하기로 하고,
그 나머지에 대해서 먼저 살펴보자.

노동력의 완전 소화와 경영의 다각화는 서로 결합해 있다. 총독부의 한
조사에 의하면 한국과 일본의 농한기는 각각 196일과 67일이었다. 이것은
한국 농민의 노동일이 일본 농민의 노동일보다 1년에 129일 적다는 것을,
즉 그만큼 잉여 노동력을 가지고 있다는 것을 나타낸다. 그리하여 총독부

鄭文鐘, 앞의 글을 참조하시오.
63) 朝鮮總督府, 『自力更生彙報』 1호, p. 4.

는 '갱생을 이루는 가장 확실한 방법은 잉여의 자기 노력을 활용해서 그것
을 생산화하는 것'이라고 주장했다.[64] 잉여 노동력을 투입하는 부문은 자급
자족 부문이었다. 제2장 제2절에서 살펴본 대로, 이것은 당시의 농촌 사
회 및 농업 경제가 움직여 가는 방향과 일치하지 않는 것이었지만, 농촌 피
폐가 농업의 상품 경제화에 의해서 초래된 것이라고 생각했기 때문이었다.
상품 경제화의 진전과 1930년대 초반의 농업 공황에 대해서는 전술했으므
로 재론하지 않는다.

잉여 노동력을 해소하는 데에는 두 가지의 방법이 있었다. 하나는 제한
된 경지에 더 많은 노동을 투하하는 것이었다. 그것은 영농의 집약화였다.
시비량 증가 및 밭 작물 재배 장려(경지 이용도 상승) 등이 그것에 속했다.
다른 하나는 추가적인 경지를 필요로 하지 않으면서 노동의 투하량을 늘리
는 것이었다. 그것은 영농의 복합화 및 가내 부업의 증대였는데, 구체적으
로는 가마니 짜기, 베 짜기, 누에 치기, 綿羊 사육, 돼지 치기의 장려 등이
었다. 이것들은 田作改良增殖計劃(1931), 棉花增產計劃(1933), 綿羊增殖計
劃(1934), 제2차 自給肥料增產 10個年計劃(1936) 등의 정책으로 표현되었
다. 아울러 농사 개량의 중요 사항으로서 벼의 건조, 도정 공정 등에 있어
서 개선을 제시했다.

1930년대 초의 농업 공황이 닥치기까지 총독부의 농업 정책의 기조는 생
산량을 늘리고, 늘어난 생산량의 일부분을 일본으로 수출하는 것이었다.
그리고 매우 막연한 것이었지만, 생산량이 증가하면, 농가의 안정에도 긍
정적인 영향이 나타날 것으로 판단하고 있었다. 그런데 1930년대 초에 농
산물 가격이 급락하자, 생산량을 늘리는 것이 반드시 농가 수입의 증가로
귀결되지는 못하게 되었다. 그리하여 총독부는 수출 농산물, 대표적으로
쌀의 질을 높여서 가격의 상승을 꾀하는 것을 목적으로 하게 되었다.

총독부 또는 상업자 단체가 쌀의 질을 높이기 위해서 행했던 가장 중요
한 사업은 수출용 현미와 백미의 검사였다. 최초의 미곡 검사는 1907년 군
산의 日本人商業會議所가 묵은 쌀의 반입을 막기 위해서 군산항에서 행했
던 것이었다.[65] 병합 직후에도 총독부의 검사 조직이 갖추어지지 않았기 때

---

64) 앞의 신문, 5호, p. 12.

65) 小早川九郎, 『朝鮮農業發達史』政策篇(1944), p. 154.

문에, 각 지역의 상업 회의소가 검사를 대신했다. 총독부는 1915년에 이르러 米穀檢査規則을 제정했고, 道가 미곡 검사를 행하게 했으며, 미곡에 등급을 부여하도록 했다. 그런데 道에 의한 미곡 검사는 시간이 지날수록 여러가지의 폐해를 드러내기 시작했다. 각 도가 수수료 수입을 늘리기 위해서 등급을 원래 기준보다 높게 판정해 주고 있었는데, 이로 말미암아 일본 시장에서 한국 쌀의 신용도가 충분히 올라가지 않았던 것이다. 총독부는 검사를 엄격히 하여, 신용도를 높이기 위해서, 1932년부터 현미 또는 백미의 국영 검사를 실시했다.

수출용 쌀의 질을 높이기 위해서는 현미와 백미의 검사에서 멈출 수 없었다. 최종적으로는 도정 공정의 원료로 사용되는 벼의 질을 높이는 것과 도정 공정 자체를 개선하는 것이 필요했다. 총독부는 농가가 쌀 건조를 철저히 하도록 독려했으며,[66] 1934년부터는 벼에 대해서도 국영 검사를 실시하게 되었다.[67]

벼의 질을 높이는 정책은 일본 쌀에 대한 한국 쌀의 가치를 높이는 효과를 나타내었다. 당시 한국 쌀이 주로 거래되었던 오사카(大阪) 시장에서 한국산 현미 가격과 일본산 현미 가격의 비율(전자/후자)이 1929년에 95%, 1931년에 95%, 1933년에 96%, 1935년에 96%, 1937년에 97%, 1939년에 103%로 높아지고 있었다.[68]

개개의 농가에서 더 강도 높은 노동 및 더 많은 노동 시간을 끌어내기 위해서 강조되었던 것이 '정신 생활적 의의'였다. 앞의 '要綱'에 의하면, '금일의 급무는 우선 농가 개개에 대해서 그 경제 갱생 계획을 수립하게 하고, 그것을 정신적 기조 위에서 이끌어 양자 혼연 일체를 이루게 하여, (중략) 갱생계획의 효과를 높이는 데'[69]에 있었다.

무엇보다도 중요한 한 가지는 농민들을 일본왕에게 歸依시키는 것이었다. 그것을 위해서 한국의 토속 신앙을 일본의 神道로 대체하고자 했다. 神社의 수는 1920년에 82개, 1925년에 152개, 1930년에 231개, 1935년에

---

66) 朝鮮總督府, 『朝鮮』, 1934년 1월, pp. 71~106.
67) 小早川九郎, 앞의 책, pp. 587~592.
68) 朝鮮總督府農林局, 『朝鮮米穀要覽』(1940), p. 85.
69) 朝鮮總督府, 『自力更生彙報』 1호, p. 4.

324개로 급증해 갔다.[70] 1930년대 후반에 한국의 神道信者 비율은 8.5%였다.[71]

농민으로서의 삶의 의의, 농업의 국가 경제에 있어서의 중요성 등을 전하기에는 일선 관료가 너무나 부족했다. 총독부는 많은 수의 농민 교육 기관을 설립하여, 다른 농민을 사상적으로 이끌 수 있는 농민들을 육성하려 했다.[72] 총독부는 대개의 경우에 이들을 中心人物이라고 불렀는데, 마을의 여러 사업에서 중심적인 역할을 수행하는 사람이라는 뜻이었다.[73] 이들을 교육하는 기관의 명칭은 農事訓練所, 農道講習所, 靑年訓練所, 農民訓練所, 農村女子講習所, 更生農院 등으로 다양했다. 1936년 현재 40개의 시설에서 1년에 1,800명 정도를 훈련시키고 있었으며,[74] 1941년에는 152개의 시설에서 9,497명을 훈련시키고 있었다.[75] 나아가서 위의 중심인물들을 신도를 전파하는 매개자로 삼았다. 경기도 여주군에 대한 한 연구에 의하면, 농도 강습소를 여주 향교에 설립하여, 중심인물에게 儒林에 버금가는 이미지를 주려고 했다.[76] 그렇게 함으로써 효과를 높일 수 있다고 생각했기 때문이었다.

이상으로부터 판단할 때, 갱생계획의 목적은 경제적 실력과 정치적 이념을 동시에 갖춘 농가를 길러내는 것이었다. 총독부는 그들이 사회의 가장 하부의 수준에서 총독부 권력을 지탱해 줄 수 있을 것으로 판단했다. 총독부는 이러한 자질이 갖추어진 농민을 皇國農民이라고 불렀다.[77]

---

70) 朝鮮總督府, 『統計年報』, 각년판. 위의 수치는 神社와 神祠의 수를 합한 것이다. 神祠란 마을 가운데에 있으면서 마을 사람들이 공동으로 유지하는 사당과 같은 것이다. 神社에 비하면 크기가 매우 작다.

71) 國際日本協會, 『印度統計書』(1943). 朝鮮總督府, 『統計年報』(1940).

72) 朝鮮總督府, 『農村振興運動の全貌』(1934), pp. 115~117.

73) 총독부는 中堅人物이라고 하는 용어도 사용하고 있었지만, 같은 사람을 때로는 중견인물로 때로는 중심인물로 소개하고 있기 때문에 이 글에서는 두 용어를 구별하지 않는다. 예를 들면, 최명교라고 하는 사람은 朝鮮總督府, 『農山漁村振興功績者名鑑』(1937), p. 123에는 중견인물로, 慶尙北道, 『農村中心人物臨地指導要項』(1935), p. 106에는 중심인물로 소개되어 있다.

74) 朝鮮總督府, 『農山漁村における中堅人物養成施設の概要』(1936).

75) 朝鮮總督府農林局農政科, 『農山漁村における中堅人物養成施設要覽』(1941).

76) 靑野正明, 「朝鮮農村の'中堅人物': 京畿道驪州郡の場合」, 『朝鮮學報』 141집(天理, 1991), pp. 49~51.

77) 같은 글, p. 55.

이어서 갱생계획의 실태에 대해서 살펴보자. 타국에 비하면 일본은 공황 국면에서 빨리 벗어났다. 일본이 자국 화폐의 가치를 대폭으로 떨어뜨려, 국제 경쟁력을 갖추었고, 그 결과 수출이 증가했기 때문이다. 총수요가 증가하면서 다시 공장의 가동률이 높아졌고, 경기가 상승했다. 평가 절하는 수입품 가격의 상승을 초래하여, 물가를 상승시키기 때문에, 소비 수준을 떨어뜨리게 된다. 그리하여 국민의 불만이 점점 더 커지기 때문에 언제라도 사용할 수 있는 정책은 아니다. 그렇지만 만주사변 이후 국민의 기본권이 크게 제약되어 있었기 때문에 일본은 다른 경쟁국들의 그것을 훨씬 초과하는 정도의 평가 절하를 단행할 수 있었다. 1930년에 100엔당 50달러 정도였으나, 1932년에는 25달러로 떨어뜨렸다.[78]

농업을 둘러싼 경제 상황이 호전되는 것에 힘입어 갱생계획의 3목표 즉 식량의 충실, 가계 현금 수지의 균형, 부채의 근절은 갱생계획 지도 대상 농가의 호수를 기준으로 할 때, 각각 65%, 50%, 71%의 달성률을 보였다. 3목표의 양 또는 금액을 기준으로 하면, 73%, 51%, 73%의 달성률을 보였다.[79]

그리고 1932년과 1937년에 2차례에 걸쳐서 행해졌던 갱생계획 지도 대상 농가 3,587호에 대한 조사에 의하면, 농가의 농업투입이 늘어 갔다. 경지 이용도는 124%에서 125%로 거의 정체해 있었지만,[80] 1932~37년 사이에 농가의 비료비 지출은 자소작농이 185%, 소작농이 231% 증가했다. 위의 비료비는 경상 가격으로 계산한 것이기는 하지만, 〈표 1-14〉에 의하면, 같은 기간에 당시 가장 많이 사용되었던 판매 비료인 硫安의 가격은 1貫당 0.37원의 수준에서 거의 변함이 없었다. 그리고 영농 현금 지출에서 차지하는 비료비의 비율이 1932~37년 사이에 32%에서 46%로 상승했다. 마찬가지로 같은 기간에 300평당 퇴비 투입량은 자소작농이 119관에서 194관으로, 소작농이 121관에서 188관으로 증가했다.[81] 가마니를 짜는 농가도 증가했다. 1호당 현금 수입에서 차지하는 가마니 짜기의 비율이

78) 山崎隆三, 『現代日本經濟史』(京都, 有斐閣, 1986), p. 115.
79) 朝鮮農會, 『朝鮮農會報』, 1939년 4월.
80) 朝鮮總督府農林局農村振興課, 『農家經濟の概況とその變遷』 自作兼小作農の部, 小作農の部(1940), p. 44, 59.
81) 같은 책, pp. 83~84.

〈표 3-5〉 소작쟁의의 건수 및 참가 인원

연 도	1933	1934	1935	1936	1937	1938	1939
건 수	1,975	7,544	25,854	29,975	31,799	22,596	16,452
참가인원	10,337	21,454	58,019	72,453	77,515	51,535	37,017
건당 참가인원	5.2	2.8	2.3	2.4	2.4	2.3	2.3

자료 : 朝鮮總督府農林局, 『朝鮮農地年報』(1940).

4.8%에서 12.8%로 상승했다.[82]

그런데 농민의 사상을 통제한다는 점에서는 크게 성공하지 못했다고 할 수 있다. 앞에서 소개한 바 있는 경기도 여주군에 대한 연구에 의하면, 신사 신앙은 쉽게 보급되지 못했다. 농민들은 고유의 민속 신앙을 가지고 있었고, 유림들의 반발도 컸기 때문이다. 그리하여 중심인물들도 신도를 표방할 수 없었다.[83]

〈표 3-5〉는 1933년 이후의 소작쟁의 건수 및 참가 인원에 대한 것이다. 후술하지만 1933년에 朝鮮小作爭議調停令이 공포된 후에는 발생한 대부분의 소작쟁의가 행정 기관에 의해서 파악되게 되었기 때문에 표의 건수와 참가 인원은 실태를 반영한다고 생각할 수 있다. 그리고 한 건당 참가 인원도 거의 일정하기 때문에 조사 기준에 큰 변화가 있었다고는 생각되지 않는다. 〈표 3-5〉에 의하면, 1937년까지는 소작쟁의가 계속 증가해 갔다. 이것은 조선의 농촌 사회가 여전히 안정되어 있지 않다는 것을 나타낸다. 1938년 이후의 감소는 中日戰爭 이후의 사회 분위기와 관계가 있다.

마지막으로 農村振興運動에 대해서 지주들은 거부감을 나타내었고 협조하지 않았다. 각 도의 농촌 진흥 지도 주임자 협의회 및 全鮮地主懇談會의 기록에서 다음과 같은 발언들을 探錄할 수 있다.

"대지주 및 그 마름 등에 대해서 이 운동의 취지나 방침의 철저는 물론 갱생계획에 관한 이해와 협력을 얻지 않고서는 이 큰 목적을 달성하는 것은 불가능하다고 나는 생각합니다. 이전부터 관청에 있어서도 기술상의 것은 다소는 고려하고 있습니다마는, 솔직이 말하면 지방의 곳곳에 있어서 이것이 강 건너 불인 것처럼 여겨지고 있다고 나는 생각합니다(농림국장)."[84]

---

82) 앞의 책, p. 59, 79.
83) 靑野正明, 앞의 글, p. 61.
84) 朝鮮總督府, 『自力更生彙報』 7호, p. 15.

"농촌 진흥 운동에 대해서입니다만, 이것도 농민의 부채를 없애는 것이 첫째입니다. 이것에 대해서 금방 말씀드린 대로 많은 자금을 가지고 있는 여유 있는 지주라면, 이자율이 낮은 자금으로 바꾸어 줄 수 있지만 모두가 그렇게 할 수는 없습니다(경상남도 지주 이장희)."

"농촌 진흥은 결코 나쁘다고 생각하지 않습니다. 현재의 농민의 능력을 고려한 그것에 적합한 농촌 진흥책이라면 우리도 찬성할 수 있습니다. 그렇지만 부락 전부에 대해서 일률적으로 농촌 진흥을 도모하는 것은 좋지 않다고 생각합니다. 시기와 방법에 대해서 다시 생각할 필요가 있다고 생각합니다(함경남도 지주 浦木 實彌)."[85]

황국 농민을 육성해 간다는 것은 직접적으로는 농업 공황과 만주사변에 기인했다. 일본 제국 전체의 중심에 위치하는, 더 중요하게는 만주의 배후지에 해당하는 한국의 안정이 없이 일본 제국의 안정은 불가능하다는 우가키 가즈시게의 판단이 작용했던 것이었다.

그런데 지주의 협조를 얻지 못했음에도 불구하고, 정책이 실시되어 갈 수 있었던 것은 그것을 뒷받침하는 현실적인 조건이 성립해 있었기 때문이다.

먼저 자작지와 소작지의 토지 생산성을 비교해 보자. 朝鮮農會가 1930~32년 사이에 전라남도, 경기도, 경상남도, 평안남도, 함경남도에서 자작농, 자소작농, 소작농을 각각 9농가씩 합계 45농가에 대해서 행한 農家經濟調查의 결과가 있는데, 이것을 이용한 연구에 의하면, 1단보당의 소득이든지 1인당의 소득이든지 어떤 경우에도 자작농의 토지 생산성과 노동 생산성이 가장 높고, 자소작농의 그것이 그 다음으로 높고, 소작농의 그것이 가장 낮았다. 경지 1단보당 농업 총수입은 자작농이 27원, 소작농이 26원으로서 큰 차이가 없었지만, 노동자 1인당 농업 총수입은 자작농이 273원, 소작농이 185원으로서 큰 차이가 있었다.[86] 경기도 개풍군에 대한 다른 조사에 의하면, 자작지는 93.6%의 경지가 단보당 생산량 2.5~4.0석 사이에 있었지만, 소작지는 88.6%가 2.0~3.5석 사이에 있었다.[87] 이것은 자작지의 토지 생산성이 소작지의 그것보다 높음을 나타낸다. 이것은 지주의 소작농 지도의 한계를 분명히 露呈하는 것이었다.

---

85) 朝鮮農會,「全鮮地主懇談會記錄」,『朝鮮農會報』, 1938년 10월.
86) 朝鮮總督府,『調查月報』14-8(1943).
87) 같은 책, 15-5(1944).

나아가서 후술하는 조선농지령을 공포하면서 조선 총독은 현재의 소작 관행은 생산력의 발전을 억압하고 있다고 발언했다.[88] 이것은 소작농의 생산적 투자 능력이 있음에도 불구하고, 지주에 의해서 억압되고 있음을 나타낸다. 덧붙여 두면, 사태가 이렇게 전개될 수 있었던 것은 농업 생산과 유통에 걸쳐서 농민 경영의 성숙도가 높아져 왔기 때문이다.

이하에서는 농민 경영의 성숙도와 관련지으며 소작 관계 정책의 변화에 대해서 살펴보자.

(4) 소작 관계 정책

1) 소작관 제도

농민의 협조를 이끌어내기 위해서는 농민이 자신의 노력을 보다 많이 투하할 수 있도록 유인을 제공해야 했다. 그렇지만 農村振興運動은 직접적으로 농가를 대상으로 이루어지기는 했지만, 재정 자금의 지원은 적었다. 1933~37년에 걸친 제1차 農家更生5個年計劃 기간의 평균 지원비가 464,826원이었는데, 그것은 같은 기간의 토지 개량 사업비 4,193,284원의 11%에 지나지 않았다.[89] 1933년 이후는 농업 공황의 여파로 토지 개량 사업비가 계속 감소해 가는 중이었으므로, 총독부의 지원이 적었다는 것의 한 지표가 될 수 있을 것이다.

총독부가 제공한 적극적인 유인은 제도적인 것이었다. 소작쟁의 조정의 행정적 및 법적 기준을 소작농에게 유리한 방향으로 개정해 가기 시작했으며, 그것을 실천에 옮길 수 있는 기구를 만들어 갔다.

이미 검토한 대로 '小作慣行改善에 關한 件'은 행정적 조직을 이용해서 소작 관행을 개선해 가려고 하는 것이었다. 그러나 기존의 행정 조직만으로는 '건'의 의도를 살리는 것이 불가능했다. 왜냐하면 기존의 각 도 농무과의 임무는 농산물을 증산하는 데에 있었으며, 소작 관행의 조사 등과는 상대적으로 관계가 미약했기 때문이었다.[90] 총독부는 농무과의 이러한 한계를 메우며, '소작쟁의를 미연에 방지하고, 소작 관행의 조사를 충분히 하

---

88) 朝鮮總督府,『自力更生彙報』8호, p.1.
89) 朝鮮總督府,『統計年報』, 1933·1938년판.
90) 朝鮮農會,『朝鮮農會報』, 1928년 11월, p.94.

기' 위해서,[91] 이미 1927년부터 총독부 식산국 농무과에 小作制度慣行調査 主任官을 설치하고 있었지만,[92] 그것만으로는 불충분했다. 그리하여 1929 년 9월 지방관 관제를 개정했고, 주요 도의 농무과 또는 산업과에 小作官 을 두게 되었다.

소작관 관제는 1929년 9월 24일의 칙령 朝鮮總督府地方官官制改定에 기초하고 있다.[93] 그것에 의하면, 소작관은 奏任官이고, 小作官補는 判任官 이다. 주임관은 조선 총독이 상주해서 내각이 임명하는, 원칙적으로 高等 文官試驗에 합격한 관리이다. 군수나 도의 과장과 같은 수준이었다. 그러 므로 소작관이 소작 관계의 사무에 상당히 영향을 미칠 수 있었을 것이다. 判任官은 대개 면장과 같은 수준이었기 때문에, 小作官補의 발언력은 높지 않았을 것이다.

이어서 소작관의 임무는 위에서 언급한 칙령이 "소작관은 상관의 명을 받아서 소작에 관한 사무를 장악한다"고 규정하고 있는 대로 소작 관계를 둘러싼 문제 전반에 걸쳐서 조사와 관리를 꾀하는 것에 있었다. 따라서 농 무과의 기존의 한계를 메우는 것이었다고 할 수 있다.

소작관 설치의 상황은 〈표 3-6〉과 같다. 1929～32년 사이에는 소작쟁의 가 빈발하는 전라남도, 전라북도, 경상남도, 경상북도, 황해도(이상 소작 관), 경기도, 충청남도(이상 소작관보)에만 설치되었지만, 1933년에 朝鮮小 作調停令이 공포된 이후, 전국의 모든 道에 설치되었다. 1935년에 다시 크 게 증가한 것은 1934년 9월에 朝鮮農地令施行規則이 공포되어 소작관의 활동이 늘어났기 때문이다.

〈표 3-6〉　　소작관과 소작관보의 배치 상황, 7월 1일 기준

연　도	1929	1930	1931	1932	1933	1934	1935
소작관	5	5	5	5	12	13	12
소작관보	2	2	2	2	19	18	26

자료 : 朝鮮農會, 『朝鮮農會報』, 1930년 1월, p. 111～112.
　　　朝鮮總督府, 『朝鮮總督府及所屬官署職員錄』, 1930～35년판.

---

91) 앞과 같음.
92) 小早川九郎, 『朝鮮農業發達史』 政策篇(1944), p. 540.
93) 朝鮮總督府, 『官報』, 1929년 9월 24일.

소작관이 실질적으로 수행한 활동에 대해서 검토해 보자. 일본의 소작관의 활동에 대해서는 그들이 내무성 기구의 가운데서 농림성의 임무를 실행하는 특이한 존재였으며, 그들의 적극적인 활동에 의해서 小作調停法에 그 내실이 주어졌다고, 즉 어느 정도까지는 농민의 권리를 지켜주었다고 분석되고 있다.[94] 한국의 소작관 회의에 관한 기록에 의하면, 농림국장이 소작지 생산력의 증진, 농가 경제의 안정 등을 위해서 힘써 줄 것을 요청하고 있지만,[95] 아직 자세한 자료가 발견되어 있지 않다. 따라서 불충분하기는 하지만 소작관의 직업 상황과 그들의 발언의 내용 및 지주 간담회에서의 지주들의 발언을 이용해서 상황을 살펴보자.

〈표 3-7〉은 소작관 12인의 전직 또는 겸직의 상황을 정리한 것이다. 표에 의하면, 소작관은 그 전직에 있어서는 군수가, 겸직에 있어서는 농무과장이 가장 많았다. 즉 총독부 정책과 밀접한 관계를 맺고 있는 또는 맺었던 자들이었다. 따라서 이들 소작관을 '小作慣行改善에 關한 件'의 의도를 살

〈표 3-7〉   임명 당시에 있어서 소작관의 전직 또는 겸직

도 명	이 름	연 도	전 직	겸 직
충청북도	高木幹雄	1933~35		산업과장
전라남도	一杉藤平	1929~30	신의주 지방 재판소 판사	
경상북도	長曾我部健南	1929~30	농사 시험장 기사	
경상북도	立山軍藏	1933~35		농무과장
경상남도	市野澤酉之助	1929~31	군수	
황 해 도	安秉春	1929~34	군수	
평안남도	北條智勇	1933~35		농무과장
평안북도	庄田眞次郎	1933		농무과장
평안북도	近藤喜久治	1933~35		농무과장
강 원 도	鹽見節次	1933~35		농무과장
함경남도	岡田義廣	1934		농무과장
함경북도	相川不盡夫	1933~35		농무과장

자료 : 朝鮮農會, 『朝鮮農會報』, 1930년 1월, pp. 111~112.
　　　朝鮮總督府, 『朝鮮總督府及所屬官署職員錄』, 1930~35년판.

---

94) 齊藤仁, 「戰前日本の土地政策」, 『アジア土地政策序說』(アジア經濟硏究所, 1976).
95) 朝鮮農會, 『朝鮮農會報』, 1935년 10월, pp. 78~79.

릴 수 있는 존재로서 이해할 수 있을 것이며, 그것에 근거해서 소작농의 이
익을 보호하는 방향으로 움직였다고 주장할 수 있다.

이와 같은 파악은 〈표 3-7〉의 두 소작관 市野澤酉之助와 安秉春의 다음
과 같은 진술과 일치한다고 생각된다. 市野澤酉之助는 거창의 지세 不負擔
동맹에 대해서 "지세는 지주가 부담해야 한다. 소작인이 자신의 생존권을
보호하기 위해서 소작인 조합을 결성하는 것은 당연하다"고 발언했다.[96]
총독부는 통치의 마지막까지 소작인 조합의 설립과 활동을 인정하지 않았
기 때문에, "소작인 조합을 결성하는 것은 당연하다"라는 발언은 그의 개
인적 입장이었을 것이다. 그렇지만 이것이 소작관의 사고방식을 더욱 분명
히 나타내 준다. 또 安秉春은 "소작인의 농작업상의 과실이 없는 한은 소작
권을 이유 없이 옮기는 것은 근본적으로 탄압(억제한다는 뜻 : 인용자)할 것
이다"라고 발언했다.[97] 이상의 인용문에서 판단하면, 소작관은 '件'의 의도
를 살리려 했던 것으로 보인다.

그리고 全鮮農業者懇談會에서 지주 多賀榮吉과 성원경은 "농지령 그 자
체는 물론 지주와 소작인의 공존 공영을 목적으로 하는 것이지만, 그것을
활용하는 소작관의 방법에 의한다." 그런데 "농지령은 나쁜 지주를 퇴치하
기 위해서 입안한 것이기 때문에 결국에는 지주를 억압하는 것으로 된다.
또 소작관도 재판관도 소작인을 지나치게 보호하는 경향이 있다"고 진술하
고 있다.[98]

2) 朝鮮小作調停令

행정 조직을 바꾸고, 소작관을 설치해서 소작쟁의에 대처하려고 했지만,
그것으로는 불충분했다. 앞의 〈표 3-5〉에 의하면, 1937년까지는 소작쟁의
가 계속 증가하고 있었다. 결국 총독부는 "행정적 수단만으로서는 관행의
철저한 개선을 도모할 수 없고, 소작지의 생산력 증진, 소작인의 생활 안정
을 기대하기 어렵다"[99]고 판단하게 되었다. 그리하여 1932년 12월에는 朝

---

96) 『동아일보』, 1931년 2월 28일.
97) 『동아일보』, 1931년 5월 8일.
98) 朝鮮農會, 『朝鮮農會報』, 1936년 12월, pp. 96~97.
99) 「小作立法及これに伴う各種機關設置の理由」, 宮田節子, 「朝鮮農地令」, 『季刊現代
史』 5호(1974)에서 재인용.

鮮小作調停令을 제정, 공포했다.

'조정령'은 전부 33조로 구성되어 있다. 그것을 모두 소개하기에는 양이 지나치게 많으므로 중요한 것을 6개의 항목으로 간추려 소개하면 다음과 같다.[100]

1) 지주와 소작인 사이에 일어나는 소작료를 포함하는 소작에 관한 모든 쟁의를 조정의 대상으로 한다.
2) 발생한 쟁의는 당사자의 신청이 있을 때에 조정에 착수한다.
3) 조정 사건은 쟁의의 목적인 토지의 소재지를 관할하는 지방 재판소의 합의부 또는 지방 재판소의 지청에서 취급한다.
4) 재판소는 사정에 의해 府・郡・島小作委員會 또는 그외 적당하다고 인정되는 사람으로 하여금 勸解시킬 수 있다.
5) 조정 절차는 공개하지 않지만, 재판소가 인정하는 자에 대해서는 방청을 허락할 수 있다.
6) 정해진 시일까지 조정이 성립하지 않을 때는 재판소는 직권으로서 府・郡・島小作委員會 또는 소작관의 의견을 듣고, 쟁의의 실정 등 일체의 사정을 고려해서, 조정에 대신하여 소작 관계의 유지 또는 변경의 재판을 할 수 있다. 조정의 효력에 대해서는 勸解와 마찬가지로 소송상의 和解와 같은 효력을 가진다.

주제와 관련해서 두 가지만 검토해 두자. 첫째는 '조정령'에 의한 조정 상황에 대해서이다. 후술하는 朝鮮農地令이 1934년부터 시행되었기 때문에 순수히 '조정령'에 의한 조정 상황은 1933년의 통계에서 보여질 뿐인데, 〈표 3-8〉에 의하면, 조정사건 수리건수의 98.8%가 소작농의 신청에 의한 것이었다. 일본의 경우 小作調停法 실시 첫해인 1924년에 소작농 신청 비율이 59.3%였으므로,[101] 그것과 비교해 보아도 비율이 매우 높았다고 할 수 있다. 또 1934년 이후에도 계속해서 94% 이상을 유지하고 있었다. 표에서 1938년 이후를 생략한 것은 그것이 전시 경제 시기에 해당하기 때문이다. 그런데 소작농이 자기에게 불리하게 작용하는 '조정령'을 그렇게 빈번히 이용할 이유는 없기 때문에 '조정령'에 의한 조정이 지주보다는 소작농에게 유리하게 작용했다고 생각된다.

---

100) 朝鮮農會, 『朝鮮農務提要』(1936), pp. 37~42.
101) 農林省農林局, 『昭和5年小作年報』, p. 44.

〈표 3-8〉   朝鮮小作調停令에 의한 조정 상황

연 도		1933	1934	1935	1936	1937
조정 사건의 수리 건수		728	1,701	7,444	9,220	10,899
신 청 자 별	지주	8	11	115	394	626
	소작인	719	1,689	7,323	8,818	10,250
	관리자	1	1	4	8	23
	합의	—	—	—	—	—
소작 위원회의 처리 건수		641	1,586	6,399	7,786	7,958
처리상황						
권 해	권해 성립의 건수	260	971	4,714	5,892	6,338
	권해 일부 성립의 건수	100	170	434	57	150
	권해 불성립의 건수	248	429	987	1,082	1,421
판정의 건수		33	7	230	147	32
관리자·관리 계약 변경 명령			8	33	17	17

자료 : 朝鮮總督府農林局, 『朝鮮農地年報』(1940), pp. 64~82.

뒤에 나오는 〈표 3-11〉도 이 점을 잘 나타내고 있다. 그것은 소작쟁의의 해결 상황을 나타낸 것인데, 그것에 의하면 소작농의 요구 관철 비율은 1932년에 21.3%였지만, 1933년에는 38.0%로 높아졌다.

〈표 3-8〉에 의하면, 소작 위원회의 활동이 매우 활발했다. 소작 위원회는 조정사건 수리건수의 78.0%를 처리했고, 소작 위원회 처리 건수의 76%를 勸解시켰다. 원래부터 총독부도 소작쟁의의 해결이 소송에 의하게 되면, 해결 후에 여전히 지주와 소작농 사이에 좋지 못한 감정이 남지만, 행정 관청 등의 조정에 의해서 해결되면 그런 감정이 적게 남는다고 생각하고 있었는데,[102] 그 방침에 입각해서 행동했던 것으로 생각할 수 있다.

소작농의 요구 관철 비율이 높아지는 것과 관련해서 생각하면, 소작 위원회가 소작농의 이익을 보호하는 입장에서 활동해야 한다. 이것과 관련해서 소작 위원회의 구성에 대해서 검토해 보자. 1933년 3월에 나온 '府郡島 小作委員會設置에 關한 件'은 소작 위원회가 "쟁의의 해결을 적절하고 신속하게 할 뿐 아니라, 지방 소작 관행의 개선도 한층 확실하고 현저하게 한

---

102) 朝鮮農會, 앞의 책, p. 8.

다고 인정되므로 대체로 이상과 같은 요지에 기초해서 管內 府·郡·島 중에서 필요한 곳에 설치"한다고 규정했다.[103] 또 이 '件'에 의하면 소작 위원회의 구성은 "소작 위원회는 위원장 1명과 위원 4명 내외로 조직한다(제2조 제1항)", "小作委員會의 위원장은 당해 府·郡·島의 府尹, 郡守 또는 島司로 하고, 위원은 당해 府·郡·島의 경찰 서장 및 당해 府·郡·島에 주소를 가지고 있는 적당한 사람으로 한다(제2조 제2항)", 나아가서 朝鮮府郡島小作委員會官制는 "小作委員會의 위원 및 예비 위원은 道知事가 임명한다(제4조)"고 규정했다.[104]

〈표 3-9〉로써 실제의 상황을 검토해 보자. 표의 3개년을 결합해서 판단하면, 1933년의 기타는 대체로 농업자와 상업자이며, 1934~35년의 기타는 부·군·도의 관리의 일부, 공리 및 교원이었다고 할 수 있다. 기타를 제외하고 계산하여도, 1933~35년 사이에 소작 위원의 60~80% 정도가 부·군·도의 관리 또는 경찰 서장이었다. 따라서 소작 위원회는 총독부가 의도하는 대로 활동했다고 생각해도 좋을 것이다. 소작관의 경우와 마찬가지인데, 소작 위원회의 관제적 성격이 소작쟁의의 조정을 소작농에게 유리하게 했던 하나의 요인이었다.

둘째로 '조정령'은 '小作慣行改善에 關한 件'과 소작관 제도를 계승한 정책이며, 소작 관계 정책의 강화를 목적으로 했다. '조정령' 중의 소작관의 지위를 소재로 해서 검토해 보자. 그것은 '조정령'의 제19, 20, 21, 28조와 앞에서 나온 朝鮮府郡島小作委員會官制의 제6, 7조에 규정되어 있다. 요약하면, 1) 소작관은 재판소나 소작 위원회의 자문에 응한다. 2) 소작관은

〈표 3-9〉   小作委員會의 구성

연도	관리	내무직원	경찰서장	공리	교원	금융조합직원	농업	상업	기타	합계
1933	365	5	205	86	2	98	12		219	975
1934		234	260			64	214	55	435	962
1935		236	263			66	202	58	145	970

자료 : 朝鮮總督府農林局, 『朝鮮農地年報』(1940), p. 78.

---

103) 앞의 책, p. 42.
104) 앞의 책, p. 44.

재판소나 소작 위원회에 자신의 의견을 진술한다. 3) 소작관은 소작쟁의의
사실 조사를 한다는 것이다.[105] 이것은 '조정령' 체제가 소작관 제도를 포함
하고 있음을 의미하고 있다.

3) 朝鮮農地令

이상과 같이 경과해 왔지만, 사적 소유 절대의 원칙과 계약 자유의 원칙
이 관철되는 한, 지주의 권리를 억제하여 소작 관행을 식민지 통치에 적합
한 상태로 바꾸는 것은 매우 어려웠다. 朝鮮小作調停令의 발포 이후에도
소작쟁의는 진정되지 않았다. '조정령' 발포 이전에 가장 많았던 해가 1928
년으로서 1,580건이었는데, 1933년에는 그것을 넘어서 1,975건의 쟁의가
발생했다. 더구나 1928년과 1933년의 1건당 참가 인원이 각각 3.1명과 5.2
명이었으므로 1933년의 조사 기준을 더 떨어뜨렸다면 1,975건보다 훨씬
많을 것이었다. 한 예로서 1934년에는 1건당 참가 인원이 2.8명이었는데,
그 해의 소작쟁의 발생 건수는 7,544건으로 보고되었다.

총독 우가키 가즈시게는 "소작 조정령은 응급적 대책으로서 폐습을 일반
적으로 교정하고, 사건을 미연에 방지하기에는 부족하다"고 인정하게 되었
고, "입법 관계를 조정해서 폐해의 근원을 없애고, 소작농으로 하여금 농사
에 精勵할 수 있게 하는 것이 절대적으로 필요하다"고 진술하게 되었다.[106]

소작 조건을 법률로 정하는 것과 관련해서 지주들은 맹렬한 반대 투쟁을
전개했다. 지주들의 주장은 조선의 농업을 개량하기 위해서는 지주로 하여
금 농민을 지도, 원조하도록 하는 외에는 방법이 없는데, 지주의 권리를 제
약해 버리면, 지주의 농사 개량 의욕이 떨어지고 그로 말미암아 농업의 개
량이 불가능하게 된다는 것이었다.[107]

지주들의 주장에는 나름대로의 정당성이 있었다. 왜냐하면 앞에서 언급
한 대로 모든 지주들이 소작료에 단순히 기생하는 계층인 것만은 아니었
고, 일부의 지주들은 농업 생산에 적극적인 역할을 수행하고 있었기 때문
이다.

총독부의 관리들이 두 가지 부류의 지주가 존재한다는 것을 어느 정도로

---

105) 앞의 책, p. 45.
106) 朝鮮總督府, 『自力更生彙報』, 1934년 4월 3일.
107) 久間健一, 『朝鮮農業の近代的樣相』(1935), pp. 43~44.

명확히 이해하고 있었던가는 정확히 알 수 없지만, 총독부의 小作官을 지내고 있었던 久間健一이 1932년에 조선의 지주에는 농업 개량을 적극적으로 수행하는 企業家的 地主와 그렇지 않은 封建的 地主의 2가지 부류가 있다는 글을 쓴 적이 있었으므로, 1930년대 중반에는 어느 정도로 인식되고 있었다고 보아도 좋을 것이다. 그는 다음과 같이 서술하고 있었다. "조선의 농업은, 미작 농업에 대해서만 보아도, 한편에서는 매우 고도로 발달한 資本制的 농업이 기업가에 의해서 행해지고 있는 반면, 봉건적 색채가 강한 농업 기구가 존립해서 양자는 매우 현저한 대조를 보이고 있는 것이다. 그것은 또 일면 企業的 地主와 封建的 地主의 분포가 대립하는 것과도 일치한다고 생각된다."[108]

그런데 총독부는 1930년대 초반에 농촌 경제의 궁핍을 치유하고 농민을 총독부 권력 아래로 통합해 넣기 위해서는 지주의 자의적인 수탈을 제약하지 않을 수 없었다. 그렇기 때문에 두 가지 부류의 명백히 다른 지주가 존재함을 알았다고 하더라도 소작법을 제정할 수밖에 없었던 것이다.

지주들의 반대를 억누르는 것에 아울러, 일본 정부의 승인을 얻는 데에도 상당한 노력이 필요했다.[109] 같은 시기의 일본에도 소작 조건을 규율하는 법률은 아직 제정되어 있지 않았기 때문이었다. 1938년에 제정된 農地調停法이 소작 조건을 규율하는 일본의 법률로서는 최초의 것이었다. 그럼에도 불구하고 훨씬 빠른 시기에 한국에서 제정될 수 있었던 것에는 다음과 같은 이유가 있었다.

첫째로 일본과 비교하는 한 한국의 소작 관행은 훨씬 더 소작농에게 불리했다. 예를 들면, 일본의 小作調停法에 있어서 소작료 조정의 기준은 40%였다. 그렇지만 한국은 50%였다. 한편 총독부는 조선의 낮은 농업 생산력과 잦은 소작쟁의가 불합리한 소작 관행에 크게 기인한다고 판단하고 있었다. 둘째로 한국에는 대의 기관이 없었기 때문에 시민 사회의 구성원들이 자신들의 이익을 국가 권력에 반영시킬 수 있는 제도화된 통로가 없었다. 그렇기 때문에 지주들도 토지의 소유자라는 점에서 경제적인 힘은 강

---

108) 久間健一, 『朝鮮農政の課題』(1943), p. 21.
109) 久間健一, 『朝鮮農業の近代的様相』 제2편.

했지만, 정치적인 힘은 그에 훨씬 미치지 못했다. 한편 일본에는 입법부
의 上院에 해당하는 貴族院이 지주와 부르주아지의 최상층에 의해서 구성
되어 있었다. 그리하여 1930년에 小作法案이 衆議院을 통과했음에도 불
구하고, 귀족원이 그것의 심의를 미루었고, 결국 심의 불충분이란 이유로
廢案시켰다. 셋째로 한국인 지주 중에는 소작농도 같은 민족임을 내세워
소작 입법에 찬성하는 자도 있었다.[110] 요컨대 총독부에게는 소작법 제정의
필요성이 높았지만, 그것에 반대하는 지주의 세력은 약했던 것이다. 총독
부와 싸울 수 있는 제도적 기반도 없었으며, 지주 계급의 결속력에도 한
계가 있었다. 그리하여 1934년에 朝鮮農地令이 제정·공포될 수 있었던 것
이다.

朝鮮農地令의 내용에 대해서는 기존의 연구에 넘기고,[111] 여기서는 '농지
령'에서 나타난 지주와 소작농 사이의 권리·의무 관계를 구명한다. 총독
부를 매개로 하는 지주와 소작농 사이의 힘 관계가 분명하게 드러나기 때
문이다.

먼저 朝鮮農地令과 朝鮮民事令을 비교해 보자. 그것은 조선 민사령이 경
지의 임대차를 규제할 수 있는 거의 유일한 실체법이었기 때문이다. 〈표 3-
10〉에 의하면, 조선 농지령과 조선 민사령 사이에는 커다란 차이가 있다.
소작 기간을 최저 3년으로 법정한 것, 소작료의 일부 체납을 이유로 하는
소작 계약 해제를 금지한 것, 소작료의 감면[112]을 청구할 수 있게 한 것 등
으로 소작농에게 유리하게 개정되었다. 나아가서 조선 민사령이 제3자 대
항권을 인정하지 않았던 데에 비해서 조선 농지령은 그것을 인정하고 있
다. 1928년에 나온 '小作慣行改善에 關한 件'은 행정적 기준을 소작농에게
유리하도록 개정하는 것에 머물렀지만, 朝鮮農地令은 지주 계급에게 불리
한 방향으로 법적 기준을 바꾸었던 것이다.

---

110) 앞의 책, p. 48.
111) 宮田節子, 「朝鮮農地令」, 『季刊現代史』 5호(1974). 졸고, 「植民地朝鮮における
     小作關係政策の展開」, 『日本史研究』 353호(1992). 정연태, 『일제의 한국 농지정책』
     (서울대학교 대학원 박사학위 논문, 1994).
112) 당시 소작관을 지냈던 久間健一의 조사에 의하면, 임대료가 순수입을 상회할 때,
     감면받을 수 있었다.

⟨표 3-10⟩　　　　　　　朝鮮農地令과 朝鮮民事令의 비교

항 목	조선농지령	조선민사령
소작 기간	賃貸借 기간은 3년보다 짧아서는 안된다.	賃貸借 기간은 5년을 넘을 수 없다.
임대차의 갱신	임대차 기간이 만료하기 3개월 전까지 갱신 거절의 통지를 하지 않으면 자동적으로 갱신된다.	임대차 기간이 만료하기 전 1년 사이에 계약을 갱신하지 않으면 해제된다.
소작권의 상속	小作權은 상속된다.	규정 없음.
제3자 대항권	小作地가 매매되어도 기존의 소작인의 소작권은 인정된다(제3자 대항권 인정).	등기하지 않으면 제3자 대항권은 인정되지 않는다.
소작권 해제 사유	소작료의 일부 체납을 이유로 소작권을 해제할 수 없다.	규정 없음.
소작료의 감면	수확이 현저히 감소했을 때 소작료의 감면을 청구할 수 있다.	수확량이 賃借料보다 적은 경우 감면을 요청할 수 있다.
소작권 반환시의 작물 처리	소작지를 반환할 때 소작지에 심어져 있는 작물은 지주가 구매한다.	소작지를 반환할 때 소작지에 심어져 있는 작물은 소작인이 철거한다.

자료 : 朝鮮總督府農林局, 『朝鮮小作關係法規集』(1940).

나아가서 '농지령'은 그 실효를 발휘했다. 앞의 주 112)에서 소작료 감면에 대해서 약간 언급했지만, 이하에서는 가장 중요한 조항인 소작 기간에 대해서 살펴보자. 『동아일보』에 의하면, "농지령에 규정된 소작 기간은 영년 작물을 제외하면, 보통 3년으로 되어 있어서, 이번 1월 20일이 만기가된다. 3년 전 농지령을 실시했을 때부터 지금까지 3년 만기로 되는 소작계약은 조선의 모든 소작 계약의 약 8할에 달한다. 이중 대부분의 소작 계약은 그대로 계속되는 것이다. 금년 봄과 여름에는 쟁의 조정의 신청이 있기는 했지만, 건수가 작년과 비슷했다. 또 시국 관계도 있어서 지주도 소작인도 특별한 쟁의는 없었고, 만기인 이 날을 무사히 넘길 것이라고 한다."[113] 이외에도 『동아일보』, 1935년 5월 7일, 1936년 5월 8일, 1936년 5월 15일, 1936년 6월 6일, 1936년 7월 12일, 1937년 11월 4일 등의 기사도 동일한 내용을 보도하고 있다. 나아가서 충청도 소작관을 지낸 적이 있

---

113) 『동아일보』, 1937년 1월 2일.

는 久間健一의 실증적 연구도 같은 결과를 나타내고 있다.[114]

소작권이 보호되었음은 소작쟁의의 해결 상황으로부터도 알 수 있다. 〈표 3-11〉에서 1935~37년의 값만이 '농지령' 이후의 변화를 나타내고 있다고 할 수 있다. '농지령'의 施行規則이 1934년 9월 1일부터 시행되었기 때문에, 1934년의 값은 '조정령'과 '농지령'의 효과가 뒤섞여 있으며, 1938년 이후는 전시 체제에 해당하기 때문이다. 표는 다음의 세 가지를 나타내고 있다. 첫째, 요구 관철의 비율이 상승했다. 둘째, 타협의 비율이 하락했지만, 요구 관철과 타협의 비율의 합계는 상승했다. 셋째, 요구 철회와 자연 소멸의 비율이 하락했다.

특히 현저한 것은 요구 관철의 비율이 급상승한 것이다. 앞에서 설명했듯이 소작 조정 신청자는 압도적으로 소작농이 많았다. 따라서 요구 관철 비율의 상승은 소작농의 요구가 관철되는 비율이 상승한 것을 의미한다. 소작농의 권리가 보호되었음을 의미하는 것이며, '농지령'이 실효를 나타내었다고 할 수 있다.

지주 간담회의 기록을 검토해 보면,[115] '농지령'에 대한 지주의 거부감은 매우 컸다. 다음은 하나의 예이다. "현재의 농지령은, 그 실상을 보면, 완전히 게으른 농민을 양성하고, 불량한 소작인을 보호하는 것과 같습니다. (박수) 예를 들면, 소작인이 회사에 미납하여도, 더구나 그것이 고의라고 해도

〈표 3-11〉   소작쟁의의 해결 상황

연 도	1931	1932	1933	1934	1935	1936	1937
요구 관철	31.3	21.3	38.0	34.8	63.5	62.4	61.3
타 협	40.6	44.7	34.5	33.3	20.0	21.4	24.9
요구 철회	12.0	13.3	17.2	18.9	10.5	8.5	9.0
자연 소멸	12.9	19.0	7.8	6.8	3.6	5.8	2.5
미 해 결	3.2	1.7	2.5	6.2	2.4	1.9	2.3
합 계	100.0	100.0	100.0	100.0	100.0	100.0	100.0

자료 : 韓國總督府農林局, 『朝鮮農地年報』(1940), pp. 36~37.

---

114) 久間健一, 『朝鮮農政の課題』(1943), p. 113.
115) 「農業者懇談會」, 朝鮮農會, 『朝鮮農會報』, 1936년 12월. 「全鮮地主懇談會記錄」, 같은 잡지, 1938년 10월.

어떻게도 할 수 없게 되어 있습니다. 이러한 소작인을 금방 이동시켜야 하지만, 농지령 때문에 그것이 일체 불가능합니다."[116]

지주는 총독부의 조선 통치에 중요한 집단이었다. 지주는 토지의 소유자였으며, 이제 갓 공업화가 진행되고 있었던 당시에 농업 잉여의 지배적인 부분을 수취하고 있었기 때문이다. 그렇지만 지주가 잉여의 생산자는 아니었다. 소작농의 경영자적 능력이 상승해 가면서 지주의 소작농 통제와의 사이에서 모순이 커지자, 총독부가 소작 기간, 소작료 등에서 지주의 이익을 억제했던 것이다.

4) '小作慣行改善에 關한 件'에서 朝鮮農地令으로의 발전과 그 의미

제4절로 넘어가기 전에 朝鮮農地令과 '小作慣行改善에 關한 件'을 비교 검토하여, 소작 관계 정책이 당시의 농업 경제의 상황을 어떻게 반영하고 있었는지 살펴보자.

먼저 '件'은 1928년 5월 19일에 조선 총독에게 제출된 臨時小作委員會 答申書에 기초를 두고 있었는데,[117] 소작 위원회는 그 답신을 입법을 필요로 하는 사항과 장려의 수준에서 머물러도 좋은 사항으로 구분하여 행하고 있었다. 위의 '答申書'에 입각해서 '件'을 분류해 보면, 5개의 입법 사항과 10개의 장려 사항으로 나눌 수 있다. 그리고 〈표 3-12〉에 의하면, 입법 사항은 4개의 소작 기간에 대한 항목과 1개의 소작계약 해제조건에 관한 항목으로 이루어져 있으며, 장려 사항은 5개의 수확료 분배에 관한 항목과 5개의 기타 항목으로 구성되어 있다. 이어서 '件'의 15개 항목을 '농지령'이 어느 정도로 포함하고 있는지 알기 위해 〈표 3-12〉와 같이 비교해 보면, '농지령'은 '件' 중의 5개의 입법 사항과 3개의 장려 사항을 포함하고 있다.

여기서 주목해야 하는 것은 '答申書'의 입법 사항은 수확량의 분배에 관한 항목을 전혀 포함하고 있지 않다는 것이다. 소작료 체납에 관한 규정이 있기는 하지만, 그것은 소작 계약의 존속과 관련한 것이다. 그리고 '농지령'이 포함하는 '答申書' 중의 3개의 장려 사항 역시 수확료 분배에 관한

---

116) 앞의 잡지, 1938년 10월, pp. 88~89.
117) 友邦協會, 『朝鮮農地令とその制定に至る諸問題』(1971), pp. 37~38, 103~115.

〈표 3-12〉 '小作慣行改善에 關한 件'과 朝鮮農地令의 항목 비교

번호	小作慣行改善에 關한 件	答申書의 항목 분류	朝鮮農地令
1	소작 계약의 문서화	장려 사항	항목 없음
2	제 3 자 대항권 인정	입법 사항	'件'과 같음
3	소작지의 轉貸를 금지	입법 사항	'件'과 같음
4	소작 기간을 3년 이상으로	입법 사항	'件'과 같음
5	소작권의 상속 인정	입법 사항	'件'과 같음
6	소작료의 일부 체납을 인정	입법 사항	'件'과 같음
7	소작료 납부 방법을 定租	장려 사항	항목 없음
8	소작료의 인하	장려 사항	항목 없음
9	소작료를 도량형 법규에 따라 측정	장려 사항	항목 없음
10	8km 이상의 소작료 운반 운임은 지주 부담	장려 사항	항목 없음
11	세금 및 공과금의 지주 부담	장려 사항	항목 없음
12	소작지 재배 작물의 지주 구매	장려 사항	'件'과 같음
13	지주의 소작농 장려	장려 사항	항목 없음
14	마름의 폐해 시정	장려 사항	'件'과 같음
15	행정 기관의 소작쟁의 조정	장려 사항	'件'과 같음

자료:「臨時小作委員會答申書」, 『朝鮮農地令とその制定に至る諸問題』(東京, 友邦協會, 1971).

항목을 포함하지 않는다는 것이다.

정리하면 총독부는 소작 기간에 대해서는 소작농에게 유리하도록 엄격하게 규정했지만, 소작료에 대해서는 직접적으로 규정하지 않았다는 것이다. 소작농의 경영자적 능력이 커질수록 소작 조건을 소작농에게 유리하게 조정하는 것이 농업 생산력을 높이는 데에도, 소작쟁의를 억제하는 데에도 더욱 효과적이다. 그런데 소작료의 착취를 지나치게 제한하면, 소작농의 생산적 투자는 증가하겠지만, 지주에 의한 투자는 오히려 감소하기 때문에, 이 점은 미묘한 문제가 된다. 앞에서 언급한 대로 일부의 지주들은 농사 개량에 적극적인 관심을 가지고 있었기 때문에 더욱 그러하다. 그리하여 총독부는 결국 소작료의 징수에 대해서는 거의 제한하지 않았던 것이다. 요컨대 총독부는 소작농과 지주 양자의 생산력적 기능을 충분히 이용

하는 것에 주의를 기울이고 있었다.

앞의 〈표 3-12〉의 항목들에서 소작관 제도가 '小作慣行改善에 關한 件'의 효과를 높이기 위한 것이었음은 이미 검토한 바 있으며, 朝鮮小作調停令이 소작관 제도를 포함하면서 형성된 것임을 검토한 바 있다. 그리고 조선 농지령은 '件'-소작관 제도-朝鮮小作調停令으로 전개되어 온 소작 관계 정책의 발전 과정에서 최종적인 산물에 해당한다. 농업 생산력의 증진을 중요 과제로 하면서 소작 관행이 소작농에게 유리하게 개선되도록 정책을 전개시켜 온 것은 이 절의 제3항에서 본 바 있듯이 소작농의 농업 경영자적 능력이 그것에 조응하는 수준에 이르러 있었기 때문이라고 할 수 있다.

이 변화는 총독부의 소작 관계 정책에만 영향을 미쳤을 뿐 아니라, 농촌 사회에 있어서 농민의 정치적 지위에도 영향을 미치게 되었는데, 여기에 대해서는 제4절에서 검토한다.

5) 소작료 통제령

1939년의 小作料統制令에 이르러 총독부의 소작 관계 정책은 한 단계 더 강화되었다. 즉 소작농에게 유리하게 움직여 갔다. '통제령'의 목적은 '농산물 가격의 등귀를 억제'하는 것과 '농업 생산력의 확충'을 꾀하는 것이었다.[118] 가격의 상승을 억제하기 위해서 소작료를 통제했던 것은 소작료가 높아지면 농경지의 임대료, 농산물의 생산비 등이 높아지기 때문이다. 또 농업 생산력을 확충한다고 하는 것은 소작료 부담을 줄여서 농민의 생산 의욕을 높이고, 그것에 의해서 생산을 증가시키려고 했기 때문이다. 여기에서 특별히 지적해 두고 싶은 것은 생산력을 확충하기 위해서 소작료를 통제하게 된 것이다. 총독부의 自作農地設定計劃에 의하면 設定 대상 농지의 지가는 수확량의 5할을 소작료로 해서 산출한다고 규정하고 있고,[119] 朝鮮小作調停令은 조정의 기준을 5할로 계획하고 있었지만,[120] 소작료를 제한하는 항목이 법령 중에 포함된 적은 없었다. 앞에서 언급했듯이 朝鮮農地令에도 소작료에 대한 항목은 거의 없었다.

---

118) 「小作料統制令の施行」, 朝鮮總督府, 『朝鮮』, 1940년 1월.

119) 朝鮮總督府, 『朝鮮』, 1932년 9월, p. 70.

120) 『동아일보』, 1931년 11월 12일.

이어서 '통제령'의 내용에 대해서 살펴보자.[121]

1) 1939년 9월 18일을 기준으로 해서 농지의 賃貸人이 소작료를 인상하든지 그
   외의 부담을 그 이전보다 소작농에게 불리하게 개정하는 것은 원칙적으로 인
   정하지 않는다.
2) 소작 위원회가 필요성을 인정할 때 소작료 등에 관한 기준을 정한다. 도지사가
   그것을 인정하면, 府·郡·島廳 및 읍·면사무소에 공시한다.
3) 소작료 등이 현저히 부당하다고 인정될 때는 도지사 또는 소작 위원회가 시정
   명령을 낼 수 있다.
4) 지주의 부담으로 토지를 개량한 경우에 한해서는 소작료를 증액할 수 있다.

이상과 같이 '통제령'은 소작료 부담에 대해서 매우 포괄적으로 규정한
것이었다. 1)에 대해서 자세히 보면, 소작료의 징수 형태를 바꾸거나 소작
료의 감면 조건을 엄격하게 하여 실질적인 부담이 증가하는 것을 일체 금
지하고 있었다. 그리고 1) 중에 그외의 부담은 公課金의 부담, 농지 관리자
에 대한 보수의 부담, 생산 자재의 부담, 대부금의 부대 조건에 의한 부담,
토지 개량 비용 부담, 소작료의 지불과 관련한 소작인의 부담, 소작인이 지
주에게 제공하는 노무에 관한 조건, 소작인이 지주에게 지불하는 권리금,
기타 재산상의 이익에 관한 조건 등 분쟁의 소지로 될 수 있는 거의 모든
부담을 망라하고 있다.

'통제령'의 목적과 관련해서 또 하나 관심을 끄는 것은 4)이다. 그것은
지주가 자기의 부담으로 토지를 개량하면, 소작료를 인상시킬 수 있다고
규정하고 있다. 즉 토지를 개량해서 토지 생산성을 상승시키면, 상승분을
넘지 않는 한, 소작료를 증가시켜도 좋다는 것이다. 증산을 위해서 한편에
서는 소작료의 인상을 금지하면서 다른 편에서는 소작료의 인상을 허용하
는 역설적인 상황이기는 하지만, 생산력을 상승시키기 위해서 지주와 소작
농의 생산력적 기능을 완전히 흡수하려 했다는 점에서는 朝鮮農地令과 동
일하며 일관적이다.

소작 관행에 미친 영향에 대해서 상세하게는 알 수 없지만, 다음의 인용
문에 의하면, 어느 정도의 효과를 거두었던 것 같다. "확충계획(1942년부터

---

121) 朝鮮總督府農林局, 『朝鮮小作關係法規集』, pp. 19～32.

시행되었던 擴充朝鮮增米計劃－인용자)의 출발점은 결코 순조롭지 않다. 노력이나 자재의 결핍, 소작료의 제한이나 하락 경향, 기술자의 흡수 곤란 등, 넘을 수 없는 장애물이 출발점의 바로 앞에서 갈 길을 가로막고 있다."[122] 이 인용문을 쓴 사람은 소작료의 제한에 의한 지주의 투자 의욕 감소를 우려하고 있지만, 소작료의 제한은 복합적인 영향을 일으키기 때문에, 위의 우려가 현실로 나타났다고 판단할 수는 없다.

소작료를 통제하는 데에까지 소작 관계 정책을 진전하게 했던 가장 중요한 계기는 소작농의 생산력적인 힘이었다고 생각된다. 전시 체제 아래에서 한국은 大陸兵站基地로 설정되었고, 그런 만큼 일본 및 총독부에게는 한국 전체의 생산력을 높일 필요가 있었다. 따라서 생산력을 높이기 위한 정책에 지주가 반대하는 것은 불가능했다. 그런데 소작농이 농업 생산력을 높일 수 있는 능력을 갖추고 있지 않으며, 소작농의 생산 의욕을 높이는 정책을 내어도 정책은 효과를 발휘할 수 없다. 식민지기에 농민의 기술적 수준이 높아졌고, 농민 경영이 성장했던 것이 정책의 이상과 같은 전개를 가능하게 했던 것이다.

4. 농민의 사회적 지위 상승과 지주제의 정체

(1) 농촌 통제 정책의 변화

쌀에 국한해서 볼 때, 1920년대의 농업 정책은 그것의 증산이 중심이었다. 총독부는 농회, 금융 조합, 지주 등의 협력을 얻어서 토지 개량, 다수확 품종의 보급, 비료 소비 증가 등의 방법으로 정책의 성과를 거둘 수 있었다. 1930년대에는 쌀의 질을 높이는 것, 쌀의 판매 방법을 합리화하는 것 등이 정책 목표로서 새로이 추가되었다. 그것을 통해서 농가 경제의 안정을 꾀하고, 소작쟁의를 포함하는 농민 운동을 억제하려 했다. 위와 같이 정책의 목표가 다양하게 되면서, 총독부는 '농가 個個'를 정책의 대상으로 하게 되었다. 그것은 農村振興運動에서 가장 잘 드러났다. 제3절 제3항에서 이 점에 대한 검토를 제4절로 미루어 두었는데, 이하에서 '농가 個個'를 정

---

122) 「時局と米穀增産」, 朝鮮總督府, 『朝鮮』, 1942년 4월.

책의 대상으로 했던 것에 대해 검토해 보자.

경기도와 황해도를 예로 들어 보자. 우선 農村振興運動의 실행 조직과 관련한 경기도의 기본 방침은 다음과 같았다.[123] 1) 道 : 농촌 진흥 운동과 관계있는 각 課의 과장을 책임자로 하고, 그에게 관계 각 과의 직원을 분속시켜서 열 개의 반으로 나누고, 한 반이 두 개의 군을 담당하게 한다. 2) 郡 : 郡屬, 技手, 社會主事 등을 책임자로 하고, 그에게 기타의 직원을 분속시켜 면을 분담하게 한다. 3) 邑·面 : 한 사람의 직원이 하나의 마을을 담당해서 지도하게 한다.[124]

황해도의 기본 방침도 경기도와 크게 다르지 않았다. "郡 및 산업 단체의 직원은 그 전문성에서 보면, 모든 郡에 걸쳐서 지도를 담당해야 한다. 그 이외에도 갱생 지도상 하나 혹은 두 개의 읍·면을 지도 책임 구역으로 정하고, 월 1 회 이상 반드시 실지 지도를 행해야 한다. 읍·면 직원은 하나 혹은 둘의 마을을 지도 책임 구역으로 정하고, 한 주일에 한번 이상 반드시 실지 지도를 행해야 한다"고 규정했다.[125]

실제의 모습에 대해서는 다음의 세 가지 조사 보고를 참조할 수 있다. 첫째, 황해도에 있어서 갱생 지도의 대상으로 선정된 마을의 수는 1934 년에 445 개였는데, 그것들을 각각의 지도 기관에 대해서 나누면, 邑·面의 사무소가 330 개, 보통학교가 59 개, 금융 조합이 48 개, 연초 경작 조합이 4 개, 수리 조합이 2 개, 경찰서가 1 개, 농장이 1 개였다.[126]

둘째, 평안남도의 갱생 지도 대상 마을은 모두 1,242 개였는데, 지도 기관은 읍·면의 사무소가 685 개, 보통학교가 228 개, 금융 조합이 106 개, 경찰서가 98 개, 농회가 79 개, 어업 조합이 12 개, 산업 조합이 7 개, 기타가 31

---

123) '갱생계획'의 기구는 계획 기구와 집행 기구로 크게 나누어진다. 전자는 朝鮮總督府農村振興委員會－道農村振興委員會－郡島農村振興委員會－邑面農村振興委員會로 이어지는 계통 조직을 그것의 골간으로 하고 있었으며, 설치의 목적은 농촌 진흥에 관한 시설의 계획 및 그 통제에 관한 중요 사항을 심의하고 관내 각 기관의 연락을 원활하게 하는 것이었다. 朝鮮總督府, 『朝鮮』 224 호, pp. 20~25. 후자는 道農村振興委員會의 위원인 도의 농촌진흥운동 관계 과장들을 중심으로 해서 이루어졌다. 『自力更生彙報』 29 호, pp. 8~9. 자세한 것은 본문과 같다.

124) 朝鮮總督府, 『自力更生彙報』 29 호, 1936 년 1 월 20 일.

125) 黃海道, 『農山漁村振興運動實施의 槪要』(1940), p. 8.

126) 같은 책, 부표.

개였다.[127] 합계가 1,242개를 초과하는 것은 복수의 지도 기관이 하나의 마을을 지도하는 경우도 있었기 때문이다.

셋째, 마을 지도 공적자 26명의 직업에 대한 조사에 의하면, 면서기가 8명, 면장이 5명, 경찰관이 5명, 금융 조합 임원이 4명, 학교 교원이 3명, 군직원이 1명이었다.[128]

세 경우를 종합해 보면, 읍·면이 마을을 지도하는 가장 중요한 기구였지만, 그것만으로는 부족했기 때문에 그외에도 다양한 기구를 이용해야 했다는 것이 된다.

〈표 3-13〉은 공무원의 수를 나타낸 것이다. 표에 의하면, 1915~40년 사이에 3.8배 정도 증가했다. 1910년대 중반에 하나의 읍 또는 면에 평균 4.6명의 직원밖에 두지 못했던 것이 1940년에는 평균 9.6명의 직원을 두도록 바뀌었다. 그렇지만 1940년에도 읍·면 직원 한 사람이 담당해야 하는 읍·면의 호수는 172호였다. 즉 총독부 관료의 힘만으로는 개별 농가를 지도한다는 것은 불가능했던 것이다. 그리고 질적으로도 농업 관계의 면직원이 매우 적었다. 한 명의 권업 서기가 있었을 뿐인데, 권업 서기 한 명으로서는 공문의 발송과 접수 정도를 수행할 수 있을 뿐이었다.[129]

〈표 3-13〉   국비 공무원, 지방비 공무원 합계

연 도	읍·면 이외의 중앙 및 지방 공무원	읍·면 공무원	합 계
1915	30,081	8,861	38,942
1920	42,747	17,634	60,381
1925	54,334	18,005	72,339
1930	65,073	16,996	82,069
1935	81,722	18,302	100,024
1940	127,348	22,468	149,816

자료 : 朝鮮總督府, 『統計年報』.

---

127) 『京城日報』, 1937년 4월 18일(富田晶子,「準戰時下朝鮮の農村振興運動」, 『歷史評論』 377호[1981], p. 83에서 재인용).
128) 朝鮮總督府, 『農山漁村振興功績者名鑑』(1937), pp. 1~88.
129) 帝國地方行政學會朝鮮支部, 『朝鮮行政』, 1925년 4월, p. 32, 62, 71, 95 ; 1926년 7월, p. 13.

그렇기 때문에 기본적으로는 읍·면의 직원이 마을을 지도하면서도, 그들의 능력이 닿지 않는 곳을 금융 조합, 농회, 보통학교 등이 보완할 수밖에 없었다. 읍·면 직원만으로 전체의 마을을 지도하기에는 그 수가 절대적으로 부족했기 때문이었다. 조금 자세히 보면, 보통학교는 그 보통학교로부터 卒業生指導를 받은 졸업생이 마을의 중심적인 인물로 되어 있을 때, 그가 활동하고 있는 마을을 지도했으며,[130] 금융 조합과 농회는 자금 지원 또는 기술 지도를 중심으로 해서 담당 마을을 지도했다.[131]

그렇지만 학교 교원, 농회 및 금융 조합의 직원을 총동원한다고 해도 마을 전부를 관료제적으로 통제하는 것은 불가능했다. 그리하여 제한된 수의 관료로서도 그들의 힘이 적절히 닿을 수 있는 구조를 만드는 것이 필요했다.

農村振興運動의 시기에 이르러 총독부가 착안한 것은 총독부의 하급 관료와 농민 사이에 적절한 매개 인물을 짜넣는 것이었다. 이 방법과 병합 직후 面制가 시행될 시기에 총독부가 이용하고자 했던 방법은 크게 다르지 않게 보이지만, 다음의 두 가지 점에서 서로 달랐다. 첫째, 병합 직후에는 몇 개의 마을로 편성된 행정 동·리와 면 사이에 매개 인물을 위치시키려고 했던 데에 비해서, 이 시기에는 한국 재래의 자치 단위였던 마을을 단위로 해서, 면과 마을 사이에 매개 인물을 위치시켰다. 둘째, 병합 직후에는 전통적인 지역 유지 또는 지주를 매개 인물로서 이용하려 했던 데에 비해

---

130) 朝鮮總督府學務局社會課, 『農村は輝く』(1933), p. 33, 56.

131) 금융 조합에 대해서는 朝鮮金融組合聯合會調査課, 『金融組合の部落的指導施設』(1939)을, 농회에 대해서는 朝鮮農會, 『平安南道農會主催郡農會事績品評會報告書』(1929) 중 대동군(p. 53), 맹산군(부록 3의 p. 5), 양덕군(p. 46, 72)을 참조할 수 있다.

여기서 마을을 지도하는 여러 기관의 횡적인 관계에 대해서 언급해 두고 싶다. 자료가 부족하기 때문에 깊이 검토하는 것은 불가능하지만, 필자는 郡 수준에서 조정이 행해졌다고 생각한다. 농촌 진흥 위원회는 읍·면 수준까지 조직되어 있었지만, 농회와 금융 조합은 대체로 군 수준까지밖에 조직되어 있지 않았기 때문에, 읍·면 수준에서 조정하는 것은 어려웠을 것이기 때문이다. 농회와 금융 조합은 총독부의 지시·감독에 따르고 있었기 때문에, 군이 마을의 할당이나 사업의 영역 등에 대해서 대강을 결정하고, 다른 기관이 그것에 따랐을 것으로 생각한다. 금융 조합은 농회보다는 자율성이 높았지만, 기본적으로는 농회는 농림국의, 금융 조합은 재무국의 지도를 받는 존재였다.

서, 이 시기에는 1920~30년대에 상품 경제에 적응하여 성장한 농민을 이용했다. 이들이 앞에서 언급한 바 있는 중심인물이다.

(2) 중심인물

중심인물에 대해서는 이미 몇 편의 연구 논문이 발표되어 있는데, 그것들을 요약하면, 다음과 같다. 1) 총독부는 1930년대 農村振興運動의 시기에 그 민간측 담당자를 만들어 내기 위해서 중심인물을 양성했다. 특히 상층 농가의 청년에 주목했다.[132] 2) 그런데 경기도 여주군에 대한 사례 연구에 의하면, 총독부에 의해서 양성된 중심인물은 마을의 실제 중심인물로 되지 않고, 면사무소의 서기, 技手 등으로 되어 갔다. 양성 중심인물이 받은 교육은 농민이 신사 신앙에 기초해서 農民道를 실현하고 갱생하도록 이끌어야 한다는 것이었지만, 갱생의 대상으로서의 농민들이 신사 신앙에 저항했기 때문이었다.[133] 3) 농촌 진흥 운동의 시기에 마을 조직의 지도층은 지주 등, 당시에 有志라고 불리었던 사람들이었다.[134] 여주군에 대한 연구는 사례 연구이어서 결론를 일반화할 수는 없지만, 그 한계를 인정하면서 지금까지의 연구 결과를 요약하면, 총독부의 중심인물 육성사업은 실패로 끝났고, 마을의 중심인물은 거의 지주 등의 有志에 의해서 공급되었다라는 것으로 된다.

그렇지만 실태는 지금까지의 연구 결과와는 상당히 달랐다. 이것을 자료

---

132) 富田晶子, 「農村振興運動下の中堅人物の養成」, 『朝鮮史研究會論文集』, 18호 (1981), pp. 166~168. 총독부는 1935년에 농가경제 갱생계획의 10개년 확충계획을 세우면서 전국의 7만 4천여 마을 전부에 1~2명씩의 중심인물을 두어 총독부 농촌통제의 매개 인물로 이용하고자 했다. 졸업생 지도, 교육 기간 1년 정도의 農民訓練所·農道講習所 및 교육 기간 1개월 정도의 中堅人物短期講習會 등을 병용해서 중심인물을 대량으로 양성해 내었다. 卒業生指導란 1927년부터 경기도에서 최초로 시작되어 점차 전국적으로 확대된 보통학교 졸업생에 대한 영농기술 지도사업을 일컫는다. 보통학교 교사의 지도하에 지도생이 영농 계획을 작성하고 수행하여, 우선은 자신의 농가의 갱생을 꾀하게 하고, 그를 통해서 마을 전체의 갱생을 지도하게 하려 했다.

133) 靑野正明, 「朝鮮農村の'中堅人物' : 京畿道驪州郡の場合」, 『朝鮮學報』 141집(天理, 1991), pp. 59~61.

134) 池秀傑, 「1932~35年間의 農村振興運動」, 『韓國史研究』 46호(1984), pp. 135~138.

에 기초해서 검토해 보자. 우선 1928년에 행해졌던 28명의 중심인물에 대한 조사에 의하면, 중심인물은 면장이 3명, 면협의회 의원이 2명, 면 技手가 1명, 區長이 8명, 보통학교 學務委員이 2명, 보통학교 교장이 1명, 보통학교 訓導가 2명, 水利組合長이 1명, 축산조합 중개인이 1명, 농회 通常委員이 2명, 묘목조합 부조합장이 1명, 면작조합 지도원이 1명, 신원 불명의 사람이 3명이었다. 평균 연령이 44세였으며, 그중에서 19명이 農村振興團體의 임원이었다.[135]

특별히 눈에 뜨이는 것은 그들의 대부분이 행정측의 인물이었다는 것이다. 특히 면과 보통학교의 관계자가 그 64%를 차지했다. 1928년은 아직 총독부에 의한 중심인물 발굴 또는 육성이 본격적으로 이루어지고 있지 않았다. 중심인물이 거의 행정측의 인물이었던 것은 그 때문일 것이다. 자료로부터 분명한 상황을 파악하는 것은 어렵지만, 조종태와 허섭은 지주이고,[136] 이건류과 김시련은 상층의 자작농이었다고 판단된다. 이건류과 김시련은 자산이 각각 4,000원과 4,500원이었는데, 그 전부를 논의 자산 가치라고 간주하고, 소유 면적을 구하면, 각각 2.8정보와 3.2정보가 된다.[137]

그런데 1930년대 중반에는 사정이 바뀌어 있었다. 1935~36년에 행해진 34명의 중심인물에 대한 2가지의 조사에 의하면, 중심인물 가운데 행정측의 인물로 생각할 수 있는 사람은 면협의회 의원이 1명, 殖産契 주사가 1명, 구장이 4명, 면장이 1명, 향군 간부가 1명, 수리조합 이사가 1명으로서 9명에 지나지 않았다.[138] 전체에서 차지하는 비율도 29%로서 낮았다. 총독부의 행정에 직접적으로 관계하고 있지 않는 사람들 속에서 마을의 중심인물이 형성되어 나왔다는 것을 알 수 있다.

이것은 마을 지도원, 즉 총독부 관료에 의한 중심인물 발굴 및 육성의 결과였다. 졸업생 지도를 받은 사람이 마을의 중심인물로 되어 있는 경우도 확인된다. 경기도의 조병직은 죽남 보통학교를 졸업한 후, 졸업생 지도를

---

135) 朝鮮總督府內務局社會課, 『優良部落調』(1928).
136) 같은 책, p. 137, 143.
137) 같은 책, p. 22, 43.
138) 慶尙北道, 『農村中心人物臨地指導要項』(1935). 朝鮮總督府, 『農山漁村振興功績者名鑑』(1937).

받았으며, 그 이후 마을의 중심인물이 되었다.[139] 평균 연령이 40세이며, 농촌 진흥 단체[140]의 임원이 30명이었다. 평균 연령이 낮아진 것은 그 이전보다는 젊은 농민 속에서 중심인물을 육성했기 때문일 것이다. 농촌 진흥 단체 임원의 비율이 높아진 것은 농촌 진흥 단체가 설립된 마을의 수가 늘었으며, 농촌 진흥 단체의 수도 늘었기 때문이다. 또 계층을 알 수 있는 26명을 분류해 보면, 지주가 4명, 자작농이 13명, 자소작농이 8명, 소작농이 1명이었다. 이들은 마을의 상층에 속하는 인물이기는 하지만 농민이었다.

총독부가 농민을 마을의 중심인물로 발굴·육성·이용했던 이유는 대개 다음의 세 가지라고 생각된다. 첫째로, 마을에 지주가 없는 경우이다. 그 경우에는 농민을 이용할 수밖에 없었다. 둘째로, 지주가 면직원의 통제에 따르지 않는 경우이다. 면직원의 출신 배경이 낮았기 때문에 그 가능성이 충분히 있었다고 생각된다. 면서기는 判任官의 직급에 해당하기 때문에, 당시의 判任官의 출신 배경의 일단을 보통 문관 시험의 합격기로부터 추측해 볼 수 있는데, 합격기에 의하면 합격자에는 가난한 가정 출신이 많았고 그들의 학력 수준은 거의 대개가 보통학교 졸업에 지나지 않았다.[141] 셋째로, 지주를 중심인물로 이용해서는 충분한 성과가 나타나지 않는 경우이다. 총독부는 식민지 통치 이후에 계속해서 지주층을 농업 정책의 대상으로 삼아왔다. 그것은 일정한 성과를 거두기도 했지만, 지주와 소작농은 소작료의 수준이나 소작 기간을 둘러싸고 항상 대립하고 있었기 때문에, 지주를 이용한 농촌 통제에는 일정한 한계가 있었다.

그러했기 때문에 총독부에게는 이용해서 성과를 거둘 수 있는 농민이 존재하는 한, 농민을 이용하는 것이 효과적이었다. 1936년 현재 전국 농민 훈련소의 훈련생은 자작, 자소작, 소작농이 각각 31.7%, 44.3%, 24.0%로서 합하면 100%였다.[142]

그러면 중심인물로 이용할 수 있는 농민은 어떻게 형성되어 왔던가? 그

---

139) 朝鮮總督府學務局社會課, 『農村は輝く』(1933), p. 33, 56.

140) 농촌 진흥 단체에 대해서는 제1장의 주 82를 참고하기 바람.

141) 帝國行政學會朝鮮支部, 『朝鮮行政』, 1939년 7월 ; 1940년 2, 3, 5, 7, 12월 ; 1941년 3~6월.

142) 朝鮮總督府, 『農山漁村における中堅人物養成施設の槪要』(1936).

것을 위해서 중심인물의 성장 경력에 대해서 검토해 보자. 예를 들면, "이전에는 매우 빈곤했지만, 시대의 추세를 느낀 이후 스스로 경지에 나가서 각고정려하여 가업에 노력한 결과, 7~8년 정도에 약 6,000원의 자산을 형성함에 이르렀다."[143] "아침에 다른 집의 분뇨를 치워 주고 아침밥을 얻어먹는 등 비참한 생활을 계속해 왔지만, 그 뒤에는 부락 내에서 신용도 생겼다. 소작지를 얻어서 벼를 재배하고, 소를 키우고, 땔감을 판매하는 등 노력을 기울여 상당한 저금도 생기자, 본인이 소작하는 논 2단보, 밭 1정보, 대지 1단보의 토지를 지주로부터 연부 상환으로 사들였다. 그 이후 분발하여 현재는 논 6단보, 밭 2정 8단보, 대지 2단보를 가진 자작농이 되었다. 빈털털이로부터 현재의 재산과 지위를 얻은 것이다. 특히 농사 개량을 위하여 비료를 많이 주어 항상 수확을 증가시킬 수 있었다"[144]고 서술되어 있듯이 중심인물에는 1920~30년대를 통해서 경제적 실력을 높여 온 농민이 많았다.[145]

식민지기 특히 1920년대 이후에 농산물 상품화의 속도가 빨라졌기 때문에 상품 경제화에 잘 적응할 수 있었던 농민들이 경제적 실력을 발판으로 해서 마을 내에서의 정치적 지위를 높여 갔고, 중심인물로 되어 갔던 것이다.

(3) 농촌 진흥 단체

하급 관료-중심인물-농민이라는 통제 체제가 제대로 효과를 발휘하기 위해서는 하급 관료가 중심인물을 효율적으로 통제할 수 있어야 하며, 중심인물이 마을 주민들을 효율적으로 통제할 수 있어야 한다. 이하에서는 이 체제가 자신을 움직일 수 있는 어떤 수단들을 가지고 있었는가에 대해서 검토한다. 그렇지만 필자가 이 기구가 완전히 효율적으로 움직였다고 주장하는 것은 아니다.

먼저 하급 관료의 중심인물 통제에 대해서 살펴보자. 두 가지에 대해서 언급할 수 있다. 하나는 총독부의 강제이다. 이미 보았듯이 중심인물은 마

---

143) 朝鮮總督府內務局社會課, 『優良部落調』(1928), p. 29, 김시련의 사례.
144) 朝鮮總督府, 『農山漁村振興功積者名鑑』(1937), pp. 92~93, 유진소의 사례.
145) 같은 책, pp. 89~187에 실려 있는 중심인물의 경력을 참조하기 바람.

을에 거주하는 상층 농가 출신이 많았다. 이들은 자신들이 가지고 있는 약간의 경지 이외에는 마을에서 자신의 지위를 유지 또는 상승시키는 데에 필요한 요소를 가지고 있지 않은 경우가 보통이었다. 이러한 경우 중심인물은 하급 관료의 지시에 순종하지 않을 수 없었다. 나아가서 위와 같은 중심인물들의 경우는 하급 관료에 의해서 발굴되는 경우가 많았고, 하급 관료의 협조를 얻어서 농촌 진흥 단체를 만들었다.[146]

다른 하나는 총독부의 유인이다. '自作農地設定에 관한 件'에 의하면, 농가의 중견 인물이 될 수 있는 소질을 가지고 있고, 지조가 견실하며, 근로를 좋아하는 정신에 불타는 자에게 자금을 우선적으로 대부하도록 규정되어 있다.[147] 중심인물이 자작지를 소유하게 함으로써 마을에서 그의 지위를 높여 줄 필요가 있었으며, 소유자로 만듦으로써 그가 총독부의 정치에 협조하도록 할 필요가 있었기 때문이었다. 경상북도에 대한 실태 조사에 의하면, 마을의 중심인물들이 自作農地設定資金을 우선적으로 대부받고 있었다.[148] 앞에서 언급한 바 있는 경기도의 조병직도 道의 산업 장려 자금을 대부받아 토지를 구매했다.[149] 유인은 自作農地設定資金의 대부에 그치지 않았다. 肥料購買資金에 있어서도 중심인물들이 우선적으로 대부받을 수 있었다.

이어서 후자에 대해서 살펴보자. 중심인물이 마을의 지도력을 가질 수 있게 한 첫째 조건은 그들이 마을 단위로 조직된 農村振興團體의 장이었다는 것이다.

제2절 제1항에서 언급했듯이, 병합 직후 총독부는 마을의 자치적 기능을 부정했고, 면을 중심으로 해서 행정 기구를 편성했지만, 이 계획은 거의 실패로 끝났다. 그리하여 1920년대 중반에 이르러서는 마을 수준에서의 농촌 조직과 농민 지도의 중요성이 주장되기에 이르렀다.[150] 총독부는 마을마다 農村振興團體를 설립하도록 했다.

---

146) 앞의 책 중의 강만영, 박장근, 青木恭平에 관한 기사.
147) 朝鮮農會, 『朝鮮農務提要』(1936), p. 9.
148) 慶尙北道, 『農村中心人物臨地指導要項』(1935).
149) 朝鮮總督府學務局社會課, 『農村は輝く』(1933), p. 33.
150) 帝國行政學會朝鮮支部, 『朝鮮行政』, 1925년 4월, p. 32, 62, 71, 95 ; 1926년 7월, p. 13.

예를 들면, 총독부는 勸農共濟組合을 마을마다 설립하도록 지시했다. 권
농공제조합은 소농 생업 자금의 대출, 농사 기술의 지도, 부업의 장려, 근
검 절약의 강조, 부인의 옥외 노동의 장려, 납세 이행의 권유 등을 행하는
종합적인 농촌 진흥 단체였다. 권농공제조합의 구성원은 금융조합원이 될
수 없었던 소규모 농가였고, 1936년에 5,454조합이 조직되어 있었다.[151] 또
경상남도는 1914년 이후 침체해 가고 있었던 교풍회를 부흥하고(1931), 마
을 수준에서 그것을 확대 조직해 가고 있었다.[152]

이렇게 해서 조직된 農村振興團體의 주된 임무는 총독부 행정을 보완하
는 것이었다. 농촌 진흥 단체가 설립되고, 그 사업의 성과가 높았던 마을들
이 대개 우량 부락 또는 모범 부락이라고 불리었는데, 그것에 대한 조사를
이용해서, 농촌 진흥 단체가 수행하는 사업을 頻度 순서대로 나열하면, 농
사 개량(269), 소비 절약(208), 부업 장려(189), 교육(81), 법령 준수(66),[153]
사회 간접 자본 형성(49), 위생 관념 주입(30) 등이었다.[154]

제2절 제1항에서 언급한 面制의 시행 이후 면의 처리 사무는 1) 도로,
교량, 나루터, 하천, 제방, 관개 시설, 배수 시설 등의 개선, 2) 시장, 조림,
농사, 양잠, 축산 등의 개량 및 보급, 3) 묘지, 화장터, 상수도, 하수도 등
의 개선 및 전염병 예방, 오물의 처치, 4) 消防, 水防 등이었다.[155] 농촌 진
흥 단체의 사무 가운데 농사 개량, 부업 장려, 납세 기간 준수, 사회 간접
자본 형성, 위생 관념 주입 등은 면의 사무를 대행하는 것이었다고 할 수
있다.

교육은 면 사업의 대행이라고는 하기 어렵지만 농민에게 문자를 가르치
는 것은 면 사업을 수행하는 데에 있어서 매우 중요한 것이었다. 나아가서
농촌 진흥 단체는 납세 기간을 준수하도록 마을 주민을 지도하고 있었는
데, 그것은 면이 면세를 징수해서 면 재정의 일부로 하고 있었기 때문이며,
국세, 道稅, 學校費, 農會費 등의 징수를 대신하고 있었기 때문이다.[156] 면

---

151) 朝鮮總督府學務局,『小農に對する少額生業資金貸付說明書』(1933).
152) 朝鮮總督府,『朝鮮』, 1931년 12월, pp. 31~32.
153) 납세 기간 준수가 57회로 가장 많음.
154) 朝鮮總督府,『朝鮮の聚落』중편(1933), pp. 167~171.
155) 帝國行政學會朝鮮支部,『朝鮮地方行政例規』(1929), pp. 432~434.
156) 같은 책, p. 540, 552.

세는 주로 국세와 지방세에 대한 부가세 및 특별세(주로 호세)였다.[157]

앞 항목에서 언급한 대로 신원을 알 수 있는 34명의 중심인물 중에서 농촌 진흥 단체의 임원이 30명이었다. 중심인물들이 농촌 진흥 단체의 임원으로서 마을의 주요 의사를 결정할 수 있는 지위에 두어져 있었다는 것이 체제가 기능하도록 갖추어진 하나의 요소였다.

나아가서 중심인물들은 총독부의 정책 자금을 배분할 수 있는 권리를 가지고 있었다. 앞에서 예로 든 勸農共濟組合은 1명의 조합장과 1명의 勸農補導委員을 두고 있었는데, 조합장은 대개 邑·面長이었으며, 권농 보도 위원은 대개 마을의 중심인물이었다.[158] 勸農共濟組合은 小農生業資金을 대부하는 것이 그것의 중요한 사업이었는데, 소농 생업 자금의 차용증은 반드시 권농 보도 위원을 경유해서 제출하도록 규정되어 있었다.[159]

농촌 진흥 단체가 만들어지기 시작했던 것은 1920년대 중반부터였지만,[160] 모든 마을에 농촌 진흥 단체가 만들어졌던 것은 아니었다. 1933년의 한 조사에 의하면, 한국 전체의 농촌 진흥 단체의 수는 29,383개로서 마을 총수 74,000개의 40% 정도였다. 상황을 지역별로 나누어 보면, 경기도, 충청남도, 경상북도, 황해도, 함경북도, 경상남도 등은 조직률이 50% 이상으로 높았고, 전라북도, 평안남도, 강원도, 전라남도 등은 조직률이 10% 이하로 낮았다.[161]

그렇지만 마을은 서서히 농촌 진흥 단체에 의해서 조직되는 방향으로 움직여 갔다. 첫째로 1930년대에 농촌 진흥 단체의 수가 증가해 갔다. 농촌 진흥 단체의 총수에 대한 자료는 없지만, 이 시기에 마을 단위의 자치 조직이 장려됨과 함께, 契도 증가해 갔기 때문에, 契의 수의 변화로서 그것을 대신할 수 있는데 계의 수는 1926년에 19,067개였으며, 1937년에는 28,643개로 증가했다.[162] 둘째, 농가경제 갱생계획의 갱생 지도 마을 2,277호에 대

---

157) 朝鮮法制硏究會, 『朝鮮地方自治制精義』(1933), p. 110.
158) 朝鮮總督府學務局, 『小農に對する少額生業資金貸付說明書』(1933), p. 43.
159) 같은 책, p. 24.
160) 帝國行政學會朝鮮支部, 『朝鮮行政』, 1925년 4월, p. 32, 62, 71, 95 ; 1926년 7월, p. 13. 朝鮮總督府學務局, 위의 책.
161) 金正明 편, 『朝鮮獨立運動』 제5권(1966), pp. 410~412.
162) 朝鮮總督府, 『朝鮮の契』(1926), p. 28. 朝鮮總督府, 『農山漁村における契』(1937),

한 1938년의 조사에 의하면, 마을마다 평균 3개의 농촌 진흥 단체가 존재
했다.[163] 즉 농촌 진흥 단체의 수가 증가했고, 하나의 마을이 복수의 농촌
진흥 단체를 포함하도록 바뀌어 갔다고 할 수 있다. 다른 조사 자료를 이용
해서 검토해 보면, 복수의 농촌 진흥 단체들은 서로 다른 기능을 수행하며
특화해 있었다. 그것은 포함하고 있는 계층이 달랐기 때문이기도 하며, 내
건 사업 목표가 달랐기 때문이기도 했다.[164]

(4) 지주제의 정체

　이상에서 보아 온 제반의 변동을 다음의 몇 가지로 요약할 수 있다. 첫
째, 소작쟁의가 빈발하면서 소작 관계를 규율하는 행정적 기준이 소작농에
게 유리하게 바뀌어 갔다. 둘째, 농업 공황과 만주사변 이후 농촌의 안정이
더욱 중요해지면서 개별 농가의 경영을 안정시키고, 농가를 총독부 정치의
내부로 포섭하려는 욕구가 커졌다. 셋째, 소작 조건에 관한 법률이 제정되
었는데, 그것은 관행과 비교하는 한 농민에게 유리한 것이었다. 넷째, 총독
부는 정책 목표를 실현하는 대리인으로서 농민을 이용했다.

　이러한 변화는 전체적으로 지주를 억압하는 것이었다. 제3절 제4항에
서 소작 기간이 안정화되어 갔던 것에 대해서는 이미 본 바 있다. 여기서는
小作料率에 대해서 검토해 보자. 〈표 3-14〉는 농림국의 미곡 생산액 조사
결과와 殖産銀行의 小作料額 조사 결과를 이용해서 소작료율의 변화를 검
토한 것이다. 殖産銀行의 小作料額 조사가 前年 7월부터 今年 6월까지의
조사 결과로서 금년의 小作料額으로 하고 있기 때문에 전년의 쌀 생산액과
금년의 소작료액을 비교했다. 생산액을 계산하는 기초로 되는 수확량은
〈표 보론-7〉에 따랐다. 〈표 3-14〉에 의하면, 소작료의 비율은 1920년대 말

---

　　p. 88. 1936년부터 총독부에 의해서 정책적으로 만들어진 식산계는 여기에 포함되지
　　않는다.

　　　1933년의 조사에 의한 농촌 진흥 단체의 수 29,383개와 여기에서의 契의 수
　　28,643개를 더해서는 안된다. 어떤 농촌 진흥 단체는 계라는 이름을 그대로 가지고
　　있었기 때문이다.

163) 朝鮮總督府,『昭和 8 年度實施更生指導農家竝部落の 5 個年推移』(1939), p. 36.

164) 자세한 것은 졸저,『1930年代朝鮮における農業と農村社會』(東京, 未來社, 1995),
　　pp. 157〜158을 참조하기 바람.

〈표 3-14〉　　　　　　　　　논 小作料率의 推移　　　　　　(단위 : 원, %)

연 도	생산액	소작료액	소작료율
1928	7.5	4.4	60
1929	6.6	4.1	62
1930	5.0	2.7	54
1931	5.4	3.2	59
1932	6.3	3.3	52
1933	6.7	3.6	54
1934	8.1	4.5	55
1935	9.6	5.1	53
1936	9.0	5.3	59
1937	12.6	5.9	47
1938	12.2	6.5	53

자료 : 殖產銀行, 『全鮮田畓賣買價格及收益調』, 각년판.
　　　朝鮮總督府農林局, 『農業統計表』, 1940년판.
주 : 殖產銀行의 조사가 前年 7월부터 今年 6월까지의 조사 결과로서 금년의 小作料額
　　으로 하고 있기 때문에 전년의 생산액과 금년의 소작료액을 비교했다.

이 가장 높았으며, 그 이후는 조금씩 하락하는 경향을 보였다. 이유의 하나
는 소작 관계를 규율하는 행정적 기준이 소작농에게 유리하게 바뀐 것이
다. 이것에 대해서는 반복해서 언급했기 때문에 여기서는 다시 언급하지
않는다. 다른 하나는 제1장에서 본 바와 같이 농가의 경영능력이 높아진
것이다. 생산에 대한 직접 생산자의 기여도가 높아진 것이 노동 분배율을
높였다. 참고로 식민지로 된 이후 1920년대 말까지 소작료율은 6% 정도
상승했다고 보여진다.[165]

이하에서 지주적 토지 소유의 실상에 대해서 살펴보자.

먼저 小作地率[166]의 변동부터 검토해 보자. 토지 조사 사업이 끝나는
1918년 이전에 대해서는 소작지율의 추이를 정확하게 알 수 없다. 그 이후
의 추이를 보면, 소작지율은 1918년에 50.4%, 1926년에 50.7%로서 1920

---

165) 졸고, 「식민지 조선에 있어서 1930년대의 농업정책에 관한 연구」, 『한국 근대 농
　　촌사회와 농민운동』(열음사, 1988), p. 130.
166) 경지 면적에서 차지하는 소작지의 비율.

년대 초반에는 거의 변함이 없었으나, 그 이후 급상승하여 1932년에는 56.5%에 달했다. 그 이후 다시 상승 경향이 둔화하여, 1942년에는 58.4%였다. 그러므로 소작지율의 변화로서 크게 추정해 보면, 1918~26년과 1932~42년은 地主制가 상대적으로 정체적이었을 가능성이 크고, 1926~32년은 지주제가 급성장했을 가능성이 크다.[167]

이어서 미시적으로 개별 지주들의 실상에 대해서 살펴보자. 개별 지주, 특히 대지주들의 小作地 경영에 대해 최근에 이르러서 상당히 많은 부분이 명확하게 되었다. 최근에 이루어진 연구들을 정리하면 〈표 3-15〉와 같이 된다. 문재철과 이계선의 경우를 제외하면, 대지주가 소유하는 경지 규모가 1935년 무렵까지는 빠르게 성장했으나 그 이후에는 감소했다는 것으로 요약할 수 있다.

전국적인 통계도 위와 비슷한 양상을 보이고 있다. 경지를 100정보 이상 소유한 지주의 소유 총면적은 1936년에 322,382정보, 1942년에 321,477정보로 감소했다.[168]

全羅北道의 동태를 이용해서 조금 더 자세히 검토해 보자. 전라북도의 대지주 조사에 의하면, 1926년, 1930년, 1939년 사이에 경지를 100정보 이상 소유한 지주의 수는 124명, 136명, 148명으로 증가했고, 소유지의 총면적은 54,561정보, 58,023정보, 60,278정보로 증가했다. 즉 1930년에서 1939년 사이에 100정보 이상을 소유하는 지주의 수와 소유 총면적은 증가했으나, 평균 소유 면적은 440정보, 427정보, 407정보로 감소하고 있었다.[169]

위의 자료에 의하면 全羅北道의 지주제 동태가 전국의 그것보다 상대적으로 안정되어 있었던 것으로 나타나는데, 그것은 全羅北道의 논, 밭 수익률이 전국 평균보다 높았기 때문일 것이다. 1931~38년을 평균할 때 中等논과 中等 밭의 수익률은 전국의 그것이 8.3%, 8.8%인데 비해서 全羅道

---

167) 朝鮮總督府, 『統計年報』, 1942년판.
168) 姬野實 엮음, 『朝鮮經濟圖表』(1940), p. 167. 朝鮮銀行, 『朝鮮經濟年報』(1948) Ⅰ 부, p. 340.
169) 張矢遠, 『日帝下 大地主의 存在形態에 관한 硏究』(서울대학교 대학원 박사학위 논문, 1989), p. 65에서 계산함.

〈표 3-15〉　　　　大地主 耕地 所有 面積의 推移

年 度	1915	1920	1925	1930	1935	1940	1945
溝手	151		163		177		
문재철	545	755	803	823	1,173	1,310	
西服部		258	322	378	590	560	
石川	1,297			1,609	1,316		
오씨가	100	115	147	175	193	192	178
오자섭			308		374	289	284
熊本	2,500			3,500		2,937	2,933
윤관하	90	97		102			85
이계선	25	29		47	69	73	
이병응		56			46	44	43
조병순	50	61	69	75	78	77	63

자료：蘇淳烈,『植民地後期朝鮮地主制の研究』(京都大學 대학원 박사학위논문, 1994).
　　　洪性讚,「韓末・日帝下의 地主制 研究：谷城 曺氏家의 地主로의 成長과 그 變動」,『東方學志』49집(1985).
　　　洪性讚,「日帝下 企業家的 農場型地主制의 存在形態－同福 吳氏家의 東皐農場 經營構造分析－」,『經濟史學』10호(1986).
　　　洪性讚,「韓末・日帝下의 地主制 研究：50町步 地主 寶城 李氏家의 地主經營事例」,『東方學志』53집(1986).
　　　田中喜男,「明治後期朝鮮拓植への地方的關心：石川縣農業株式會社の設立を通じて」,『朝鮮史研究會論文集』4집(1967).
　　　森元辰昭,「日本人地主の植民地(朝鮮)進出：岡山縣溝手家の事例」,『土地制度史學』82호(1979).
　　　박천우,『韓末・日帝下의 地主制 研究：岩泰島 文氏家의 地主로의 성장과 그 변동』(연세대학교 대학원 석사학위논문, 1983).
　　　최원규,『19・20세기 海南 尹氏家의 農業 경영과 그 변동』(연세대학교 대학원 석사학위논문, 1984).
　　　金容燮,『韓國近現代農業史研究』(一潮閣, 1992).
　　　田中眞一・森元辰昭,「朝鮮土地經營の展開」, 大石嘉一郎 編,『近代日本における地主經營の展開：岡山縣牛窓町西服部家の研究』(東京, 御茶の水書房, 1985).
주：표를 간략하게 하기 위해 5년을 단위로 해서 작성했기 때문에 면적과 연도가 반드시 일치하는 것은 아니다. 예를 들면 1933~37년의 면적은 1935년에 기재되어 있다.

의 그것은 8.6%, 9.2%였다.[170] 그렇지만 상대적으로 논, 밭 수익률이 높았
던 전라도의 경우에도 100 정보 이상을 소유하는 지주의 평균 소유 면적은
감소하고 있었다.[171]

그러면 이 결과를 앞의 小作地率 통계와 결합해서 식민지기 地主制의 전
체적인 동향을 정리해 보자.

1. 1910 년대 후반에서 1925 년 무렵까지. 小作地率이 상승하지는 않았지
만, 대지주들은 자신의 소유 면적을 빠른 속도로 증가시켜 갔다. 중소 지주
의 소유 면적이 상대적으로 감소했을 것으로 생각할 수 있다.

2. 1925 년 무렵부터 1930 년대 초반까지. 小作地率이 급격하게 상승했다.
대지주는 소유 면적을 빠른 속도로 증가시켜 갔다. 중소 지주의 동향은 불
분명하다.

3. 1930 년대 초반부터 1945 년까지. 小作地率은 약간 상승했으나, 그 속
도는 현저히 둔화되었다. 地主의 토지 소유 규모는 증가해 갔지만, 1936 년
부터 1942 년 사이에 100 정보 이상 대지주의 수가 증가하면서도 소유 면적
이 감소한 것으로부터 판단해 볼 때, 1930 년대에 대지주수가 증가하기는
했어도, 그들의 소유 면적의 증가가 크지는 않았을 것이다. 중소 지주의 소
유 면적은 증가했을 것으로 생각된다.

1930 년대 후반에 지주들은 경영의 안정성을 잃어버린 것은 아니었지만,
1920 년대와 같이 급속히 자기 자신을 성장시켜 가지는 못했다고 할 수 있
다. 그것은 제 2 장에서 보았던 농민 경영의 성장, 제 3 장에서 본 농업 정책
의 변화 및 농촌 사회에 있어서 농민의 지위 상승 등이 복합적으로 작용한
결과였다.

---

170) 殖産銀行, 『全鮮田畓賣買價格及收益調』, 1939 년판.

171) 1930~40 년대의 대지주수에 대한 통계는 세 가지가 있으며, 그것들에 의하면,
1930 년에 1,109 명 (朝鮮總督府農林局, 『朝鮮における小作に關する參考事項適要』
[1932], p. 19), 1936 년에 972 명 (姬野實 엮음, 『朝鮮經濟圖表』[1940], p. 167), 1942
년에 1,055 명 (朝鮮銀行調査部, 『朝鮮經濟年報』[1948] Ⅰ부, pp. 340~341)이었다.
그렇지만 1930 년의 값은 도를 기준으로 한 속인주의, 1936 년의 값은 府・郡・島를
기준으로 한 속인주의 통계로서 서로 기준이 다르며, 1942 년의 값은 통계의 기준조
차 소개되어 있지 않아, 이용하지 않았다.

5. 맺 음 말

이 章의 내용을 요약하면 다음과 같다. 1) 병합 직후 총독부는 면을 기초 단위로 해서 한국의 농촌을 통제하려 했다. 2) 당시 한국의 농촌은 74,000 여 개의 마을로 구성되어 있었는데, 그 전부를 면직원만으로 통제하는 것은 불가능했다. 3) 총독부는 지주 등 농촌의 실력자를 洞·里의 장으로 편성했으며, 지주회를 조직하여 통제의 대리인으로 삼았다. 4) 1920년대에 소작쟁의가 빈발하자, 총독부의 정책이 지주의 권리를 제한하는 것으로 바뀌기 시작했다. 총독부는 농업 생산력을 높이는 데에서도 소작농의 힘을 활용하고자 했다. 이것에는 식민지기에 농민의 기술적 수준이 높아졌고, 농민 경영이 성장했던 것이 영향을 미쳤다. 5) 농업 공황 시기에 소작쟁의가 빈발했고, 滿洲事變이 총독부의 정책 변화를 가속화시켰다. 총독부는 개별 농가를 직접 파악할 계획을 세웠으며, 일련의 소작 관계 정책을 제정하여, 소작 관행의 법적 기준을 마련했다. 소작 기간을 법으로 정했고, 소작료의 상승을 억제했다. 6) 농촌 사회에서는 1920~30년대에 새로이 성장해 온 농민이 총독부 농촌 통제의 매개 인물로 이용되기 시작했다. 7) 이상의 전체적인 변화의 결과, 1930년대 중반 이후 지주제는 정체해 갔다.

이하에서는 머리말과 관련해서 총독부와 지주의 관계에 대해서 간단히 정리해 두고 싶다. 식민지기에 지주 계급이 총독부의 한국 지배의 동맹자였던 것은 부정할 수 없다. 그들이 정책적으로 다양하게 지원을 받았던 것도 사실이다. 그렇지만 총독부가 모든 점에 있어서 그리고 항상 지주의 이익을 보호해야 했던 것은 아니었다. 논리적으로 식민지 지배와 지주 계급의 이익 사이에는 모순되는 측면이 있었다. 그것은 소작농에 대한 지주의 가혹한 착취가 소작쟁의를 빈발시켜 결국은 지배의 비용을 증가시킨다는 것과 소작농의 생산 의욕을 줄여서 생산력의 증진을 방해한다는 것이었다. 그리고 이러한 모순은 농가의 경영 능력이 성장할수록 심각하게 되는 것이었다.

1928년의 '小作慣行改善에 關한 件' 이후 1939년의 小作料統制令까지 소작 관행에 대한 행정적·법적 기준이 소작농에게 유리하게 바뀌어 갔던 것은 지주와 총독부 사이의 모순이 한계를 넘어 진행되었기 때문이다.

　마지막으로 제 3 장에서 다루지 못한 두 가지의 한계에 대해서 언급해 두고자 한다. 하나는 농촌 진흥 단체에 대한 미시적 분석인데, 특히 그곳에서의 갈등의 문제이다. 지주와 농민 사이의 마찰, 총독부 권력이 통제의 정도를 강화해 가는 과정에서 나타날 수밖에 없을 갈등 등이 그것이다. 여기까지 이르지 못한 것은 충분한 자료를 구할 수 없었기 때문이다.

　다른 하나는 농촌 사회 및 지주제의 변동과 공업화와의 관련이다. 제 1 장과 제 2 장에서 항상 공업화가 중요한 요인으로 등장했음에도 불구하고, 이 章에서 고려하지 않은 것은 농업 내부의 모순의 전개 과정으로서 충분히 설명될 수 있었기 때문이다. 그렇지만 공업 자본가의 성장에 따른 지주의 정치적 중요도의 하락, 지주의 농외 투자의 증가를 무시하는 것은 아니다.

종   장

1. 총   괄

대개 1900년 이후 일본 시장의 동향은 한국의 농업에 직접적으로 영향을 미치게 되었으며, 일본의 식민지로 된 이후에는 그 정도가 훨씬 심해졌다. 일본이 한국에서 구했던 것은 주로 쌀이었으며, 그 규모는 한국 쌀 시장의 수요 규모에 의미있는 영향을 미칠 수 있는 정도였다. 공급의 증가 속도보다 수요의 증가 속도가 더 빨랐으며, 쌀의 가격이 높아졌다. 그리고 총독부는 일본 시장에 충분한 쌀을 공급하는 것을 자신의 중요한 정책 목표로 하여, 쌀 재배를 장려하는 각종의 정책을 시행했다. 정책적으로 장려된 것과 쌀의 가격이 상승한 것이 상승 작용하여, 쌀의 생산이 다른 작물의 생산에 비해서 상대적으로 빨리 증가했으며, 농업 생산에서 차지하는 쌀의 비중이 점점 커졌다.

농민의 농업 기술 수준은 낮았고, 농업 투자 능력도 낮았기 때문에, 주로 지주가 총독부의 방침에 호응하여, 쌀의 증산에 노력했다. 이 과정에서 지주는 이윤의 극대화를 지향하는 기업가적인 지주로 바뀌어 갔다.

총독부는 정책 목표를 실현하기 위해서 지주의 이익을 보호했다. 지주제가 점점 강고해져 갔으며, 소작농의 궁핍은 심화되었다. 지주의 경제력과 지주 중심의 총독부 정책에 의해서 농촌 사회는 지주의 통제 아래에 두어져 있었다.

식민지기 한국의 농업과 농촌 사회의 모습은 대개 위와 같다고 생각되어져 왔다. 그렇지만 필자가 이 책에서 밝힌 식민지기의 모습은 위와 같이 단순하지는 않았다. 일본 근대 농법의 도입, 화학 비료 공급의 증가, 시장 경제와 공업화의 진전 등에 농민이 적응·대응하면서 훨씬 복잡하게 전개되고 있었다. 정리해 보면 다음과 같다.

첫째, 일본의 근대 농법이 도입되고, 화학 비료의 공급이 증가한 것이 농민 경영의 기술적 구조를 바꾸었다. 더 많은 자본과 노동을 투하하게 되었으며, 이전보다 생산력적인 기능이 높은 농가로 바뀌어 갔다. 기술의 선택 과정이 반드시 지주에게 장악되어 있었던 것만은 아니었다. 비료의 선택, 관개 시설의 개선에서도 알 수 있듯이, 자발적인 선택의 측면도 강했다.

둘째, 개항 이후 무역이 증가하면서 사회적 분업의 정도가 이전보다 높아졌다. 구체적으로는 의류의 원료인 면포를 시장에서 구입하는 비율이 상승했고, 그런 만큼 농산물의 판매액도 증가해 갔다. 그 결과 상품의 유통량이 많아졌다. 이러한 변화는 농가에 현금 소득의 중요성을 높였으며, 농민을 가격에 상당히 민감하게 반응하도록 했다. 1920년대 중반 이후 쌀의 가격이 급락해 가자, 농민들은 중간 상인에 의해서 흡수되고 있었던 유통 마진을 자신들의 몫으로 하려 했다. 미곡 거래에서 중매인을 배제해 갔으며, 공동 판매를 스스로 조직하거나, 총독부가 정책적으로 제공하는 공동 판매에 적극적으로 참가했다.

셋째, 공업화는 채소, 과일, 축산물 등 상대적으로 고급한 농산물의 수요를 증가시켰고, 공업 원료 농산물의 수요도 증가시켰다. 총독부는 공업 원료 작물의 재배를 증가시키는 데에는 주의를 기울였지만, 채소, 과일, 축산물과 같은 최종 소비 농산물의 증산에 대해서는 소홀히 했다.

지주의 경영 능력의 범위는 거의 쌀의 재배에 제약되어 있었으며, 밭 소작료는 일정한 양의 곡물에 의해서 정해져 있는 경우가 많았기 때문에, 지주는 수요 구조가 변화했음에도 불구하고, 자신의 소작지의 작물 구성을 바꾸려 하지 않았다. 최종 소비 농산물의 소비 구성의 변화에는 농민들이 지주 또는 총독부보다 더 빨리 대응했다. 채소를 소재로 해서 살펴보면, 농민들이 수입을 늘리기 위해서 채소의 재배를 증가시켜 갔다.

넷째, 이상의 변화는 부락에 있어서 농민의 정치적 지위에도 영향을 미쳤다. 적극적으로 농업 경영을 합리화하고, 스스로의 농업 경영을 확대시켜 갔던 농민 중의 일부가 총독부와 협조 관계를 맺고, 마을의 중심인물로 되어 갔다.

다섯째, 1920년대 말에서 1930년대 초반에 걸친 농업 공황 시기에 농가 경제가 크게 악화되었으며, 소작쟁의는 더욱 증가했다. 한국은 한국 자체로서도 중요했지만, 1932년에 滿洲國이 성립한 이후에는 만주국의 안정을

보장하기 위해서도 중요하게 되었다. 총독부는 모든 수단을 동원해서 소작
쟁의를 억압해야 했다. 총독부가 채택한 방법은 소작 관행의 법적 기준을
마련하며, 그것을 어느 정도 소작농에게 유리하게 해서, 소작농을 회유하
는 동시에 소작쟁의를 제도화시키는 것이었다.

소작 관행의 법적 기준을 소작농에게 유리하게 개정하는 등 지주의 소작
농 통제력을 약화시키면, 소작쟁의가 더 늘어날 수도 있지만, 소작쟁의의
발생 건수가 증가한다고 해도, 소작쟁의의 처리 방법이 제도화되면 그것의
처리 비용은 줄어들며, 소작 관행의 법적 기준을 소작농에게 유리하게 개
정하면, 소작농의 농업 투자가 증가한다는 이점이 있었기 때문이었다. 다
른 한편에서 이것은 지주의 농업 투자를 줄이는 부작용을 낳게 되지만, 그
것에 대해서는 제3장에서 소개한 대로이다.

여섯째, 경영체로서의 농가의 성장, 농민의 사회적 지위의 상승, 총독부
정책의 변화라는 사태를 겪으면서 1930년대 중반 이후 지주제는 그 이상
성장하지 못하게 되었다.

2. 논   점

이하에서는 본론에서의 검토의 결과로 얻어진 결과물을 바탕으로 몇 가
지의 논점을 제기하고자 한다.

첫째는 한국 근대 농업에 대해 서술할 때에 지주제에 지나치게 의존해서
는 안된다는 것이다. 이미 앞에서 언급한 바 있지만, 지주에 대해서는 연구
가 풍부하게 이루어져 있고, 지주 경영의 '動態化'라고 하는 매우 우수한
개념이 개발되어 있다. 동태화란 지주가 시장 경제의 발달에 적응하여, 생
산과 유통의 모든 과정에 걸쳐서 경영을 합리적으로 개선해 가는 것을 가
리키는데, 이것은 두 가지 점에서 많은 것을 이야기하고 있다.

하나는 지주를 토지 소유자로서만이 아니라, 농업 경영자로서도 파악하
게 하여 지주의 전체적인 모습을 보게 하는 것이다. 예를 들면, 지주가 총
독부와 교섭할 때, 나아가서 소작농과 교섭할 때, 그들은 정치적인 수준에
서만이 아니라 경제적인 수준에서도 그들의 교섭력을 발휘한다는 것을 보
여 준다. 이 점은 제3장 제2절에서 상론한 바 있다. 다른 하나는 동태화라

는 표현이 시간적인 변화를 보여주는 것이다. 지주들이 처음부터 동태적이었던 것은 아니다. 상황이 바뀌고, 시간이 경과하면서, 바뀐 상황에 적응한 결과인 것이다.

변화하는 상황에 기민하게 적응하면서, 경영자적 능력을 겸비해 가는 지주의 존재에 힘입어 한국 근대 농업의 전개 과정은 지주의 경영 전략 및 총독부와의 관계에 의해서 거의 전부 설명되게 되었으며, 그 결과로 농민의 경영자적 능력 및 변화에 대한 적응 능력은 매우 과소 평가되었다. 그렇지만 본론의 검토에서 분명하게 되었듯이 자신의 노동 과정을 스스로 계획하고 감독할 수 있는 소경영 농민은 농업 조건의 변화에 대해 적응할 수 있었고, 그 과정에서 자신의 경영자적 능력을 높여 갔으며, 농업의 제양상에 변화를 주어 갔다. 그러므로 지주제가 가지는 설명력에 명백히 한계를 그어두어야 한다.

이것은 근대사의 문제에 국한되지 않으며, 학문적 논의에 국한되지도 않는다. 해방 이후의 정책 담당자에 의한 농민 인식도, 그 배경이 같다고는 할 수 없지만, 동일한 선상에 있었다. 농민은 지도하면 될 뿐이라는 사고 방식으로 일관되어 왔으며, 농민의 경영자적 능력을 배양하는 데에 절대적으로 필요한 인적 자본에 대한 투자에는 인색했던 것이다. 지주제 중심의 근대 농업사 연구가 위와 같은 사고 방식에 묵시적으로 동조해 왔다고 할 수 있다.

둘째는 한국 근대의 전개 과정에 미친 외부의 영향을 그 부정적인 점과 긍정적인 점을 아울러 복합적으로 인식해야 한다는 것이다. 이 문제는 어느 국가의 역사 서술에서도 공통적으로 나타나고 있지만, 한국 근대사의 서술에서는 특히 심각하다.

이미 서장에서 충분히 문제 제기가 이루어졌고, 본론의 분석에서 많은 것들이 보여졌다고 생각하지만, 농업에 한정해서 그 중요한 것만 보면, 일본 농법과 일본식 소작 관행의 도입, 비료 공급량의 증가, 시장 경제의 확대 등등의 외부적 영향은 새로운 것에의 적응을 강요했다는 점에서 한국 농민의 고통을 심하게 하는 것이기도 했지만, 다른 한편에서 한국 농민 및 한국 농업의 성장을 가능하게 하기도 했던 것이다. 제1장의 검토에 의하면, 농민이 습득한 농업 기술의 정도가 높아졌으며, 농업 생산의 기반이 정

비되었다. 그 결과로 생산량이 증가하고, 생산성이 상승했다. 제2장의 검
토에 의하면, 시장 경제에 적응해 가는 과정에서 농민의 농업 경영자적 능
력이 상승했으며, 제3장의 검토에 의하면, 경영자적 능력을 갖추면서 성장
한 상층 농민들이 마을의 중심인물로 성장해 갔다.

　이러한 결과는 외부적 영향을 더욱 구체적이고, 복합적으로 인식해야 함
을 나타낸다. 그렇지 않을 때 한국 현대의 변동이 현대의 조건으로서만 설
명되게 되며, 중요시되지 않아야 할 요인이 중요시된다거나, 중요시되어야
할 요인이 경시되게 된다.

　나아가서 한국사의 서술이 自慢에 차버릴 수 있다. 이러한 경향은 한국
의 국사 교과서에 이미 잘 드러나 있다. 고등학교 국사 교과서를 예로 들
어 보면, 그 내용은 민족의 우수성에 대한 강조와 외압에 대한 불굴의 저항
으로 가득 차 있다. 일본 제국주의의 한국 침략의 부당성은 반드시 지적
되어야 하지만, 그것에 대한 지적만으로서는 한국의 실체를 드러내기 어
렵다.

　셋째는 총독부의 권력적 성격에 대한 문제이다. 본론의 분석에서 드러난
것은 크게 두 가지인데, 하나는 총독부의 근대적 성격이며, 다른 하나는 한
국의 사회경제적 조건과 일본 정부의 이익이라는 양자를 고려한 위에서 자
신의 행동을 결정하고 있는 점이다. 전자의 근대적 성격은 총독부의 농업
개발 정책, 지주의 정치적 역량을 견제하는 정책, 시장의 확대를 도모하는
정책 등에서 잘 나타나 있다. 후자는 産米增殖計劃, 朝鮮農地令 등의 정책
이 결정되는 과정에서 잘 나타나 있다.

　총독부가 한국의 사회경제적 조건을 고려하고 있다는 점에서 문제로 되
는 것은 총독부와 해방 후 한국의 종속적인 국가 권력의 차이이다. 이것은
식민지 정치 권력의 성격을 어떻게 규정할 것인가 하는 문제로 연결되는
것인데 식민지기의 여러 정책에 대해 연구가 더 축적되게 되면 해결의 실
마리가 보일 수 있을 것이다.

　넷째는 농민 운동에 관한 것이다. 농민 운동에 대한 기존의 연구는 反帝
國主義・反封建運動에 지나치게 집중해 있다고 생각한다. 그것은 제국주
의와 지주제의 압박으로부터 벗어나지 않는 한, 경제적으로든 정치적으로
든 농민이 자신이 두어진 조건을 개선하는 것은 불가능하다고 생각해 왔기

때문이다.

그렇지만 필자의 분석에 의하면 반드시 그렇지는 않다. 독립적인 경영을
행하고 있지 못한 노예 또는 노동자와는 달리, 농민은 자신의 경제적 지위
를 높이기 위해서 다양한 수단을 사용할 수 있기 때문이다. 예를 들면 생산
방법 또는 경영 조직의 개선, 농산물 판매의 합리화 등이다.

농민의 이러한 성격에 기초를 두고 있었던 것이 조선 농민사였다. 예를
들면, 조선 농민사는 설립 직후부터 알선부를 설치하고 공동 購販 사업을
전개했다. 또 1931년에는 그것을 독립시켜서 農民共生組合을 조직했고, 그
사업을 확장시켰다. 조선 농민사의 사원은 1933년 9월에 20여 만 명에 달
했다. 그렇지만 농민 경영의 성장과 농민의 경제적 투쟁의 관계는 인식되
어 있는 것 같지 않다. 마찬가지로 농민 경영의 성장이 농민 운동에 미치는
영향도 거의 인식되어 있지 않다.[1] 식민지기의 농민 운동에 있어서 정치적
투쟁이 가지는 의의를 과소 평가해서는 안될 것이지만, 그렇다고 해서 경
제 투쟁이 가지는 의미를 찾아내지 못해서도 안될 것이다.

다섯째는 식민지 공업화와 관련한 것이다. 제1장 제4절에서 언급한 바
있듯이 식민지 후기의 농업 생산량 증가와 농업 생산성 상승은 농가 인구
의 도시 유출과 동시적으로 진행되었다. 그리고 〈표 보론-3〉에 의하면,
1930년대 초반 이후 1인당 쌀 소비량이 증가해 갔고, 1939년의 큰 흉작이
있기 전까지는 농산물 무역 수지가 나빠지지 않았다.[2] 1938년에도 농산물
무역 수지는 2억 5천만 원 정도의 흑자로서 1937년까지의 어느 연도보다
도 액수가 컸다.

이 세 가지를 종합하면, 농업 부문이 공업 부문으로 노동자와 그 노동자
가 소비해야 하는 농산물의 두 가지 모두를 제공했다고 할 수 있다. 이 시
기의 농업 생산량 증가와 농업 생산성 상승은 농민의 경영자적 능력의 상
승 또는 농민의 중심인물로의 성장 등 농업 내부의 변동을 낳은 것에서 그
치지 않았고, 공업으로도 그 영향을 미쳐 갔던 것이다.

지금까지의 연구에서는 농업 성장이 공산품 소비 시장을 확대시켰으

---

1) 이 관점에 서 있는 연구로서는 蘇淳烈, 「1930年代朝鮮における小作爭議と小作經
   營」, 『アジア經濟』 36-9(アジア經濟研究所, 1995)를 들 수 있다.
2) 朝鮮總督府農林局, 『農業統計表』, 1940년판.

며,[3] 지주 또는 곡물상에게 귀속된 농업 잉여 및 일본 민간 기업의 직접 투자가 공업화에 필요한 자금으로서 이용되었던 점들은 지적되어 있지만,[4] 농산물의 공급이라는 측면은 분명히 되어 있지 않다. 나아가서 해방 이후의 공업화가 미국의 잉여 농산물에 의지했던 점을 참조하면, 각 시기의 공업화의 유형의 차이를 인식하는 것에도 유용할 것이다.

마지막으로 절을 달리하여 이 책에서 본격적으로 검토되지는 않았지만, 이후로 분석이 확장되어 갈 수 있는 방향에 대해서 두 가지 언급해 두고자 한다.

3. 전   망

(1) 農地改革 및 그 이후의 농업 전개

먼저 이 책에서의 여러 분석을 지주제의 양상과 관련해서 요약해 보면, 다음과 같다. 1) 농민 경영이 어느 정도로 성장했음에도 불구하고 그것이 地主制의 쇠퇴를 초래하는 데까지 이르지는 못했다. 그것은 土地生産性이 높아졌기 때문에 소작료가 상승했으며, 그런 만큼 지주의 수입도 안정적이었기 때문이다. 2) 총독부의 농업 정책이 일방적으로 지주를 지원하고 있었던 것은 아니었지만, 그렇다고 해서 지주의 이익을 일방적으로 제약하고 있었던 것도 아니었다. 小作料統制令에서 잘 나타나 있듯이 총독부는 지주를 선별적으로 지원하고 선별적으로 억압하고 있었다. 그것은 일부의 지주가 가지고 있는 生産力的 機能을 무시할 수 없었기 때문이었다.

이어서 農地改革이 결정되게 되는 과정을 검토해 보면, 대개 다음과 같이 정리할 수 있을 것이다. 1) 몰수와 분배의 조건에 관련하는 구체적인 방법에서는 차이가 있었지만, 농민의 이익을 대변하는 단체들은 직접 생산자에게 농지의 所有權을 이전할 것을, 즉 농지 개혁을 요구했다. 2) 당연한 것

---

3) 金洛年, 「植民地期朝鮮の産米增殖計劃と工業化」, 『土地制度史學』146호(土地制度史學會, 1995).

4) 張矢遠, 「植民地下 朝鮮人大地主 範疇에 관한 研究」, 『經濟史學』7호(經濟史學會, 1984). 許粹烈, 「日帝下 朝鮮人會社 및 朝鮮人重役의 分析」, 『近代朝鮮의 經濟構造』 (비봉출판사, 1989). 金洛年, 「植民地期における朝鮮・日本間の資本流出入」, 『土地制度史學』135호(土地制度史學會, 1992).

이기는 하지만, 농지 개혁에 대한 지주들의 반발은 매우 컸다. 특히 韓民黨
이 그들의 중심 세력이었다. 1947년에 美軍政이 지주 소유지를 직접 생산
자에게 분배하고자 했지만, 한민당 중심의 過渡立法議員들은 미군정의 농
지 개혁 구상을 무산시켰다. 미군정은 歸屬農地[5]를 직접 생산자에게 불하
하는 것에서 그쳐야 했다. 3) 미군정은 小作料率을 1/3로 제한했고, 미곡
공출의 책임자를 소작농으로 하는 등 지주의 소작료 수취를 제한했다.[6]
4) 小作料率은 하락해 갔고 지주들은 小作地를 매각했다. 소작지의 매각 가
격은 대개 年生産量의 1.5~2.5배였다.[7] 식민지 말기에 대개 5~6배였으므
로,[8] 매각 가격은 상당히 낮은 수준이었다고 할 수 있다. 5) 미군정이 귀속
농지를 경작자에게 분배하게 되자 농지 개혁은 거의 기정 사실화되었다.

농지 개혁 과정과 식민지기의 농업 사이의 연관 관계를 다음과 같이 정
리할 수 있다. 1) 해방 이후 농지 문제의 전개 방향이 상당한 정도로 美軍政
의 의도에 의해서 결정되었던 것은 농민의 이해 관계와 지주의 이해 관계
가 예리하게 대립하고 있었고, 그 우열이 쉽사리 결정될 수는 없었기 때문
이다. 2) 지주들이 농지 개혁에 반대하면서도 小作地 매각을 계속했던 것은
식민지기에 어느 정도로 농민 경영이 성장했고, 정책적인 견제도 받아서
지주 계급의 압도적인 우위가 상실되어 있었기 때문이다.

동아시아의 다른 국가와 마찬가지로 한국의 농업도 소경영 생산의 안정
성을 높이는 방향으로 진행되어 왔다. 소경영의 자립과 그 성장은 적어도
조선 후기 이후의 일관된 과정이었으며, 그 진행 과정 위에 지주적 토지 소
유의 확대와 해체가 있었던 것이다. 동남아시아 및 라틴 아메리카에 있어
서 농지 개혁의 불철저함 또는 실패와 비교하면, 동북아시아의 농지 개혁
은 상당히 철저했다고 말할 수 있다. 이것은 각각의 지역에 있어서 농민 경
영의 성숙도와 긴밀하게 연관되어 있다.

그럼에도 불구하고 농지 개혁 이후, 한국 농업의 전개 과정은 결코 만족
스럽지 못했다. 1950년대에 농가의 경영 수지는 1959년을 제외하고는 적

---

5) 1945년 8월 7일 현재 일본인이 소유하고 있었던 농지.
6) 朝鮮銀行調査部, 『朝鮮經濟年報』(1948), II부의 p. 43, 96.
7) 장상환, 「농지개혁과정에 관한 실증적 연구(상)」, 『경제사학』 8호(경제사학회,
   1984), p. 267.
8) 殖産銀行, 『全鮮田畓賣買價格及收益調』, 각년판.

자였으며,[9] 농지 개혁이 완료되었던 1957년에 소작지율은 4.5%까지 하락했지만, 10년 후인 1967년에는 다시 16.7%까지 상승했다.[10] 이것은 지주제를 약화시킬 수 있을 정도까지의 농민 경영의 성장이라는 필자의 분석 결과와 양립할 수 없게도 보이지만, 그렇지는 않다. 소작지가 증가한 것은 농업 부문이 다른 부문에 비해서 불리한 대우를 받은 것에 기인한다.

해방 이후 1960년대 중반까지 농업 기술에 있어서도 농산물의 판매에 있어서도 소경영 농업의 경영 조건을 유리하게 하는 정책이 실시된 적이 없었다. 1950년대에는 극단적인 저미가 정책이 시행되었으며, 1960년대에 들어와 그것이 수정되기는 했지만, 정부 수매 가격과 농가 생산비를 누적해서 비교할 때 후자가 전자의 90% 이상을 유지했던 것은 1970~77년 사이에 지나지 않았다.[11] 정책은 과잉 인구를 흡수할 가능성이 상대적으로 높은, 공업화를 촉진하는 방향으로 이루어졌다. 지주제가 해체되어 정책 결정 과정에서 농업 부문의 이익을 주장할 수 없었던 것도 하나의 이유로서 작용했다. 1960년대 말부터 1970년대 말까지 통일벼가 보급되고, 이중 곡가제가 효력을 발휘하고 있었으며, 새마을운동이 활발하게 전개되고 있었던 시기를 제외하면, 해방 이후의 농업 정책은 소경영 농민들에게 경영 능력을 높일 수 있는 여건을 제공하지 못했다.

한국의 농업을 보호했다고 하지만, 한국의 농업 보호는 국경 보호에 지나지 않았다. 제2차 세계 대전 이후 선진국의 농업 보호 정책은 단기적 소득 지지에서 장기적인 국민경제적·전략적 방향으로 이행해 왔다.[12] 전후 서독 농업 정책의 기본적인 사고는 농산물의 국제 경쟁력을 강화하는 것이었다. 1950년대 초반부터 농업 시설을 정비하기 시작하여 경지 정리, 수리 시설의 정비 등을 행했다.[13] 그리하여 경영 규모가 확대되었고 농업의 화학화와 기계화가 이루어지기 쉽게 되었다. 프랑스의 사정도 거의 동일했다.

9) 李大根, 『韓國戰爭과 1950년대의 資本蓄積』(까치, 1981). 이명휘, 「1950년대 농가 경제 분석」, 『經濟史學』 16호(經濟史學會, 1992).

10) 박기혁·나민수 공저, 『현대농업경제학』(박영사, 1995), p. 342.

11) 정영일, 「한국농업의 현황과 당면 과제」, 『한국 농업문제의 새로운 인식』(돌베개, 1984), p. 48.

12) 한국농어촌사회연구소, 『수입개방과 한국농업』(1990), p. 170.

13) 出水宏一, 『戰後ドイツ經濟史』(東京, 東洋經濟新報社, 1978), p. 245.

곡물, 유제품 등의 기초 농산물을 중심으로 하면서 수출 농업으로 육성할
계획을 세웠고 기계와 비료를 포함하는 고생산성 농업으로의 전환을 꾀했
다. 그리하여 1960년대에 프랑스의 농업은 기계화와 화학화를 기축으로 해
서, 축력 농업 단계에서 기계화 농업 단계로 이행했고, 경쟁력을 가질 수
있게 되었다.[14] 영국도 비슷한 과정을 걸었다. 영국의 곡물 자급률은 1950
년대 후반에 51%에 지나지 않았으나, 1980년대 초반에는 78%로 상승했
다.[15]

한국에는 아직 경지조차도 완전히 정비되어 있지 않다. 예를 들면, 1991
년에도 논의 27%가 수리 불안전답이었고, 경지 정리율은 45%였다. 1981
년의 자료에 의하면, 가뭄 빈도가 5년을 넘는 논은 전체의 28.3%에 지나
지 않았다.[16] 나아가서 농업 기반 정리가 논에 집중되어, 밭의 생산 기반은
훨씬 정비되어 있지 않다.

식민지기의 한국은 일본에 식량을 공급해야 하는 위치에 있었으며 그 때
문에 농업 부문에 많은 정책적 지원이 이루어졌다. 해방 이후의 한국은 식
량을 미국에 의존했기 때문에 농업을 소홀히 하게 되었다. 해방 이후 농업
의 부진은 지주제가 해체된 이후 농업의 잠재력이 약화되었기 때문이 아니
었고, 정책적 지원이 크게 줄었기 때문이었다.

해방 이후의 농업 변동에 관심을 가지는 경우에 1970년대 새마을운동의
영향을 결코 무시할 수 없을 것이다. 그런데 새마을운동이 그 초기에 상당
한 성과를 거둘 수 있었던 가장 중요한 요인은 농민들의 높은 자발성이었
다.[17] 이 책에서 검토된 것과 관련지어서 생각하면, 높은 자발성은 농민의
경영자적 능력이 성장하면서 만들어져 왔던 것이다.

해방 이후의 농업 정책의 담당자들은 일반적으로 농민의 그러한 능력을
이해하지 못했다. 최근의 한국 농업에 있어서 인적 자원의 부족 문제는 이
러한 정책의 소산에 다름아니다.

---

14) 井野隆一, 『國家獨占資本主義と農業』 상권(東京, 大月書店, 1971), p. 136, 161.
15) 協芳和, 『先進國農業事情』(東京, 日本經濟新聞社, 1985), p. 89.
16) 정영일, 앞의 글, p. 45.
17) 박섭·이행, 「한국 근현대의 국가와 농민」, 『한국정치학회 1997년도 4월 월례발
    표회 논문집 한국정치 2』(1997), pp. 22~25.

(2) 소경영 농업과 자본주의

동아시아의 소경영 농업은 자본주의적 관계를 생산해 내는 시스템이 아니었다고 할 수 있다. 그렇지만 동아시아에 있어서 자본주의의 빠른 성장을 지켜 보면, 전근대와 근대에 걸쳐 발달했던 소경영 농업과 자본주의가 서로 무관한 존재였다고는 할 수 없다.[18]

이 점에 대해서 동아시아 3국의 근대사로부터 서술해 보자. 일본은 1853년에 歐美의 국가들과 通商하기로 결정했고, 그 이후 1858년까지 미국, 네덜란드, 러시아, 영국, 프랑스 등과 차례차례 통상 조약을 맺었다. 이후 일본은 군사적·금융적으로 歐美의 제국주의 국가에 종속적으로 편입될 위기에 빠지기도 했지만, 여러가지 복잡한 사태 끝에 자신들의 손으로 舊體制를 무너뜨릴 수 있었고, 자본주의에 적합한 제도를 갖추게 되었다. 이것을 가능하게 한 1868년의 사건을 보통 明治維新이라고 부르는데, 네덜란드로부터 서유럽의 새로운 문명을 받아들인, 상대적으로 개화되어 있었던 세력이 일본 혼슈(本州)의 서쪽 끝 지역과 규슈(九州) 지역에 존재하고 있었기 때문이었다.

일본은 1870년대까지는 제국주의 국가에 대항할 수 있는 군사력을 갖추기 위해서 중공업을 육성하는 정책을 취했지만, 1880년대 이후 값싼 소비재를 생산하여 동아시아의 국가에서 시장을 개척하는 것으로 정책을 바꾸었다. 이 정책은 성공을 거두었고, 이후 일본은 동아시아를 자신의 상품 시장으로 가질 수 있게 되었다. 경제력이 커지면서, 군사력을 높일 수 있었으며, 점차 불평등 조약을 해소할 수 있게 되었다. 나아가서 제국주의 국가로 성장해 갔다.

이에 비해서 중국과 한국은 각각 洋務運動과 甲午改革이라는 舊體制 변혁 운동을 일으켰지만, 성공하지 못했다. 그리하여 일본은 제국주의 국가로 중국과 한국은 각각 半植民地[19]와 식민지로 분해되어 갔다.

---

18) 소경영과 공업화의 관련에 대한 직접적인 언급으로서는 다음의 논문을 참조하기 바람. 이영훈, 「한국 소농사회와 공업화」, 東亞細亞經濟的現代化國際學術討論會 발표 논문, 北京, 1995년 8월 6일~8월 13일.

19) 세계 체제 내에서의 중국의 지위에 대해서는 종속국으로 표현해야 한다는 주장이 있으며, 필자도 그것에 공감하지만, 여기서는 통상적인 표현에 따랐다.

이후 동아시아 3국에 대한 비교사적 연구는 3국이 서로 다른 방향으로
걸어갈 수밖에 없었던 이유를 밝히는 데에 초점이 맞추어져 왔다. 이것과
관련한 연구들은 거의 일본에서 이루어졌는데, 연구의 결과는 크게 두 방
향을 띠었다. 하나는 외압의 강약에서 그 이유를 구하는 것이었다. 이것은
중국과의 비교 연구를 통해서 형성되었다. 이 견해를 최초로 낸 사람은 러
시아의 부하린이었다. 그는 그의 저서『史的唯物論』(1921)에서 일본이 제
국주의 국가들과 통상 조약을 맺은 후 근대적 변혁 운동에 성공할 때까지
제국주의 列強들의 세력이 균형을 이루고 있었기 때문에 일본에 대한 외압
이 약했다고 주장했다.[20]

1960년대에 들어와 일본의 遠山茂樹가 일본의 근대적 변혁이 성공한 것
과 중국의 그것이 실패한 것을 비교 검토하면서, 明治維新이 성공할 수 있
었던 것은 1860년대 후반부터 1870년대에 걸쳐서 외압이 약간 느슨해졌기
때문이라고 주장했다. 그에 의하면, 인도의 세포이의 난, 중국의 태평천국
의 난 등으로 아시아 민족의 저항 투쟁이 격렬하게 되자 아시아 지배에 대
한 반성이 일었고, 아프리카 및 태평양 남부로 제국주의 세력이 이동했다
고 한다.[21]

이어서 일본인 梶村秀樹는 1981년의 논문에서 일본과 중국에 한국을 포
함시켜서 외압의 강약으로 일본의 성공과 중국 및 한국의 실패를 검토했
다.[22] 일본과 중국에 대한 견해는 遠山茂樹에 입각하고 있으며, 한국의
실패는 후발 국가 즉 일본과 중국에 의한 외압이 강했기 때문이라고 설명
했다.

다른 하나의 주장은 동아시아 3국이 개항 직전에 도달한 경제 수준이 서
로 다르기 때문이라는 것이다. 이러한 주장을 최초로 편 사람은 일본의 服
部之總이었다. 그는 1933년의 논문에서 일본과 중국을 비교하면서, 幕藩
制[23] 사회 말기에 일본은 이미 자본주의적 생산의 매뉴팩춰 단계에 도달해

---

20) 小山弘健,『日本資本主義論爭史』상권(1953), pp. 66~68.
21) 遠山茂樹,「近代史から見た東アジア」,『歷史學硏究』276호(歷史學硏究會, 1963),
　　 p. 71.
22) 梶村秀樹,「동아시아 지역에 있어서 帝國主義 체제로의 이행」,『한국근대경제사연
　　 구』(사계절, 1983).
23) 幕藩制란 봉건제의 일본적 형태를 가리킨다. 幕은 幕府의 줄임말로서 중앙의 국가

있었다고 주장했다.

외부와 내부의 요인을 기계적으로 구별하는 것은 방법론적으로 타당하지 못할 것이다. 나아가서 중국 경제사 연구가 진전하여, 중국 長江 以南에 있어서 매뉴팩춰의 발달이 드러나게 되자, 어느 한편의 주장만으로는 사태를 설명할 수 없게 되었고, 양자를 결합해서 설명하도록 바뀌어 왔다.[24]

그렇지만 한국과 중국의 근대 경제에 관한 최근의 연구는 동아시아 3국이 각각 서로 다른 길을 걸었다고 파악하는 것이 일면적임을 보여주고 있다. 중국은 제1차 세계 대전 이후에 한국은 1930년대 이후에 각각 상당한 정도로 자본주의적인 발전을 이루었기 때문이다.[25]

나아가서 한국은 1960년대 중반부터 중국은 1980년대 중반부터 고도 성장을 이루고 있는데, 이러한 현상을 바탕으로 해서 생각해 보면, 한국과 중국의 근현대는 식민지, 半植民地, 종속국이라는 관점에서만이 아니라 '자본주의에 대한 적응'이라는 관점에서도 분석되어야 할 것이다.

'자본주의에 대한 적응'이라는 관점에 입각하게 되면, 정도의 차이는 있지만 동아시아 3국이 동일한 문제틀 내에 들어오게 된다. 그것은 일본 역시 자본주의를 스스로 만들어낸 국가는 아니며, 기술의 도입, 자본의 형성, 시장의 개척 등을 통해서 자본주의에 적응해 갔기 때문이다.

이러한 시점에 서게 되면, 동아시아의 근대사는 자본주의화 및 공업화에 대한 적응이라는 관점에서 비교 검토되어야 할 것이다. 이것과 관련해서 이미 유교라는 이데올로기, 강력하고 효율적인 국가 권력의 작용 등이 논의되고 있는데,[26] 필자는 더욱 근저적인 차원에서 농민 경영의 발달 수준의 문제를 고려할 필요가 있다고 생각한다. 필자는 제1장에서 농업 생산력의 증진에 대해서 언급했으며, 그것을 전제로 하여 제2장에서 농민 경영의 성

권력을 나타내며, 藩은 지방의 지배 권력 및 그 지배 권력이 영향력을 행사하는 지역을 나타낸다. 번은 서유럽 중세의 領地와 상당히 일치하지만, 막부는 서유럽 중세의 왕실보다는 훨씬 강력하게 번의 정치에 개입할 수 있었다.

24) 中村哲,「開港の比較經濟史」,『初期資本主義論』(京都, ミネルヴァ書房, 1991).

25) 安秉直·中村哲 共編著,『近代朝鮮工業化의 硏究』(一潮閣, 1993). 野澤豊,『日本の中華民國史硏究』(東京, 汲古書院, 1995).

26) 金日坤,『儒敎文化圈의 秩序와 經濟』(韓國經濟新聞社, 1985). 이근,「동아시아 경제 유형과 한국 자본주의」, 안병직 엮음,『한국경제 : 쟁점과 전망』(지식산업사, 1995).

장에 대해서 언급했는데, 소경영 농업의 이러한 성장이 농촌에서 도시로의
이농과 농업 생산물 공급의 증가를 동시에 가능하게 하여 식민지기의 공업
화를 가능하게 했던 것이다.[27]

---

27) 졸고, 「식민지기 한국에 있어서 농업 성장과 공업화」, 안병직 편, 『공업화의 제유
    형』 제 2 권 (경문사, 1996).

보론 : 식민지기 미곡 생산량 통계의 수정

1. 머 리 말

보론은 식민지기의 미곡 생산량 통계를 수정하는 것을 그 목적으로 한다. 이 작업의 계기는 크게 세 가지이다.

첫째, 제1장에서 언급한 바 있듯이 생산력의 변화는 다른 모든 변화를 불러일으키는 근저적인 변화로서 작용한다. 식민지기의 농업 생산액에서 차지하는 쌀의 비중은 50%를 전후하는 높은 값이었으므로 미곡 생산량의 통계를 바로잡는 것은 식민지기의 농업 생산력에 대한 정확한 이해에 필수적인 것이다. 예를 들어, 필자의 수정에 근거해서 작성된 제1장의 〈표 1-18〉에 의하면 1920년대에 농업 생산성은 28% 상승했지만, 수정하지 않은, 『朝鮮總督府統計年報』의 값을 그대로 이용하게 되면, 12%의 성장에 지나지 않는다. 그런데 16%의 차이는 총독부 농업 개발 정책의 효과, 지주와 농민의 농업 개발 노력과 그 결과, 농업과 공업의 연관 관계 등에 대한 평가를 모두 바꿀 수 있는 정도의 차이이다.

둘째, 최근에 국내외에서 식민지기의 생활 수준과 관련되는 몇 편의 연구 논문이 발표되었는데,[1] 이 논문들은 모두 식민지기의 농산물 소비량과 직접적·간접적으로 연결되어 있다. 한국인의 농산물 소비를 검토하는 데에서 미곡의 소비량을 빠뜨릴 수 없기 때문에, Myung Soo Cha(차명수), Mitsuhiko Kimura(木村光彥) 등은 각각 미곡 생산량을 수정해서 사용하고

---

1) 木村光彥, 「植民地期朝鮮における生活水準の變化」, 『大版大學經濟學』 41호 (1991). Kimura, Mitsuhiko, "Standard of Living in Colonial Korea : Did the Masses Becomes Worse off or Better off Under Japanese Rule?", *Journal of Economic History*, vol. 53(1993). 吉仁成, 「한국인의 신장 변화와 생활 수준 : 식민지기를 중심으로」, 『제38회 전국역사학대회 발표 요지』(1995). Cha, Myung Soo, "Imperial Policy or World Price Shock? Explaining 'Starvation Exports' in Colonial Korea", 한국경제사학회 발표 논문(1995, 6).

있지만, 각자가 각각의 방법으로 수정해서 이용하고 있으며, 수정의 결과
를 제시하고 있지 않기 때문에 공통된 기반 위에서 논의할 수 없다. 이것은
비합리적이라고 생각된다.

셋째, 한국 경제의 장기 성장 양상을 파악하기 위해서는 식민지기의
GDP를 추계할 필요가 있는데, 그것을 위해서는 당시의 가장 중요한 농업
생산물이었던 미곡 생산량의 수정이 필요하다.

필자가 감히 통계를 수정하고자 하는 것은 위와 같은 사정들과 관련하여
공동으로 이용할 수 있는 통계값을 구해 두어야 한다고 생각하기 때문이
다. 그리고 이것을 계기로 해서 더 정확한 통계값을 구하려는 시도가 이루
어질 것이기 때문이다. 그렇지만 크고 작은 문제가 붙어 있지 않은 통계는
하나도 없다고 할 수 있기 때문에 통계를 수정한다는 것은 어떤 점에서는
무모한 짓이기도 하다. 그럼에도 불구하고 수정하고자 하는 것에는 다음과
같은 두 가지의 이유가 있다.

하나는 미곡 생산량의 조사 방법이 1936년도부터 크게 바뀌었으며, 그
결과로 이미 식민지기부터 1935년 이전의 생산량 통계가 신뢰할 수 없는
것으로 밝혀져 있었기 때문이다. 東畑精一과 大川一司는 이미 1939년에 생
산량 조사 방법이 바뀌기 직전인 1935년 무렵에는 미곡 생산량이 25.82%
정도 과소 집계되어 있었다고 지적했다.[2] 다른 하나는 25.82%란 오차는
그대로 두기에는 지나치게 크기 때문이다. 지나치게 크다는 것은 추세에
영향을 줄 정도로 크다는 것이다.

마지막으로 1935년 이전의 미곡 생산량 통계를 수정한 다음, 그 결과를
제시하고 있는 Sang chul Suh(서상철)의 연구에 대해서 검토해 두고자
한다.[3]

서상철의 방법을 간단히 요약하면 다음과 같다.

1) 소작농은 자신의 생계를 유지하기 위해서 자신의 수취량이 자신이 필요로 하
   는 최저 소비량에 미달하면 수확량을 줄여서 보고했다.

---

2) 東畑精一・大川一司, 『米穀經濟の研究』(1939), p. 425.
3) Suh, Sang chul, *Growth and Structural Changes in the Korean Economy, 1910~
   1940*(Cambridge, MA, Harvard University Press, 1978), pp. 18~19.

2) 당시 한국인들이 감내할 수 있는 일인당 미곡 소비량의 최저한은 0.55석이었다. 그렇게 판단하는 이유는 그것이 戰時期의 일인당 최저 소비량이었기 때문이다.

3) 과소 집계된 시기는 일인당 미곡 소비량이 0.55석에 미달하는 1924~35년 사이였다.

4) 과소 보고의 정도는 0.55석과의 차이에 비례했다.

　과소 보고의 정도를 수치화한 방법에 대해서는 서술하고 있지 않기 때문에 더 자세히는 알 수 없다. 필자는 1935년 이전의 생산량 통계가 실제 생산량보다 적은 것이 소작농의 과소 보고에 기인한다는 서상철의 주장은 타당하다고 생각한다. 打租 또는 執租의 경우는 줄여서 보고한다고 해서 반드시 소작료 부담이 준다고는 할 수 없겠지만, 定租의 경우는 줄여서 보고함으로써 재계약할 때 소작료를 낮출 수 있기 때문이다. 그렇지만 소작농의 과소 보고의 정도가 결핍에 비례한다는 주장은 타당하지 않다고 생각한다. 소작농의 목적은 최저 소비량을 확보하는 것이 아니라 소작료를 줄이는 데에 있었기 때문에, 흉년에는 수확의 감소를 늘려서 보고하고, 풍년에는 수확의 증가를 줄여서 보고하는 것이다. 나아가서 서상철은 수확량 조사에 임하는 총독부의 태도를 고려하지 않고 있다.

　마지막으로 보론의 구성은 다음과 같다. 제2절에서는 1936년의 조사 방법 변경에 대해서, 제3절에서는 생산량 수정 방법에 대해서 서술한다. 제4절에서는 농산물 소비의 양상을 제시하여 수정의 타당성을 검증한다.

2. 1936년의 조사 방법 변경

　한국에서 농업에 대한 체계적인 조사가 이루어지기 시작한 것은 1909년부터였다. 統監府로부터 『統計年報』가 발간되기 시작한 것은 1906년부터이지만, 그것에는 경지 면적, 미곡·대두·인삼·담배·면화·보리·삼베·깨 등의 생산량에 대한 추정값이 실려 있을 뿐이다. 그리고 1907년과 1908년의 『統計年報』에는 농업 생산 통계가 전혀 실려 있지 않다.

　1908년에 농가 호수, 농업 인구, 쌀·보리·콩의 경작 면적과 수확량, 牛馬의 수, 양잠 호수, 뽕밭의 면적을 조사하여 보고하도록 한 '農業統計에

關한 件'이 제출되었으며,[4] 1909년에는 조사 대상에 特用作物, 잡곡, 닭, 가축 시장, 농촌 임금, 물가 등이 추가되었으며, 조사 내용으로서는 作物群別 段步當 平均收穫量이 추가되었다.[5] 이러한 여러 조치에 입각해서 조사가 이루어진 결과, 1909년『統計年報』부터 비로소 농업 생산 및 농업 경영에 관한 통계가 갖추어지게 되었다. 나아가서 1911년에는 작황 조사가 추가되는 등 조사의 충실을 기하는 조치가 추가되었다.[6]

농업 생산량에 국한하면, 1916년에 이르러 '農業統計作成에 관한 件'이 제정된 이후, 조사 방법이 매우 구체화되었는데, 그 내용은 다음과 같았다.[7]

1) 작부 면적 : 작부 면적은 土地調査事業에 의한 경지 면적에서 논둑 등의 경작 불능 면적을 공제하여 구한다.
2) 단위 면적당 수확량 : 단위 면적당 수확량은 里長 또는 洞長이 호별로 조사하여 면의 단위 면적당 수확량을 산출한다. 그리고 면의 논과 밭을 상중하 3등급으로 나누고, 한 면에 3개소 이상 1개소 10평을 坪刈하여, 단위 면적당 수확량을 산출한 다음, 앞의 방법과 비교한다.
3) 총생산량 : 단위 면적당 추정 생산량에 추정 작부 면적을 곱하여 구한다.
4) 보완 방법 : 쌀, 보리, 콩, 조 등은 소작료로서 납부되므로 소작료 납부량으로써 수확량을 추정하여 비교한다.
5) 시행 시기 : 전체 수확량 통계는 土地調査事業이 종료한 다음 연도부터 시행한다.

그런데 위의 규정대로 시행되지는 않았다. 뒤에서 자세히 서술하지만, 土地調査事業이 끝난 이후 농업 통계에 계속해서 힘을 쏟기는 어려웠기 때문이다. 먼저 작부 면적부터 보아 가자. 총독부는 위의 방침이 시행되도록 되어 있었던 1920년에 '農作物의 作付段別(附收穫高)의 確實을 期할 件'을 내었는데, 그것에서 미곡 작부 면적을 구함에 있어서는 논둑 등을 공제하

4) 韓國統計發展史 編纂委員會, 『韓國統計發展史(1)』(大韓民國統計廳, 1992), p. 115.
5) 같은 책, p. 116.
6) 朝鮮農會,『朝鮮農會報』6권 1호(1911).
7) 農林省米穀局, 「農業統計作成に關する件」,『朝鮮米穀關係資料』(1937), pp. 163~164.

⟨표 보론-1⟩   논 면적과 벼 작부 면적의 비율

연도	비율	연도	비율	연도	비율	연도	비율	연도	비율	연도	비율
1911	1.40	1916	1.13	1921	0.99	1926	1.00	1931	1.01	1936	0.93
1912	1.38	1917	1.06	1922	1.00	1927	1.00	1932	0.98	1937	0.94
1913	1.37	1918	1.00	1923	0.99	1928	0.94	1933	1.01	1938	0.95
1914	1.36	1919	0.99	1924	1.01	1929	1.00	1934	1.01	1939	0.70
1915	1.27	1920	1.01	1925	1.01	1930	1.01	1935	0.99	1940	0.93

자료 : 朝鮮總督府農林局, 『農業統計表』, 1940년판.
주 : 1911~17년 사이에 비율이 1을 크게 초과하는 것은 土地調査事業이 종료한 1918년
　　에 총독부가 작부 면적은 수정했으면서도 경지 면적은 수정하지 않았기 때문이다.

지 않은 토지 대장 면적을 기초로 하며, 실지 地目과 달리 이용되는 경지만
큼만 그것에서 공제해서 구한다라고 1916년의 방침을 수정하고 있었다.[8]
전문적인 조사원이 두어질 수 없는 한, 논둑 면적을 구한다는 것이 불가능
했기 때문이었다. ⟨표 보론-1⟩의 논 면적과 벼 작부 면적의 비율에서 알 수
있듯이 1936년 이전에는 항상 경지 면적을 거의 그대로 작부 면적으로 파
악하고 있었다. ⟨표 보론-1⟩에서 비율이 1을 초과하는 경우가 있는 것은
陸稻 중에서 논에 심은 것만이 아니라 밭에 심은 것도 있었기 때문이다.

　수확량의 경우도 사정은 다르지 않았다. 위에서 소개한 1920년의 '件'에
서는 수확량은 농가 각 호에 대해서 조사함을 원칙으로 한다. 단지 일정 면
적의 수량, 소작료의 수납 상황 등을 實査하고, 그것을 참조한다라고 1916
년의 방침을 수정하고 있었다. 위의 '실사'가 무엇을 의미하는지 불명확한
점이 있지만, 같은 '件' 내에서 실사와 平세[9]를 구별하고 있었으므로 평애
가 아닌 것은 분명하다.[10] 그리고 이 방침은 1935년까지 지속되었다. 요약
하면 다음과 같다. 1935년까지 미곡 작부 면적은 논 면적과 같은 것으로 간
주되었고, 단위 면적당 수확량은 농가를 방문하여 조사했다.

　그렇지만 총독부가 1920년의 '件'으로 완전히 만족하고 있었던 것은 아

---

8) 朝鮮農會, 『朝鮮農務提要』(1936), pp. 1155~1156.
9) 평애란 執租의 소작지에서 지주와 소작농 사이의 수확량 배분 비율을 결정하기 위
　해 소작지 가운데 평균적인 作況을 보이는 부분을 직접 베어서 수확량을 확인해 보
　는 작업을 말한다.
10) 같은 책, p. 1157.

니었다. 1916, 1917, 1920, 1922, 1927년에 각각 농업 통계의 개선에 관한
지침을 내리고 있었다. 1927년 이전까지는 총독부의 지침이 거의 전부 작
부 면적의 정확한 파악에 맞추어져 있었는데 혼작 · 간작 · 윤작 작물의 비
율 결정 방법 등이 지시되고 있었으며, 농업 정책과 관련해서는 水稻種子
更新計劃에 따른 우량품종 보급 면적을 정확히 파악하도록 지시하고 있
었다.[11]

1927년에 나온 '農産物 生産統計의 調査方法改善에 관한 件'은 그 이전
의 '件'들보다 한발 앞선 것이었다. 그것은 생산량 통계 전반에 걸쳐서 통
계의 정확을 期하도록 지침을 내리고 있었는데, 구체적으로는 里 및 洞에
조사원을 두고, 그 의견을 참작하도록 하고 있었다.[12] 그렇지만 실질적인
변화는 없었다고 보여진다.[13]

정확한 조사가 이루어지기 시작한 것은 1936년에 이르러서야 가능했다.
조사 방법이 바뀌게 된 결정적인 계기는 1936년에 米穀自治管理法이 제정
되었던 것이었는데, 法의 내용은 다음과 같았다.[14]

1) 일본 정부는 일본, 한국, 대만 전체의 공급량과 수요량을 추산하여 과잉 수량
   을 추산한다.
2) 과잉 수량의 35%만큼은 일본에서, 43%만큼은 한국에서, 22%만큼은 대만에
   서 각각 출하를 통제한다.
3) 과잉 미곡의 출하 통제는 미곡 생산자 등으로 조직된 米穀統制組合이 수행한다.
4) 일본 정부가 地方米穀統制組合聯合會(한국의 경우는 道가 단위로 됨)에 통제
   수량을 할당하면, 연합회가 소속 米穀統制組合에 다시 할당한다.

그리하여 과잉 수량의 추산, 地方米穀統制組合聯合會 및 米穀統制組合
으로의 할당 등에 정확을 기하기 위하여 한국의 미곡 생산량을 정확하게
파악해야 할 필요가 생겼으며, 1936년을 계기로 조사 방법을 개선하게 되
었다. 이것과 관련해서 조선총독부 농림국장을 지낸 바 있는 石塚峻은 다
음과 같이 진술했다. "조선의 미곡 생산량은 始政 당시부터의 조사 방법에

---

11) 앞의 책, p. 1118.
12) 앞의 책, p. 1159.
13) 朝鮮農會,『朝鮮農會報』, 1936년 9월, p. 97.
14) 같은 책, pp. 45~53.

의해서 발표되어 있었기 때문에, 이것을 신용할 수밖에 없었다. 그렇지만 어느 정도로 믿어도 좋을지 의심스러웠다. 그러한 생산량 조사로서 미곡 수급 계획을 결정하는 것은 위험했다."[15]

아울러 일본으로의 미곡 이출이 본격화된 1920년대 이후 한국인의 미곡 소비량 감소의 실태를 파악해야 했던 것도 영향을 미쳤다. 위에서 언급한 바 있는 石塚峻은 "특히 종래의 생산량으로서 수급을 추산하면, 한국인의 일인당 소비량이 매우 적게 되었다. 그 때문에 이와 같이 중요한 생산량 조사를 정말로 정확하게 행할 필요가 痛感되었다"고 진술했다.

위와 같은 경과를 거쳐서 1936년에 米穀生産高調査要綱이 제정되게 되었는데, 그 내용은 다음과 같다.[16]

1) 작부 면적 : 작부 면적은 土地臺帳에 의한 경지 면적에서 두둑 등의 경작 불능 면적을 공제하여 구한다.
2) 단위 면적당 수확량 : 府·邑·面을 8區로 구분한다. 各區마다 작황에 따라서 상중하로 구분한다. 미곡 생산량 조사원이 상중하 각각에 대해서 평균 1평씩, 府·邑·面당 평균 30개소를 平刈하고, 가중 평균하여, 단위 면적당 수확량을 구한다.
3) 조사원 : 府·邑·面·學校·農會 등의 직원 또는 府·邑·面 내에 거주하는 적당한 자를 골라 조사원으로 촉탁한다. 하나의 府·邑·面에 평균 8명의 조사원을 둔다.
4) 보완 방법 : 독농가의 의견을 청취한다.
5) 총생산량 : 단위 면적당 추정 생산량에 추정 작부 면적을 곱하여 구한다.

생산량 조사 방법의 변경은 수확량에 큰 차이를 가져왔다. 1936년도 미곡 생산량이 발표된 직후, 東畑精一과 大川一司라는 두 일본인이 舊調査方法과 新調査方法에 의한 수확량 차이를 지적했는데, 다음과 같았다. "1936年産 미곡에 대해서 비로소 생산량 조사 방법이 개정되었다. 총독부의 발표에 의하면 동년의 實收穫高는 新調査方法에 의한 것이 19,410,763석(段步當 생산량, 1.212석), 舊調査方法에 의한 것이 15,427,832석(단보당 생산량,

---

15) 石塚峻, 『朝鮮における米穀政策の變遷』(東京, 友邦協會, 1983), pp. 12～13.
16) 朝鮮總督府農林局, 『朝鮮における米穀統制の經過』(1938), pp. 141～157. 朝鮮農會, 『朝鮮農會報』, 1936년 10월, pp. 28～34.

0.963석)이어서, 그 차는 실로 3,942,931석(단보당, 0.249석)에 미쳤던 것이다. 이해는 드물게 보는 흉작이었지만, 통계상의 이 400만 석 증수는 전년에 비해서 오히려 160만 석 증수라고 하는 기묘한 사태를 낳았던 것이다."[17]

신조사방법에 의한 생산량을 구조사방법으로 나누어 보면, 1.2582라는 값이 구해진다. 1935년 무렵에는 미곡 생산량이 25.82% 정도 과소 집계되어 있었던 것이다.

3. 생산량의 수정 방법과 그 결과

생산량의 수정 방법에 대해서 다음의 네 가지를 정확하게 해 둘 필요가 있는데, 첫째는 1935년 이전의 통계값을 수정할 필요가 있는가 없는가 하는 것이며, 둘째는 수정할 필요가 있다면, 언제부터 언제까지를 수정할 것인가 하는 것이다. 셋째는 단위 면적당 수확량을 어떻게 수정할 것인가 하는 것이며, 넷째는 작부 면적을 어떻게 수정할 것인가 하는 것이다.

첫째 문제에 대해서 살펴보자. 東畑精一, 大川一司, 서상철 등은 모두 1935년 이전의 수확량 통계가 실제 수확량보다 적다고 판단하고 있다. 그리고 앞에서 언급했던 대로 서상철은 소작농이 소작료 부담을 줄이기 위해서 실제보다 적게 보고했을 것이라고 서술하고 있다. 여기에 대해서는 이미 앞에서도 서술한 바 있듯이 필자도 동감이다. 그렇지만 농민이 里長 또는 洞長을 무한정 속일 수는 없었다. 그것은 소작 논의 일부가 平제의 執租地였는데, 里長 또는 洞長은 執租地의 소작료를 소작료율로 나누어 실제 수확량을 추정해 볼 수 있었기 때문이다. 줄이는 힘과 견제하는 힘이 동시에 작용하고 있었다고 할 수 있는데, 그 전체적인 결과가 1936년에 있어서 25.82%라고 하는 차이였다.

조선 총독부가 1936년에 이르러 미곡 생산량을 의도적으로 증가시켰을 가능성도 생각해 볼 수 있다. 총독부의 이점은 두 가지이다. 하나는 미곡 생산량이 증가하면, 일인당 소비량이 증가하기 때문에 총독부 통치의 부당

---

17) 東畑精一·大川一司, 『米穀經濟の研究』(1939), p. 425.

성에 대한 비판을 줄일 수 있는 것이며, 다른 하나는 일본으로의 移出 비율
이 하락하기 때문에 미곡 이출을 둘러싼 일본과의 마찰을 줄일 수 있는 것
이다. 그렇지만 전문적인 조사원을 동원한다는 것과 생산량을 의도적으로
증가시키는 것은 양립하기 어려울 것이다. 石塚峻이 진술하고 있듯이 전부
터 생산량 통계를 의심하고 있던 총독부가 일인당 소비량의 감소, 미곡 이
출을 둘러싼 일본과의 마찰 등을 완화시키기 위해서 생산량 조사 방법을
합리화했다고 생각하는 것이 타당하다.

이어서 둘째 문제에 대해서 살펴보자. 위의 세 사람은 생산량 통계를 직
접 수정하고 있지만, 필자는 단위 면적당 수확량과 작부 면적을 각각 수정
한 다음 양자를 곱하는 방법을 택했다. 읍·면에서 총생산량을 구할 때는
단위 면적당 추정 수확량에 추정 작부 면적을 곱했지만, 『朝鮮總督府統計
年報』에 실린 한국 전체의 단위 면적당 생산량은 추정 총생산량을 추정 작
부 면적으로 나눈 것이기 때문에 읍·면 수준에서 전부 수정할 수 없는 한,
단위 면적당 생산량을 수정해서 구하는 것이 절대적으로 타당하다고는 할
수 없다. 그렇지만 통계상의 생산량과 실제 생산량 사이의 차이를 낳은 요
인은 작부 면적과 단위 면적당 생산량 양자에 있기 때문에 양자 모두를 수
정한 다음 곱해서 구하는 방법을 택했다.

셋째로 작부 면적에 대해서 살펴보자. 앞의 〈표 보론-1〉에 의하면, 논 면
적에 대한 작부 면적의 비율은 비율이 1.06을 초과하는 1911~17년, 비율
이 0.98~1.01 사이에 있는 1918~35년, 비율이 0.93~0.95 사이에 있는
1936~40년이라는 크게 세 시기로 나뉜다. 두번째 시기의 1928년과 세번
째 시기의 1939년이 같은 시기의 다른 연도에 비해 낮은 것은 큰 규모의 한
해를 입었기 때문이다.

수정해야 하는 것은 1911~17년의 기간과 1918~35년의 기간인데, 이중
후자의 수정은 간단하다. 1918년 土地調査事業이 끝난 이후의 경지 면적은
그대로 신뢰할 수 있으므로, 그것에서 추정 논둑 면적만큼 공제하면
1918~35년의 미곡 작부 면적을 구할 수 있기 때문이다. 〈표 보론-1〉에서
1935년 이전의 비율과 1936년 이후의 비율을 비교해 보면, 논 면적에서 논
둑 면적이 차지하는 비율은 5% 정도였다.

문제는 정확한 작부 면적을 알 수 없는 1911~17년 사이의 작부 면적을

구하는 것이다. 위에서 언급한 대로 1918년에 土地調査事業이 끝난 이후 총독부가 그 결과를 참조하여 이전의 농업 생산량과 농산물 작부 면적을 수정했지만, 그럼에도 불구하고 1917년 이전의 과소 평가 가능성은 꾸준히 지적되어 왔다.[18]

〈표 보론-2〉는 미곡 작부 면적 증가율의 5년 이동 평균값을 제시한 것인데, 표는 다음의 두 가지를 드러내고 있다. 그것은 1914~19년 사이에 미곡 작부 면적의 증가율이 계속 하락하고 있었던 것과 토지 조사 사업이 완료되는 1918년까지는 증가율이 높았지만, 1919년부터는 증가율이 크게 떨어졌던 것이다.

이 두 가지는 지금까지의 지적이 타당함을 보여주고 있다고 생각한다. 그것은 1918~19년을 경계로 해서 증가율이 크게 다르며, 1914~19년 사이에 증가율이 지속적으로 하락해 갔기 때문이다. 그 사이에 1.65%에서 0.18%로 하락했는데, 그 이후의 어떤 시기를 보아도 증가율이 위와 같이 일관적인 변화를 보인 적은 없었다. 이것은 이 시기의 변동이 실제를 반영하지 않고 있다는 것을 나타낸다. 필자는 1918년에 토지 조사 사업이 완료되었던 것과 관련이 있다고 생각한다. '사업'이 진행되면서, 토지 대장이 파악하는 경지의 면적이 점점 실제 면적과 가까워져 왔다. 그런데 실제와 가까워질수록 제도의 정비에 의해서 추가적으로 파악되게 되는 경지의 면적은 덜 증가하게 되었기 때문이다. 요컨대 1918년 이전에는 작부 면적이 과소 집계되어 있었다고 할 수 있다.

〈표 보론-2〉　　　　　　　미곡 작부 면적의 증가율　　　　　(단위 : %)

연도	증가율	연도	증가율	연도	증가율	연도	증가율	연도	증가율	연도	증가율
1914	1.65	1918	0.75	1922	0.50	1926	−0.40	1930	0.60	1934	−0.84
1915	1.52	1919	0.18	1923	0.39	1927	0.80	1931	2.32	1935	0.00
1916	1.22	1920	0.38	1924	0.72	1928	1.04	1932	0.96	1936	−0.41
1917	0.71	1921	0.03	1925	0.57	1929	1.16	1933	0.40	1937	−5.70

자료 : 朝鮮總督府農林局,『農業統計表』, 1940년판.
주 : 5년 이동 평균값임.

---

18) 溝口敏行·梅村又次 編,『舊日本植民地經濟統計』(東京, 東洋經濟新報社, 1988), p. 46.

1918년 이전의 작부 면적을 구하기 위해서 이 글에서는 그 증가율을 토지 조사 사업이 끝난 1919년부터 産米增殖計劃이 본격화하는 1925년 사이의 그것과 같다고 가정했다. 그리하여 1918년 작부 면적에서 1919~25년 사이의 증가율인 0.35%씩 누적적으로 할인해서 구했다. 누적적으로 할인하는 것은 지나치게 간단한 방법이기는 하지만, 다음의 두 가지 상황을 고려해서, 벼 재배를 둘러싼 경제적 조건이 미치는 영향은 일단 무시했다. 첫째, 1910년대 중후반은 미가의 상승기였다. 1915년에 9.25(엔/석)이었으나, 1918년에는 26.41(엔/석)까지 상승했다. 이것에 비하면 1919~25년은 미가의 하락기였다. 1919년에 40.63(엔/석)이었던 미가는 1923년에 26.39(엔/석)까지 하락했고, 이후 약간 상승했지만 1925년에도 32.10(엔/석)에 머물렀다.[19] 따라서 1910년대 중후반에는 벼 작부 면적의 증가율이 높고, 그 이후에는 낮아질 것으로 생각할 수 있다. 둘째, 총독부 통계에 의하면 토지 개량 사업 면적은 1918년까지 49,500정보였으며, 1919~25년에는 125,500정보였다.[20] 토지 개량 사업은 밭을 논으로 바꾸는 사업을 포함하고 있으므로, 첫째와 둘째는 미곡 작부 면적에 서로 다른 방향의 영향을 미치게 되며, 서로 상쇄된다.[21]

마지막으로 넷째에 대해서 살펴보자. 여기에 대해서 우리가 알고 있는 것은 다음의 두 가지이다. 하나는 1936년에 옛 조사 방법에 의한 단위 면적당 수확량이 새로운 조사 방법에 의한 그것보다 29.76% 낮았다는 것이다. 옛 조사 방법에 의하면 1926년의 작부 면적은 1,651,000정보,[22] 생산량은

---

19) 石川滋, 『韓國農業生産額の推計, 1910~1970』 戰前の部(國立市, 一橋大學), 1973.
20) 朝鮮總督府, 『土地改良事業要覽』, 1927년판, 도표 2.
21) 이 시기의 벼 작부 면적에 대해서는 鄭英一, 「耕地面積의 推計와 分析 : 1911~1971」, 『經濟論集』 14-2(1975)를 참고할 수 있지만, 다음과 같은 이유로 인해 필자는 그 결과에 따르지 않았다. 첫째로 토지 조사 사업 이전의 경지 면적을 수정함에 있어서 각 도별로 전부 다른 방법을 적용하고 있는데 그 근거가 나타나 있지 않다 (p. 28). 둘째로 위 논문은 1932년 이전의 토지대장 미등록지 면적을 1933년 면적과 같다고 가정하고 추계하여, 그것과 등록지 면적을 합하는 방법을 취하고 있으나(p. 29), 그것은 오류라고 생각한다. 이유는 두 가지이다. 1. 토지 조사 사업이 끝나기 전에는 형식적으로 미등록지라는 것이 있을 수 없었다. 2. 미등록지 면적은 토지 조사 사업이 끝난 직후에 가장 작았다가 이후 점차로 증가해 갔다.
22) 小早川九郎, 『朝鮮農業發達史』 發達篇(1944), p. 139.

15,427,832 석으로서 단보당 생산량이 0.934 석이었는데, 새로운 조사 방법
에 의한 단보당 생산량은 1.212 석이었기 때문이다. 다른 하나는 과소 집계
된 원인이 농민의 과소 보고에 있다는 것이다.

  수정에 임해서 위의 두 가지를 효과적으로 이용하기 위해서는 다음의 두
가지를 먼저 해결해야 한다. 하나는 과소 집계가 시작된 시점이며, 다른 하
나는 과소 집계의 크기가 처음부터 동일했던가, 누적적으로 커져 왔던가
하는 것이다.

  먼저 후자에 대해서인데, 처음부터 29.76%의 차이가 있었다고 할 수는
없다. 그 이유는 다음의 두 가지이다. 하나는 이미 앞에서 서술한 대로 식
민지기 미곡 생산량 통계는 농민의 구두 진술에 기초한 이장 및 동장의 보
고에 기초해 있었다는 것, 즉 과소 집계가 농민의 과소 보고에 기인했다는
것이다. 농민은 매년 직전 연도를 기준으로 해서 보고하므로 매년 과소 집
계의 정도가 누적되어 가게 된다. 다른 하나는 그림 보론-1에서 보듯이
1910년대부터 동일한 정도로 부정확했다고 가정하는 경우의 추정 일인당
소비량이 지나치게 불규칙하게 변동하는 것이다. 그림의 소비량 지수는 5
개년 이동 평균값이기 때문에 재고의 불규칙한 변동이 거의 상쇄될 수 있
는 기간임에도 불구하고, 매년의 소비량이 매우 크게 변동하는데, 미곡이

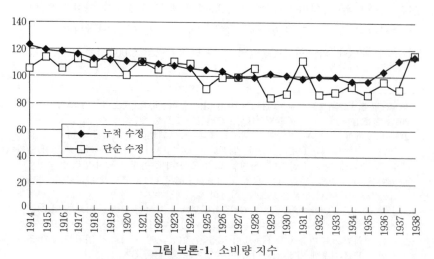

그림 보론-1. 소비량 지수
자료 : 1927년을 100으로 한 지수임.

사치재가 아님을 고려할 때, 이러한 변동은 너무나 부자연스럽다. 이것이
모든 시기에 걸쳐 동일한 정도로 과소 집계되어 있었다고 파악하기 어렵게
하는 다른 하나의 이유이다.

'병합' 직후부터 과소 집계되었던 것이 아니라면, 이번에는 단위 면적당
생산량이 과소 집계되기 시작한 시점을 구해 보자. 총생산량에 대한 언급
이기는 하지만, 東畑精一과 大川一司는 産米增殖計劃이 행해지기 시작한
1920년 이후부터 과소 집계되었을 가능성이 높다고 언급하고 있다. 그 시
기부터 미작의 토지 생산성이 빠른 속도로 상승했지만, 그 변동이 반영되
지 못했을 것이라는 것이다.[23] 총생산량에 대한 언급이라는 점에서 마찬가
지이기는 하지만, 서상철은 1924년 이후부터 농민이 과소 보고하기 시작했
고, 생산량이 과소 집계되기 시작했다고 보고 있다. 두 견해로부터 얻을 수
있는 논리는 미작의 토지 생산성의 상승분만큼 과소 보고할 수 있다는 것
이다.

그렇지만 이것은 필요 조건에 불과하다. 과소 보고가 실제로 나타나기
위해서는 그것이 소극적으로든지 적극적으로든지 총독부에 의해서 허용되
어야 한다. 과소 보고의 허용 정도는 수확량에 대해서 이장 및 동장이 얻을
수 있는 정보의 양에 달려 있다. 앞에서 서술한 대로 농민은 항상 줄이려고
하므로, 정확도는 이장 및 동장의 정보력에 거의 의존하게 된다.

이렇게 볼 때, 1918년에 토지 조사 사업이 종료한 것이 중요한 의미를 가
진다. 토지 조사 사업에서 총독부는 과세 지가를 산정하기 위해서 논에 등
급을 부여했다. 그리하여 논을 19등급으로 나누었다. 수확량 2석 이상의
논을 가장 우량한 논으로 하고, 3두 이하의 논을 가장 열등한 논으로 했으
며, 각 등급 사이의 수확량 차이는 1두로 했다. 논을 19등급으로 나누기 위
해서는 수확량을 가능한 한 정확하게 조사해야 했다.

臨時土地調査局 訓令 제1호 收穫高等級及地位等級調査規程 중의 제4
조가 수확량 조사 방법에 관한 것인데, 그중에서 논에 관련된 것만 정리하
면, 다음과 같다.[24]

23) 東畑精一・大川一司,『米穀經濟の研究』(1939), pp. 426~429.
24) 조석곤,『조선토지조사사업에 있어서 근대적 토지소유제도와 지세제도의 확립』
(서울대학교 대학원 박사학위 논문, 1995), p. 278.

1) 수확량은 기존의 秋收記 혹은 기타 기록에 의거하여 조사할 것.
2) 수확량은 기왕 5개년의 평균으로 할 것.
3) 丕제를 시행한 토지에 대해서는 그 성적을 참작할 것.
4) 면장·동장·地主總代·지주·소작인·知事人 기타 토지의 사정에 정통한
   자의 진술을 참작할 것.

　앞에서 소개한 1916년의 '農業統計作成에 관한 件'도 이 기간 동안의 농
업 통계에 관한 총독부의 관심을 잘 나타내는 것이었다. 즉 1918년 이전의
토지 조사 사업 기간은 정책적 필요에 의해서 수확량의 조사가 엄밀하게
이루어졌던 기간이었다. 그런 만큼 농민들이 수확량을 숨기기 어려웠다.
　1918년에 土地調査事業이 종료되었으며, 같은 해에 과세 지가가 확정되
었고, 改定地稅令에 의해서 지세가 지가의 1.3%로 결정되었다. 이 시점에
서 일본 정부와 총독부는 식민지 지배를 위한 가장 기본적인 제도를 갖추
게 되었던 것이다. 이 이후에는 총독부의 방침이 소홀해졌는데, 이미 앞에
서 언급한 바 있는, 1920년의 '農作物의 作付段別(附收穫高)의 確實을 期할
件'이 소홀해진 모습을 잘 보여 주고 있다.
　이것과 관련해서 〈표 보론-3〉의 토지 생산성 상승률 7개년 이동 평균을
살펴보자. 표에 의하면, 상승률의 평균값은 1914~19년의 상승기, 1920~
26년의 정체기, 1927년 이후의 상승기라고 하는 크게 세 시기로 나누어진
다. 나아가서 〈표 보론-4〉의 도별 움직임도 매우 비슷하다. 전라북도를 제
외한 나머지 모든 도가 1920년대 중반에 하락했다가 1930년대 전반에 다

〈표 보론-3〉　　　　　　미작 토지 생산성의 상승률　　　　　(단위 : %)

연도	상승률	연도	상승률	연도	상승률	연도	상승률	연도	상승률
1914	2.53	1919	2.16	1924	2.09	1929	2.39	1934	2.49
1915	2.95	1920	1.40	1925	−0.10	1930	3.01	1935	3.45
1916	1.64	1921	−0.30	1926	−1.34	1931	0.02	1936	−0.11
1917	2.72	1922	−0.20	1927	3.77	1932	3.68	1937	0.60
1918	0.31	1923	2.63	1928	3.27	1933	2.84	1938	6.28

자료 : 朝鮮總督府農林局,『農業統計表』, 1940년판.
주 : 1. 상승률은 7년 이동 평균값임. 1914년과 1938년은 5년 이동 평균값임.
　　 2. 1936년 이후의 토지 생산성은 모두 29.76%씩 할인해서 이용했음.

〈표 보론-4〉　　　　미작 토지 생산성의 도별 상승률

연　도	경기	충북	충남	전북	전남	경북	경남
1919~20	13.77	2.71	6.12	−4.67	−5.19	1.05	−4.31
1921~26	−4.65	−5.12	−5.21	2.19	0.12	−4.09	1.46
1927~35	4.72	1.42	3.21	1.01	5.55	1.51	3.44

연　도	황해	평남	평북	강원	함남	함북	
1919~20	10.05	56.64	17.65	6.14	3.06	13.62	
1921~26	−4.09	−1.97	−1.00	−2.19	−2.02	2.82	
1927~35	1.50	−0.45	3.02	0.85	1.52	6.53	

자료 : 朝鮮總督府, 『統計年報』, 각년판.
주 : 상승률의 평균값임. 이동 평균을 구하지 않은 것은 1917년 이전에 대해서 수정값
　　을 구할 수 없었기 때문임.

시 상승하고 있다. 1920년대 초중반에 성장률이 낮았던 것은 농업 통계와
관련한 것이라고 필자는 생각한다. 예상되는 반론을 포함해서 약간 자세히
살펴보자.

1920년대의 정체에 대한 종래의 설명은 산미 증식 계획 중에 농업 정책
의 중점이 토지 개량에 두어졌고, 농사 개량은 상대적으로 소홀히 되었기
때문이라는 것이다. 優良品種의 보급률이 정체했던 것, 비료 소비량이 완
만하게 증가했을 뿐인 것 등이 그 근거로 들려지고 있다.[25] 필자는 아래의
세 가지 이유를 근거로 해서 위와 같은 파악에 반대한다. 첫째 이 시기에
優良品種의 보급률이 정체하기는 했지만 더욱 수확량이 많은 품종으로 바
뀌어 갔다. 둘째 다음의 〈표 보론-6〉에서 알 수 있듯이 1930년대 정도는 아
니지만, 1920년대에도 비료 소비량이 증가해 갔다. 셋째, 우량품종의 보급
도가 같고, 비료의 소비량이 같다고 해도, 관개 시설이 정비되면 될수록 수
확량은 증가한다.

정책에 대해서 더 자세히 살펴보자. 먼저 농업 부문에 대한 은행 대출금
(조선은행, 식산은행, 보통은행)의 5년 이동 평균값을 구해 보면, 1912년에

---

25) 박원서, 『식민지조선에서의 수도생산력 발전의 지역차』(서울대학교 대학원 석사
　　학위 논문, 1991), p. 54. 이영훈·장시원·宮嶋博史·松本武祝, 『근대조선수리조합
　　연구』(일조각, 1995), p. 174, 230.

190만 원, 1917년에 798만 원, 1922년에 4,444만 원, 1927년에 11,301만
원, 1932년에 18,524만 원으로 증가하고 있었으며, 비중으로는 1930년까
지 증가하고 있었다.[26] 촌락 금융 조합의 농업 부문 대출금도 1921년에
2,122만 원, 1923년에 3,191만 원, 1928년에 4,703만 원, 1932년에 7,768
만 원으로 증가해 갔다.[27] 즉 농업 투자액의 흐름으로 판단해 보면, 1910년
대 이후 농업 정책은 강화되어 갔다고 할 수 있다.

조금 더 질적으로 검토해 보자. 총독부의 대표적인 증산 시책으로서는
품종 개량, 관개 시설의 개선, 비료 사용의 증가를 들 수 있다. 품종 개량은
1905년 무렵부터 본격화되었는데, 다른 방법보다 빠른 시기에 시작될 수
있었던 것은 그것이 가장 비용이 적게 드는 증산 방법이었기 때문이다. 방
법은 일본의 優良品種을 지방 행정 기관 또는 지주를 통해서 그대로 보급
하는 것과 勸業模範農場에서 한 차례 개량하여 보급하는 것이었다.

1930년대 말에 보급되었던 瑞光, 豊玉 등을 제외하면, 優良品種이란 多
肥多收穫 품종과 일치했는데 후기로 갈수록 多肥多收의 정도가 더 높은 품
종이 보급되었다. 〈표 보론-5〉에 의하면, 파종 면적 1위의 품종은 早神力
(1910년대) → 穀良都(1920년대~1930년대 전반) → 銀坊主(1930년대 후반)로

〈표 보론-5〉　　　•　　　優良品種의 변천　　　　　(단위 : 천 정보)

연　도	1위 품종	면적	2위 품종	면적	3위 품종	면적
1912	早神力	23	都	3	穀良都	3
1916	早神力	230	穀良都	110	多摩錦	48
1920	早神力	250	穀良都	241	多摩錦	156
1924	穀良都	319	早神力	220	多摩錦	162
1928	穀良都	361	多摩錦	156	早神力	130
1932	穀良都	428	多摩錦	169	龜の尾	110
1936	銀坊主	420	穀良都	410	陸羽132號	160
1940	銀坊主	478	陸羽132號	219	穀良都	177

자료 : 朝鮮總督府農林局, 『農業統計表』, 1940년판.

---

26) 朝鮮總督府財務局, 『朝鮮金融事項參考書』, 1939년판.
27) 朝鮮總督府, 『金融組合要覽』(1932), pp. 33~34.

변화해 갔다. 旱神力은 우량품종 가운데에서는 비료를 적게 필요로 하고 反收가 적은 것이었다. 穀良都와 銀坊主의 평균 反收는 각각 2.3석과 2.7 석으로서 銀坊主의 단보당 수확량이 17% 정도 더 많았다.[28]

품종 개량에 바로 뒤따른 것이 관개 시설의 개선이었다. 지역에 따라서는 1910년대 초반부터 대규모의 관개 개선 사업이 행해졌지만, 전국적으로 보면, 1920년부터의 産米增殖計劃 기간에 본격화되었다. 수리 조합에 의한 蒙利面積이 1919년에 31,057정보, 1925년에 82,403정보, 1933년에 225,389정보, 1938년에 229,025정보로 증가했다.[29] 수리 조합에 의하지 않은 것까지 합하면, 1935년에 灌漑畓의 면적이 76만 정보로서 논 면적의 45% 정도였다.[30]

1920년대 중반부터 총독부가 비료의 사용을 장려했다. 총독부는 1926년에 '自給肥料增産10個年計劃'을 세웠고, 3,200만 원 가량의 판매 비료 구입자금을 설정했다. 그리하여 1926~40년 사이에 판매 비료 소비액에 대한 肥料購買貸附資金의 비율이 47%에 달했다.[31] 1925~33년 사이에 비료의 소비량은 〈표 보론-6〉과 같이 증가했다. 특히 效率이 높은 화학 비료의 소

〈표 보론-6〉　　　　　　　　肥料 消費 狀況

연 도	1921	1923	1925	1927	1929	1931	1933	1935	1937	1939
자급비료 합계			100	109	110	125	155	170	177	182
동물질 비료	49	69	100	28	327	658	399	743	1,200	1,229
식물질 비료	50	64	100	156	121	125	80	49	69	53
광물질 비료	26	33	100	223	625	695	1,359	2,130	2,652	2,021
복합 비료	173	271	100	242	1,248	1,028	1,809	9,599	15,717	28,288
판매비료 합계	47	61	100	164	232	253	337	563	686	707

자료 : 朝鮮總督府農林局, 『農業統計表』, 1940년판.

---

28) 蘇淳烈, 「植民地期全北에서의 水稻品種의 變遷」, 『전북대학교 농대논문집』 23집 (1992), p. 129.
29) 農林省熱帶農業研究センタ, 『舊朝鮮における日本の農業試驗研究の成果』(1976), p. 28.
30) 小早川九郎, 『朝鮮農業發達史』 發達篇(1944), p. 123.
31) 朝鮮總督府農林局, 『農業統計表』, 1940년판. 朝鮮總督府農林局, 『朝鮮の肥料』 (1942).

비량이 급증했다. 정리하면 투자량으로 보나, 총독부의 농업 기술 정책으로 보나, 1920~30년대에 총독부의 증산 정책은 강화되어 갔다.

　그렇지만 정책이 강화되어 간다고 해도, 1920년대 초중반에 특히 기상 상황이 나빴다면 토지 생산성이 정체할 수도 있다. 식민지기 미곡의 작황에 가장 큰 영향을 주었던 한해는 1913, 1915, 1919, 1924, 1928, 1929, 1935, 1936, 1939, 1942년에 각각 발생했다.[32] 1920년대의 초중반에 특별히 기상 상황이 나빴던 것은 아니었다.

　이상의 검토에 비추어 볼 때, 1920년대 전반을 중심으로 한 시기에 토지 생산성이 하락하는 것은 농업 정책 또는 기후 조건에 의해서 해석될 수 없다고 생각한다. 필자는 1918년 이후 생산량 조사의 엄밀성이 그 이전보다 하락하면서 실제 생산량과 조사 생산량의 사이에 의미있는 차이가 나타나기 시작했다고 생각한다.

　그런데 〈표 보론-3〉에 의하면, 1927년 이후 토지 생산성의 상승률이 다시 3% 정도의 수준을 나타내고 있다. 이 점은 생산량 조사 방법의 엄밀성이 하락했다는 것과 합치되지 않는 것이므로 더 이상 진행하기 전에 이 문제에 대해서 보아 두자. 이것에 대해서 다음의 세 가지를 근거로 들고자 한다. 첫째, 익히 지적되고 있듯이 1926년 무렵 이후부터 판매 비료가 본격적으로 사용되기 시작했는데, 이미 제1장에서 언급했던 바와 같이 비료 소비의 증가는 근대 한국의 농업 기술 체계에 가장 적합한 것이었다. 이것이 토지 생산성을 급상승시킬 수 있게 했다.[33]

　둘째, 1920년대 후반에서 1930년대 초반에 걸쳐서 수리 조합 사업이 급증했다. 예를 들어 논 면적에 대한 水利組合 몽리면적의 비율을 구해 보면, 1925년까지는 5.5%에 지나지 않았지만, 1932년에는 14.3%에 달했다. 그런데 수리 조합이 공사를 위해서 얻은 부채를 제때에 상환하고, 수리 조합을 유지하는 데에 필요한 여러 경비를 지출하기 위해서는 그 양자를 충족시킬 수 있는 정도의 수리조합비를 착오 없이 징수해야 했다. 이때 수리조합비가 수리 조합 사업의 결과로 증가한 순소득액을 밑돈다면 징수에 곤란

----

　32) 農林省熱帶農業硏究センター, 『舊朝鮮における日本の農業試驗硏究の成果』(1976),
　　　p. 79.
　33) 졸저, 『1930年代朝鮮における農業と農村社會』(東京, 未來社, 1995), pp. 90~94.

한 점은 없었겠지만, 문제는 수리조합비와 순소득 증가액의 비율이 1926~ 34년 사이에 79%에 달할 정도로 높았던 것에 있었다.[34]

순소득 증가액에서 차지하는 비율이 과중하게 높아지자, 경지 소유자들은 너나할것없이 증수량을 줄여서 보고하려 했다. 수리조합비는 수리 조합 구역 내의 총증수량에서 차지하는 개별 경지 소유자의 증수량의 비율에 따라서 부과되었기 때문이다. 그리하여 수리 조합측은 예상 수확량을 정확하게 파악하는 것이 매우 중요하게 되었다. 자세히 살펴보자.

富平水利組合에 대한 사례 연구에 의하면, 등급별 水利組合費 부과율의 산출 방법은 다음과 같았다.[35]

1) 단보당 예상 수확량에서 단보당 수확량을 뺀 단보당 예상 증수량을 기준으로 해서 등급을 결정한다.
2) 단보당 조합비는 등급별 단보당 표준 증수량에 증수량 1두당의 조합비를 곱하여 산출한다.
3) 等內地 16등급, 等外地 2등급으로 해서 모두 18등급으로 나누며, 단보당 예상 증수량 0.2석마다 등급을 부여한다.

18등급으로 분류하기 위해서는 매우 엄밀하게 조사되어야 했다. 1927년의 등급 再調整 조사 요령은 '농사에 경험이 있는 조합 직원 4명과 평의회에서 선임한 지방 사정에 밝은 지주 위원 20명으로 조사원을 구성하고, 이 조사원이 1927년 8월 11일에서 1927년 9월 20일 사이에 관계 지주 입회 하에 各畢마다 실지 조사하여 증수량과 등급을 정하도록' 하는 것이었다.[36] 실제로는 18등급에까지 이르지는 못했고, 10등급에 머물렀지만,[37] 10등급으로 분류하기 위해서도 수리 조합 지구 내의 수확량 조사를 엄밀하게 해야 했다. 그리하여 조사가 정확하게 이루어졌고, 그만큼 토지 생산성 상승률이 높아지게 되었으며, 위의 결과는 이장 또는 동장에게 수확량 報告時의 참조 자료로 되어 갔다.

---

34) 田剛秀, 「日帝下水利組合事業이 地主制展開에 미친 영향」, 『經濟史學』 8호 (1984), p. 153.
35) 이영훈·장시원·宮嶋博史·松本武祝, 앞의 책, pp. 219~225
36) 같은 책, p. 225.
37) 朝鮮總督府, 『朝鮮土地改良事業要覽』, 각년판 중의 「수리조합비」 항목.

즉 1920년대 종반 이후 토지 생산성 상승률이 직전 시기보다 높아져 갔던 것은 농업 개량의 정도가 크게 높아졌던 것과 수리 조합 지구에서 수확량이 정확하게 파악되어 갔던 것에 기인했다.

그리하여 1920~35년의 단위 면적당 미곡 생산량을 누적적으로 할증하는 것으로 했다. 농민의 과소 보고에 의하는 한, 오차가 누적적으로 발생하기 때문이다. 29.76%를 복리로 할인하면, 1920년부터 매년 1.5443%씩 오차가 거듭된 것으로 된다. 풍년과 흉년을 구별하지 않고 매년 일정하다고 가정한 것은 이미 위에서 언급했듯이 농민의 과소 보고의 정도가 반드시 결핍에 비례한다고 할 수 없기 때문이다.

그렇지만 수리조합 몽리면적이 증가할수록 수확량이 정확하게 파악되는 면적이 증가하기 때문에 수리조합 몽리면적의 비율에 따라서 할증 비율을 조정했다. 미곡 작부 면적에서 차지하는 수리조합 몽리면적의 비율은 1920년에 2.2%였으나, 1935년에는 14.0%로 상승했다. 따라서 100%에서 수리조합 몽리면적의 비율을 빼면, 1920년에는 전체 작부 면적의 97.8%에서 과소 집계되고 있었으며, 1935년에는 86.0%에서 과소 집계되고 있었던 것으로 된다. 그리하여 1920년과 1936년의 한가운데에 해당하는 1928년의 새로이 발생한 오차 비율은 그대로 두고, 그 이전에 대해서는 새로이 발생하는 오차 비율을 누적적으로 1.7457/91.75%만큼씩 늘리고, 그 이후에 대해서는 같은 값만큼씩 줄였다. 여기서 91.75%는 1920년의 수리조합 몽리면적 비율인 2.2%와 1936년의 14.3%의 산술 평균을 100%에서 공제한 값이다. 수리조합 몽리면적의 비율이 100%로 되면, 오차가 없어질 것이기 때문이다. 그리고 1.7457%는 1928년에 새로이 발생한 오차이다.

앞에서 언급한 대로 1927년에 '農産物 生産統計의 調査方法改善에 관한 件'이 제출되었지만, 실질적인 조치가 없었기 때문에 그 효과는 고려하지 않았다.

위와 같이 해서 구해진 작부 면적에 단위 면적당 생산량을 곱해서 구해진 생산량이 〈표 보론-7〉의 수정 생산량과 같다. 1911,12년을 제외하면, 식민지 초기의 미곡 생산량은 과다 집계되어 있었고, 식민지 中終期의 생산량은 과소 집계되어 있었다.

⟨표 보론-7⟩   미곡의 수정 생산량   (단위 : 석)

미곡연도	생산량(a)	수정 생산량(b)	b/a
1911	11,568,362	11,869,328	1.03
1912	10,865,051	11,046,720	1.02
1913	12,109,840	12,010,370	0.99
1914	14,130,578	13,807,330	0.98
1915	12,846,085	12,487,555	0.97
1916	13,933,009	13,392,968	0.96
1917	13,687,895	13,117,405	0.96
1918	15,294,109	14,531,124	0.95
1919	12,708,208	12,067,093	0.95
1920	14,882,352	14,409,370	0.97
1921	14,324,352	14,117,774	0.99
1922	15,014,292	15,071,950	1.00
1923	15,174,645	15,497,750	1.02
1924	13,219,322	13,727,202	1.04
1925	14,773,102	15,593,777	1.06
1926	15,300,707	16,416,900	1.07
1927	17,298,887	18,848,512	1.09
1928	13,511,725	14,936,727	1.11
1929	13,701,746	15,384,211	1.12
1930	19,180,677	21,834,021	1.14
1931	15,872,999	18,326,968	1.15
1932	16,345,825	19,137,000	1.17
1933	18,192,720	21,352,068	1.17
1934	16,717,238	20,095,485	1.20
1935	17,884,669	21,752,988	1.22
1936	19,410,763	19,410,763	1.00
1937	26,796,950	26,796,950	1.00
1938	24,138,874	24,138,874	1.00
1939	14,355,793	14,355,793	1.00
1940	21,527,393	21,527,393	1.00

4. 수정 결과에 대한 검토

이하에서는 미곡 소비량과 그 변동 양상을 검토하여 이상의 수정이 타당함을 보이고자 한다.

먼저 미곡 소비량부터 보아 가자. 소비 총량을 계산한 방법은 다음과 같다.

$$C_t = (P_{t-1} - X_t - S_t) \times 0.85$$

C_t는 당해 연도의 미곡 소비량, P_{t-1}은 직전 연도의 미곡 생산량, X_t는 당해 연도의 미곡 수출량, S_t는 당해 연도의 종자량이다. 재고를 고려하지 못했는데, 그것은 1929년 이전의 자료를 구할 수 없었기 때문이다.[38]

소비의 기초가 되는 미곡 생산량을 직전 연도의 미곡 생산량으로 한 것은 미곡의 수확이 10~11월에 걸쳐서 이루어지기 때문이다. 종자량은 1910년경의 정보당 종자량이 0.70석, 1933년경의 종자량이 0.53석이었기 때문에, 1910년 이후는 (0.70-0.53)/23석만큼 균등하게 감소시켰다.[39]

마지막의 0.85는 수확 후의 손실률을 15%로 가정했기 때문이다. 앞에서 언급한 기무라 미쓰히코의 논문은 손실률이 1913~40년 사이에 10%에서 5%로 하락했다고 하고 있는 데에 비해서 필자는 15%로서 같았다고 해 두었다.[40] 이유의 하나는 10%가 너무 낮은 것이다. 먼저 한국 현대의 손실률을 구해 보자. 農水産部糧政資料에 의하면, 1994년의 감모량은 백미를 기준으로 할 때, 20만 900톤으로서 1993년 생산량의 4.2%였다. 감모의 내용은 화물차에 싣고 내리는 도중에 없어지는 것, 창고 보관 중에 쥐가 먹어 버리거나 부패하여 없어지는 것들을 포함하고 있다.[41] 그런데 식민지기의 미곡 통계는 현미를 기준으로 해서 만들어져 있기 때문에, 손실률을 구하기 위해서는 감모율에 도정률을 더해야 한다. 감모율 4.2%에 도정률

---

38) 朝鮮總督府農林局,『朝鮮米穀要覽』(1940), p. 3.
39) 菱本長次,『朝鮮米の研究』(1940), p. 184, 234.
40) Mitsuhiko Kimura, 앞의 글, p. 640.
41) 농수산부,『농수산부양정자료』(1995).

7.5%를 더하면,[42] 손실률은 11.7%로 된다. 그런데 식민지기에는 지금보다 搗精 및 창고의 설비 수준 등이 낮았기 때문에 손실율은 이보다 높았을 것이다.

다른 하나는 손실률이 하락했다고 하기 어렵기 때문이다. 搗精 공정이 합리화되고, 보관 시설이 정비되면, 손실률이 하락하며, 搗精度가 높아지면, 손실률이 상승할 것이다. 양자는 서로 상쇄하는 방향으로 움직이므로 전체적인 손실률이 어떻게 변화할지는 예측할 수 없다. 그리하여 손실률은 전시기에 걸쳐서 15%로 했다.

〈표 보론-8〉이 위의 방법에 의하여 구해진 미곡 소비량이다. 일인당 소비량 지수가 1920년대 후반과 1930년대 초반에 걸친 농업 불황기를 제외하고는 꽤 연속적으로 변화하고 있는데, 우선 이것이 추정치의 타당성에 대한 하나의 근거이다. 그림 보론-1의 누적 수정이 〈표 보론-8〉의 일인당 소비량 지수에 해당한다.

소비 총량은 1917년까지 미약하나마 증가했다가, 이후 1927년까지 역시 미약하나마 감소해 갔고 1927년에 최저를 기록했다. 단순 논리이지만 그것은 미곡의 수출 증가량이 미곡 생산 증가량을 초과했기 때문이다. 1927년 이후 다시 증가하기 시작한 것은 수출 증가량이 생산 증가량을 하회하기 시작했기 때문이다. 農業恐慌期에 가격 하락에 의한 손실을 판매량 증가로 만회하기 위해서 수출을 크게 늘리기는 했지만, 그것은 생산량 증가분을 초과할 정도는 아니었다. 풍흉의 차, 輸出量의 차 등에 의해서 변동하기는 했지만, 1930년대 중반에 이르러 1910년대 초반의 수준을 넘어섰으며, 1930년대 후반에 증가 속도가 빨라졌다. 그것에는 수출량의 감소 및 1937, 38년의 풍작이 영향을 미쳤다.

일인당 미곡 소비량은 1914년 이후 1930년대 초반까지 계속해서 감소했다. 1930년대 초반에 소비량이 매우 적은 것은 1930년 이후 농산물 가격이 급락하면서 궁핍이 심화되었기 때문이다. 통계표상으로 1934년이 최저점이었다고 할 수 있으나, 장기적으로 보면, 1927~35년 사이에 거의 정체해 있었다고 할 수 있다. 단순 논리이지만, 이 시기에 소비 총량이 증가하기는

---

42) 김경중, 『한국의 경제 지표』(매일경제신문사, 1993), p. 326.

했어도, 그것이 인구 증가율을 상회하지는 못했기 때문이다. 이후 1936년
부터 뚜렷하게 증가하기 시작했다. 그렇지만 1930년대 말에 이르기까지

〈표 보론-8〉   미곡 소비량   (단위 : 석)

연도	소비 총량	총량 지수	일인당 소비량	소비량 지수
1914	8,525,673	101	0.5521	124
1915	8,560,901	101	0.5362	121
1916	8,652,611	102	0.5292	119
1917	8,763,624	104	0.5263	118
1918	8,558,903	101	0.5069	114
1919	8,649,980	102	0.5067	114
1920	8,551,375	101	0.4965	112
1921	8,651,404	102	0.4981	112
1922	8,661,541	102	0.4935	111
1923	8,630,452	102	0.4859	109
1924	8,601,617	102	0.4754	107
1925	8,649,097	102	0.4698	106
1926	8,725,258	103	0.4660	105
1927	8,451,182	100	0.4450	100
1928	8,538,169	101	0.4440	100
1929	8,969,772	106	0.4599	103
1930	8,925,905	106	0.4521	102
1931	8,798,588	104	0.4388	99
1932	9,136,369	108	0.4485	101
1933	9,288,681	110	0.4488	101
1934	9,112,582	108	0.4326	97
1935	9,381,414	111	0.4381	98
1936	10,181,027	120	0.4670	105
1937	11,171,396	132	0.5032	113
1938	11,646,028	138	0.5177	116

주 : 1. 1927년을 100으로 한 지수임.
　　 2. 두 지수와 일인당 소비량은 5년 이동 평균값임.

1914년의 수준을 넘어서지는 못했다.

일인당 소비량의 위와 같은 변동, 즉 1914~27년 사이의 감소, 1927~34년 사이의 정체, 1935년 이후의 증가라고 하는 상황은 식민지기의 경제 변동에 의해 합리적으로 설명될 수 있다. 미곡의 소비량에 영향을 미칠 수 있었던 커다란 요인으로서는 미곡 수출의 증가, 産米增殖計劃에 의한 미곡 생산량의 증가, 1920년대 후반 이후 1930년대 초반에 걸친 농업 불황에 의한 구매력 감소, 1930년대 중반부터의 공업화에 의한 구매력 증가를 들 수 있다. '倂合' 이후 미곡 수출이 증가하여 소비량이 계속 감소해 가던 중, 産米增殖計劃에 의한 미곡 생산량 증가가 한국의 미곡 소비를 증가시키는 계기를 마련했다. 하지만 농업 불황기에 交易條件이 계속 악화되어 갔던 것이 구매력 상승을 억제하는 효과를 미쳤다.[43] 미곡 소비 총량은 증가했어도, 그것이 인구 증가율을 상회하지는 못하여, 일인당 미곡 소비량이 증가하지는 못했고, 1927~35년 사이에는 거의 정체해 있었다. 한국 내에서의 미곡 생산 증가가 미곡 소비 증가로 연결된 것은 공업화에 의한 구매력의 상승이었다. 그 결과로 1930년대 중반 이후 일인당 미곡 소비량이 증가하기 시작했다. 미곡 소비량의 변동이 합리적으로 설명된다는 것이 또한 생산량의 수정치가 타당했음을 보여 주고 있다.

5. 맺 음 말

韓國統計發展史 編纂委員會가 펴낸 『韓國統計發展史(1)』에 의하면, 식민지기의 통계는 크게 행정 통계와 정책 통계로 나뉘어진다. 정책 통계란 실제 조사에 의해서 구해진 통계를 가리키는데, 농업에 국한해서 보면, 土地調査事業期의 토지 관련 통계, 1933년 이후의 생산비 관련 통계, 1936년 이후의 미곡 생산량 통계, 농가 경제 상태 및 지주 소작 관계에 관련한 약간의 통계가 그것에 속한다.

한편 행정 통계란 邑·面의 서무 담당 공무원→府·郡 서무계의 통계 주임→道長官 官房 서무계의 통계 주임→총독 관방 문서과장의 순서로 보

---

43) 車明洙, 「世界農業恐慌과 日帝下 朝鮮經濟」, 『經濟史學』 15호(1991), p. 77.

고・수집・집계된 통계를 말하며, 『農業統計表』, 『朝鮮の農業』, 『朝鮮總督府統計年報』 등에 실려 있는 식민지기의 주요 농업 통계들이 거의 대부분 행정 통계에 속한다. 그런데 서무 담당 공무원 및 통계 주임의 임무는 스스로 조사해서 보고하는 것은 아니었고, 행정적 필요에 의해서 수집된 통계를 집계해서 보고할 뿐이었다.[44] 즉 그 신뢰도는 낮았다.

그렇지만 크고 작은 문제가 붙어 있지 않은 통계는 하나도 없다고 할 수 있으며, 그런 만큼 통계를 수정한다는 것은 한편에서는 무모한 짓이기도 하다. 하지만 추세에 중대한 변화가 발생해 있을 때에는 피할 수 없다. 그것이 농업 변동의 양상을 다르게 만들기 때문이다. 1935년 이전의 미곡 생산 통계를 수정한 이유는 위와 같은 것에 있다.

수정 생산량은 작부 면적과 단위 면적당 수확량을 동시에 수정하여 구했다. 작부 면적의 경우, 1918~35년 사이는 경지 면적을 이용해서 수정했으며, 1918년 이전은 1918년값을 기준으로 해서 할인하는 방법을 택했다.

단위 면적당 수확량에 대해서는 세 가지를 고려했다. 첫째는 수확량 조사에 대응하는 농민의 태도이다. 농민은 항상 수확량을 줄여서 보고하려 하며, 그것의 정도는 식민지기를 통해서 기본적으로 동일하다. 둘째는 통계 조사에 임하는 총독부의 태도이다. 1919년 이전에는 그것이 엄밀했지만, 1920년 이후에는 흐려졌다. 1920년의 '件'이 그것을 나타내고 있다. 셋째, 농업 개량의 진행 정도이다. 농업 개량의 진행 정도는 1920년대에서 1930년대 초반에 걸쳐 일관되게 높아졌다.

그럼에도 불구하고 朝鮮總督府, 『統計年報』의 값은 1920년대 중반에 오히려 하락했는데 이것은 통계 조사에 임하는 총독부의 태도에 기인했다. 그리하여 1920년 이후의 값은 누적적으로 할증했다. 할증률을 결정한 자세한 방법과 수정치는 본문에 소개되어 있는 대로이며 다시 기술하지 않는다. 그리고 수정 생산량으로 추정한 소비량을 해석해 볼 때, 생산량의 수정값은 타당한 것으로 보인다.

식민지기에 미곡 소비량이 감소했던 것은 종래의 견해와 다르지 않지만, 누적 수정에 입각한 그림 보론-1의 소비량이 매우 연속적인 변화를 나타내

---

44) 韓國統計發展史 編纂委員會, 앞의 책, p. 125, 142.

고 있는 것은 미곡 소비량의 감소에 대해서 새로운 해석의 가능성을 제공한다. 영국에 대한 연구에서 이미 지적되어 있는,[45] 공업화 초기에 식량 소비가 감소하는 현상이 한국에서도 나타났다고 파악할 수 있는 가능성이다. 이 점에 대해서는 더 많은 논의가 필요할 것이다.

---

45) Hobsbawm, E. J., "The British Standard of Living, 1790~1850", *Economic History Review*, 9(1957).

부록 : 한국 근대 농업에 관한 기초 통계

(1) 경지 면적, 소작지율, 관개 면적　　　　　　　(단위 : 정보, %)

연　도	경지 면적	소작지율	관개 면적	관개 면적 중 수리조합 몽리면적
1911	4,398,422			
1912	4,408,978			
1913	4,419,560			
1914	4,430,167			12,046
1915	4,440,799			19,207
1916	4,451,457		317,163	20,875
1917	4,460,360			27,465
1918	4,496,043	50.4		29,954
1919	4,522,069	50.2		31,057
1920	4,495,478	50.8		32,204
1921	4,533,763	50.3		44,814
1922	4,519,498	50.6		49,750
1923	4,543,175	50.4		74,504
1924	4,568,023	50.5		76,351
1925	4,571,546	50.6		82,403
1926	4,602,496	50.7		111,254
1927	4,607,916	53.4		125,662
1928	4,607,631	54.1		145,738
1929	4,623,233	55.1		179,616
1930	4,646,859	55.6		206,013
1931	4,656,431	56.2		216,954
1932	4,662,510	56.5		222,643
1933	4,855,813	56.3		225,389
1934	4,928,104	57.2		226,792

1935	4,917,947	57.1	776,052	226,052
1936	4,941,584	57.4		229,412
1937	4,943,369	57.5		227,913
1938	4,957,720	57.7		229,025
1939	4,958,507	57.9		
1940	4,934,230	58.0		
1941	4,888,549	58.4		
1942	4,849,572	58.4		293,830

자료 : 朝鮮總督府, 『統計年報』, 각년판.

경기도, 『농사통계』, 1934년판.

충청북도, 『농업통계표』, 1938년판.

충청남도, 『농업통계』, 1938년판.

李榮薰・張矢遠・宮嶋博史・松本武祝, 『近代朝鮮水利組合硏究』(一潮閣, 1995).

朝鮮總督府, 『朝鮮彙報』, 1916년 10월, pp. 9~15.

小早川九郞, 『朝鮮農業發達史』發達篇(1944), p. 123.

주 : 1. 1916년과 1917년의 경지 면적은 경기도, 충청북도, 충청남도, 경상북도, 경상남도, 평안남도의 자료를 이용해서 1917년과 1918년의 경지 면적 증가율을 구한 다음, 그 비율만큼 1918년의 경지 면적을 할인하여 구했음.

2. 1911~15년의 경지 면적은 1918~25년 사이의 경지 면적 평균 증가율(0.24%)로 할인해서 구했음.

3. 경지면적은 화전, 토지 대장 미등록 토지를 합한 것임.

4. 관개 면적은 수리조합사업에 의한 관개 면적에 그외의 면적을 더해서 구했음.

부록 : 한국 근대 농업에 관한 기초 통계　　　267

(2) 농가 호수 및 자작 · 자소작 · 소작별 구성　　　(단위 : 호, %)

연　도	농가 호수	자작농 비율	자소작농 비율	소작농 비율
1913	2,573,044			
1914	2,590,237			
1915	2,629,021			
1916	2,641,154	22.1	40.9	37.0
1917	2,641,694	21.9	40.4	37.7
1918	2,652,484	22.3	39.6	38.1
1919	2,664,825	22.7	39.5	37.9
1920	2,720,819	22.3	37.6	40.0
1921	2,716,949	22.7	36.9	40.4
1922	2,712,465	22.9	36.1	41.1
1923	2,702,838	22.7	35.4	41.8
1924	2,704,272	22.7	34.8	42.5
1925	2,742,703	23.1	33.4	43.5
1926	2,753,497	22.6	33.2	44.2
1927	2,781,348	22.1	33.3	44.6
1928	2,799,188	21.7	32.6	45.8
1929	2,815,277	21.4	32.1	46.5
1930	2,869,957	20.9	31.7	47.5
1931	2,881,689	20.2	30.3	49.5
1932	2,931,088	19.3	26.2	54.5
1933	3,009,560	19.3	25.6	55.2
1934	3,013,104	19.2	25.5	55.3
1935	3,066,489	19.0	25.7	55.3
1936	3,059,503	19.1	25.7	55.2
1937	3,058,755	19.2	25.7	55.1
1938	3,052,392	19.3	25.5	55.3
1939	3,023,133	19.0	25.3	55.7
1940	3,046,546	19.1	24.7	56.2

자료 : 朝鮮總督府農林局, 『農業統計表』, 1940년판.
주 : 1. 1913년부터 농가 계층에 대한 조사가 이루어졌지만, 1915년까지의 통계에는 신뢰하기 어려운 점이 많아 제시하지 않았음.
　　2. 자작 호수는 자작 지주 호수를 포함한 것임.
　　3. 경영 분해에 대해서는 이 책의 〈표 2-18〉을 참고하기 바람.
　　4. 兼火田民, 純火田民, 被傭者를 제외하고, 농가 계층의 비율을 구했음.

(3) 주요 곡물의 1인당 소비량 　　　　　　　　　　　(단위 : 석)

소비량	쌀	보리	조	합계
1920	0.63	0.55	0.34	1.52
1921	0.63	0.52	0.34	1.49
1922	0.62	0.52	0.36	1.50
1923	0.61	0.52	0.35	1.47
1924	0.59	0.50	0.35	1.45
1925	0.58	0.49	0.37	1.44
1926	0.58	0.49	0.37	1.43
1927	0.55	0.48	0.37	1.40
1928	0.55	0.47	0.37	1.39
1929	0.57	0.48	0.35	1.40
1930	0.56	0.49	0.35	1.39
1931	0.54	0.49	0.33	1.36
1932	0.55	0.50	0.31	1.36
1933	0.55	0.51	0.29	1.35
1934	0.53	0.49	0.29	1.31
1935	0.54	0.51	0.28	1.34
1936	0.58	0.52	0.28	1.37
1937	0.62	0.52	0.28	1.42
1938	0.64	0.56	0.26	1.46
1939	0.77	0.55	0.26	1.59

자료 : 朝鮮總督府農林局, 『農業統計表』, 1940 년판.

주 : 1. 보리의 1938 년값은 3 년 이동 평균값이며, 1939 년값은 모두 단년도값임. 나머지
　　　는 모두 5 년 이동 평균값임.

　　2. 소비량의 계산에서 종자량, 손실률 등은 고려하지 않고, 무역량만 고려했음.

　　3. 쌀의 경우 종자량과 손실률을 함께 고려한 소비량은 위 표의 소비량의 81 %임.

(4) 농업 생산액의 구성비

(단위 : %)

연도	쌀	보리류	콩류	잡곡	면화	기타특용	감자류	채소	과일	축산	잠업
1918	46.6	12.3	11.5	10.0	2.3	2.2	4.3	4.2	0.3	5.1	1.2
1919	48.8	12.9	7.2	8.3	3.0	2.9	4.8	3.8	0.4	6.5	1.3
1920	48.4	12.1	11.5	10.1	1.2	2.2	4.3	3.6	0.7	5.1	0.8
1921	45.6	11.9	10.1	9.6	1.5	3.1	4.2	3.8	0.7	8.5	1.0
1922	48.4	10.4	9.5	10.1	2.3	2.5	4.2	4.3	0.5	6.5	1.4
1923	47.1	8.4	10.6	10.7	3.1	2.7	4.1	3.8	0.8	6.6	1.9
1924	44.8	15.3	7.9	10.5	3.4	2.5	3.1	4.1	0.7	6.3	1.5
1925	47.9	12.3	9.0	8.8	2.7	2.0	2.6	5.4	0.5	6.4	2.2
1926	50.9	11.1	8.1	9.1	2.4	2.2	2.6	5.3	0.7	5.4	2.3
1927	50.1	9.8	8.6	9.3	2.9	2.6	3.0	5.6	0.7	5.6	1.9
1928	45.3	11.0	8.5	10.8	3.4	3.0	3.1	5.6	0.8	6.3	2.3
1929	45.7	11.3	8.5	10.5	2.9	2.9	3.4	4.7	1.0	5.9	3.2
1930	49.5	13.8	7.2	9.2	2.4	1.7	2.9	4.2	1.1	5.4	2.7
1931	53.9	8.7	7.3	8.0	1.6	2.7	2.9	6.6	1.1	5.1	2.1
1932	51.2	9.1	8.4	9.1	2.9	2.5	3.1	6.0	1.2	4.6	1.8
1933	52.1	9.9	7.6	7.8	2.6	2.2	2.5	6.1	1.2	4.9	3.2
1934	56.5	10.0	6.7	7.1	2.9	2.0	2.2	5.5	1.0	4.6	1.4
1935	54.4	10.8	7.1	7.7	3.3	2.0	2.6	5.1	1.0	4.2	1.7
1936	51.2	11.1	7.7	8.6	2.1	2.0	3.0	5.6	1.0	5.5	2.1
1937	55.6	11.9	6.4	7.3	2.3	2.0	2.5	4.5	0.9	4.9	1.8
1938	54.5	10.8	6.3	7.4	2.6	2.2	2.6	5.1	1.1	5.9	1.5
1939	40.2	16.9	6.8	11.1	3.0	2.5	3.2	5.6	1.5	6.6	2.7
1940	47.1	13.1	6.7	6.7	2.2	2.5	4.0	6.0	2.0	7.2	2.6
1941	54.0	11.6	5.4	4.6	2.4	2.8	4.0	5.8	2.8	6.7	0.0
1942	44.6	12.9	4.2	5.8	3.9	3.9	3.4	7.7	3.7	9.7	0.0

자료 : 朝鮮總督府農林局,『農業統計表』, 1940년판.
　　　 朝鮮總督府,『統計年報』, 1942년판.
주 : 경상 가격으로 구한 값임.

(5) 판매 비료의 경지 1 ha 당 소비량   (단위 : kg)

연 도	질소	인산	칼리
1926	2.43	0.79	0.39
1927	2.60	1.07	0.53
1928	4.59	1.56	0.53
1929	5.59	2.09	0.50
1930	6.67	2.57	0.44
1931	6.24	1.97	0.55
1932	8.54	2.11	0.38
1933	9.51	3.19	0.35
1934	13.76	3.77	0.44
1935	15.12	6.86	0.87
1936	18.92	7.47	1.44
1937	20.71	8.06	1.56
1938	23.78	8.16	1.74
1939	23.75	10.14	1.31
1940	22.35	8.41	0.95
1941	22.09	4.63	0.71

자료 : 朝鮮銀行,『朝鮮經濟統計要覽』(1949), p. 32.

주 : 1. 위의 책, p. 32 의 남한 소비량을 남북한의 생산액 구성비를 이용해서 전국 소비
량으로 확대한 다음 경지 면적으로 나누어 구했음.

    2. 남·북한의 생산액 구성비는 石川滋,『韓國農業生產額の推計, 1910~1970』,
戰前·戰後接續の部(一橋大學, 1980), p. 134 에 따랐음.

(6) 주요 농산물의 가격 변동

연 도	쌀	보리	쇠고기	무
1910	8.9	3.3		
1911	12.3	4.7		
1912	15.8	5.9		4.0
1913	16.4	5.6		4.0
1914	11.9	3.9		4.0
1915	9.3	3.1		4.0
1916	11.2	3.6		5.0
1917	16.4	5.9		8.0
1918	26.4	8.5		10.0
1919	40.6	12.7		15.0
1920	36.9	11.9		12.2
1921	25.2	7.6		9.6
1922	28.2	8.3		13.1
1923	26.4	7.6		13.7
1924	33.0	10.4		14.1
1925	32.1	11.2		18.2
1926	30.1	10.0		14.2
1927	25.2	9.1		14.5
1928	25.3	9.4		14.4
1929	23.5	8.7		9.7
1930	13.1	7.4	0.58	6.9
1931	16.9	4.5	0.51	6.9
1932	18.9	5.2	0.53	7.1
1933	18.8	6.3	0.66	7.7
1934	24.9	6.9	0.66	7.4
1935	27.4	8.4	0.72	8.4
1936	27.8	9.6	0.81	9.8
1937	29.0	9.7	0.91	8.7
1938	31.6	10.3	1.16	10.2
1939	40.4	14.9	1.31	17.0
1940	40.3	14.7	1.71	18.2

자료 : 朝鮮總督府農林局, 『農業統計表』, 1940년판.
　　　朝鮮總督府, 『統計年報』, 1940년판.
주 : 1. 쌀과 보리는 1석, 쇠고기는 1kg, 무는 100관에 대한 가격임.
　　 2. 현대와 연결시켜 이해하려 할 때는 두 번의 화폐 개혁에 의한 100배의 화폐 가
　　　 치 상승을 고려해야 함.

(7) 읍·면의 직원 및 구장의 수

연 도	읍면수	읍면관리	구장	합계
1910				
1911				
1912	4,341	10,050	37,973	48,023
1913	4,337	10,568	31,206	41,774
1914	2,522	7,924	24,712	32,636
1915	2,521	8,861	23,790	32,651
1916	2,517	10,624	24,333	34,957
1917	2,517	12,024	24,522	36,546
1918	2,508	13,993	29,743	43,736
1919	2,509	14,411	29,836	44,247
1920	2,507	17,634	27,082	44,716
1921	2,507	17,960	27,026	44,986
1922	2,507	18,033	29,505	47,538
1923	2,504	18,054	29,676	47,730
1924	2,504	18,353	29,563	47,916
1925	2,503	18,005	29,045	47,050
1926	2,503	17,999	29,681	47,680
1927	2,503	15,531	29,873	45,404
1928	2,493	16,824	30,957	47,781
1929	2,470	16,977	30,045	47,022
1930	2,467	16,996	30,019	47,015
1931	2,464	16,867	30,064	46,931
1932	2,464	16,908	30,244	47,152
1933	2,446	16,952	30,472	47,424
1934	2,393	17,174	30,592	47,766
1935	2,393	18,302	30,850	49,152
1936	2,374	19,665	30,937	50,602
1937	2,371	19,812	31,224	51,036
1938	2,366	20,002	31,551	51,553
1939	2,350	21,372	31,696	53,068
1940	2,337	22,468	32,825	55,293
1941	2,334	24,719	39,083	63,802
1942	2,329	25,781	50,248	76,029
1943	2,325	27,905	51,618	79,523

자료 : 朝鮮總督府,『統計年報』, 각년판.

■ 영문개요

ABSTRACT

From the beginning of the 20th century, a trend of Japanese market began to affect Korean agriculture directly and the degree of influence increased during the colonial period. Japan sought after rice from Korea to the extent that it had the significant impact on Korean rice market. The increase of demand exceeded that of supply so that the price rose up.

The most important policy objective of the Government-General of Korea was to supply sufficient rice to Japan. The Government-General carried out various policies for the purpose. The policy and the rising price led to dual consequences on rice production in Korea. On the one hand, the amount of rice production increased rapidly than other crops. On the other hand, rice became more and more important vis-à-vis other agricultural products.

Peasants employed low level of agricultural techniques and their capacity of investment was low as well. As a consequence, it was mainly landlords who responded to the request of Government-General in increasing the rice products.

During the process, the power of landlords became stronger and peasants became poorer. Due to increasing economic power of landlords combined with the policy of Government-General favoring landlords, landlords were able to control the rural society.

Until now, most of researchers in the field concurred the phenomenon described above. But the real picture of colonial Korea, which I have made clear in this book, was not simple. The reality was made complex because farmers took initiatives in adapting to the changes in agricultural circumstances, i.e., introduction of modern Japanese agricultural techniques, increase of chemical fertilizer supply, development of market economy, industrialization and so on. Following is a summary of my findings.

First, introduction of modern Japanese agricultural techniques and increased use of chemical fertilizer changed the technical structure of peasants' agricultural production. As they invested more capital and labor they became more productive. The selection of agricultural techniques was not sole domain of landlords. As we saw in case of choosing fertilizer and improving irrigation equipments, peasants decided upon their own initiatives.

Second, since trade between the two countries increased after the opening of the port in 1876, the level of social division of labor further developed. For example, market provided increasing ratio of cotton for clothing and the volume of agricultural product sales increased. As a consequence, the volume of commodity circulation increased. Such changes made cash income of peasant more important and induced peasants to respond to market prices more sensitively.

After the mid 1920s, the price of rice fell rapidly and peasants did their best to keep the produce's prices of agricultural products as high as possible. The method was to appropriate circulating margin from merchants. They excluded brokers and organized cooperative sales for themselves. Also they joined the cooperative sales organized by the Government-General.

Third, the industrialization increased the demands for high-grade agricultural products such as vegetables, fruits, meat and so on. It also increased the demands for industrial raw materials. The Government-General regarded increasing production of industrial raw materials important but he placed low priority on the production of consumer agricultural products such as vegetables, fruits and meat.

Since the managerial concern of landlords was limited to the cultivation of rice and the rent for tenancy for the upland field was fixed they were not prone to change the composition of agricultural products. To the contrary, peasants began to change composition more willingly. When we investigate vegetable cultivation, we found that peasants changed the composition for the purpose of increasing cash income.

Fourth, the developments I mentioned above changed the peasants' political status in rural society. Some peasants, who rationalized their farm management and who enlarged their cultivation area, built cooperative relations with the Government-General. They became opinion leaders(중심인물) in rural society. In the early 1930s when the agricultural crises broke out the peasant economy hit bottom, and tenancy disputes increased. Not only for the maintenance of colonial rule in Korea, but also for the stability of Manchuria, Korea became far more important to Japan. So the Government-General oppressed the tenancy disputes by all means.

One of the measures was to provide the legal standard of the tenancy contracts. The established legal standard was favorable to tenants in comparison with the traditional customs of the tenancy contracts. So, the Government-General could appease tenants to some extent.

The measure could have increased tenancy disputes because the landlords' control over tenants decreases. The Government-General's intent was two folds. (1) Even though tenancy disputes increased, the institutionalization of the tenancy customs could decrease the cost of tranquilizing them. (2) To make legal standard favorable to tenants could increase the agricultural investments of tenants. This might have decrease those of landlords. However, the Government-General thought that the prospect did not matter.

Fifth, the development of peasants management, the rise of peasants' social status, the change of the Government-General's agricultural policy put the cap in the cultivated area owned by landlords.

참 고 문 헌

1. 제1차 자료의 성격을 가지는 정기 간행물(한국어 및 일본어)

京畿道,『農事統計』.

京城府中央都賣市場,『年報』.

農林省農林局,『昭和5年小作年報』.

農林省米穀局,『肥料要覽』.

臺灣總督府,『臺灣農業年報』.

臺灣總督府肥料檢查所,『肥料要覽』.

『東亞日報』.

『부산일보』.

鮮米協會,『鮮米情報』.

殖產銀行,『全鮮田畓賣買價格及收益調』.

殖產銀行,『調查月報』.

全國經濟調查機關聯合會朝鮮支部,『朝鮮經濟年報』.

帝國地方行政學會朝鮮支部,『朝鮮行政』.

朝鮮金融組合聯合會,『金融組合』.

朝鮮金融組合聯合會,『統計年報』.

朝鮮農民社,『農民』.

朝鮮農民社,『朝鮮農民』.

朝鮮農會,『朝鮮農會報』.

朝鮮銀行,『朝鮮經濟年報』.

朝鮮總督府,『官報』.

朝鮮總督府,『貿易年表』, 1938.

朝鮮總督府,『自力更生彙報』.

朝鮮總督府,『調查月報』.

朝鮮總督府,『朝鮮』.

朝鮮總督府,『朝鮮總督府及所屬官署職員錄』.

朝鮮總督府,『朝鮮土地改良事業要覽』.

朝鮮總督府,『朝鮮彙報』.

朝鮮總督府,『統計年報』.

朝鮮總督府農林局,『農業統計表』.

朝鮮總督府農林局,『朝鮮米穀要覽』.

朝鮮總督府農林局,『朝鮮米穀倉庫要覽』.

朝鮮總督府農林局,『朝鮮の農業』.

朝鮮總督府財務局,『朝鮮金融事項參考書』.

朝鮮總督府鐵道局,『業務月報』.

朝鮮總督府鐵道局,『年報』.

『중앙일보』.

韓國中央農會,『韓國中央農會報』.

한국통계청,『한국통계연감』.

2. 제1차 자료의 성격을 가지는 행정부 또는 有關 기관의 발간물(한국어 및 일본어)

京畿道,『第14回京畿道會會議錄』, 1936.

京都府知事 編,『韓國農業視察復命書』, 1908.

慶尙北道,『農村中心人物臨地指導要項』, 1935.

京城府,『穀物及穀粉類茉蔬及果物の取仁に關する調査』, 1935.

國際聯盟事務局東京支局,『世界農業恐慌』, 1931.

國際日本協會,『印度統計書』, 1943

金海郡農會,『産業奬勵の指針』, 1932.

내무부,『새마을운동10년사』, 1981.

農林省米穀局,『朝鮮米穀關係資料』, 1937.

農林省熱帶農業研究センタ,『舊朝鮮における日本の農業試驗硏究の成果』, 1976.

農商務省,『韓國土地農産調査報告:慶尙道, 全羅道』, 1906.

농수산부,『농수산부양정자료』, 1995.

農政調査委員會 編,『改定 日本農業基礎統計』, 農林統計協會, 1977.

서울시,『서울100년사』, 1981.

鮮米協會,『鮮米協會10年史』, 1933.

鮮米協會,『朝鮮米の進展』, 1935.

友邦協會,『朝鮮農地令とその制定に至る諸問題』, 1971.

財政經濟學會,『明治大正財政史』.

全羅南道,『小作慣行調查書』, 1923.

全羅北道,『農村經濟調査成績』, 1933.

朝鮮經濟協會,『金融組合及金融組合聯合會槪況』, 1926.

朝鮮金融組合聯合會,『殖産契の經營事例』, 1941.

朝鮮金融組合聯合會調查課,『金融組合の部落的指導施設』, 1939.

朝鮮農會,『朝鮮農務提要』, 1936.

朝鮮農會,『朝鮮農會の沿革と事業』, 1935.

朝鮮農會,『朝鮮における現行小作および管理契約證書實例集』, 1931.

朝鮮農會,『平安南道農會主催郡農會事績品評會報告書』, 1929.

朝鮮貿易協會,『朝鮮貿易史』, 1943.

朝鮮米穀事務所,『京城府における米穀事情』, 1936.

朝鮮法制研究會,『朝鮮地方自治制精義』, 1933.

朝鮮殖産銀行調査課,『肥料の知識』, 1932.

朝鮮殖産銀行調査課,『朝鮮の米』, 1927・1930.

朝鮮殖産助成財團,『水利組合と肥料の配給』, 1931.

조선은행,『조선경제통계요람』, 1949.

朝鮮總督府,『國勢調査參考統計表』제1권, 1942.

朝鮮總督府,『金融組合要覽』, 1932.

朝鮮總督府,『農山漁村における契』, 1937.

朝鮮總督府,『農山漁村における中堅人物養成施設の概要』, 1936.

朝鮮總督府,『農山漁村振興功積者名鑑』, 1937.

朝鮮總督府,『農村振興運動の全貌』, 1934.

朝鮮總督府,『面制說明書』, 1918.

朝鮮總督府,『昭和15年度國勢調査結果要約』, 1940.

朝鮮總督府,『昭和16米穀年度における統制米買上狀況』, 1941.

朝鮮總督府,『昭和8年度實施更生指導農家竝部落の5個年推移』, 1939.

朝鮮總督府,『施政30年』, 1940.

朝鮮總督府,『朝鮮工場名簿』, 1934・1937.

朝鮮總督府,『朝鮮の契』, 1926.

朝鮮總督府,『朝鮮ノ小作慣行』, 1932.

朝鮮總督府,『朝鮮の聚落』상・중・하편, 1933.

朝鮮總督府警務局,『最近における朝鮮の治安狀況』, 1930・1938.

朝鮮總督府企劃部,『朝鮮農業人口に關する資料』, 1941.

朝鮮總督府內務局社會課,『優良部落調』, 1928.

朝鮮總督府農林局,『農村産業團體に關する參考資料』, 1940.

朝鮮總督府農林局,『朝鮮農地年報』, 1940.

朝鮮總督府農林局,『朝鮮における米穀統制の經過』, 1938.

朝鮮總督府農林局,『朝鮮における小作に關する參考事項適要』, 1932.

朝鮮總督府農林局,『朝鮮の肥料』, 1941・1942.

朝鮮總督府農林局,『朝鮮の蠶絲業』, 1940.

朝鮮總督府農林局,『朝鮮小作關係法規集』, 1940.

朝鮮總督府農林局農政科,『農山漁村における中堅人物養成施設要覽』, 1941.

朝鮮總督府農林局農村振興課,『農家經濟の概況とその變遷』, 自小作農の部, 小作農の部, 1940.

朝鮮總督府農事,『肥料分析成績彙集』, 1940.

朝鮮總督府學務局,『小農に對する少額生業資金貸付說明書』, 1933.

朝鮮總督府學務局社會課,『農村は輝く』, 1933.

朝鮮玄米商組合聯合,『朝鮮玄米商各位に檄す』, 1929.

3. 연구물(한국어 및 일본어)

加藤末郎,『韓國農業論』, 1904.

姜在彦 編,『朝鮮における日窒コンツェルン』, 不二出版, 1985.

강진철,「정체성론비판」,『한국사 시민강좌』제1집, 일조각, 1987.

高橋龜吉,『現代朝鮮經濟論』, 1935.

久間健一,『朝鮮農業の近代的樣相』, 1935.

——————,『朝鮮農政の課題』, 1943.

溝口敏行・梅村又次 編,『舊日本植民地經濟統計』, 東京, 東洋經濟新報社, 1988.

堀和生,「1930년대 朝鮮工業化의 再生産條件」,『近代朝鮮의 經濟構造』, 比峰出版
　　　社, 1989.

——————,「植民地の獨立と工業の再編成」,『東アジア資本主義の形成』, 東京, 靑木書
　　　店, 1994.

——————,「植民地産業金融と經濟構造」,『朝鮮史硏究會論文集』20집 1983.

——————,「日本帝國主義の朝鮮における農業政策」,『日本史硏究』171호, 1976 ; 사계
　　　절 편집부 옮김,「일제하 조선에 있어서 식민지 농업정책」,『한국근대경제
　　　사연구』, 사계절, 1983.

——————,『朝鮮工業化の史的分析』, 東京, 有斐閣, 1995.

宮嶋博史,「이조 후기 농서의 연구」,『봉건사회 해체기의 사회경제구조』, 청아출판
　　　사, 1982.

——————,『兩班』, 東京, 中央公論社, 1995 ; 노영구 옮김,『양반』, 강, 1996.

——————,『朝鮮土地調査事業史の硏究』, 東京大學東洋文化硏究所, 1991.

宮田節子,「朝鮮農地令」,『季刊現代史』5호, 1974.

권두영,「일제하의 한국 농민운동」,『한국근대사론』, 지식산업사, 1977.

權寧旭, 「朝鮮における日本帝國主義の植民地的山林政策」,『歷史學硏究』297호,
　　　1965.

권태억,「한국 근현대사와 일제의 식민지 지배」,『자본주의 세계 체제와 한국 사
　　　회』, 한울, 1991.

——————,『한국 근대 면업사 연구』, 일조각, 1989.

旗田巍,「朝鮮史硏究の課題」, 朝鮮史硏究會 編,『朝鮮史入門』, 1970.

吉岡昭彦, 「第1次大戰後におけるインド統治體制の再編成」, 『政治權力の史的分
　　　析』, 東京大學出版會, 1975.

吉仁成,「한국인의 신장 변화와 생활 수준 : 식민지기를 중심으로」,『제38회 전국역
　　　사학대회 발표 요지』, 1995.

吉村淸常,『新編肥料學全書』, 1917.

김경중,『한국의 경제 지표』, 매일경제신문사, 1993.

김경태,『한국근대경제사연구』, 창작과 비평, 1994.

김삼웅,「일본의 對韓 망언사」,『친일파』, 학민사, 1990.

金容燮,『韓國近現代農業史研究』, 一潮閣, 1992.

金日坤,『儒教文化圈의 秩序와 經濟』, 韓國經濟新聞社, 1985.

金正明 편,『朝鮮獨立運動』제5권, 1966.

김종현,『근대경제사』, 경문사, 1984.

──────,『근대일본경제사』, 비봉출판사, 1991.

菱本長次,『朝鮮米의 研究』, 1938.

大和和明,「1920年代前半期의 朝鮮農民運動」,『歷史學研究』502호, 1982.

──────,「植民地期朝鮮地方行政에 關する試論」,『歷史評論』458호, 1988.

──────,「朝鮮農民運動의 轉換點」,『歷史評論』413호, 1984.

東畑精一・大川一司,『米穀經濟의 研究』, 有斐閣, 1939.

滿洲大同學院,『朝鮮農村의 實態的研究』, 1941.

梅村又次 外 4人,『長期經濟統計 農林業』, 東洋經濟新報社, 1966.

木村光彦,「植民地期朝鮮における生活水準의 變化」,『大版大學經濟學』41호, 1991.

文定昌,『朝鮮農村團體史』, 1942.

──────,『朝鮮의 市場』, 1941.

梶村秀樹,「동아시아 지역에 있어서 帝國主義 체제로의 이행」,『한국근대경제사연구』, 사계절, 1983.

민성기,『조선농업사연구』, 일조각, 1988.

박기혁・나민수 공저,『현대농업경제학』, 박영사, 1995.

朴ソプ,「植民地朝鮮における小作關係政策의 展開」,『日本史研究』353호, 京都, 1992.

──────,「1930年代朝鮮における野菜栽培의 展開」,『土地制度史學』137호, 東京, 1992.

──────,「植民地期朝鮮における米穀의 共同販賣」,『農業經濟研究』64권 4호, 東京, 1993.

──────,「1930年代朝鮮における總督府의 農村統制」,『經濟論叢』149권 1・2・3호, 京都, 1992.

──────,『1930年代朝鮮における農業과 農村社會』, 東京, 未來社, 1995.

박 섭,「1930년대 초반의 농업 불황과 '농촌 진흥 운동'」,『仁濟論叢』10권 1호, 인제대학교, 1994.

──────,「식민지 조선에 있어서 1930년대의 농업정책에 관한 연구」,『한국 근대 농촌사회와 농민운동』, 열음사, 1988.

──────,「식민지기 김해의 농업생산의 변화」,『慶南開發』제6호, 慶南開發研究院, 1994.

_____ , 「植民地後期의 地主制」, 『經濟史學』 18호, 1994.

_____ , 「식민지기 한국의 농업 성장과 공업화」, 『공업화의 제유형(2) : 한국의 역사적 경험』, 경문사, 1996.

박섭・이행, 「한국 근현대의 국가와 농민」, 『한국정치학회 1997년도 4월 월례발표회 논문집 한국정치 2』, 1997.

朴永九, 「'産米增殖計劃'における肥料の經濟效果研究」, 『三田學會雜誌』 84권 2호, 1990.

박원서, 『식민지조선에서의 수도생산력 발전의 지역차』, 서울대학교 대학원 석사학위 논문, 1991.

박천우, 『韓末・日帝下의 地主制 研究 ― 岩泰島 文氏家의 地主로의 성장과 그 변동 ―』, 연세대학교 대학원 석사학위 논문, 1983.

반성환, 『韓國農業의 成長』, 한국개발연구원, 1974.

飯沼二郎・姜在彦 編, 『植民地期朝鮮の社會と抵抗』, 龍溪書館, 1981 ; 백산 편집부 옮김, 『식민지시대 한국의 사회와 저항』, 백산서당, 1983.

裵民植, 「韓國全羅北道日本人大地主形成」, 『農業史研究』 22호, 東京, 1989.

白南雲, 『朝鮮封建社會經濟史』 상권, 改造社, 1937.

福田德三, 「韓國의 經濟組織と經濟單位」, 『經濟學研究』, 1907.

福田仁志 편, 『アジアの灌漑農業』, アジア經濟研究所, 1976.

富田晶子, 「農村振興運動下の中堅人物の養成」, 『朝鮮史研究會論文集』 18호, 1981.

_____ , 「準戰時下朝鮮の農村振興運動」, 『歷史評論』 377호, 1981.

飛田雄一, 『日帝下の朝鮮農民運動』, 東京, 未來社, 1991.

四方博, 「舊來の朝鮮社會の歷史的性格について」, 『朝鮮學報』 2집, 1946.

_____ , 「朝鮮における近代資本主義の成立過程」, 京城帝國大學法文學會, 『朝鮮社會經濟史研究』, 1933.

山崎隆三, 『現代日本經濟史』, 有斐閣, 1986.

三須英雄, 『朝鮮の土壤と肥料』, 1943.

森元辰昭, 「日本人地主の植民地(朝鮮)進出 ― 岡山縣溝手家の事例 ―」, 『土地制度史學』 82호, 東京, 1979.

三浦若明, 『朝鮮肥料全書』, 1914.

三好洋 外 3人 編, 『土壤肥料用語事典』, 東京, 農山漁村文化協會, 1983.

石原愼太郎・盛田昭夫, 『NOと言える日本』, 光文社, 1989 ; 김용운 옮김, 『NO라고 말할 수 있는 일본』, 한국능률협회, 1990.

石川滋, 『韓國農業生産額の推計, 1910~1970』 戰前の部, 一橋大學, 1973.

石塚峻, 『朝鮮における米穀政策の變遷』, 東京, 友邦協會, 1983.

소련 과학 아카데미, 홍성욱 옮김, 『세계기술사』, 둥지, 1990.

小山弘健, 『日本資本主義論爭史』 상권, 東京, 1953.

蘇淳烈, 「1930年代朝鮮における小作爭議と小作經營」, 『アジア經濟』 36-9, 1995.

蘇淳烈,「植民地期 全北에서의 水稻品種의 變遷」,『전북대학교 농대논문집』23집, 1992.

_____,「戰時體制期植民地朝鮮における日本人大地主の存在形態」,『農業史研究』25, 東京, 農業史研究會, 1992.

小倉武一,『土地所有の近代化』, 農山漁村文化協會, 1983.

小早川九郎,『朝鮮農業發達史』發達篇, 1944.

_____,『朝鮮農業發達史』政策篇, 1944.

松本武祝,「1930年代朝鮮の農家經濟」,『近代朝鮮의 經濟構造』, 比峰出版社, 1989.

_____,「朝鮮 全羅北道農業の構造變化」,『日本史研究』298호, 1987.

_____,『植民地期朝鮮の水利組合事業』, 東京, 未來社, 1991.

松田延一,『佛印農業論』, 1944.

松田利彦,「日本統治下の朝鮮における警察機構の改編」,『史林』74-5, 京都大學校 史學研究會, 1991.

矢內原忠雄,『帝國主義下の臺灣』, 東京, 岩波書店, 1988.

矢野恒太記念會,『數字でみる日本の百年』, 東京, 國勢社, 1986.

安藤良雄,『近代日本經濟史要覽』, 東京, 東京大學出版會, 1979.

安秉直,「1930년 이후 朝鮮에 侵入한 日本獨占資本의 正體」,『韓國近代史論』 I, 지식산업사, 1977.

_____,「다산의 농업경영론」,『碧史李佑成교수 정년퇴직 기념논총 : 민족사의 전개』하권, 창작과 비평, 1990.

_____,『日本帝國主義と朝鮮民衆』, 御茶の水書房, 1986.

安秉直・李大根・中村哲・梶村秀樹 엮음,『近代朝鮮의 經濟構造』, 比峰出版社, 1989.

安秉直・中村哲 共編著,『近代朝鮮工業化의 研究』, 一潮閣, 1993.

안병태,『한국 근대경제와 일본 제국주의』, 백산서당, 1982.

안유림,「1930년대 총독 宇垣一成의 식민정책」,『이대사원』27집, 1994.

野澤豊,『日本の中華民國史研究』, 東京, 汲古書院, 1995.

御園喜博,『農産物市場論』, 東京, 東京大學出版會, 1966.

歷史學研究會,『日本史年表』, 岩波書店, 1984.

鹽田正弘,「朝鮮農地令について」, 朝鮮史料研究會,『朝鮮近代史料研究集成』3호, 友邦協會, 1960.

永野善子,『フィリピン經濟史研究』, 勁草書房, 1986.

宇佐美誠次郎,「滿洲侵略」,『岩波講座日本歷史』현대 3, 岩波書店, 1968.

遠山茂樹,「近代史から見た東アジア」,『歷史學研究』276호, 1963.

柳澤悠,「南インドにおける小農化傾向と農村小工業」,『長期社會變動』, 東京, 東京大學出版會, 1994.

李覺種,『朝鮮における小作制度』, 1922.

李圭洙,「植民地期朝鮮における集團農業移民の展開過程」,『朝鮮史研究會論文集』
    33집, 1995.

이 근,「동아시아 경제 유형과 한국 자본주의」, 안병직 엮음,『한국경제 : 쟁점과
    전망』, 지식산업사, 1995.

이기훈,「1910∼1920년대 일제의 농정 수행과 지주회」,『한국사론』33, 1995.

李大根,『韓國戰爭과 1950년대의 資本蓄積』, 까치, 1981.

李斗淳,「日帝下 水稻品種普及政策의 性格에 관한 研究」,『農業政策研究』17권 1
    호, 1990.

이명휘,「1950년대 농가 경제 분석」,『經濟史學』16호, 1992.

李相舜,「韓國農業における肥料の派生需要分析」,『北海道大學農經論叢』44집, 1988.

李勝男,「韓國農業の成長分析」,『北海道大學農經論叢』42집, 1986.

이영훈,「개항기 지주제의 一存在形態와 그 정체적 위기의 실상」,『經濟史學』9호,
    1991.

─────,「조선 봉건론의 비판적 검토」,『한국 자본주의의 성격 논쟁』, 대왕사, 1988.

─────,「조선후기 농민분화의 구조·추세 및 그 역사적 의의」,『東洋學』21집, 단
    국대학교, 1991.

─────,「한국 소농사회와 공업화」, 東亞細亞經濟的現代化國際學術討論會 발표 논
    문, 1995년 8월 6일∼8월 13일.

이영훈·장시원·宮嶋博史·松本武祝,『근대조선수리조합연구』, 일조각, 1995.

이춘영,『한국농학사』, 민음사, 1989.

李憲昶,「開港期 韓國人 搗精業에 관한 研究」,『經濟史學』7호, 1984.

李洪洛,「植民地期 朝鮮內 米穀流通」,『經濟史學』19호, 1995.

印貞植,『朝鮮の農業地帶』, 1940.

日本國際協會,『最近世界生產と物價の動向』, 1937.

日本窒素肥料株式會社, 「朝鮮の肥料工業について」, 1946(友邦協會 소장 자료,
    4579번).

日本窒素肥料株式會社,『日本窒素肥料事業大觀』, 1935.

林炳潤,『植民地における商業的農業の展開』, 東京大學出版會, 1971.

庄司俊作,『近代日本農村社會の展開』, 京都, ミネルヴァ書房, 1991.

장상환,「농지개혁과정에 관한 실증적 연구(상)」,『경제사학』8호, 1984.

張矢遠,「산미증식계획과 농업 구조의 변화」,『한국사』13, 한길사, 1994.

─────,『日帝下 大地主의 存在形態에 관한 研究』, 서울대학교 대학원 박사학위 논
    문, 1989.

田剛秀,「日帝下水利組合事業이 地主制展開에 미친 영향」,『經濟史學』8호, 1984.

─────,『植民地 朝鮮의 米穀政策에 관한 研究』, 서울대학교 대학원 경제학과 박사
    학위 논문, 1993.

전석담,『조선경제사』, 박문출판사, 1949.

田中眞一,「韓國財政整理における徵稅制度改革について」,『社會經濟史學』제 39 권 4 호, 1974.

田中眞一・森元辰昭,「朝鮮土地經營の展開」, 大石嘉一郎 編,『近代日本における地主經營の展開－岡山縣牛窓町西服部家の研究－』, 御茶の水書房, 1985.

田中喜男, 「明治後期朝鮮拓植への地方的關心－石川縣農業株式會社の設立を通じて－」,『朝鮮史研究會論文集』4 집, 1967.

정문종,「산미증식계획과 농업 생산력 정체에 관한 연구」, 장시원 외 7 인,『한국 근대 농촌 사회와 농민 운동』, 열음사, 1988.

———,『1930 年代 朝鮮에서의 農業政策에 관한 硏究』, 서울대학교 대학원 박사학위 논문, 1993.

井上光貞 외 2 인,『新詳說 日本史』, 東京, 山川出版社, 1990.

井野隆一,『國家獨占資本主義と農業』상권, 東京, 大月書店, 1971.

정연태,『일제의 한국 농지정책』, 서울대학교 대학원 사학과 박사학위 논문, 1994.

鄭英一,「耕地面積의 推計와 分析 : 1911～1971」,『經濟論集』14-2, 1975.

———, 「한국농업의 현황과 당면 과제」,『한국 농업문제의 새로운 인식』, 돌베개, 1984.

帝國行政學會朝鮮支部,『朝鮮地方行政例規』, 1929.

齊藤仁,「戰前日本の土地政策」,『アジア土地政策序說』, アジア經濟研究所, 1976.

趙璣濬,『한국경제사』, 일신사, 1962.

———,『韓國企業家史研究』, 民衆書館, 1971.

———,『한국자본주의 成立史論』, 全訂版, 대왕사, 1981.

조석곤,『조선토지조사사업에 있어서 근대적 토지소유제도와 지세제도의 확립』, 서울대학교 대학원 박사학위 논문, 1995.

주봉규・소순열 공저,『근대 지역농업사 연구』, 서울대출판부, 1996.

中村哲,『初期資本主義論』, 京都, ミネルヴァ書房, 1991.

中村哲 編著,『世界の歷史敎科書』, 東京, NHK出版部, 1995.

楫西光速 외 3 인,『危機における日本資本主義の發達』, 東京大學出版會, 1958.

지수걸, 「1930 년대 전반기 조선인 대지주층의 정치적 동향」,『역사학보』122 호, 1989.

———,「1932～35 年間의 農村振興運動」,『韓國史研究』46 호, 1984.

———,『일제하 農民組合運動 연구』, 역사비평사, 1993.

車明洙,「世界農業恐慌과 日帝下 朝鮮經濟」,『經濟史學』15 호, 1991.

川東靖弘,「農業及び農政」,『現代日本經濟史』, 有斐閣, 1986.

淺田喬二,『日本帝國主義と舊植民地地主制』, お茶の水書房, 1968.

———,『日本帝國主義下の民族革命運動』, 未來社, 1973.

青野正明,「朝鮮農村の '中堅人物'－京畿道驪州郡の場合－」,『朝鮮學報』141 집, 天理, 1991.

村上勝彦,「植民地」,『日本産業革命の研究』下巻, 東京, 東京大學出版會, 1975 ; 정
      문종 옮김,『식민지』, 한울.

최원규,『19·20세기 海南 尹氏家의 農業 경영과 그 변동』, 연세대학교 대학원 석
      사학위 논문, 1984.

최호진,『한국경제사』, 박영사, 1970.

出水宏一,『戦後ドイツ經濟史』, 東京, 東洋經濟新報社, 1978.

河合和男,『朝鮮における産米增殖計劃』, 東京, 未來社, 1986.

한국농어촌사회연구소,『수입개방과 한국농업』, 1990.

韓國統計發展史 編纂委員會,『韓國統計發展史(1)』, 시대별 발전사, 統計廳, 1992.

한창호,「일제하의 한국 광공업에 관한 연구」,『일제의 경제 침탈사』, 현암사,
      1982(집필 연도 1969년).

허수열,「'개발과 수탈'론 비판」, 낙성대 경제 연구소 워킹 페이퍼, 1995년 12월.

協芳和,『先進國農業事情』, 東京, 日本經濟新聞社, 1985.

脇村孝平,「インド19世期後半の飢饉と植民地政府の對應」,『社會經濟史學』50권 2
      호, 1984.

洪性讃,「日帝下 企業家的 農場型地主制의 存在形態:同福 吳氏家의 東皐農場 經營
      構造分析」,『經濟史學』10호, 1986.

_____,「韓末·日帝下의 地主制 研究:50町步 地主 寶城 李氏家의 地主經營事例」,
      『東方學志』53집, 1986.

_____,「韓末·日帝下의 地主制 研究:谷城 曹氏家의 地主로의 成長과 그 變動」,
      『東方學志』49집, 1985.

_____,「韓末·日帝下의 地主制 研究:江華 洪氏家의 秋收記와 長冊分析을 中心으
      로」, 연세대학교 대학원 석사학위 논문, 1980.

_____,『韓國近代農村社會의 變動과 地主層』, 지식산업사, 1992.

黃海道,『農山漁村振興運動實施의 概要』, 1940.

暉峻衆三,『日本農業問題の展開』상·하권, 東京, 東京大學出版會, 1984.

姫野實 엮음,『朝鮮經濟圖表』, 1940.

4. 한국어와 일본어 이외의 언어로 작성된 제1차 자료 또는 연구물

Ban, Sung Hwan, "Agricultural Growth in Korea", Hayami, Y 외 2인, *Agricul-
      tural Growth in Japan, Taiwan, Korea, and Philippines*, University Press
      of Hawaii, 1979.

Beaud, M., *Histoire du capitalisme : 1500~1980*, Editions du Seuil, Paris, 1981 ;
      김윤자 옮김,『자본주의의 역사』, 창작사, 1987.

Cha, Myung Soo(차명수), "Imperial Policy or World Price Shock? Explaining
      'Starvation Exports' in Colonial Korea", 한국경제사학회 발표 논문,
      1995년 6월.

Chandra, N. K., "Long Term Stagnation in Indian Economy, 1900~75", *Economic & Political Weekly*, Vol. 17, Nos. 14~16, Apr, 1982.

Eckert J. Carter, *The Koch'ang Kims and the Colonial Origins of Korean Capitalism, 1876~1945*, Seattle and London, University of Washington Press, 1991.

Frank Golay, *The Philippines : Public Policy and National Economic Development*, Cornell University Press, 1961.

Grigg, D. B., *The Agricultural Systems of the World*, Cambridge University Press, 1974 ; 飯沼二郎・山內豊二・宇佐美好文 옮김, 『世界農業の形成過程』, 1977.

Kimura, Mitsuhiko, "Standard of Living in Colonial Korea : Did the Masses Becomes Worse off or Better off Under Japanese Rule?", *Journal of Economic History*, vol. 53, 1993.

Kumar, D. ed, *The Cambridge Economic History of India*, vol. 2 : 1757~1970, Cambridge, Cambridge University Press, 1983.

Lamer, M., *The World Fertilizer Economy*, California, Stanford University Press, 1957.

League of Nations, *Statistical Year-book*, 1931・32, 1939・40년판.

Mitchell, B. R., *European Historical Statistics : 1750~1975*, London, the Macmillan Press, 1980 ; 中村宏監譯 옮김, 『マクミラン世界歷史統計』 제 1권, 原書房, 1985.

Shirley Jenkins, *American Economic Policy towards the Philippines*, Stanford University Press, 1954.

Suh, Sang chul, *Growth and Structural Changes in the Korean Economy, 1910~1940*, Cambridge, MA, 1978.

United States Department of Commerce, *Rice Trade in the Far East*, 1927.

U. S. Department of Commerce Bureau of the Census, *Historical Statistics of the United States, Colonial Times to 1970*, Washington D. C. : U. S. Government Printing Office, 1975 ; 齊藤眞・鳥居泰彦監譯 옮김, 『アメリカ歷史統計』 제1권, 東京, 原書房, 1987.

Wade, Robert., "South Korea's Agricultural Development : The Myth of the Passive State", *Pacific Viewpoint*, 1984.

색 인

ㄱ

간작 56
甲午改革 22
개량 농법 36
改定米穀法 106
開港期 4 21
開港場 24
갱생계획 실적 186
京城紡織株式會社 128
경영 분해의 양상 151
경지 이용률 57
경찰과 농촌 통제 157
穀良都 61
공동 판매 92, 110
공업화 및 도시화와 농업
　변화 149
관료제적 통제 155
구아노 49
勸農共濟組合 214~215
근대 1
金肥의 施用에 관한 件 59
금융조합 111
企業的 地主 197

ㄴ

노구치 시타가우(野口遵)
　51
노동 통제 7~8
綠肥 122
농가 현금 수지 90, 102
농가경제 89
農家經濟更生計劃 73, 89,
　109

農家經濟更生計劃 지원비
　189
農家經濟更生計劃指導要綱
　182
농가의 현금 수지 상황 90
農工竝進 53
농구 개량 30
농민경영 86
———— 의 성장 152
———— 의 악화 88
농민계층구분 5, 6
농민 운동 단체 69
농민의 동태화 87
농민층 분해 5
農產物 生產統計의 調査方
　法改善에 관한 件 242
農業恐慌 99
농업성장과 식민지 공업화
　228
농업의 화학화 49
農業倉庫共同販賣規程
　107
農業統計에 關한 件 239
農業統計作成에 관한 件
　240
농지개혁 4
農村產業團體 69
農村振興團體 69
———— 의 증가 215
農村振興運動 206
농촌통제의 민간측 대리인
　(병합 당시) 156
농촌통제의 민간측 대리인
　(1930년대) 210
농회 110

ㄷ

代金納 140
대만의 농업 생산성 72,
　75
독일의 농업 생산성 72
洞/里 지위의 변동 156
동아시아 3국의 서로 다른
　발전 233
동태적 지주 6, 95

ㅁ

망언 13
———— 의 변화 16
면사 생산 능력 128
綿羊增殖計劃 138
棉花增產計劃 128
明治農法 27
미곡 검사 183
미곡 단작 124
미곡 생산량 조사 방법 변
　경 이유 244
米穀生產高調査要綱 243
米穀年度 94
米穀自治管理法 242
米穀貯藏奬勵規則 106
米穀倉庫 106
米穀統制法 106
米騷動 41, 98

ㅂ

백남운 17
벼의 국영 검사 109

벼長期貯藏計劃 106
洑 47
부전강 수리 개발권 53
糞灰 67
뷔허 Karl Büher 11
肥料配給計劃 67

ㅅ

產米改良組合 93, 107
產米增殖計劃 1 期 39
———— 更新 44
———— 의 계기 40
———— 의 명칭 9
산업조합 111, 144
산업혁명 제1차 74
———— 제2차 29, 73
———— 과 농업 기술 26
———— 과 한국 농업 28
———— 의 전파 26
새마을운동 3, 232
石川縣農業會社 167
鮮南興農會 167
鮮米協會 96
소경영 2 6
소작 계약 기간 160
소작관 관제와 임무 190
小作慣行改善에 關한 件 174
소작관행의 재배관리 규정 68
소작료 징수 방법 140
小作料率 5
———— 의 상승 161
小作法 제정 논의 173
———— 에 대한 지주의 반대 175
小作委員會 194
소작쟁의의 원인 161
———— 의 진행 양상 165
———— 의 해결 상황 200
소작지 관리인 7
小作地率 217
昭和 15 米穀年度食糧配給

方策 95
水稻種子更新計劃 33
水利組合令 39
水利組合補助規程 39
수리조합에서의 생산량 조사 255
水利組合條例 39
收穫高等級 及地位等級調査 規程 249
순천군 소작쟁의 166
시가타 히로시(四方博) 12
殖產契令 109
쌀 상품화율 92
쌀 유통 경로 119

ㅇ

영국의 산업혁명과 네덜란드 20
오노 노부스케(大畏重信) 125
우가키 가즈시게(宇垣一成) 180
우량품종 5, 31
유안 제조법 50
유안의 특성 63
육지면 128
銀坊主 61
인도 관세율 79
일본품종 30
———— 의 도입 31
일본 한국 지배의 부당성 23
일본의 농민 이민 159
일본인의 농업 투자 167
日本窒素肥料株式會社 51
日進 31, 143
臨時米穀作付段別制限案 46, 109
林野調査事業 156

ㅈ

自給肥料增產計劃 59

自作農地 設定資金 배분 213
자작지와 소작지의 토지 생산성 188
장시 96
張作霖 180
張學良 180
장진강 수리 개발권 53
재래 농법 36
田作改良增殖計劃 138
정태적 지주 95
제국주의의 지배가 미친 영향 3, 226
제사 공업 생산 기술 130
堤堰 및 洑의 修築에 관한 通牒 39
조선 시대의 소작 기간 162
조선 후기 농업 발전 방향 21
朝鮮關稅定率令 58
朝鮮金融組合聯合會 115
朝鮮勞動共濟會 164
朝鮮農民共生組合 104
朝鮮農民社 104
朝鮮農民總同盟 165
朝鮮農地令과 朝鮮民事令 비교 199
朝鮮米穀倉庫計劃 106
조선사회정체론 11, 20
朝鮮小作爭議調停令 193
조선질소비료주식회사 53
조선통치미화론 11
早神力 61
卒業生指導 209
중농표준화 6
중매인 96, 103
中心人物 185
重要產業統制法 128
지방 제도의 개편 155
지주의 경영 합리화 168
———— 의 농촌 통제력 153
地主會 159

ㅊ

채소 거래 형태 145
철도에 의한 채소 이동
　133
出荷團體助成事業 107

ㅋ

콘세션 Concession 83

ㅌ

土地調査事業 10
특용 작물 58

ㅍ

판매비료 구입자금 대부
　59
豊玉 31, 143
프랑스 농업 생산성 72
프랑스領 印度支那의 경지
　와 인구 158
필리핀의 경지와 인구 81,
　158
──── 의 농업생산성 72,
　81

ㅎ

한국 전통 농업의 지력 유
　지 56
한국 토양의 성질 66
합성 유안법 50
해방후 한국의 농업 정책
　231
허핀달 지수 124
협정 관세 23
혼작 56
皇國農民 185
후쿠다 도쿠조(福田德三)
　11
후구오까농법 27